청소년의 비행과 공격성 행동 대체

ART 프로그램

사회기술훈련 · 분노조절훈련 · 도덕추리

Barry Glick · John C. Gibbs 공저 | **홍창희** 역

AGGRESSION REPLACEMENT TRAINING (3rd ed.)

A Comprehensive Intervention for Aggressive Youth

학지사

AGGRESSION REPLACEMENT TRAINING 3RD EDITION

역자 서문

우리 사회의 주요 이슈 중의 하나는 아마도 아동과 청소년의 공격성일 것이다. 지난해 학교폭력 실태조사 결과, 최근 10년 새 초 · 중 · 고교생들이 경험한 학교폭력의 비율은 최고치를 기록했다. 전국 16개 시 · 도교육청 소속 초등학교 4학년부터 고등학교 3학년까지의 재학생 384만 명 중 약 82.6%(317만 명)가 참여한 학교폭력 실태조사에서 피해경험의 응답 비율은 전체의 1.9%(5만 9,000명)로, 2013년 이후 가장 높은 비율이라고 한다(서울매일경제, 2023. 12. 14.).

공격성에 대한 합의된 정의는 없으나 대체로 사회적 상호작용 상황에서 상대방에게 고통을 주거나 해를 입히는 행동을 말한다. 이때 공격성의 목표는 상해와 파괴이고 수반하는 감정은 분노라고 할 수 있다. 분노감은 조롱, 모욕, 비난, 욕설 등의 언어적 표현과 괴롭힘, 따돌림, 학대, 싸움, 폭력 등의 신체적 표현으로 나타난다.

인간의 발달에 있어서 애착이나 도덕 및 인지 발달 같은 주제와 더불어 공격성의 통제와 적절한 표현은 더불어 살아가는 사회구성원으로서 중요한 과업 중의 하나다. 임상현장에서 충동성이나 공격성 및 분노조절의 문제를 지닌 아동 · 청소년을 접하면서 이들의 행동화 문제를 경감할 수 있는 효과적인 프로그램을 찾던 중 공격성 대체훈련(Aggression Replacement Training)(이하 ART)을 접하게 되었다.

30년 이상 모델의 적용과 그 효과성이 입증된 프로그램으로서 상담심리학자인 글릭(Glick)과 발달심리학자인 깁스(Gibbs)의 ART는 그들의 노고에 의한 'art'임이 분명하다. ART는 개별적으로 활용할 수도 있으나 주로 집단에서 다른 구성원들과의 상호작용과 역할연기를 통해 다양한 사회기술과 분노조절능력을 학습하고, 활발하고 솔직한 논의를 통해 보다 성숙한 도덕적 의사결정능력을 배양하는 프로그램이다. 특히 인지적 · 정서적 · 행동적 측면의 종합적인 개입으로서 경험적 근거에 기반하고 구조화되어 있는 특징은 곧바로 실제에 적용할 수 있다는 장점을 지닌다. 이는 발달과정에 있는 아동 · 청소년의 도덕성과 정서성 및 사회성 증진을 위한 교육과 훈련에, 그리고 공격성과 폭력성의 예방차원에서도 중요한 의의가 있을 것이다. 청소년상담복

지센터, 정신건강의학과 등의 상담 및 임상 현장, 교육청 Wee 센터를 포함한 초·중등학교 학교폭력의 예방과 치료, 준법지원센터를 포함한 청소년 사법체계, 대학의 상담과 임상심리 및 교육학 분야 등 다양한 장면에서 도움이 될 것으로 기대한다.

지속되는 출판계의 어려운 여건하에서도 기꺼이 출판을 허락해 주신 학지사의 김진환 사장님, 세심하고 유려한 편집과 교정 작업을 맡아 준 김서영 선생님 및 편집부에 감사드린다.

2025년

역자 홍창희

저자 서문

『청소년의 비행과 공격성 행동 대체 ART 프로그램(Aggression Replacement Training)』 3판의 서문을 쓰면서 그렇게 즐겁지만은 않다. 3판은 이전 판의 개정과 확장된 프로그램으로 위기 청소년들을 위한 정책과 프로그램 개발을 도우면서 정부기관 및 사법기관과 함께 30년 이상 작업한 결과물이다. 이 책에 있는 많은 아이디어와 자료는 청소년들과 함께 프로그램을 담당했던 스태프와 저자들의 경험의 산물이다.

이러한 모든 노력은 ART 프로그램에 참여하고 수행했던 청소년 사법체계, 학교, 지역사회 청소년센터, 주거치료시설의 수많은 젊은이의 공헌 없이는 불가능했을 것이다. 이들 중 특히 언급하고 싶은 세 사람이 있는데, 에릭 스벤슨(Eric Svensson), 타렉 알무그라비(Tarek Al-Mugrabi), 카다르 자만(Kadar Zaman)이다. 이들은 어려움에 처해 있었으나 ART 프로그램을 잘 수행한 후 프로그램의 '보조진행자'로서 역할을 맡았고 마침내 지역사회의 건설적인 시민이 되었다.

프로그램을 전달하기 위해 훈련받았던 헌신적인 스태프에게도 감사를 표한다. 그들의 활동, 질문, 논의 및 코멘트 없이는 노력이 결실을 맺지 못했을 것이다. 아울러 신뢰할 수 있는 탁월한 전문가인 여러 동료, 미카엘 콜트(Mikael Kalt), 마리우스 헤르멜린(Mariusz Hermelin), 데이빗 클리바(David Kliba), 아첵과 에바 모라우스키(Jacek and Eva Morawski), 프란스 카세나(Frans Kassenaar)에게도 존경과 감사를 드린다.

우리와 오랜 관계를 지속했던 Research Press에도 감사와 애정을 표한다. 앤 웬델(Ann Wendel), 러스 펜스(Russ Pence), 게일 샐야드(Gail Salyards)는 비전과 선견지명으로 우리의 아이디어와 노력을 지원하고 지지해 주었다. 그들의 리더십과 지도가 없었다면 현재와 같은 성과가 없었을 것이다. 특히 편집자인 카렌 슈타이너(Karen Steiner)의 도움 없이 이 책의 출간은 가능하지 못했을 것이기에 그녀에게 경의를 표한다. 그녀는 우리의 이론, 철학 그리고 실행전략을 왜곡하지 않고서 난제를 묻고 깊은 안목으로 명쾌함을 갖도록 해 주었다. 그녀는 자신의 일을 하는 데 천재임에 틀림없다.

이러한 달콤함 속에 씁쓸한 것은 우리의 친구이자 멘토인 아놀드 골드스타인

(Arnold P. Goldstein, 1933~2002)은 마음으로만 함께했다는 점이다. 애니(Arnie)는 대학의 교수이자 스승이었고, 탁월한 연구자이자 다작의 저자였으며, 정서와 행동통제의 문제를 지닌 청소년과 성인을 돕는 유익한 방안을 추구하는 지칠 줄 모르는 지지자였다. 그를 생각하지 않고서는 ART 프로그램을 언급할 수 없을 것이다.

차례

3부 공격성 대체 훈련 회기 2 - 분노조절훈련

4부 공격성 대체 훈련 회기 3 - 도덕추리

들어가며

골드스타인과 내가 그의 연구실에서 프로그램의 의도와 개발에 관해 이야기를 나눈 후 30여 년이 지나 『공격성 대체 훈련(ART)』 1판(Goldstein & Glick, 1987)이 출간되었다. 도덕추리 분야의 전문가인 깁스와 함께 지난 개정판을 출간한 지도 10여 년이 지났다(Goldstein, Glick, & Gibbs, 1998). 그 이후 임상과학 영역에 다양한 방식으로 인지와 정서의 변화를 추구하는 인지행동 프로그램과 치료가 전개되었다.

이번 3판은 원래 의도하였던 프로그램의 기본원칙을 준수하면서 재탄생한 책이다. 전문가용으로 집단지도자가 사용하고 실행할 수 있도록 이론과 그 적용을 함께 담고 있다. 또한 ART의 개념을 자세하게 설명해 주는 향상된 기법을 제공해 주면서도 전문가 개인의 스타일과 기법을 허용하고 있다. 이 책은 원판을 유지하며 다양한 학습 상황에서 30년 이상의 훈련 경험에 기초해 프로그램을 통합적이고 짜임새 있게 전달하는 기법들을 제공하고 있다.

ART의 소개

우리의 작업은 다중양식의 규범적이고 결과 중심적이며 잘 짜인 연구를 지향하는 여러 측면에서 형성적이나, 그 철학적 이론적 토대는 심리학자와 행동과학자의 연구에 근거한 고전적이고 실증적인 것이다.

로버트 스프라프킨(Robert Sprafkin), 제인 거쇼(Jane Gershaw)와 함께 골드스타인은 앨버트 밴듀라(Albert Bandura)의 사회학습이론을 정신병원에서 퇴원한 환자에게 처음 적용하였다(Goldstein, Sprafkin, & Gershaw, 1965). 그러한 초기의 노력을 토대로 폴 클라인(Paul Klein)과 나는 당시 우리가 구조화 학습 훈련(Structured Learning Training)이라고 칭했던 사회기술학습법을 청소년을 위한 기술과 절차에 적용할 수 있었다(Goldstein, Sprafkin, Gershaw, & Klein, 1980). 마침내 이러한 선구적인 노력은 골드스타인과 엘렌

맥기니스(Ellen McGinnis)의 협력으로 이어져, 초기의 기법들이 현재 널리 실행되고 있는 스킬스트리밍 프로그램 청소년용(Goldstein & McGinnis, 1997), 초등학생용(McGinnis & Goldstein, 1984, 1997), 유치원 및 유아용(McGinnis & Goldstein, 1990, 2003)으로 확장되었다.

같은 맥락에서, 골드스타인과 나는 도널드 마이헨바움(Donald Meichenbaum), 로버트 노바코(Robert Novaco), 에바 파인들러(Eva Feindler), 로렌스 콜버그(Lawlence Kohlberg) 등의 연구에 힘입어 우리의 아이디어를 공격적이고 폭력적인 청소년으로 확장시켰고, 1980년대 초기에 시범적인 ART를 내놓게 되었다. 운 좋게도 우리는 뉴욕 태버그에 있는 앤스빌 청소년거주센터의 많은 스태프의 도움을 받았다. 그들의 도움으로 초기 프로그램을 검증할 수 있었고 마침내 반사회적 행동을 변화시킬 개입으로서 ART의 효과성을 입증하게 되었다.

처음 몇 해의 경험 이후 ART 전략에 관심을 갖는 사람들이 나타났고, 오하이오의 청소년 사법기관에서 비행청소년들과 작업하던 깁스와 포터(Potter)는 치료공동체에 ART를 적용하였다. 그들의 프로그램인 『EQUIP』(Gibbs, Potter, & Goldstein, 1995)은 『공격성 대체 훈련(ART)』의 2판(Goldstein et al., 1998)의 도덕추리 영역에 주요 변화의 기초를 제공해 주었다. 간단히 살펴보면, 우리는 『EQUIP』의 집단과정과 고전적인 콜버그의 도덕추리 집단 프로그램을 적용해 학교, 지역사회기관, 청소년 사법기관 및 기타 장면에서 위기 청소년들과 일하는 전문가들이 ART를 보다 쉽게 실행할 수 있도록 하였다.

여타의 인기 있고 효과적인 프로그램과 마찬가지로 해를 거듭하면서 ART는 많은 제공자들의 눈길을 끌었다. 프로그램 실행과 훈련자의 교육 역량을 보장할 표준화된 훈련과 자격 절차 없이는, ART도 프로그램 개발자들이 알고 있는 '프로그램 표류'를 어느 정도 겪을 수밖에 없었다. 이른바 프로그램의 원래 기준이 경우에 따라 프로그램을 사용하는 기관의 욕구에 맞게 절충되거나 희석되는 경우이다. 이번 3판은 골드스타인과 내가 처음 개발할 때의 기본원리로 되돌아간다는 의미에서 ART의 재탄생이다. 그런 만큼 이 책의 한 가지 목적은 전문가들에게 ART의 실행에서 효과적인 것으로 입증된 핵심개념과 전략을 되돌려주는 데 있다. 이러한 목표를 성취하기 위해 다음과 같은 노력을 하였다.

- ART의 의도 및 개발의 역사, 철학, 이론을 재차 강조하였다.
- 전문가들의 실제 경험을 기술하고, 각 구성요소의 기법과 전략을 상세히 설명하

였다.

- 실제 집단회기의 대화를 예시로 각 구성요소의 이론을 이해하기 쉽게 하였다.
- 전문가의 경험, 프로그램 평가 및 연구에 기초해 실행과정을 개선하였다.
- 회기의 형식으로 프로그램 절차와 내용을 제시하고, ART 집단모임을 촉진하기 위해 단계적 교육을 포함하였다.

청소년의 분노감과 공격성의 이해

청소년들의 공격성은 전혀 새로운 것이 아니다. 20세기에 들어설 때까지만 해도 각 사회에서 공격적이나 폭력적으로 행동하는 아이들은 성인과 같이 취급되었다. 보통 형사사법체계나 '정신위생' 체계에 감금되거나 수용되었고, 1899년이 되어서야 공격적이고 폭력적인 아동청소년을 다루기 위한 가정법원이 일리노이주의 쿡카운티(Cook County)에 처음 창설된 것이다. 1990년대 초기까지는 단지 가정법원 모형 제도의 상황에서, 청소년 폭력 증가에 대한 우려로 보다 가혹한 법과 성인시설에 재감금이라는 결과를 낳았다.

우리는 공격적인 사회에서 생활하고 있으며, 청소년 비행과 공격성은 커다란 사회적 문제로 대두되고 값비싼 경제적 비용과 고통 및 불행은 지속되고 있다. 불운하게도 공격성은 전형적으로 변화하기 상당히 어려운 행동이다. 많은 청소년에게서 공격성과 반사회적 행동은 거의 아무런 대가를 치르지 않고서도 즉각적으로 강화된다. 공격성은 이론상 난해한 것은 아니나 단일 차원으로 쉽게 설명할 수 없는 복잡한 인간 행동의 하나다. 청소년의 경우 관찰 가능한 행동의 형태를 띠고 있다. 공격성은 보통 대인관계에서 인지적인 오해로부터 분노감이 자라나면 시작된다. 공격성과 폭력적 행동은 전형적으로 인지가 일으키는 정서적 각성에 의해 에너지와 동력을 받는다. 요약하면 공격성은 행동적이며 인지적이고 정서적인 현상이다. 따라서 공격성과 폭력적 행동을 해결하기 위해 고안되는 개입은 다차원적이어야 한다.

청소년 공격성의 심리학

공격적인 청소년을 특징짓는 4가지 주요 특질은 언어적·신체적 공격성, 기술 결함, 미성숙성 그리고 철회다.

언어적 · 신체적 공격

퀘이(Quay, 1965)는 다변량 분석을 통한 청소년행동의 연구로 공격적인 아동의 분류를 개발하였다. 그가 분류한 공격적인 아동의 행동은 싸움, 방해, 욕설, 자극과민성, 호전성, 권위대상에 반항, 무책임성, 지나친 관심추구행동, 낮은 죄책감 등이다. 또한 부모, 또래 및 사회제도와 갈등을 초래하는 적극적인 반사회적 공격성도 관찰하였다(Quay & Hogan, 1999).

기술 결함

대부분 공격성을 포함한 행동적 문제가 있는 청소년들은 기술이 결핍되어 있다. 그들은 주변 환경과 성공적으로 협상하는 데 필요한 사회적 기술을 개발하지 못했다. 글릭(Glick)의 보고에 의하면, 실제 뉴욕의 공공 및 사립기관에서 함께한 비행청소년들의 90% 이상이 심각한 기술 결함을 드러냈다(Glick, 1978, 1979, 1995).

미성숙성

미성숙한 행동은 짧은 주의력, 서투름, 수동성, 무능감, 백일몽, 어린 놀이친구의 선호 등을 포함한다. 이러한 형태의 행동은 흔히 또래와의 소외를 초래한다. 정의상, 이러한 행동들은 발달단계의 초기에는 연령에 적절할 수 있으나 청소년의 경우에는 부적절한 것이다(American Psychiatric Association, 2000; Bronfenbrenner, 1979).

철회

품행장애의 경우 미성숙성은 타인들에 대한 공격을 야기한다. 인격장애의 경우 미성숙성은 철회를 초래한다. 철회 행동은 성격문제, 신경증적 경향성, 과잉억제로 분류되고 이런 상태는 우울, 열등감, 자의식, 수줍음, 불안, 과민감성, 은둔, 소심함 등으로 규정되어 왔다. 이들 속성은 통상적으로 공격성과 관련되지는 않지만, 수동공격적인 또는 공격적인 청소년에게서 자주 함께 발생한다.

청소년 공격성의 원인

한때 공격성은 표현되어야 하는 인간의 본능적 행동, 전투 에너지로 여겨졌다. 최근에서야 공격성의 정화는 유익하다는 생각으로 변화되었고, 공격적 본능이란 선천적이고 피할 수 없다는 생각은 편의주의적 신화로 비쳤다. 공격성에 유전적 요소가 관련될 수 있으나, 근본적으로는 학습행동으로 보인다.

밴듀라(Bandura, 1969, 1973)와 다른 연구자들은 공격성을 직접 혹은 대리적 학습으로 보았다. 직접 학습은 강화가 뒤따를 때(즉, 행동이 일어나고 이어 기대한 바람직한 결과가 나타남), 대리 학습은 상대방이 공격적으로 행동하고 이어 그 행동에 대한 보상을 받는 것을 관찰함으로써 발생한다.

가족 영향

공격성에 관한 최초의 교육과 학습의 주된 교실은 가정이다. 부모의 4%는 자신의 자녀들에게 심각하게 신체적인 학대를 가하고(예, 화상, 골절, 뇌진탕에 이를 정도의 흔들기 등), 90%는 적어도 체벌을 가한다(예, 손바닥으로 때리기, 주먹으로 치기, 뺨 때리기; Straus, 1994). 성인이 아동을 때리는 경우 아동은 벌을 야기한 행동을 멈추게 되고 따라서 부적 강화가 되며, 아동의 다음 위반에 대한 반응으로 체벌을 사용할 가능성이 증가하게 된다. 성인과 아동 모두 '힘이 곧 정의'라는 격언의 진리를 배우는 셈이다.

형제간의 역동도 유사하며 아동들은 공격성의 보상을 쉽게 학습한다. 거실에서 두 아이가 TV를 보고 있다고 하자. 오빠는 스포츠경기를 보고 싶어 하고 여동생은 만화를 보고 싶어 한다. 오빠가 동생에게 고함지르자 동생은 방으로 들어간다. 오빠는 고함의 효력을 학습하고, 동생은 추가적 공격을 피하기 위한 굴복을 학습한다.

학교와 지역사회 영향

학교와 지역사회는 공격성을 학습하는 주요 장소다. 이러한 주장의 지지는 증가하는 청소년 또래집단의 공격성향(Csikszentmihalyi & Larson, 1984; Goldstein, Apter, & Harootunian, 1984), 그리고 앞서 기술한 부모와 아동의 예와 같은 직접적인 방법이다.

한편, 학교만이 공격성을 배우는 현장은 아니다. 청소년은 또래에게 배우고, 거리는 그러한 학습을 연습할 최상의 무대를 제공해 준다. 청소년에게 패거리는 도처에 존재해 왔다. 패거리 활동이 세계적으로 증가하고 있고(Howell & Decker, 1999), 집단

패거리는 대중매체에서 보는 폭력을 행동화할 기회를 제공하고 있다. 집단 패거리는 혜택받지 못하고 권리를 빼앗긴 청소년에게 가족을 대체하고 이로써 폭력의 고리는 지속되는 것이다.

대중매체와 기타 사회적 영향

공격성은 학교와 가정에서만 가르치고 배우는 것은 아니다. 인간행동에 미치는 대중매체의 영향은 가늠하기 어렵지만, 많은 사람은 대중매체의 폭력 수준이 우리 사회의 폭력 수준을 증가시킨다고 말한다. 이러한 매체 폭력의 부정적 영향은 공격성 효과(모방폭력과 자기주도폭력의 증가), 피해자 효과(두려움, 불신 및 자기보호의 증가), 방관자 효과(둔감화, 냉담성의 증가; Comstock & Paik, 1994; Donnerstein, Slaby, & Eron, 1994; Hoberman, 1990)를 포함한다. 매체 폭력을 시청한 청소년들은 타인을 향한 공격성이 증가하는 경향이 있다. 이들은 폭력적 행위를 하고 나서, 후회와 죄책감을 더 낮게 보고하고 남자다움과 공격성의 강도를 더 높게 보고하였다(Comstock & Strasburger, 1990). 인터넷과 휴대전화로 인해 청소년들은 자신들의 공격적 욕구를 충족시키기 위한 폭력 활동과 전략 추구에 서로 즉각적이고 지속적으로 연대하고 있다.

기타 요인들

많은 복잡한 행동처럼 공격성은 천성과 양육의 결과로 보인다. 질만(Zillman, 1999)의 연구에서 보고되는 공격성을 촉진하는 조건들은 다음과 같다.

- 약한 가족 및 사회적 유대감
- 빈번한 공격성의 표적
- 성공적인 공격적 행동의 관찰
- 공격적 행동의 빈번한 강화
- 정보처리기술 결함(예, 대안적 해결책 생성능력 부족, 적대적 의도의 과잉귀인 등)
- 도덕적 추리의 결함(예, 타인의 조망 취하기 능력 결함, 공격성이 합법적이고 자기 가치를 높여 주며 자기와 가족 등에게 긍정적이고 가시적인 보상을 준다는 믿음)
- 분노유발상황에서 대안적인 친사회적 기술의 파악과 사용 결함

친사회적 기술과 분노관리기술의 진화

1970년대 초기까지 공격적 행동을 다루는 심리치료는 언어(talk)에 국한되었다. 정신역동적 또는 정신분석적 치료는 내담자의 발달과 자각을 방해하는 무의식 자료를 이끌어 내고 해석함으로써 반사회적 행동을 치유하고자 하였다. 인본주의적 또는 내담자중심 치료는 온정적이고 공감적이며 최대한의 수용적인 조력 환경을 제공함으로써 개인 잠재력의 발휘를 추구하였다. 행동수정은 바람직한 행동이나 근사 행동이 발생했을 때 수반되는 강화를 보장하고자 하였다. 이러한 접근들은 모두 내담자의 반응목록 안에 바람직한 행동이 존재하고, 분석과 해석, 치료적 환경 및 수반강화를 통해 표출되는 그것으로 가정한다.

인지행동적 접근

밴듀라(Bandura, 1973)를 시작으로 노바코(Novaco, 1975, 1979)에 이르는 1970년대 분노감은 유발사건에 대한 정서적 스트레스 반응으로 정의되었고 개입은 인지적, 정서적 영역 모두를 다루기 시작하였다. 인지재구조화와 같은 인지적 접근이 인지행동적 프로그램의 구현과 개발의 토대였다.

아론 벡(Beck, 1976)은 정신과의사로서 처음으로 인지재구조화 접근을 도입하였다. 본질적으로 인지재구조화는 위험행동을 감소시키는 새로운 행동을 찾기 위해 자신의 사고, 감정, 신념 및 태도를 평가하는 과정이다. 앨버트 엘리스(Albert Ellis)는 벡의 연구를 개인의 생활영역에서 겪는 정서적 문제를 합리적으로 다루도록 돕는 합리적 정서치료(Rational Emotive Therapy: RET)에 적용하였다(Ellis, 1962). 초기의 연구에 힘입어 엘리스는 인지적 절차를 개인의 행동 특히 학교장면의 학생들에게 적용하여 합리적 정서 행동치료(Ellis, 1997)를 선보였다.

요첼슨과 새미나우(Yochelson & Samenow, 1977)는 인지재구조화의 원리를 범죄 집단에 적용한 첫 번째 인물들이다. 이들은 스태프와 범죄자가 범죄행동과 관련된 사고의 오류를 파악하는 데 도움되는 절차를 고안하였다. 인지재구조화에 기초한 또 다른 프로그램은 부시와 빌로도(Bush & Bilodeau, 1993)가 개발한 인지적 자기변화(Cognitive Self-Change)다. 이 집단 프로그램은 가장 폭력적인 범죄자를 위해 개발된 것으로, 그들의 위험관련 사고를 새로운 사고로 대체함으로써 위험행동을 바꾸도록 교육한다. 집단 상황에서 범죄자들은 '사고 보고서(thinking report)'를 활용한다. 사고 보고서는 범죄자가 문제 상황을 파악하고 나서 그 상황에 관한 자신의 생각, 생각 중에 가졌던 감정, 그리고 사고와 감정의 결과로써 드러나는 태도와 신념을 기술하는 구조화된 기법이다.

이러한 접근에 기초하는 다른 프로그램으로는 아프리카계 미국인의 변화와 변혁 프로그램인 통과의례(Rites of Passage, Preudhomme & Dunston, 1989), 도덕적 재의지 치료(Moral Reconation Therapy, Robinson & Little, 1988), 추론과 재활(Reasoning and Rehabilitation, Ross & Fabiano, 1986) 등이 있다. 기타 인지적 기술 프로그램은 문제해결(Problem Solving, Taymans, 1997), 선택(Choices, Reno, 1997), 변화를 위한 사고(Thinking for a Change-Revised, Glick, Taymans, & Bush, 2010)가 있다.

이러한 프로그램들은 학교, 지역사회기반 프로그램, 청소년 사법 프로그램, 성인교도소, 정신병원 등의 다양한 체계에서 실행되었고, 친사회적 행동에 미치는 프로그램의 효과는 이미 잘 알려져 있다.

앞으로의 방향

최근 메타분석 연구를 통해 공격성, 폭력 및 범죄행동의 이해에 대한 의미 있는 진전이 이루어졌다. 도널드 앤드류스(Donald Andrews)와 연구진은 범죄행동과 특정 변인 간 관계를 탐색하기 위해 많은 독립 연구들을 분석하였다(Andrews & Bonta, 2003). 그들은 반사회적 행동과 관련성이 높은 일련의 범죄유발적 요인들을 밝혀냈다. 이러한 요인들은 동료, 대인관계, 범죄를 지지하는 개인의 태도와 가치 및 신념, 행동 과거력, 정신병리, 원가족의 사회계급, 개인의 기질과 적성 및 초기의 행동 과거력, 초기의 가족 상황, 학교기반 위험요인 그리고 개인의 교육적, 직업적 및 사회경제적 성취 등이다.

이러한 범죄유발적 요인들을 완화시키기 위해 고안된 프로그램들은 다음과 같은 내용을 담고 있다.

- 반사회적 태도의 변화
- 반사회적 또래 관계
- 가족의 관찰과 지도감독 촉진
- 반범죄적 역할모델의 확인과 유대 촉진

- 반사회적 감정의 변화
- 자기통제, 자기관리 및 문제해결기술의 향상
- 거짓말, 훔치기 및 공격성을 친사회적 행동으로 대체하기
- 물질의존 감소

공격적이고 폭력적인 청소년들의 변화를 위한 프로그램의 특징은 사회학습전략, 행동기법, 인지적 방법, 교육적 방법, 구조적 및 체계적 가족 접근 등으로 나타났다(Gendreau, 1996). 범법자의 반사회적, 공격적, 폭력적 속성에 영향을 주지 못한 것으로 드러난 프로그램은 비지시적 내담자중심 상담, 비구조화된 정신역동적 치료, 개인적 책임감에 초점을 두지 않는 강한 집단 상호작용이 있는 접근법, 공식적인 처벌의 주제를 담는 접근법 등이었다.

마크 립시(Lipsey, 1999)는 반사회적이고 공격적인 성격의 영향력을 감소하고자 하는 치료적 개입에 참여한 범법자에게 효과적이라고 보고된 프로그램을 평가하였다. 메타분석 결과, 가장 좋은 치료법이 평균 30% 정도 상습성을 감소하는 것으로 나타났다. 그러한 치료법은 구조화되고 초점적인 프로그램이었고, 전문적인 프로그램 스태프 혹은 임상가들은 임상적으로 관련성 있는 '적절한' 것으로 평가하였다. 환경치료(Milieu therapy)는 심각한 청소년 범죄자들에게 치료적 효과가 거의 없었다.

미국과 캐나다 전역의 프로그램을 조사한 에드워드 라테사(Latessa, 2006)의 연구결과 범죄행동, 공격성과 폭력성 및 재범성향의 감소에 효과적으로 영향을 미치는 프로그램은 1) 프로그램 최고책임자의 프로그램 개발과 실행에 참여, 2) 프로그램 스태프의 훈련, 지도감독 및 기관의 지지, 3) 범죄자 자신의 프로그램 계획과 실행에 참여, 4) 새로운 지식에 근거한 프로그램 평가 및 수정, 5) 내적 타당도와 신뢰도가 있는 이론적 구성개념에 따른 프로그램 개발 정도에 달려 있는 것으로 나타났다.

이러한 연구로부터 나온 원칙은 프로그램 개발자에게 새로운 치료적 접근법과 기법 개발에 관한 시사점을 제공하는데, 많은 원리와 기준이 ART 프로그램에 반영되었다.

이 책의 구성

이 책은 4부로 구성되어 있다. 1부는 ART 프로그램을 소개하고 실행상의 논점들을

다룬다. 1장에서는 ART의 세 구성요소인 사회기술훈련(행동적 요소), 분노조절훈련(정서적 요소), 도덕추리(인지적 요소)를 개관한다. 아울러 프로그램 참여자와 촉진자의 선발과 준비, 스케줄, 프로그램 유지와 지속 같은 관심사도 설명한다.

2장, 3장, 4장에서는 ART의 세 구성요소를 자세하게 검토하고 있다. 각 장은 ART에 적용된 접근법의 이론적 기초와 근거를 제시하고, ART 집단촉진자의 최상의 교수법에 관한 논의와 대화 예시를 포함한 회기절차를 기술하고 있다.

위기청소년을 대상으로 하는 모든 개입방법은 프로그램을 실행하고자 하는 전문가에게 어려운 문제이다. 해를 거듭하면서 ART의 수행을 떠안고 있는 스태프들은 참여자의 흥미를 유지하고 학습을 촉진하며 집단회기에서 습득한 지식을 실생활 장면으로 확장할 수 있는 전략에 관한 문제를 제기하였다. 그 목표를 위해 5장에서는 참여자의 동기와 저항을 다루고, 6장에서는 수행의 일반화를 증진하는 방법을 기술하고 있다.

7장에서는 모델의 적용과 프로그램의 효과성에 대한 평가를 기술하고 있다. ART를 통합적이고 충실하게 성공적으로 수행한 모범적인 기관, 기구 및 사법권 등을 제시하고 있다. 이들 프로그램 모델은 국내외의 다양한 상황에서 운영하는 수많은 프로그램 중의 일부이다.

8장에서는 ART의 실시와 관리를 다루고 있는데, 우리가 라테사(Latessa, 2006)의 연구와 그 외의 연구(Ndrecka, Bechtel, Lowenkamp, & Latessa, 2009)로부터 배웠던 것을 알리고자 노력한 부분이다. 인지행동적 개입은 책임자가 처음부터 프로그램 수행에 참여하고, 관리자와 지도감독자가 진지하게 관찰하며, 철저하게 검토하고, 스태프에게 충분한 지원을 할 경우 가장 효과적이라는 사실이다.

2부, 3부, 4부에서는 각 10회기씩 총 30회기의 형태로 10주 ART 프로그램 운영에 대한 단계적 지침을 제공하고 있다. ART 구성요소에 따라 구체적인 회기 목표, 자료 및 학습할 프로그램의 내용을 제시하고, 여러 유인물과 자료들을 포함하였다.

ART 프로그램의 회기절차에 이어 유용한 부록을 제시하였다. 여기에는 청소년용 스킬스트리밍 커리큘럼, 회기 평가 체크리스트, 스태프/보조진행자 자료, 대안적 도덕추리 문제 상황 및 기타 유익한 양식을 실었다.

1부

공격성 대체 훈련(ART) 프로그램 내용과 실행

1장 ART

공격성 대체 훈련(ART)의 내용과 실행에 대한 관심

아동 및 청소년의 모든 공격적 행동에는 내외적인 다양한 원인이 있다. 내부적인 원인과 관련해 공격적인 청소년들은 흔히 일련의 연동하는 결함과 때로 상호 복합적인 결함을 지닌다. 앞서 언급한 것처럼 이들은 특징적으로 친사회적 행동을 형성하는 개인 내적, 대인관계 및 사회인지적 기술이 부족하거나 결여되어 있다. 그들의 파괴성과 외현적인 공격성의 많은 부분은 심리적 결함과 사회기술 결함의 반영이다. 기술 결함을 지닌 청소년들은 흔히 갈등 상황에서 요청하고 협상하고 절충하고 적절하게 반응하는 것 이상으로 질문하는 지식과 능력이 결핍되어 있다. 대신 그들은 자기통제보다는 신체적으로 행동하고 즉각적인 만족 욕구를 충족시키고자 한다. 고도로 각성되고 초조해하며 공격적인 상태가 된다. 이러한 청소년들은 욕구좌절을 다루는 데 필요한 기술이 부족하다. 즉, 타인들의 불평, 분노, 지시 및 비난에 효과적으로 반응하거나 중요한 개인적 및 대인관계 영역에서 적절하게 행동하는 기술이 부족해 보인다. 흔히 자신들의 목표획득을 위해 공격적 수단에 지나치게 의존하는 성향과 충동성은 분노조절의 결함을 반영하고 있다. 인지적 영역인 도덕추리에서 공격적인 청소년들은 특징적으로 자기중심적이고 구체적이며 초보적 수준의 추론을 한다.

이러한 이론적 관점에서 우리는 세 가지 핵심 결함을 다루고자 집단의 ART를 선택하였다. ART에서 다루는 것보다 공격적인 행동의 많은 내외적 선행요인들이 있겠지만, 우리가 예상하기로는 이들 행동을 변화시키려는 노력과 관련된 성과변량의 많은 부분이 친사회적 기술, 분노조절 및 도덕추리 영역에서 향상이 일어날 것이라고 본다.

ART 구성요소

ART는 사회기술훈련, 분노조절훈련 및 도덕추리의 통합적인 구성요소를 포함하고 있다.

사회기술훈련

ART의 행동적 요소인 사회기술훈련은 친사회적 기술을 가르치는 체계적인 심리교육적 개입이다. ART에서 습득하는 기술은 참여자의 특징적인 공격적 행동을 친사회적 행동으로 대체할 기회를 제공해 준다. 회기는 네 절차를 포함하고 있다.

1. 모델링: 전문가가 기술을 구성하는 행동들(단계들)의 예시를 보여 준다.
2. 역할연기: 집단구성원이 관련된 실생활 장면을 이용하여 각 기술의 단계를 시도하고 연습할 기회를 제공한다.
3. 수행의 피드백: 기술 단계의 전문가 모델의 연기에 부합하는 청소년의 역할연기에 대해 칭찬, 재교육 및 관련 피드백을 제공한다.
4. 전이 훈련: 훈련 상황에서 학습한 기술을 지속하고 실생활 환경(기관, 집, 학교, 지역사회)에서 필요시 사용할 수 있는 기회를 증가시키는 일련의 활동에 참여를 격려한다.

분노조절훈련

ART의 행동적 요소인 사회기술훈련은 청소년에게 공격적으로 행동하는 대신 무엇을 해야 할지를 가르쳐 준다. 상보적 방식으로 ART의 정서적 요소인 분노조절훈련은 무엇을 하지 말아야 할지를 가르쳐 준다. 즉, 분노조절훈련의 목표는 청소년들에게 분노의 억제를 교육하는 데 있다. 회기를 진행하면서 참여자들에게 분노-유발(각성) 경험을 묘사하도록 요구하고, '싸움 상황 일지(Hassle Log)'에 기록하도록 한다. 그런 후 다음과 같은 행동사슬로 다툼 상황에서의 반응을 학습한다.

1. 유발요인 확인: 분노반응을 야기한 외부 사건과 내부 자기 진술에 주의를 기울

인다.

2. 단서 확인: 근육긴장, 붉어진 얼굴, 꽉 쥔 주먹 같은 개별 신체적 상황을 인식하고, 이는 청소년에게 자신이 경험하고 있는 정서가 분노라는 것을 알려 준다.
3. 분노감소요인 사용하기: 리마인더의 사용 같은 개인의 분노수준을 낮추기 위해 고안된 기법들을 사용한다(예, 심호흡, 숫자 거꾸로 세기, 평화로운 장면 상상하기 등).
4. 리마인더 사용하기: "침착해" "진정해" "흥분하지 마" 같은 자기말 혹은 자기 진술을 한다거나 혹은 타인의 행동에 대해 비적대적인 설명으로 표현한다.
5. 미리 생각하기: 행동의 가능한 결과를 평가해 본다("내가 이렇게 한다면, 어떤 일이 일어날까").
6. 자기평가 사용하기: 갈등 상황에서 어떻게 반응하는 것이 잘 하는 것인지 심사숙고해 보고(유발요인 확인, 단서 확인, 리마인더 사용 및 분노감소요인 사용), 효과적인 수행을 한 경우 자신을 보상하거나 보다 잘 할 수 있도록 코칭한다.

분노조절훈련의 배경과 절차는 3장에서 자세히 다룬다.

도덕추리

사회기술훈련과 분노조절훈련은 일반적으로 공격성을 유발하는 상황에서 참여자가 해야 할 행동과 하지 말아야 할 행동의 학습을 도와준다. 그러나 실생활에서 공격적 행동은 즉각적이고 일관적이며 효율적으로 보상받기 때문에 청소년들은 여전히 의식적으로 공격적인 행동을 선택할 것이다. 따라서 ART는 인지적 요소인 도덕추리 회기를 포함하고 있다. 이 회기는 참여자의 공정성, 정의 및 타인의 욕구와 권리에 대한 관심 수준의 향상을 도와준다.

이 회기 내의 이른바 사회적 의사결정 모임에서 청소년들은 각기 다른 수준의 도덕추리를 고려하면서 자신들의 생활과 관련된 문제 상황을 논의한다. 이 논의는 인지적 갈등 경험을 유발하고, 이를 해결해 나감으로써 참여자의 추리를 진척시킨다.

도덕추리 회기는 네 단계를 포함하고 있다.

1. 문제 상황의 소개
2. 도덕성 기르기

3. 도덕발달 지연 교정하기
4. 도덕성 굳히기

4장에서 도덕추리 요소의 발전과 내용 및 절차를 자세히 다루고 있다.

구성요소의 통합

사회기술훈련과 분노조절훈련은 참여자 행동의 단기적 변화를 이끌어 낸다. 도덕추리 회기는 조망 취하기(perspective taking)에 영향을 주지만 단기적 행동 변화에는 영향력이 낮아 보인다. 우리는 이 세 가지 개입을 개별적으로 사용하는 것보다 조합하는 경우 공격적 폭력적 행동의 감소에 보다 신뢰할 수 있고 장기적으로 긍정적인 성과를 가져올 것이라고 생각하였다. 7장의 프로그램 평가에서 보여 주듯이 실제 그렇다.

여기에서는 흔히 학교, 지역사회, 기관 등에 제공하고 있는 10주 ART 프로그램의 개요를 살펴보고자 한다. 이 형식에서 집단구성원은 일주일에 3회 ART 회기에 참여하는데 각 회기는 사회기술훈련, 분노조절훈련, 도덕추리를 배정한다. 보통 한 회기는 1시간 진행하고, 도덕추리의 경우 1시간 반 정도 지속되기도 한다.

프로그램에 포함된 10가지 사회기술은 세 기준에 근거해 선정되었다. 공격적인 행동 감소의 효과성, 반사회적 충동성의 친사회적 예방접종으로서 가설적 가치, 프로그램 평가와 연구모형 지침에 부합하는 적합성이다. 분노조절훈련은 파인들러(Feindler, 1979; Feindler & Ecton, 1986)가 창안한 프로그램의 수정판으로, 이는 마이헨바움과 노바코의 초기 연구에 근거한 것이다. 도덕추리에 포함된 문제 상황은 공격적인 청소년을 위해 개발된 EQUIP 프로그램에서 깁스 등(Gibbs et al., 1995)이 채택한 상황이다.

〈표 1-1〉은 10주의 ART 프로그램의 구성을 보여 주고 있다. 사회기술훈련과 도덕추리 회기는 독립적인 기술과 문제 상황이고, 분노조절훈련 회기의 내용은 순차적이다. 중요한 점은 프로그램 수행 시 각 회기는 다음 회기의 바탕이 된다는 점이다. 즉, 해당하는 주의 사회기술훈련의 기술은 분노조절훈련 회기의 내용과 관련되고, 이는 이어지는 도덕추리 문제 상황과 연관되어 있다. 따라서 프로그램의 최대 효과를 얻기 위해서 참여자들은 목록의 순서대로 모든 회기를 받아야 한다.

〈표 1-1〉 10주 ART 커리큘럼

주	사회기술훈련	분노조절훈련	도덕추리
1	**1회기** 불평 호소하기	**2회기** 분노의 ABC	**3회기** 짐(에밀리오)의 문제 상황
2	**4회기** 상대방의 감정 이해하기	**5회기** 싸움 상황일지와 유발요인	**6회기** 제리(라토야)의 문제 상황
3	**7회기** 어려운 대화 대비하기	**8회기** 단서와 분노감소요인	**9회기** 마크(이샨)의 문제 상황
4	**10회기** 상대방의 분노감 다루기	**11회기** 리마인더(자기교습적 진술)	**12회기** 조지(엔지오)의 문제 상황
5	**13회기** 상대방 돕기	**14회기** 미리 생각하기	**15회기** 샘(카르멘)의 문제 상황
6	**16회기** 싸움에 말려들지 않기	**17회기** 자기평가	**18회기** 레온(체리)의 문제 상황
7	**19회기** 비난 다루기	**20회기** 분노행동주기	**21회기** 레지(빅베어)의 문제 상황
8	**22회기** 집단압력 다루기	**23회기** 사회기술 사용과 분노조절사슬 전 과정 연습	**24회기** 알론조(타라와 라숀다)의 문제 상황
9	**25회기** 애정 표현하기	**26회기** 분노조절사슬의 전체과정 시연	**27회기** 후안(린)의 문제 상황
10	**28회기** 실패에 내처하기	**29회기** 전 과정의 복습과 분노조절사슬의 연습	**30회기** 안토니오(엠마)의 문제 상황

주: ( ) 안의 도덕추리 상황은 부록 D에 있음

실행의 관심사

이제 프로그램 운영에 필요한 시설과 자료, 참여자 선발과 준비, 집단구성, 프로그램의 적용과 확장 등과 관련되는 이슈를 살펴볼 것이다.

시설과 자료

ART는 인지행동적 개입의 일반적 원리를 따른다. 10주 동안 주에 세 번씩 만나기 때문에 집단을 위한 전용공간을 마련하는 것이 유익하다. 이는 프로그램 포스터와 기타 매주 소개할 집단자료를 쉽게 참고할 수 있도록 벽에 붙여 놓을 수 있다. 공간은 책상이나 탁자를 포함해 14명 정도가 편안하게 활동할 수 있어야 한다. 또한 참여자의 학습과 상호작용을 원활히 하기 위해 환기가 잘 되고 적절한 온도조절이 가능해야 한다. 집단모임은 응급상황을 제외하고 방해받지 않아야 한다.

[그림 1-1]은 ART 수행 시 선호되는 U자형 배치다. 집단배치에서 참여자들은 서로를 마주 볼 수 있고, 프로그램 포스터나 관련되는 프로그램 정보를 기록할 수 있는 칠판이나 화이트보드를 볼 수 있다. 공동촉진자는 집단구성원과 함께 앉아 있거나 특정 행동적 관심사를 전달하기 위해 돌아다닐 수 있다.

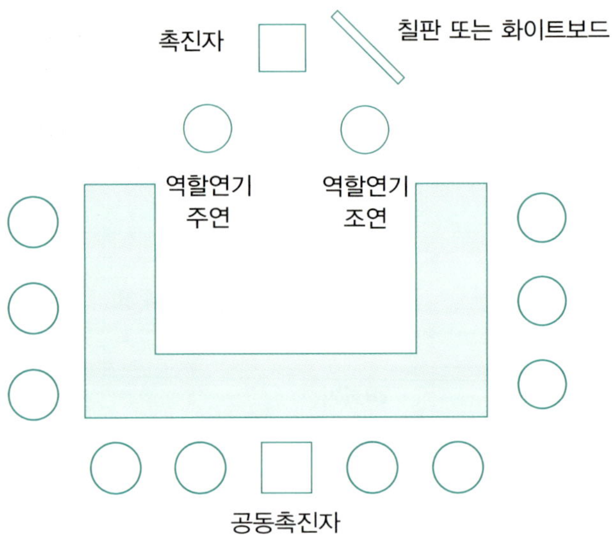

[그림 1-1] ART의 방 배치

사회기술훈련과 분노조절훈련 회기에서, 참여자들은 학습한 내용을 역할연기를 통해 연습한다. 역할연기 시에 두 명의 집단구성원은 집단의 정면에 자리하고 다른 구성원 모두는 이들을 바라볼 수 있으며, 촉진자는 필요시 격려나 코칭을 제공할 수 있다.

프로그램을 운영하는 데 필요한 자료들은 화이트보드와 매직펜, 책에 있는 자료나 회기 유인물을 만들기 위해 복사기, 컴퓨터, 프린터 등이 쉽게 이용 가능하거나 준비되어 있어야 한다.

과제나 기타 자료들을 한 곳에 보관할 수 있는 집단구성원 개인용 바인더나 폴더가 필요하다. 가름지로 프로그램 구성요소별 자료 구분이 가능하고, 완성한 과제를 시간 순서로 보관할 수 있는 바인더가 적절하다.

사회기술의 명칭과 단계를 제시한 기술카드(사회기술훈련 1주 참고), 프로그램 구성요소의 구체적인 내용을 적는 포스터도 필요하다. 기술카드는 각 사회기술훈련 회기에서 제시되고, 촉진자는 이를 복사해 각 구성원에게 배부한다. 포스터 또한 각 회기의 책자에 제시되어 있고, '22 × 28cm' 크기의 형식으로도 제시할 수 있다. 훈련회기에서 포스터의 사용과 더불어 학교나 기관 주변에 포스터를 걸어 두는 것도 유익하다. 이는 참여자들에게 프로그램의 내용을 상기시키는 수단이 되고, 프로그램에 직접 참여하지 않는 학교와 기관의 스태프에게는 관찰하고 보상하며 필요시 코치할 기회를 알려 주는 수단이 된다. 많은 촉진자는 때로 참여자들의 도움을 받아 자신만의 포스터를 제작하기도 한다.

참여자 선발과 준비

ART를 사용하는 대부분 학교, 기관, 주거시설에서 청소년들은 그들의 교육이나 웰빙에 책임이 있는 스태프에 의해 프로그램에 배정된다. ART에 비자발적으로 배정된 집단구성원들은 대개 청소년사법기관이나 정신건강 또는 특수교육프로그램으로부터 의뢰된 경우다. 정규 학교와 지역사회 장면의 참여는 보통 자발적이며 교사나 관리자의 요청으로 이루어진다. 참여 이유와 무관하게 ART 포함기준은 친사회적 기술, 분노조절 및 도덕추리 능력의 결함이다.

집단구성

ART 집단은 12명 정도까지를 권유하는데, 한 집단에 8~10명이면 충분하고 일부 구성원의 탈락에도 집단과정을 손상시키지는 않는다. 때로 범죄에 관련되거나 가족이 이사하는 경우 참여자의 탈락이 발생한다. 시설에서 석방되거나 옮기는 경우에도 탈락이 발생한다. 이유야 어떻든 프로그램에서 참여자가 탈락하면 결원이 있고, 집단구성원이 7~8명 이하인 경우 도덕추리의 집단과정과 사회기술훈련 및 분노조절훈련의 기술학습과정이 손상될 수 있다. ART는 주로 상호작용과 과정에 의존하기 때문에 촉진자는 참여자가 집단을 포기하지 않도록 해야 한다. 촉진자는 개별 참여자가 그만두게 된 이유를 평가하고 집단에 다시 참여하도록 개인적인 영향력을 발휘하는 노력이 필요하다.

개별모임

일단 집단이 구성되면 다음 단계는 ART 참여자들을 준비시키고 동기를 부여하는 것이다. 이상적으로는 개별미팅에서 기본적인 프로그램 정보를 먼저 제공하고, 이후 집단이 모이면 집단에서 제공한다. 집단의 목적, 절차, 혜택 및 규칙이 포함된다.

ART의 목적은 개인이 직면하고 있는 구체적인 일과 관련되어 제시된다. 예를 들어, "네가 지난주 러셀과 싸움에 휘말리고 이틀 동안 정학 처분을 받은 일을 생각해 보자. 오늘 모임에서는 그러한 종류의 싸움에 휘말리지 않도록 생각하고 행동하는 새로운 방식을 배울 것이다."라고 촉진자는 이야기할 수 있다. 이와 같은 소개가 집단의 준비와 동기부여 모두에 도움이 될 것이다.

다음에는 ART 프로그램의 일반 절차를 설명한다. 10주의 표준 커리큘럼의 경우 촉진자는, 집단은 1주에 세 번 만나고, 공격성에 대한 대안 기술, 분노를 조절하는 방법 그리고 보다 효과적인 방식으로 생각하는 방법을 배울 것이라고 말한다.

집단참여의 기본적인 규칙에 대해서도 말해 준다.

1. 출석과 참여
2. 존중하기(싸우지 않기, 비하하지 않기)
3. 개방적이고 정직하기
4. 집단에서 한 이야기는 집단 밖에서 말하지 않기

이용할 수 있는 혜택에 관한 설명과 혜택의 습득과 상실에 관한 구체적인 안내도 제공한다. 집단 행위의 규칙은 첫 집단 모임에서 보다 자세하게 제시한다.

촉진자 선발과 준비

ART 개시 이래 매우 다양한 배경과 자격을 지닌 많은 사람이 효과적인 촉진자가 되었다. 교사, 상담자, 학교심리학자, 청소년 돌봄 복지사, 사회사업가 및 교도관 등이 대표적인 ART 촉진자들이다. 때로 한 명의 촉진자가 집단을 효과적이고 생산적으로 이끌 수 있지만, 가능하다면 두 명의 촉진자가 함께하도록 권유한다.

효과적인 촉진자의 자질

효과적인 촉진자의 자질은 첫째, 개인적으로나 집단에서 청소년들과 편안하게 마주할 수 있어야 한다. 참여자들이 공유하는 관심사를 진지하게 받아들이고 정중하게 경청해야 한다. 청소년들을 개인적으로 만나든 혹은 집단에서 만나든, 숙련된 촉진자는 청소년기가 성인과 아이의 행동을 모두 드러내는 특징을 지닌 삶의 격변기라는 사실에 감수성을 지녀야 한다.

이러한 청소년의 복합 행동은 ART 집단에서 공격적, 저항적, 기타 난해한 행동으로 다양한 문제를 일으킬 수 있고, 이에 촉진자는 효과적으로 반응할 수 있어야 한다. 효과적인 촉진자는 청소년들의 사기를 떨어트리지 않고서 행동의 적절한 결과에 전념할 수 있고 집단의 진행을 유지할 수 있어야 한다. 흔히 나타나는 문제행동의 조정, 완화 및 제거 기법 등을 5장에서 자세히 다루고 있다.

많은 교육 및 훈련의 방법처럼, ART의 궁극적인 효과성은 교육절차와 커리큘럼의 내용과 함께 집단의 속성에 달려 있다. 집단은 안전한 곳인가? 모욕이나 협박 및 미묘한 괴롭힘으로부터 자유로운 곳인가? 촉진자는 유능한 교사나 상담자인 동시에 역량 있는 옹호자인가?

세 번째의 자질은 프로그램 내용을 잘 전달할 수 있어야 한다. 학위나 공식적인 자격에 상관없이 프로그램 교육은 생동감 있고 활기차며 여러 학습능력과 방식에 민감해야 한다. 집단의 초점을 잃지 않고서 각 회기에서 개인들과 작업할 수 있어야 한다 정한 시간 내에 훈련을 마쳐야 하며, 한 활동에서 다른 활동으로 부드럽게 넘어가야 하고, 다양한 방식의 긍정적인 태도로 의사소통한다.

문화적 융화성

문화가 지리, 인종, 국가, 사회계급, 성별, 성지향성, 나이 등 어떤 것으로 규정되든, 의미 있는 ART가 되기 위해서는 다문화적 맥락을 고려하고 그러한 맥락에서 수용되는 방식으로 훈련해야 한다. 촉진자와 참여자들이 다른 문화의 집단구성원일 경우, 특정 문제의 정의나 지시하는 방식이 갈등을 유발할 수도 있다. 촉진자는 문화적으로 다른 학습자의 행동을 정확하게 해석하고, 모든 학습자의 경험을 극대화할 수 있는 효과적인 학습전략을 채택해야 한다.

ART는 기술의 강점 및 차이점 대 기술의 결함, 차별적인 훈련전략과 학습방침의 필요성, 참여자의 의사소통방식, 참여자 유형화의 잠재성, 참여자의 문화적 속성을 적절하게 고려하여 전달할 때 가장 효과적이다. 여기에는 촉진자의 지식, 기술 및 민감성이 요구된다.

스케줄

스케줄 문제는 두 가지 점에서 발생하는데, 스태프와 집단구성원에 관한 것이다. ART의 훈련스케줄은 주에 세 번의 회기, 그리고 한 회기에는 각 구성요소의 하나가 배정된다. 이상적으로 회기는 프로그램 내내 주마다 같은 날 같은 시간에 진행되고, 각 회기는 하루씩 건너서 진행된다. 이러한 스케줄은 학습의 일관성(같은 날 같은 시간)과 자극일반화(동일한 유형의 회기 간 간격은 참여자에게 과제를 완성하고, 집단에서 수행했던 것을 실생활에서 연습할 시간을 준다)를 포함한 전이훈련 개념에 근거한 것이다.

이런 엄격한 스케줄은 때로 문제가 되기도 한다. 스태프는 각 구성요소의 자료와 절차를 정확히 전달하기 위한 준비시간을 포함해 집단회기에 충분한 시간을 할애해야 한다(적어도 일주일에 세 시간). 또 다른 어려움은 집단촉진자가 한 명일 경우의 문제다. 이상적인 것은 아니지만, 한 명의 유능한 스태프로도 집단회기의 진행은 가능하다.

그렇다면 이제 매주 같은 시간과 장소에서 집단모임을 어떻게 준비할까? 이러한 연속성은 부분적으로는 지도감독과 행정적 지원에 달려 있지만, 물리적 공간을 마련하고 준비하는 결정은 궁극적으로 촉진자의 책임이다.

참여자의 스케줄 문제는 스태프에게 또 다른 어려움이다. 첫째, 기관 외부의 참여자들은 대체로 ART 참석 이외의 활동에 참여하는 시간을 갖고 있다(일, 학교, 지역사회 서비스, 보호관찰/가석방 약속 등). 일주일에 세 번 집단에 참석하는 것은 때로 부담스러운 일이다. 지역사회 장면에서 우리는 접촉하는 시간을 줄이지 않고서 회기의 수를 줄임으로써 이 문제를 해결하고자 하였다. 즉, 일주일에 1시간짜리 한 회기로 세 번 만나는 대신, 2시간짜리 한 회기로 두 번 만났다. 이 경우 첫 회기는 사회기술훈련 1시간과 도덕추리 30분, 두 번째 회기는 도덕추리 30분과 분노조절훈련 1시간으로 구성하였다.

집단촉진자에게 제기되는 또 다른 이슈는 참여자가 집단회기에 결석하는 경우다. 처음부터 스태프는 집단을 빠지는 것에 대한 무관용의 기준을 설정하는 것이 중요하다. 참여자가 회기를 빠져야 하는 상황이 발생할 수 있는데, 이 경우 스태프는 놓친 정보를 제공할 책임이 있다.

말은 쉽지만 이를 이행하기는 쉽지 않다. 집단구성원이 한 회기를 빠지는 경우 그는 제공되는 정보와 집단과정 둘 다 놓치게 된다. 집단과정은 모든 구성요소에서 중요하고, 문제 상황에 대한 집단의 분석이 중심이 되는 도덕추리 회기에서는 특히 그렇다. 게다가 ART 회기는 서로 연결되어 있어서, 분노조절훈련은 특히 이전 학습에 의존하고 있어서 프로그램의 두 번째, 세 번째 주에 이를 만회하기가 어렵다.

부모와 스태프 참여

가능하다면, 집단촉진자와 집단구성원의 부모, 교사 및 기타 중요한 사람들과의 협력을 추구해야 한다. 부록 C에 ART 프로그램의 전반적인 설명과 함께 프로그램의 학습을 지지하는 데 도움이 되는 여러 양식을 제시하였다.

사회기술훈련의 경우, 새로운 기술을 소개할 때마다 기술의 목적과 가치, 단계 및 과제를 알리는 사회기술훈련 스태프/보호자 가정통신문(Home Note)을 부모에게 보낸다. 분노조절훈련과 도덕추리 회기의 양식 또한 포함되어 있다.

사전검사와 사후검사

전반적인 프로그램 평가는 보통 독립적인 연구자가 수행한다. 그러나 집단촉진자와 프로그램 관리자는 집단구성원의 진척과 전반적인 프로그램의 효과성을 알려 주는 자료를 수집할 수 있다. 관리자가 프로그램의 실행계획을 세우고 기획하기 때문에 프로그램의 평가자로 포함시키는 것이 이상적이다. 그런 방식으로 계획과정에서 자료 수집을 포함하고 집단촉진자는 적극적인 역할을 할 수 있다.

ART 프로그램의 효과성에 관한 정보수집에 여러 측정치가 도움이 된다. 사회기술 역량을 평가하기 위해 스태프/보호자 스킬스트리밍 체크리스트, 집단구성원 스킬스트리밍 체크리스트, 스킬스트리밍 집단차트 등이 있다(부록 A).

분노조절에서는 다섯 가지 영역을 평가하는 다차원 분노질문지(Siegel, 1986)가 유익하다. 분노각성, 분노유발상황의 범위, 적대적 태도, 분노억제와 분노표출. 노바코 분노유발 질문지(NAS-PI; Novaco, 2004)는 분노의 경험 정도와 유발자극에 관한 정보를 제공해 준다.

도덕추리에서는 사고방식질문지(How I Think: HIT; Barriga, Gibbs, Potter, & Liau, 2001; Gibbs, Barriga, & Potter, 2001)로 이기적 혹은 자기본위적(self-serving) 인지왜곡이나 인지오류를 평가한다. 도덕판단단계는 사회도덕 숙고척도-단축형(Sociomoral Reflection Measure-Short Form: SRM-SF; Gibbs, Basinger, & Fuller, 1992; Gibbs, Basinger, Grime, & Snarey, 2007)을 사용해 얻을 수 있다.

지역사회 행동 보고서와 지역사회 적응평정척도는 전반적인 청소년 행동의 측정치를 제공해 준다. 이들 척도와 SRM-SF는 부록 E에 있다.

질적 보장과 평가 목적상, 자료는 프로그램 실시 일주일 전후에 수집해야 한다. 여러 측정치의 사전검사는 회기가 시작되기 전 개별 미팅 때 얻을 수 있다.

스태프 역량개발, 교육과 슈퍼비전

일반적으로 매우 공격적인 청소년들과의 작업에서 효과적인 스태프는 일관된 참석, 경청기술, 인내심, 집단 상호작용경험과 신체적 역량, 긍정적 태도 및 즐거움을 포함하는 일련의 기술을 지녀야 한다. 지도감독자와 관리자는 융통성, 언어적·비언어적 의사소통기술, 인내심 및 경험을 지녀야 한다. 조직에서의 역할과 무관하게 모든 스태프는 의사결정에 능숙하고 의사소통을 잘하며, 표적 집단과의 경험이 있고 자신의 패러다임을 혁신적이고 창조적인 아이디어로 기꺼이 확장할 수 있어야 한다. 또한 모든 스태프는 청소년의 성장과 발달에 관해 잘 알아야 하고 이러한 개념을 실제 상황에 적용할 수 있어야 한다.

스태프 역량개발

스태프의 역량은 위기 청소년들에게 제공되는 서비스의 질에 중요한 역할을 하기 때문에 스태프 역량개발은 행정가가 다루어야 하는 가장 중요한 과제 중 하나다. 청소년 집단이 반사회적·공격적·폭력적일수록 ART를 포함한 차별적인 인지행동적 개입을 제공하기 위해서는 스태프의 행동관리역량 또한 그만큼 증가해야 한다.

스태프 역량개발은 스태프의 성장과 교육을 위한 잘 계획되고 정연한 실행 계획으로 시작한다. 이 계획은 스태프가 지녀야 할 자질, 즉 체계의 비전과 미션 및 목적과 목표 유지에 필요한 기술, 개발 및 학습 역량, 프로그램 실행에 필요한 내용인 특정 지식 등을 고려해야 한다. 이들 이슈 등은 8장에서 자세히 다루고 있다.

스태프 교육

스태프 교육은 프로그램의 긍정적인 성과 획득에 중요하다. 이상적으로 스태프는 예비교육, 지속교육 및 개별 외부교육의 기회를 가져야 한다. ART 이론과 전략 및 기법을 적용할 때 스태프의 역량 강화를 보장하기 위한 실제적인 슈퍼비전의 교육 회기를 제공할 필요가 있다. 아울러 청소년 ART 프로그램을 제공하는 스태프의 직업적 개인적 발달을 지속 가능하게 하는 지도감독 체계와 전문적 지원을 제공해야 한다.

종합교육은 스태프가 ART 프로그램을 통합적이고 충실하게 그리고 효과적이고 효율적으로 전달하는 역량과 자신감을 갖도록 해 준다. 글릭은 집단촉진자, 집단촉진자의 교육자 및 마스터 교육자(master trainers)를 위한 5일간의 교육 회기를 제공하고 있다.*

- **집단촉진자 교육**: 전문가 연수자는 교육 결과 습득한 지식과 기술의 평가를 위해 사전검사와 사후검사를 받는다. 연수자는 또한 첫 집단촉진자 교육 이후 처음으로 ART 프로그램을 실행하는 동안 3개월의 기술 지원을 받는다.
- **집단촉진자 교육의 ART 강사**: 참여자들은 ART 집단촉진자 교육을 원하는 사전 선발된 지원자에게 교습을 제공하는 세미나에 참석한다. 이 세미나는 촉진자의 기술개발 회기와 ART 촉진자 회기를 통합한 것이다.
- **ART 마스터 교육**: 이 교육은 ART 마스터 교육자를 지원한 사람에게 제공되는 개별화된 독립적 학습이다. 프로그램 개발, 커리큘럼 혁신 및 독립적인 ART 자문과 관련되는 활동에 참여한 사람에게 마스터 교육자의 자격이 주어진다.

스태프 지도감독

스태프는 오리엔테이션을 제공하고 ART 집단의 사안들에 관해 의사소통하며 참여자의 동기를 유지하는 것이 중요하다. 이러한 노력에 행정적 지원과 지도감독은 필수

---

* 이 훈련에 관심 있는 독자는 다음 주소로 연락 가능: G & G Consultants, 106 Acorn Drive-Suite A, Glenville, NY 12302-4702 (Website: http://artgang0.tripod.com/ggconsultantsllc)

적이다. 관리자(managers)는 전망과 정책을 수립하고, 지도감독자(supervisors)는 프로그램 전달을 감독하고 책임지며, 스태프(staff)는 서비스를 책임져야 한다. 이와 같이 스태프는 집단구성원 모두가 ART 집단회기에 참석하고 회기 간 할당된 과제를 완성하도록 할 책임이 있다. 또한 스태프는 매주 ART 집단에서 가르치고 논의할 내용을 알아야 하고, 참여자들이 ART 집단에서 새로운 기술을 습득하고 학습한 내용을 실생활 장면에서 적용하기까지 이들을 능숙하게 다룰 수 있어야 한다.

부록 B에 경험 많은 관찰자의 평가와 자기평가를 위한 체크리스트가 있다.

프로그램 적용과 확장

프로그램의 성과는 프로그램을 충실하고 정확하게 수행하는 정도에 달려 있다. 연구결과, ART 프로그램이 충실하고 성실하게 전달되지 않을 경우 참여자들의 행동이 향상되는 대신 오히려 악화될 가능성도 나타난다(Barnoski, 2004; Latessa, 2006).

이러한 맥락에서 **프로그램 충실도**(fidelity)는 원래 프로그램의 계획과 개발의도에 맞게 충실할 것을 의미하고, **프로그램 정확도**(integrity)는 어느 것을 빼거나 더하지 않고서 온전히 그대로 훈련이 이루어질 것을 의미한다. 이는 실제에서 긍정적인 성과 보장을 위해 회기의 수와 길이, 참여자의 참여기간을 포함해 프로그램의 원래 계획을 그대로 유지해야 한다. 핵심적인 회기 내용은 그 순서대로 유지 및 포함되어야 하며, ART가 기초하는 이론적 접근 또한 유지되어야 한다.

한편, 전문가들은 각 기관이나 조직의 특수한 욕구나 조건에 맞추어 프로그램의 적용 가능성을 잘 인식하고 있다. 이런 점에서 프로그램 충실도를 해치지 않으면서 적용 가능한 부분은, 집단구성원에게 소개하는 개념이나 기술을 쉽게 이해할 수 있도록 사용하는 용어나 어휘의 변경 등이다. 또한 참여자의 성별, 문화, 인종에 맞도록 모델링과 역할연기의 내용을 바꿀 수도 있다. 부록 D에는 대안적인 도덕추리 문제 상황이 제시되어 있다. 촉진자는 이를 이용하거나 묘사되는 인물의 이름이나 성별을 바꾸어 문제 상황에 맞게 적용이 가능하다.

ART 프로그램을 완성한 후 무엇을 해야 할지의 이슈는 도전과 기회를 제공해 준다. 프로그램 편성의 지속 여부는 참여자가 기관이나 조직에 머무르는 기간에만 제한되지 않고 참여자를 위한 기타 프로그램이나 서비스의 계획, 프로그램을 지속할 수 있는 스태프 및 참여자의 욕구와 관련이 있다.

일단 원래 계획대로 그리고 표준 운영절차에 따라 ART 프로그램을 전달한 후, 집단촉진자는 프로그램에 사용된 기법을 이용하여 추가 기간 동안(보통 10주) 집단구성원의 참여를 지속할 수 있다. 7장에서 집단구성원의 욕구에 부합하는 ART 프로그램 편성과 규범적 적용을 설명하는 여러 구체적인 프로그램 적용과 실시의 변용을 다루고 있다. 촉진자는 건전한 청소년 발달 원리를 이용하여 학습할 추가 자료를 협의함으로써 청소년의 능력을 강화할 수 있을 것이다.

지속 회기는 ART 프로그램 그 자체의 연속이 아니라는 점을 알아야 한다. 추가적 프로그램 편성을 제공하는 경우, 집단촉진자는 참여자의 학습을 지지하고 강화하기 위해 집단과정을 지속하는 것이고 각 구성요소의 기법과 전략을 사용한다는 점이다.

연장된 사회기술훈련의 경우, 촉진자와 청소년은 학습하고 연습할 추가적 사회기술을 선택할 수 있다. 구성원들은 집단구성원 스킬스트리밍 체크리스트(부록 A)를 완성하고 채점한 후, '전혀 그렇지 않다' 혹은 '거의 그렇지 않다'로 평정된 문항들을 집단 투표에 부쳐 다음 회기에 학습할 기술로 채택할 수 있다.

분노조절 개념의 추가 연습이 필요한 청소년의 경우는 후속 집단에 배정할 수 있다. 분노조절훈련 전체가 필요하다고 결정된 경우에는 그 목적에 맞는 다른 ART 집단에 배정할 수 있다. 때로 한두 개 분노조절 개념의 복습이 필요한 청소년도 있다. 이 경우 촉진자는 다른 집단에서 그 회기를 학습할 때까지 기다리거나 특별 집단회기를 준비할 수 있다. 그러나 대체로 청소년들은 특정 분노조절훈련 집단회기의 반복을 필요로 하지는 않는다. '모 아니면 도'이다.

추가적 도덕추리 문제 상황의 경우, 부록 D에서 적절한 것을 선택할 수 있다. 도덕추리는 또한 기존 집단의 유지 회기의 부분으로 활용되기도 한다. 이 경우 10개의 사회기술을 더 학습하기로 한 지속집단은 문제 상황을 논의하기 위해 해당 주의 두 번째 시간에 만날 수 있다.

다음 세 개의 장에서는 ART 구성요소의 각 부분을 이론적 철학적 관점으로 시작해 구체적인 전략과 기법까지 더 자세하게 다루고 있다

2장

사회기술훈련: ART의 행동적 요소

사회기술훈련은 공격성 관리, 대인관계 및 기타 관련된 기술이 부족하거나 결여된 청소년들을 가르치는 한 방식이다. ART의 강조점은 빈번한 공격성을 보이는 청소년의 기술훈련에 있지만, 학교 등의 장면에서는 다른 행동적 문제(수줍어하거나 위축되어 있고, 미숙하고, 발달 지연이 있거나 그 외 대인관계기술에 결함 등)를 드러내는 청소년에게도 성공적으로 활용되었다.

배경

ART의 다른 구성요소와 마찬가지로 사회기술훈련은 선구자들의 도움을 바탕으로 하고 있다. 인지행동주의 심리학의 인지 기법의 효시라 할 수 있는 밴듀라(Bandura, 1969)는 사회적 기술을 가르치는 과정을 처음으로 소개하였다(모델링, 역할연기, 수행 피드백). 정신과 환자들의 탈수용화를 지원했던 1960년대 말의 국가정책은 시러큐스와 뉴욕의 원호병원에서 근무하고 있던 심리학자인 스프라프킨과 거쇼에게 당시 시러큐스 대학교의 교수인 골드스타인과의 협력을 자극했고, 퇴원해 지역사회로 돌아갈 예정인 조현병 환자들을 위한 60개 기술 커리큘럼을 개발하게 되었다. 이 커리큘럼은 밴듀라의 이론적 구성개념을 적용한 첫 번째의 인지기술 커리큘럼의 하나다(Goldstein, Sprafkin, & Gershaw, 1976).

이 작업은 인상적인 결과를 낳았는데 부분적으로는 사회기술훈련 절차의 혁신적인 구조 때문이었다. 골드스타인 등은 밴듀라의 원래 모형에 덧붙여 절차에 네 부분을 포함시켰다. 그들은 전문가가 학습의 전이를 촉진시키는 특정 전략에 주의를 기울인다면, 훈련 장면에서 내담자들이 직면하는 실생활 장면으로의 지식의 전이가 향상될 것이라고 가정하였다.

구조화 학습훈련

초기의 개입에 기초해, 골드스타인 등은 정서적으로 어려움이 있는 위기 청소년들을 위한 보다 규범적이고 표적화된 사회기술 커리큘럼을 개발하였고(Goldstein, Sherman, Gershaw, Sprafkin, & Glick, 1978), 이를 구조화 학습훈련이라고 불렀다. 이 커리큘럼에는 50개의 기술이 있는데, 커리큘럼이 진행되면서 점점 더 향상된 사회적 역량을 필요로 하는 순차적인 방식이다.

이 구조화 학습훈련이 시작되고 20여 년 이상 수많은 학교와 기관 등에서 적용되는 동안 많은 평가연구가 보고되었다(Goldstein & McGinnis, 1997 참고).

스킬스트리밍

절차와 자료의 향상은 청소년용 스킬스트리밍 프로그램(Goldstein & McGinnis, 1997), 초등학생용 스킬스트리밍(McGinnis & Goldstein, 1997), 유아용 스킬스트리밍(McGinnis & Goldstein, 2003)의 개발에 반영되었다.

청소년용 스킬스트리밍의 50개 기술은 〈표 2-1〉에 있다(진한 글씨의 항목은 10주 ART 커리큘럼에서 가르치는 기술임). 그룹 1인 '기초 사회기술'은 타인들과 지내는 데 기본적으로 필요한 것이고, 기술을 수행하는 개인과 관련되기 때문에 기초가 된다. 그룹 2는 '고급 사회기술'로 그룹 1의 기술 지식을 필요로 하고 개인 간의 또는 집단과의 기술 습득을 포함하고 있다. 그룹 3은 '감정다루기 기술'로 행동의 정서적 부분을 다루며, 정서성이 낮거나 없는 기술들보다 복잡하다. 그룹 4는 '공격성 대안기술'로 구체적인 정서를 반영하고 그런 만큼 이전 그룹에서보다 더 복잡한 것으로 간주된다. 그룹 5는 고급기술로 다른 사람들과 상호작용이 요구되고 개인은 자신의 주위와 환경을 인식하고 있어야 한다. 이 '스트레스대처 기술'은 보다 공격적이고 폭력적인 위기청소년을 위한 규범적인 인지적 개입이 개발되었던 기초이다. 그룹 6은 '계획세우기 기술'로 의사결정 과정을 반영하고 좀 더 오랜 시간 동안 기술훈련에 참여와 정교한 인지적 절차를 필요로 한다. 부록 A에 기술과 기술의 단계, 체크리스트, 집단 도표를 포함한 스킬스트리밍 커리큘럼이 있다.

〈표 2-1〉 청소년용 스킬스트리밍 기술

그룹 1: 기초 사회기술	그룹 4: 공격성 대안 기술
1. 경청 2. 대화 시작하기 3. 대화하기 4. 질문하기 5. 감사 표현하기 6. 자기 소개하기 7. 타인 소개하기 8. 칭찬하기	22. 허락 구하기 23. 공유하기 **24. 상대방 돕기** 25. 협상하기 26. 자기조절 사용하기 27. 자기권리 옹호하기 28. 괴롭힘에 대처하기 29. 나툼 피하기 **30. 싸움에 말려들지 않기**
그룹 2: 고급 사회기술	**그룹 5: 스트레스 대처 기술**
9. 도움 요청하기 10. 함께하기 11. 지시하기 12. 지시 따르기 13. 사과하기 14. 설득하기	**31. 불평 호소하기** 32. 불평에 응답하기 33. 운동 참여하기 34. 당혹감 다루기 35. 소외감 다루기 36. 친구 옹호하기 37. 설득에 대처하기 **38. 실패에 대처하기** 39. 모순된 메시지 다루기 **40. 비난 다루기** **41. 어려운 대화 대비하기** **42. 집단압력 다루기**
그룹 3: 감정 다루기 기술	**그룹 6: 계획 세우기 기술**
15. 나의 감정 인식하기 16. 나의 감정 표현하기 **17. 상대방의 감정 이해하기** **18. 상대방의 분노감 다루기** **19. 애정 표현하기** 20. 두려움 다루기 21. 자기 보상하기	43. 할 일 결정하기 44. 문제유발 원인 결정하기 45. 목표 설정하기 46. 나의 능력 결정하기 47. 정보 수집하기 48. 문제의 중요순서 정하기 49. 의사결정하기 50. 과제에 집중하기

ART 사회기술훈련

실제 구조화 학습훈련과 스킬스트리밍은 동의어다. 스킬스트리밍은 맥기니스(McGinnis) 등이 개발한 특정 프로그램을 말하고, 구조화 학습훈련은 ART 개발의 기초가 되는 골드스타인 등(Goldstein, Sprafkin, & Gershaw, 1976)의 창의적 연구와 관련된다. 간단명료하게 말해 사회기술훈련이라는 용어는 이 책에서 기술되는 ART 절차의 명칭이다.

ART 사회기술을 포함한 모든 스킬스트리밍 기술은 보통 3~6단계의 기술로 구성된다. 개인이 정해진 순서대로 사회기술의 단계를 정확하게 수행하기만 한다면, 기술을 성취할 수 있을 것으로 가정한다. 기술은 '행동 단계(action steps)' 또는 '사고 단계(thinking steps)'로 구성된다. 행동 단계는 집단구성원들이 실제 관찰할 수 있는 단계이다. 사고 단계는 사고 과정의 부분으로 발생하는 단계로 관찰할 수는 없다. 집단구성원이 사고 단계를 역할연기하는 동안, 촉진자는 구성원에게 자신의 머리를 가리키고 그가 생각하고 있는 것을 소리 내어 말하도록 지시한다. 〈표 2-2〉는 10회기 ART 프로그램의 첫 단계인 불평 호소하기 기술의 단계를 보여 주고 있다. 첫 두 단계가 사고 단계이고, 나머지 세 단계는 행동 단계이다.

〈표 2-2〉 불평 호소하기 기술의 예시

기술 단계
1. 무엇을 호소할지 결정한다.
2. 누구에게 호소할지 결정한다.
3. 상대방에게 불평을 말한다.
4. 상대방에게 문제가 어떻게 되었으면 좋겠다는 것을 말한다.
5. 상대방에게 자신이 말한 것에 대해서 어떻게 느끼는지 묻는다.

사회기술훈련 절차의 개요

사회기술훈련 절차의 4단계는 모델링, 역할연기, 수행 피드백 및 전이훈련이다. 이 각각의 절차들을 더 자세히 알아보자.

모델링

ART에서 모델링은 참여자에게 부족하거나 결여되어 있는 기술의 행동이나 기술 단계를 제시해 보여 주는 것을 의미한다. 모방학습으로 정의되는 모델링은 여러 이름으로 많은 연구가 진행되어 왔는데, 모사, 공감적 학습, 관찰학습, 동일시, 대리학습, 상응의존행동 등이다. 사회기술훈련 회기에서 모델링은 학습할 기술의 성취 방법을 보여 주는 삽화를 촉진자가 수행한다. 집단구성원들이 그대로 반복하기 때문에 촉진자는 기술의 각 단계를 수행할 때 무엇을 시연하든 기술의 '완전무결한' 연기를 제공하는 것이 중요하다.

기술의 모델링에는 중요한 몇 가지 원칙이 있다. 특히 촉진자는 정확한 순서대로 각 기술 단계를 시연한다. 시연은 한 번에 하나의 기술만을 보인다. 또한 모든 시연은 집단구성원의 실생활 장면에 관련되는 상황을 그려야 하는데, 이는 집단구성원이 ART 회기에서 학습한 내용을 실생활 장면으로의 전이를 원한다면 특히 중요하다.

모델링에 관한 연구결과, 여러 모델링의 촉진요인이나 상황이 모델링 효과를 증가시키는 성공적인 요인으로 밝혀졌다. 모델링 촉진요인은 모델의 특징, 모델링 시연 및 관찰자다.

모델의 특징

효과적인 모델링은, 시연하는 모델이 ① 매우 숙련되거나 전문가처럼 보일 때, ② 지위가 높을 때, ③ 관찰자가 바라는 보상을 조절할 수 있을 때, ④ 관찰자와 비슷한 나이 및 사회적 지위의 동성일 때, ⑤ 우호적이고 도움을 줄 때, ⑥ 특히 주어진 행동에 보상받을 때 등이다. 즉, 우리 모두는 자신의 행동에 대한 보상을 받는 전문가 그리고 힘이 있으면서도 유쾌한 사람을 모방할 가능성이 많다(특히 그 보상이 우리 또한 바라는 것일 경우).

모델링 시연의 특징

효과적인 모델링은, 시연이 ① 분명하고 자세한 방식, ② 쉬운 행동에서 어려운 행동의 순서, ③ 과잉학습이 일어날 정도의 충분한 반복, ④ 가능한 관련되지 않는 부분이 없는 행동을 보일 경우 등이다. 또한 학습은 단일 모델보다는 여러 모델을 사용할 경우 증진된다.

관찰자 특징

효과적인 모델링은 모델을 관찰하는 개인이 ① 모델을 모방하라는 지시를 듣고, ② 모델과 배경이나 기술에 대한 태도가 유사하고, ③ 모델에 우호적이며, ④ 특히 모방행동의 수행에 보상을 받는 경우 등이다.

집단구성원은 모델링 시연에 주의를 기울이지 않는다면, 특히 시연되는 특정 행동에 주의를 기울이지 않는다면 단지 모델을 바라보는 것만으로는 배울 수 없다. 공동 촉진자가 각 단계(포스터나 다른 지시문에 적힌)에 주의를 환기시킴으로써, 모델링 시연에서 관련되지 않은 부분은 제거하고 자료의 복잡성을 최소화하며 시연을 생생하게 그리고 앞서 언급한 모델링 촉진요인을 이행하여 그러한 주의력은 극대화된다.

또한 기술수행에 집단구성원의 주의집중을 돕기 위해, 학습해야 할 기술의 명칭과 행동 단계가 제시되어 있는 기술카드를 모델링 시연 전에 나누어 준다(각각의 ART 기술의 기술카드는 각 사회기술훈련 회기 후에 제공된다). 모델이 기술을 시연할 때 집단구성원에게 잘 보고 듣도록 하며, 모델링 예시의 맥락 중에서 제시되는 행동 단계를 찾아보도록 말해 준다.

역할연기

자신이 관찰한 행동을 재현하기 위해서 집단구성원은 그 행동을 기억하고 있어야 한다. 시연되는 행동을 관찰자가 분류하거나 부호화하는 경우 기억에 도움이 된다. 부호화는 시연되는 행동의 수행을 마음속으로 반복하는 등의 내현적 연습으로 촉진된다. 외현적인 행동적 연습이 특히 기억에 도움이 된다. 특정 행동 단계의 이러한 내·외현적 연습 또는 역할연기는 학습에 중요한 사회기술훈련의 두 번째 주요 절차다.

촉진자는 집단에서 기술 단계를 보여 준 후, 유능한 대인관계 행동을 연습하고 반복할 여러 기회를 제공한다. 각 집단구성원은 시연되었던 방식대로 정확하게 단계를 실행하며 기술을 역할연기한다. 이 맥락에서 역할연기는 사건을 극화하는 촌극이 아니라는 점을 강조하는 것이 중요하다. 그보다는 모델링에서 본 기술을 그대로 반복하는 것이다. 요약하면, 촉진자는 기술의 단계를 보여 주고(시연), 집단구성원은 그 기술 단계를 역할연기(재연)하는 것이다.

역할연기를 진행할 때, 촉진자는 집단구성원이 역할연기하는 상황은 현재이고 상황에 적절해야 한다는 점을 강조한다. 집단구성원은 다음 주 동안 경험할 수 있는 상황을 지금 여기에서 역할연기한다는 점을 인식한다. 이를 위해 집단구성원들은 언제, 어디서, 누구에게 사용할지를 구체화해야 한다. 또한 역할연기하는 개인은 그 역할에 머물러야 한다는, 즉 그 기술 단계를 따라야 한다는 점을 확실히 한다.

수행 피드백

인간학습에 관심 있는 연구자들은 학습(~하는 방법에 관한 지식의 습득)과 수행(~행하는 것)을 구분해 왔다. 모델이 시연하는 행동에 주의를 기울이고 기억을 하는 경우 그 개인은 학습했다고 말할 수도 있다. 그러나 주요 관심은 개인이 그 행동을 재현할 수 있는지 여부가 아니라 재현하는지 여부다. 기억한 후 개인이 학습할 행동을 실제로 수행할 가능성은 대부분 그렇게 행동함으로써 받게 될 보상에 달려 있다.

수행에 대한 보상의 본질은 집단구성원의 동기와 저항에 관한 논의(5장)에서 다룰 것이다. 여기에서는 기술 훈련절차의 수행 피드백에서 언어적 강화의 역할을 언급하고자 한다. 각 집단구성원의 역할연기 후, 촉진자는 구성원의 역할연기가 전문가모델이 묘사한 기술과 얼마나 잘 부합하는지 칭찬의 형태로 수행 피드백을 제공하고 필요시 재교육도 제공한다. 특히 촉진자는 역할연기를 했던 구성원에게 그가 각 단계를 어느 정도 잘 성취했는지에 관해 체계적이고 객관적으로 말해 준다.

각 기술 단계를 수행하는 집단구성원의 동기와 역량을 강화하기 위해서는 가능한 한 긍정적인 피드백이 좋다. 이를 위해서 강화는 역할연기가 끝난 이후에만, 그리고 역할연기가 끝나자마자 곧바로 제공한다. 청소년들은 자신들과 함께 작업하는 사람들의 진실성을 민감하게 감지하기 때문에, 강화는 항상 정직하고 직접적이어야 한다. 우리가 상호작용하는 청소년들에게 정직하지 못하게 보이는 것은 결코 바라는 바가 아닐 것이다.

전이훈련

전이훈련은 새로 학습한 기술을 학습장면 밖의 상황에서 사용할 집단구성원의 능력을 증진시킨다. 많은 기술의 교육적 개입은 새로 배운 기술을 적용할 과제를 내줌으로써 혹은 교육이나 훈련 장면 밖의 연습상황을 설정함으로써 전이훈련을 프로그램에 포함하고 있다(예, Bush, Glick, & Taymans, 1997; Meichenbaum, 1977).

한 상황에서 다른 상황으로 학습의 전이는 특정 원칙이 관찰될 때, 특히 자료의 과학습(빈번한 반복)과 동일한 요소로 강화될 경우 크게 증가한다. ART의 경우, 반복적인 역할연기는 기술을 여러 차례 제시하고, 회기 밖에서 사용할 기술 단계의 역할연기 상황을 동일요소와 근접시킨다. 전이를 극대화하는 또 다른 방법은 다양한 형태로 기술 단계를 제시하는, 즉 집단구성원이 가지고 다닐 수 있는 기술카드와 포스터 같은 자극을 통해서다.

사회기술훈련에서 학습의 전이를 촉진하는 주요 방법은 과제할당이다. 학습한 기술을 훈련회기 밖에서 연습해 보고, [그림 2-1]의 예시처럼 기술 과제 보고서(Skill Homework Report)에 자신의 경험을 기록하도록 요구한다.

또 다른 전이 촉진요인으로서 실생활 강화는 매우 중요하고 집단촉진자의 노력을 요구한다. 때로 회기 밖의 상황에서 강화를 제공할 가능성이 많은 개인들과 함께 기술을 사용해 보도록 요구하고, 첫 번째의 시도로 바라는 것을 얻지 못할 경우 반복해 보도록 집단구성원을 격려한다. 집단구성원의 실생활 환경에 있는 사람들 또한 코칭과 강화에 도움이 된다. 부록 C에 있는 양식은 이 점에서 유익할 것이다.

사회기술훈련 회기 절차

ART 기본 사회기술 커리큘럼에 포함된 10개 기술은 다음과 같다.

- 1주: 불평 호소하기
- 2주: 상대방의 감정 이해하기
- 3주: 어려운 대화 대비하기
- 4주: 상대방의 분노감 다루기
- 5주: 상대방 돕기
- 6주: 싸움에 말려들지 않기
- 7주: 비난 다루기
- 8주: 집단압력 다루기
- 9주: 애정 표현하기
- 10주: 실패에 대처하기

이름: 키오카　　　날짜: 11월 3일

기술 단계

1. 멈추어 싸우고 싶어 하는 이유에 관해 생각해 보기
2. 최종적으로 발생하기를 원하는 것 결정하기
3. 싸움 이외의 상황을 다루는 다른 방법 생각해 보기
4. 상황을 다루는 최선의 방법을 결정하고 실행하기

회기 동안 기입하십시오.

기술을 시도할 장소는? 차 안에서

기술을 시도할 대상은? 남자친구

기술을 시도할 시기는? 일이 끝난 후 데리러 왔을 때

기술 연습 후 기입하십시오.

기술을 시도했을 때 어땠는가?

남자친구가 자신의 생일을 잊었다는 이유로 나를 괴롭히는 것을 그만하겠다고 말했어요.

실제로 수행했던 기술 단계는?

모든 단계

사용한 기술의 수행 정도는? (하나만 선택)

☑ 매우 잘함 ☐ 잘함 ☐ 못함 ☐ 매우 못함

[그림 2-1] 기술 과제 보고서 예시 – 싸움에 말려들지 않기

ART 10주 프로그램은 회기당 하나의 기술을 학습한다(집단 구성은 8~12명 정도). 이어 분노조절훈련과 도덕추리의 내용과 절차를 이행하는 기술이 이어진다. 1장에서 언급한 것처럼 10주 동안 매주 각 구성요소의 누가적인 결합으로 이루어진 종합형식이다.

사회기술훈련의 수행 시 집단촉진자는 〈표 2-3〉의 8단계 과정을 다룬다. 이 절차는 사회기술훈련의 모델링, 역할연기, 전이훈련 및 일반화의 네 가지 요소를 포함하고 있다. 이 과정에서 집단구성원은 기술 단계를 학습하고, 집단에서 새로 습득한 기술의 연습을 통해 실생활 장면으로 전이하는 자신감을 얻는다.

〈표 2-3〉 사회기술훈련 단계

단계 1	기술 정의하기
단계 2	기술 모델링
단계 3	각 집단구성원의 기술에 대한 욕구 확인
단계 4	첫 번째 역할연기자 선정과 역할연기 설정
단계 5	역할연기 수행
단계 6	논의(수행 피드백)
단계 7	과제 할당(전이훈련)
단계 8	다음 역할연기자 선정

사회기술훈련 회기의 준비

사회기술훈련 맥락에서 모델링은 집단구성원에게 기술의 단계를 보여 주는 것을 포함한다. 회기 이전 집단촉진자는 다음과 같은 일을 해야 한다.

1. 기술의 행동 단계를 확실히 이해할 수 있도록 가르칠 기술을 충분히 검토한다. 이는 때로 말처럼 쉽지는 않다. 예를 들어, [싸움에 말려들지 않기] 기술 중 네 가지 행동 단계의 각각은 간단해 보일 수 있다. 그러나 조금 자세히 알아보면, 단계 3('싸움 이외의 상황을 다루는 다른 방법 생각해 보기')은 싸움을 피하는 몇몇 다른 방법을 보여 주는 모델링 시연을 필요로 한다. 숙고하는 단계 4('상황을 다루는 최선의 방법을 결정하고 실행하기')는 기술을 시연하는 촉진자가 집단에 사고 단계(단계 3에서 파악된 방법들 중 한 가지를 머리를 가리키며 생각을 말로 표현하기)와 행동 단계(실행하기) 둘 다 보여 주는 것이다.
2. 기술의 단계들을 정확히 묘사하는 모델링 시연을 전개한다. 기술의 행동 단계들을 정확히 표상할 수 있는 촉진자의 능력이 집단구성원의 기술 단계 학습능력과 이를 집단 외의 실생활 장면으로 전이하는 능력에 강력하게 영향을 준다.
3. 모델링 시연을 연습한다. 행동 연습은 상황을 극화하지 않고서 기술의 행동 단계들을 제시하는 것이 중요하다. 행동 단계에만 초점을 두는 것이 집단에서 불

필요한 과정을 막아 주고, 집단구성원이 기술 단계를 실생활 장면에 적용하는 것을 돕는다.

각 사회기술훈련 회기는 다양한 영역(학교, 집, 또래집단 및 기관 등)에서 가능한 역할연기의 내용을 포함하고 있다. 이들은 단지 제안이다. 역할연기의 내용이 집단구성원의 개인적인 경험과 관심사를 적절하게 대표하는 경우에 가장 효과적이다.

단계 1: 기술 정의하기

첫 단계인 기술의 정의는 단지 기술을 규정하는 것보다 더 광범위하다. 촉진자는 학습해야 할 기술의 이해를 위한 논의에 집단구성원을 참여시키고, 그들의 생각을 사용하여 구체적인 예시와 함께 구성원이 기술을 조작적으로 정의하는 것을 돕는다.

촉진자: 오늘 우리는 일상생활에서 도움이 될 수 있는 새로운 기술을 배우고자 합니다. 이번 주에 학습할 기술은 [싸움에 말려들지 않기]입니다. [싸움에 말려들지 않기]가 무엇을 의미하는지 누가 말해 줄 수 있을까요? ……. 그래요, 조쉬.

조 쉬: 누군가 나를 디스할 때 그 상대방의 얼굴에 대고 욕하지 않는 것이에요.

촉진자: 그래요. 다른 생각 있나요? ……. 예, 타이론.

타이론: 나를 경멸하고 놀리는 누군가를 무시하는 것이에요.

촉진자: 좋아요. 또 다른 생각은? (집단구성원을 둘러보며) 크와미?

크와미: 상대방과 논쟁한다거나 소리를 지르거나 고함치지 않는 것이에요.

촉진자: 매우 좋아요, 크와미. 싸움이라는 것이 항상 신체적인 것만은 아니고……. 때론 말로 하는 것일 수 있지요.

음……. 그렇다면, 오늘의 목적상 [싸움에 말려들지 않기]는 상대방을 오해하거나 혹은 의견이 다르다고 해서 때리고 고함지른다거나 그 외의 피해를 주는 것으로 정의할까 합니다.

공동촉진자는 기술의 정의를 집단의 앞에 놓여 있는 칠판에 기록한다.

촉진자: 우리 모두는 실제 원하지는 않았지만 몸싸움이나 말싸움으로 끝나는 곤경에 처한 적

이 한두 번쯤 있었을 겁니다. 여러분 중에서 혹시 이 [싸움에 말려들지 않기] 기술을 사용할 수 있는 상황에 처해 본 사람이 있을까요?

이쯤에서 촉진자나 공동촉진자는 기술과 그 단계를 모두가 함께 볼 수 있는 포스터나 파워포인트를 보여 준다. 집단구성원들은 각 단계를 소리 내어 읽고, 그 단계가 사고 단계인지 행동 단계인지 확인한다(이러한 확인은 촉진자가 기술을 시연할 때 무슨 일이 일어나고 있는지 참여자가 지켜보도록 돕는다).

단계 2: 기술 모델링

이 단계에서 촉진자는 이미 제작해 놓은 예시를 보여 준다. 모델링 시연은 기술의 단계를 정확하게 따라야 한다.

촉진자: 이제 공동촉진자인 ○○○ 선생님과 내가 [싸움에 말려들지 않기] 기술을 시범 보이려고 합니다. 우리가 각각의 기술 단계를 시행하는 방법을 보여 주고 나서, 여러분이 일어나서 역할연기를 하도록, 즉 시도해 보도록 하겠습니다. 우리가 보여 준 것과 같이 각각의 기술 단계를 여러분이 시도해 보았으면 합니다. 공동촉진자 ○○○ 선생님이 포스터에 있는 단계들을 가리키며 여러분을 도와줄 것입니다.

여기에 한 상황이 있습니다. 나는 학교 식당에 있고, 상급생 한 명이 다가와서 내 앞으로 밀고 들어와 나의 새 신발을 밟습니다. 공동촉진자 선생님이 내 신발을 밟고 그런 후 내가 어떻게 하는지를 잘 보십시오.

공동촉진자가 촉진자를 밀어붙이는 등 장면의 첫 번째 부분을 연기한다. 주먹을 꽉 쥐고서 촉진자는 공동촉진자에게 달려들지 않고 머리를 가리킨다(생각을 말로 표현하기를 나타냄).

"쟤가 상급생이라는 이유만으로 새치기하고 들어와 내 신발을 밟아 나를 경멸할 권리는 없어(단계 1)."
"나는 사과를 받고 싶고 더 이상 날 업신여기지 않았으면 해(단계 2)."
"외면해 버릴 수도 있어. 선생님에게 가서 말할 수도 있어. 걔한테 다가가서 새치기하지 않고 내 신발을 밟지 않았으면 좋겠다고 말할 수도 있어(단계 3)."
"그래. 우리 둘만 있을 때 다가가서, 새치기하지 않고 내 신발을 밟지 않았으면 좋겠다고 말해야지(단계 4)."

그런 후 촉진자는 단계 4의 행동 단계를 완수한다.

"여기요! 새치기하지 않고 내 신발을 밟지 않았으면 좋겠어요."

모델링 시연은 최종 행동 단계를 수행한 후 바로 끝난다. 공동촉진자의 반응을 예상하는 경우 항상 간단하고 본질적으로 친사회적이어야 한다. 이 예시에서 촉진자가 의견을 표현하는 경우 공동촉진자는 "아, 내가 그런 줄 몰랐어." 혹은 "내가 다음 수업 시간에 늦어서 서둘렀어." 등과 같이 짧고 긍정적으로 반응해야 한다. 촉진자가 집단에 보여 주는 것은 더도 덜도 아닌 집단구성원의 역할연기를 위한 것이다. 모델링 시연은 상황의 완전한 극화가 아닌 행동 기술 단계의 시범일 뿐이다.

단계 3: 각 집단구성원의 기술에 대한 욕구 확인

집단구성원이 시연된 기술 단계의 역할연기를 시작하기 이전에, 촉진자는 그 기술에 대한 각 집단구성원의 현재의 욕구를 파악하는 것이 필요하다. 행동 연습(rehearsal)은 역할연기의 목적이다. 참여자의 생활에서 현재 혹은 예견된 상황과 관련된 기술을 시연해 보는 것이 촉진자가 제공하는 가상의 상황을 시연하거나 혹은 무관할 수도 있는 과거의 문제 상황을 재연하는 것보다 훨씬 효과적이다.

각 집단구성원의 욕구를 묻기 이전에, 모델링 시연 동안 기술의 행동 단계를 관찰한 후 집단에 질문을 한다. 예로, "단계 1의 경우, 정확하게 무엇을 보았는가? 또는 왜 싸우고자 하는지에 관해 잠깐 생각해 보라." 등이 있다. 촉진자는 관찰에 대한 반응에 앞서 개개인이 단계를 다시 읽어 보도록 하면서 나머지 기술 단계에 대해서도 동일한 절차를 따른다. 이 기법은 집단구성원이 집단 밖의 실생활에서 연기할 기술을 연습하는 기회를 증가시키면서 학습의 전이를 돕는다.

일반적으로 기술 욕구는 촉진자가 기술을 처음 소개하는 단계 1 전에 정해졌을 수 있다. 그럼에도 집단에서 개방적으로 논의하는 것이 보다 적절하고 현실적인 역할연기를 설정하는 데 필요한 하나의 절차다. 따라서 언제 어디에서 특히 누구에게 기술을 사용하는 것이 도움이 될 것인지 간단하게 얘기해 보도록 돌아가면서 각 집단구성원에게 질문을 한다. 이러한 정보를 효과적으로 사용하기 위해서 공동촉진자는 집단구성원의 이름, 기술을 사용할 대상의 이름 그리고 그 대상과 관련된 역할연기의 주제를 앞에 놓인 칠판에 적어 두는 것이 유익하다(대안으로는 구성원 개인별로 노트에 이 정보를 적어 둘 수 있다). 엄격한 규칙은 모든 집단구성원이 예외 없이 모든 기술의 역할연기를 수행해야 한다는 점이고, 그러한 정보를 가까이 두는 것이 참여하기를 꺼리는 구성원의 경우에도 많은 도움이 된다.

촉진자: 좋습니다. 모두 공동촉진자 OOO 선생님과 내가 기술의 단계를 시연한 것을 보았는데 이제 각 단계를 정확하게 어떻게 시연했는지에 대해 얘기해 볼까 합니다. 이 기술이 다음 사회기술훈련 집단 이전인 이번 주에 자신의 상황에서 사용할 수 있을 것으로 생각하는지요?

집단구성원이 반응한다. "음." "아마도." "네." "그럴 것 같아요."

촉진자: 이번 주 누군가에게 이 기술을 사용할 수 있는 상황을 여기에서 함께 공유해 볼 사람 있을까요? 여러분 모두 한 번씩 해 볼 겁니다. 이 기술을 언제 어디에서 누구에게 사용해 볼 것인지와 그 상황을 간단하게 얘기하면 됩니다.

마리아: 어제 내가 등교할 때 묻지도 않고 자기 셔츠를 입으려 한다고 내 엉덩이를 패 줄 것이라고 말한 언니에게요. 오늘 수업 끝나고 오후에 이 기술을 사용하려고 해요.

촉진자: 마리아, 역할연기를 하기에 좋은 경우네요. 다음 공유하고 싶은 사람은?

라토야: 지난 금요일 클럽에서 내가 자기 남자친구에게 스킨십했다고 화난 친구에게요. 이번 주 목요일에 만나면요.

촉진자: 네, 역시 좋은 예네요. 라토야에 이어 또 누구? 그래요, 마이크.

마이크: 시험 볼 때 부정행위를 했다고 저에게 고함지른 선생님에게요. 난 그러지 않았는데……. 금요일 수업 끝나고 보자고 선생님께서 얘기하셨어요.

촉진자: 음, 우리는 이 집단에서 마이크가 부정행위를 했는지 하지 않았는지 관심이 있는 것은 아닙니다. 다만 우리는 [싸움에 말려들지 않기] 기술을 얼마나 잘 시도해 보는지에 관심이 있답니다. 다음은?

크와미: 토요일 날 술에 취해 집에 오신 아빠요. 내가 경찰과 문제를 일으키는 상황에서 도움이 될 것 같아요.

촉진자: 흠, 좋아요. 그것도 흥미로운 경우 같아요. 그런데 크와미, 이것은 매우 중요한 문제인데 혹 괜찮다면 집단이 끝난 후 좀 더 얘기하고 싶은데 어때요. 아직 말하지 않은 사람 있나요? 카를라는 어때요?

카를라: 나……. 나……. 나는 정말 아무 생각이 나지 않아요.

촉진자: 그래요, 카를라, 좀 더 생각해 보고 이따 다시 물어볼게요. 또 누구?

타이론: 코치는 내가 공을 너무 많이 독차지해서 팀 플레이어가 될 수 없다고 말했어요. 그건 정말 날 열받게 해요, 코치에게 한방 먹이고도 싶고.

촉진자: 다음 또 누가 있을까요?

조 쉬: 네, 어제 작업장에서 자기 태워 주는 것을 깜박했다고 나를 죽이겠다고 하는 친구요. 오늘 저녁 만나면 기술을 사용할까 합니다.

촉진자: 이제 두 명 남았는데, 다음 누가 할까요?

카를라: 해야 하는데……. 아빠에게 이 기술을 사용하고 싶어요. 아빠가 뭘 좀 맡기고 돌아올 동안 남동생을 보라고 말하셨는데, 여동생에게 보라고 하고 난 시내에 나갔거든요. 이번 일요일 아빠를 만나면 이 기술을 사용할 생각이에요.

촉진자: 고마워요, 카를라. 카를라가 기술을 사용할 상황을 생각해 내서 기뻐요. 자 이제 한 사람 남았어요.

키오카: 나도 조쉬와 비슷해요. 지난주 자기 생일을 까먹었다고 남자친구가 날 열받게 해요. 매번 말할 때마다 소리 지르고, 정말 한 대 쥐어박고 싶어요.

촉진자: 자, 여러분 모두가 바로 여기에서 지금 [싸움에 말려들지 않기] 기술을 시도할 매우 좋은 상황을 가졌어요. 일단 여러분이 기술의 단계에 익숙해지면, 다음 주 사회기술훈련 이선에 과제로 실생활 장면에서 기술을 실행해 볼 수 있을 것입니다.

단계 4: 첫 번째 역할연기자 선정과 역할연기 설정

사회기술훈련 집단의 모든 구성원은 각 기술을 역할연기할 것이므로, 누가 첫 번째로 하는가는 중요한 문제가 아니다. 전형적으로 한두 개의 기술교육이 이루어진 후, 역할연기의 순서를 결정하는 선발 절차는 자원자를 묻는 것으로 진행된다. "누가 첫 번째로 역할연기를 해 볼까요?" 어떤 이유로든지 연기할 구성원이 위협받는 것처럼 보일 경우, 그들에게는 첫 번째나 두 번째의 역할연기를 요청하지 않는 것이 유익하다. 때로 조연(co-actor)을 맡게 함으로써 동료들 앞에서 연기하는 부담을 줄일 수 있다. 다른 구성원의 역할연기를 보는 것이 안심이 되고 활동에 쉽게 참여할 수 있다.

때로 꺼리는 이유가 저항이나 거부일 수 있다. 이러한 문제행동에 대처하는 방법은 5장에서 자세히 다룬다. 지금 여기에서는 '예외는 없다'는 규칙을 고수하지만, 벌칙이나 강압 및 권위적인 수단보다는 지지, 격려, 안심시키고 자신의 욕구를 위한 기술의 유용성을 강조함으로써 구성원들을 역할연기에 참여시키도록 노력하는 것이 필요하다. ART 프로그램이 청소년들에게 선택의 폭을 제공하여 역량을 강화하고 기술 습득이 선택을 향상시키는 방법을 보여 준다면, 수줍어하고 꺼리는 집단구성원들도 실생활 장면에서 실행하기에 앞서 집단에서 기술을 시도해 보는 가치를 알게 될 것이다.

일단 한 구성원이 기술이 유용할 수 있는 실생활 장면을 설명하면 그 개인을 주연으로 정하고, 이어 주연은 기술 상황에서 포함될 상대방(예, 동료나 어머니 등)의 역할을 할 조연을 선택한다.

촉진자는 구성원에게 가능한 여러 면에서 실생활의 인물과 닮은 조연을 고르도록 언급한다. 그런 후 주연에게 역할연기 단계를 시작하는 데 필요한 부가적인 정보가 있는지를 파악한다. 가능한 현실성 있는 역할연기를 위해 물리적 상황, 역할연기 바로 이전의 사건, 조연이 묘사할 기분이나 태도, 기타 중요한 세부 등에 관한 설명을 얻는 것도 좋은 생각이다.

이쯤에서 촉진자는 각 집단구성원에게 기술의 명칭과 단계가 기록된 기술카드를 나누어 준다.

촉진자: 좋아요. 이제 여러분이 [싸움에 말려들지 않기] 기술을 시도해 볼 차례입니다. 여러분들이 이미 제시한 상황에서 기술 단계들을 역할연기해 보고 싶은 사람 있나요?

구성원들이 침묵한 채 앉아 있다.

촉진자: 여러분이 알고 있다시피 모두가 한 번씩 역할연기를 해 볼 것입니다. 이 집단에서 우리는 배웠던 새로운 기술을 각자가 주연으로서 역할연기를 시도해 볼 때까지 계속할 것입니다.

키오카: 제가 해 볼게요.

촉진자: 고마워요, 키오카. 내가 생각하기에 남자친구와 관련된 상황이었던 것 같은데…….

키오카: 네! 제가 그 친구의 생일을 까먹어서 그 친구가 화가 나 나만 보면 소리치고 그래요. 한 대 때려 주고 싶어요.

촉진자: 좋아요. 키오카, 여기에서 누가 남자친구와 비슷한가요?

키오카: 음……. 크와미, 크와미가 그래요.

촉진자: 크와미, 이리 나와 줄 수 있을까요? 자 키오카, 그러한 상황이 어디에서 언제 일어날 것 같은가요?

키오카: 어……. 매주 주말에 그를 보는데, 아마 이번 주 토요일 일이 끝나고 저녁 7시쯤에요. 보통 그 애가 나를 태우러 일하는 데로 오면 함께 나가서 저녁을 먹어요. 내가 자기 생일을 잊었다고 계속 쪼아 대요.

촉진자: 그럼 어디에서 기술을 사용해 보려고 하는지, 식당에서?

키오카: 아니요, 아마 돌아오는 차 안에서…….

공동촉진자는 의자를 두 개 가져와 차 앞좌석 상황에 맞게 나란히 놓는다.

촉진자: 크와미, 크와미는 여기 운전석에 앉고 키오카는 그 옆 조수석에 앉아요……. 우리가 각 회기에서 했던 것처럼 기술 단계들의 순서를 기억해 봐요. 순서가 적힌 포스터를 볼 수 있고, 가지고 있는 기술카드도 언제든지 볼 수 있어요.

단계 5: 역할연기의 수행

역할연기를 시작하기 전, 촉진자는 참여자들에게 그들의 역할과 책임을 상기시킨다(회기가 처음인 경우에는 설명해 준다).

1. 주연은 기술의 행동 단계를 따른다.
2. 조연은 자신의 역할만 한다.
3. 다른 참여자들은 행동 단계의 실연을 주의 깊게 관찰한다.

촉진자는 참여자에게 특정 행동 단계를 할당하고 역할연기하는 동안, 각 관찰자에게 기술 단계를 관찰하도록 한다. 여러 역할연기가 있는 경우의 맨 처음에 관찰자에게 관찰할 단서에 관해(예, 자세, 어조 및 말의 내용 등) 코치할 수 있다. 기술 단계보다 집단구성원이 많은 경우에는 하나의 단계에 한 명 이상의 구성원을 할당할 수 있다.

그런 다음 연기를 시작하도록 한다. 이때 주연이 행동 단계에 따라 역할연기를 진행하는 데 요구되는 도움이나 코칭을 제공하는 것이 촉진자의 책임이다. 주연이 '역할을 벗어나' 자신의 행동을 설명하기 시작한다거나 다른 말을 하는 경우에는 개입해서 주연의 역할로 되돌아가도록 해야 한다. 역할연기가 행동 단계에서 벗어나는 경우, 촉진자는 역할연기를 중단하고, 재지시를 하고, 이후 역할연기를 재개한다. 유용한 코칭기술은 'PCP', 즉 칭찬하고(Praise) 교정하고(Correct) 칭찬하기(Praise)다. 촉진자는 역할연기를 멈추고서 주연의 시연에 대한 노력을 칭찬하고, 더 나은 방법을 알려 주고, 그런 다음 다시 연기하는 것에 칭찬을 하고 주연에게 역할연기를 재개하도록 한다.

촉진자가 코칭을 하는 동안, 공동촉진자는 기술포스터 가까이에 서서 역할연기가 진행되는 각 행동 단계를 차례대로 가리키며 주연(집단구성원 포함)이 순서대로 단계를 따라가도록 돕는다.

촉진자: 키오카가 [싸움에 말려들지 않기] 기술을 사용할 때, 그가 각 단계를 따르는 방법에 대해 특별히 주의를 기울였으면 합니다. 라토야는 단계 1 '멈추어 싸우고 싶어 하는 이유에 관해 생각해 보기'를 살펴보고, 조쉬와 타이론은 단계 2 '최종적으로 발생하기를 원하는 것 결정하기'를 보고, 마리아는 단계 3 '상황을 다루는 싸움 이외의 다른 방법 생각해 보기'를 봐 줄 수 있을까요? 고마워요, 마리아. 키오카가 실제 한 가지 이상의 생각을 하는지 잘 살펴보세요. 그리고 마이크와 카라는 단계 4 '상황을 다루는 최선의 방법 결정하고 실행하기'를 봐 줄 수 있지요?

촉진자는 앞의 대화에서 추가 설명이나 토론 없이 단계를 그대로 빠르게 언급한다는 점에 유의한다.

촉진자: 좋아요. 키오카, 이 새로운 기술을 시도해 볼 준비가 됐나요?

키오카: 네.

촉진자: 그럼 이제 시작해 볼까요. 키오카는 적혀 있는 그대로, 나와 (공동촉진자) 선생님이 보여 준 그대로 정확하게 하도록 기억하세요. 나머지 구성원들은 관찰해야 할 기술의

단계들을 잘 기억하고 키오카가 그 기술의 단계를 시도할 때 연기했던 것을 정확하게 얘기해 주어야 합니다. 가능한 구체적으로요.

단계 6: 논의(수행 피드백)

각 역할연기가 끝난 후 간단한 피드백을 한다. 이로써 주연은 자신이 행동 단계를 얼마나 잘 따랐는지 혹은 벗어났는지를 알 수 있고, 조연에게 미치는 연기의 심리적 영향력을 검토할 수 있으며, 실생활에서 행동을 시도할 힘을 얻을 수 있다. 이 과정에서 촉진자는 주연에게 모든 구성원의 피드백을 들을 때까지 기다리도록 요청한다.

먼저 주연에게 그의 연기에 관해서 묻는다. 이어 기술의 다양한 행동 단계를 관찰하도록 배정된 집단구성원들이 주연의 역할연기에 대해 얼마나 잘 따랐는지에 관해 코멘트한다. 그런 후 촉진자가 행동 단계의 수행에 대해 코멘트하고, 사회적 강화(칭찬, 인정, 격려 등)를 제공한다. 마지막으로 주연은 기술 단계를 수행하면서 받은 인상을 공유한다. 이런 과정에서 주연은 다른 사람들의 긍정적 피드백으로 자신의 기술 실행의 효과를 평가할 수 있게 된다. 청소년들은 동료들에게 크게 영향 받는 만큼, 동료들이 각 기술의 행동 단계를 잘 따랐다고 보고하는 경우 자신들의 역할연기를 긍정적으로 생각하는 경향이 있다.

강화를 가장 효과적으로 활용하기 위해서 촉진자는 다음과 같은 지침을 따라야 한다.

① 행동 단계를 준수한 역할연기 후에만 강화를 제공한다.
② 행동 단계를 준수한 역할연기 후 곧이어 적절한 시기에 강화를 제공한다.
③ 조연에게는 유익하고 협력적인 경우에 강화를 제공한다.
④ 제공하는 강화의 특정 내용을 다양하게 한다(예, 목소리나 자세, 말 같은 수행의 특정 측면을 칭찬한다).
⑤ 각 집단구성원 모두가 강화될 기회를 갖도록 역할연기 활동을 충분히 제공한다.
⑥ 주어진 역할연기의 질에 알맞은 정도의 강화를 제공한다
⑦ 행동 단계로부터 크게 벗어난 역할연기에는 강화를 제공하지 않는다(첫 회기나 두 번째 회기의 '시도'는 예외).
⑧ 이전 수행보다 향상된 각 구성원의 수행의 경우 강화를 제공한다.

모든 피드백에서, 촉진자는 역할연기의 객관적인 측면에 초점을 유지하는 것이 중요하다. 코멘트는 구체적이고 세부적인 행동 여부를 지적하고, 두루뭉술한 평가의 형태를 취해서는 안 된다. 물론 피드백은 긍정적 혹은 부정적 내용일 수 있지만, 부정적 코멘트는 최소화한다. 역할연기에서 행동 단계를 따르지 못한 청소년에게는 촉진자의 지도를 받은 후에 동일한 행동 단계를 역할연기할 또 다른 기회를 줄 수 있다.

촉진자: 좋아요, 이제 키오카가 자신의 역할연기를 끝냈는데, 크와미, 남자친구의 편에서 연기는 어땠는지 우리에게 말해 줄 수 있어요?

크와미: 재미있었어요. 난 키오카를 좋아하는데 조금 냉정했어요. 그러나 큰 싸움으로 가지 않아 그게 참 좋았어요.

촉진자: 라토야, 단계 1 '멈추어 싸우고 싶어 하는 이유에 관해 생각해 보기'를 관찰하도록 배정받았는데, 키오카의 '멈추어 싸우고 싶어 하는 이유에 관해 생각해 보기'에 대해 어떻게 생각하나요?

라토야: 키오카가 단계 1에서 자신이 남자친구의 생일을 잊었는데, 친구가 자신에게 계속해서 투덜대고 소리 지르기 때문에 싸우고 싶은 생각을 하고 있다는 것을 우리에게 보여 주었어요. 그녀가 멈추어서 머리에 손을 대면서 소리 내어 말했어요. "그는 그걸 떨쳐 낼 필요가 있고, 자신의 삶을 살아야 할 필요가 있어요."

촉진자: 좋아요, 라토야. 단계 1 '멈추어 싸우고 싶어 하는 이유에 관해 생각해 보기'를 정말 잘 관찰했어요. 키오카가 그 단계에서 어떻게 했는지에 관해 우리에게 자세히 얘기해 주었어요.

촉진자: 조쉬와 타이론, 여러분은 단계 2 '최종적으로 발생하기를 원하는 것 결정하기'를 받았지요. 키오카가 단계 2 '최종적으로 발생하기를 원하는 것 결정하기'를 했나요?

조 쉬: 예, 했어요.

타이론: 예, 키오카는 자신이 생일을 잊은 것은 사실 고의가 아니었다고, 잊어버렸다는 것에 대한 남자친구의 불평을 멈추게 하고 싶다고 말했어요.

촉진자: 그리고 단계 3 '상황을 다루는 싸움 이외의 다른 방법 생각해 보기'는 누가 배정받았던가요?

마리아: 네, 저요. 키오카는 그 상황을 다룰 다른 방법들을 생각했어요. 실제 세 가지 방법을 얘기했어요. 그를 무시한다거나, 소리 지른다거나, 속상하게 하려고 일부러 그런 것은 아니니까 생일 잊어버린 것에 계속 귀 아프게 잔소리하지 않았으면 고맙겠다고 그냥

얘기를 한다거나 말이에요.

촉진자: 좋아요, 마리아. 정말 역할연기를 주의를 기울여서 보고, 싸움 이외의 그 상황을 다루는 키오카의 세 가지 방법을 우리에게 얘기해 줄 수 있었네요.

촉진자: 마이크, 단계 4 '상황을 다루는 최선의 방법 결정하고 실행하기'를 배정한 것으로 생각하는데 키오가가 그 단계를 했나요?

마이크: 음, 다른 생각을 하느라 기억나지 않아요.

카를라: 나도 그 단계의 관찰을 배정받았어요. 키오카는 자신이 고의로 속상하게 하려고 한 것이 아니기 때문에 남자친구에게 불평을 그만하라고 말하기로 결정했어요.

촉진자는 키오카의 기술 수행에 관한 집단원의 긍정적인 코멘트를 요약하고 부연 설명한다.

촉진자: 키오카, 자신의 역할연기를 어떻게 생각하나요?

키오카: 글쎄, 잘했다고는 생각하지 않아요. 그렇지만 집단원들의 얘기를 듣고 나니 기술을 연기했다는 게 뿌듯해요. 각 단계를 했다는 걸 알지도 못했는데 조금은 쉬워졌어요.

촉진자: 이번 주말 남자친구를 만났을 때 그가 불평하기 시작하면 그 친구에게 이렇게 할 수 있을 것 같나요?

키오카: 네, 확실히요!

단계 7: 과제 할당(전이훈련)

성공적인 역할연기 후, 집단구성원에게 회기 동안에 시도했던 행동들을 각자 자신의 실생활 장면에서 연습해 보도록 알려 준다. 시설에 있는 참여자들의 경우, 과제 상황이 기관의 내부이지만 ART 집단의 외부이기도 하다. 지역사회 거주 참여자들의 경우, 또래들과 함께 혹은 집에서, 심지어 거리에서도 과제를 수행할 수 있다.

예시의 경우에 이 단계에서 공동촉진자는 키오카에게 [기술 과제 보고서] 유인물을 주고서 집단구성원이 기술을 시도한 개인 혹은 개인들의 이름, 날짜, 장소 등을 포함해 윗부분을 적도록 요청한다([그림 2-1]). 보고서의 두 번째 부분은 행동 단계를 얼마나 잘 따랐는지 또는 수행에 대한 생각 등 집단구성원이 과제를 시도했던 때 발생한 것에 대한 정보다. ART 기술 회기에는 각각의 [기술 과제 보고서]가 있다(부록 E).

과제 시도의 초기에 성공적인 경험은 각 구성원에게 실생활 장면에서 또 다른 시도를 격려하기 때문에 중요하다. 집단구성원이 [기술 과제 보고서] 작성에 어려움을 보이는 경우, 촉진자는 회기를 지속하면서 공동촉진자가 신속하게 도움을 줄 수 있다. 보고서를 작성하는 것, 역할연기 자체에 대한 도움 등을 회기 밖에서도 제공할 수 있다.

단계 8: 다음 역할연기자 선정

앞에서 설명한 절차는 집단의 모든 구성원이 주연 역할을 맡을 기회를 가질 때까지 반복된다. 촉진자는 "'싸움에 말려들지 않기' 기술을 시도해 볼 다음 사람은 누군가요?"라고 묻는다.

각 역할연기의 과정(행동 단계)은 동일하지만, 실제 내용은 역할연기마다 다르고 변화해야 한다. 역할연기의 내용은 각 청소년의 환경에서 실제 발생했거나 혹은 발생할 수 있는 문제다. 이로써 역할연기를 마친 후 각 집단구성원은 기술의 사용이 요구되는 실생활 장면에서 적절하게 행동할 무장이 되어 있을 것이다.

기술 과제 보고서의 검토

첫 번째 이후 이어지는 각 사회기술훈련 회기의 시작 부분은 그동안 과제를 완성하면서 참여자들이 겪은 경험에 대한 논의에 할당한다. 구성원들이 과제를 완성하기 위해 노력하였다면 촉진자는 긍정적인 사회적 강화를 제공한다. 구성원이 과제에 실패했다면, 촉진자는 개별 미팅 때 했던 합의를 되풀이하고 회기참여를 포함한 집단규칙을 상기시켜 준다. ART 집단의 기능이 학교나 기관의 가산점이나 행동수정 체계에 관련되어 있는 경우, 성공적인 과제를 너그럽게 보상해야 한다. 이런 보상 또는 훈련 전이를 최대화하는 유사한 시도가 없다면 전체 훈련의 가치는 위험에 빠질 수 있다.

다음은 전체 커리큘럼의 중간 부분에서 회기를 시작하는 대화의 한 예시다.

촉진자: 다섯 번째 사회기술훈련 회기에 온 걸 환영합니다. 오늘 이후면 우리는 ART의 사회기술훈련의 반을 마치게 될 것입니다. 지난 회기 이후 어땠나요? 모두 새로운 기술을 배울 준비가 되었나요?

집단구성원들: "예, 준비됐습니다……."

촉진자: 먼저 지난주 과제를 살펴봅시다. 모두 지난주 기술(누군가의 분노 다루기)의 [기술 과제 보고서]를 꺼내 볼까요?

촉진자와 공동촉진자는 모두 [기술 과제 보고서]를 완성했는지 돌아다니며 확인한다.

촉진자: 라토야, 지난주 과제는 어땠나요?

라토야: (완성한 자신의 [기술 과제 보고서] 아랫부분부터 읽는다.) 지난 목요일 저녁식사 이후 안락의자에 앉아 있는 엄마에게 가서 엄마 지갑에서 돈을 가져갔다고 자백했어요. 각 기술의 4단계를 시행했습니다.

1. 화가 난 사람의 말에 귀를 기울인다.
2. 화가 난 사람이 무슨 말을 하고 감정이 어떤지 이해하려고 한다.
3. 그 상황을 다루는 데 어떤 말이나 행동을 할 수 있는지 결정한다.
4. 할 수 있다면, 상대방의 화를 해결한다.

제가 엄마의 신뢰를 저버렸기 때문에 엄마가 화가 났다는 것을 이해할 수 있었고, 엄마가 저에게 실망하고 화를 냈다는 것을 알고 있다고 엄마에게 말했던 것이 잘한 일이었습니다.

촉진자는 각 구성원이 [기술 과제 보고서]의 두 번째 부분을 읽는 데 구성원당 1분 정도(이상적으로는 더 적게) 할애한다. 그런 후 사회기술훈련 절차의 단계 1을 시작한다.

사회기술훈련 회기의 평가

모임을 얼마나 잘 수행했는지 평가하기 위해서, 촉진자는 [사회기술훈련 평가 체크리스트](부록 B)를 완성한다. 또한 체크리스트에는 모임에 도움이 되는 기록을 할 수도 있다.

3장

분노조절훈련: ART의 정서적 요소

우리 모두는 때로 분노를 느끼는데, 이는 분노가 인간의 자연스러운 정서이기 때문이다. 분노가 복합적인 행동이긴 하지만 그 역동에 대해서는 많이 연구되어 있다. 우리 대부분에 있어서 분노의 출구는 공격성만은 아니다. 우리는 때로 뿌루퉁하기도 하고, 자신에게 투덜거리며 위축되기도 하고, 분노를 건설적으로 해결하기도 한다. 소수만이 분노를 언어적 혹은 신체적인 공격으로 드러내는데, 만성적으로 공격적인 청소년의 경우에서는 그렇지 않다. 그들은 단순히 뿌루퉁하고 투덜거리거나 건설적으로 문제를 해결하지는 않는다. 대신 그들은 해를 끼치려는 의도로 때로는 언어로, 보통은 주먹으로 점차 무기를 사용해서 공격하기도 한다.

분노조절훈련은 ART의 정서적 요소로서, 사회기술훈련의 회기에서 획득하는 친사회적 행동의 사용을 방해하는 정서를 다루고자 하는 것이다. 구체적으로 분노조절훈련은 두 가지 목적을 지닌다. 하나는 만성적으로 공격적인 청소년의 분노각성 발생빈도를 낮추고, 다른 하나는 분노가 각성되었을 때 자기조절을 학습하는 방법을 제공하는 것이다. 사회기술훈련이 분노유발상황에서 해야 할 것을 학습하는 것이라면, 분노조절훈련은 해서는 안 되는 것을 하지 않도록 하는 기술과 기법을 학습하는 것이다.

배경

분노조절은 처음에는 분노관리 연구와는 거리가 있는 장면(러시아의 심리학자인 알렉산더 루리아의 실험실)에서 시작된 것으로 보인다. 루리아(Luria, 1961)는 내적 언어에 의해서 외적 행동을 조절하는 아동의 학습방식을 연구하였고, 리틀과 켄달(Little &

Kendall, 1979)은 아동의 행동에 대한 언어적 조절의 발달을 다음과 같이 설명하였다.

> 먼저 운동행동(motor behavior)은 성인의 언어적 단서의 통제하에 시작되고, 그 이후 반응 억제는 성인의 언어에 의해 통제된다. 자기조절은 아동이 자신의 언어적 단서로 반응하는 것을 배우면서 나타나는데, 먼저 반응을 하고서 이후 반응을 억제하는 식이다. …… 3~4세 정도의 아동은 성인이 말하는 보다 복잡한 지시를 따를 수 있고, 언어적인 자기지시에 근거해 자신의 행동을 조절하기 시작할 때가 바로 이 시기쯤이다. …… 5세 정도가 되면 아동의 자기언어화는 외현 언어에서 내면 언어로 이동한다(p. 101).

리틀과 켄달이 언급한 것처럼, 아동의 내적 언어기제가 발달함에 따라 자기통제가 발달한다는 생각을 지지하는 상당한 근거가 있다. 그렇다면 이러한 과정이 실패한 아동들에게는 어떤 일이 전개되는가? 내적 언어에 의해 외현 행동을 조절하는 능력에 결함이 있는 많은 아동들은 과잉행동, 충동성, 빈약한 자기통제, 행동화를 드러낸다. 그러나 충동적인 행동은 루리아가 설명한 정상 발달절차를 재현하는 외적 개입에 의해 감소될 수 있다. 바로 이 점이 분노조절훈련이 의도하는 것이다.

충동적인 청소년의 자기교습훈련

마이헨바움(Meichenbaum)과 동료들은 분노관리와 분노통제의 분야에서 50년 이상 활동했는데, 그들의 초기 연구는 충동성과 외현 행동의 언어적 통제와의 관련성을 규정하고자 하였다. 케이건(Kagan)의 친숙도형검사(Matching Familiar Figure Test)를 사용한 마이헨바움과 굿맨(Meichenbaum & Goodman, 1969)의 연구결과, 검사에 빠르게 반응하고 많은 오류를 범했던 청소년들, 즉 충동적인 청소년들이 주어진 시간을 충분히 사용하고 적은 오류를 범한 청소년들인 숙고적 청소년들에 비해 자신들의 외현 행동에 대해 낮은 언어적 통제를 보인 것으로 나타났다. 그렇다면 숙고적 청소년과 충동적 청소년이 자신들에게 말하는 그 내용이 무엇이고, 자기지시적 언어는 어떻게 다른가? 이 문제를 알아보기 위해 마이헨바움과 굿맨(Meichenbaum & Goodman, 1971)은 연령과 지능 및 사회경제적 상태를 대응시킨 4세 아동 16명의 놀이행동과 개인적인 언어를 기록하고 관찰하였다. 친숙그림검사상 수행에 따라 대상의 반은 숙고적, 반은 충동적 아동들이었다. 연구 결과, 인지적으로 충동적인 아동들의 개인적 언어는 대부분 미숙한 자기자극적인 내용으로 구성되어 있었다. 숙고적 아동들은 보다 외부 지향적이고, 자기조절적 언어를 드러냈고, 혼자서 중얼거리는 양상이었다. 관찰연구로부터 나온 연구자들의 결론은 인지적으로 숙고적인 아동들은 충동적인 아동들에 비해 보다 성숙하고 도구적이며 자기유도 방식의 언어를 사용한다는 점이었다.

이들 연구결과에 이어 마이헨바움(Meichenbaum, 1977)은 자기조절 기술의 결함이 있는 청소년의 치료적 개입방안으로서 연구를 실행하였다. 구체적으로 그는 과잉행동적이고 충동적인 청소년들에게 문제해결방식을 바꾸고 행동하기 전에 생각하도록 하기 위한 자기대화의 체계적 훈련을 시도하였다. 훈련에는 과제의 이해, 자발적인 매개어(mediators)와 전략의 도출, 그리고 자신의 수행을 유도하고 감찰하며 조절하는데 이러한 매개어의 사용 방법에 대한 교육이 포함되었다.

마이헨바움 등의 자기교습훈련에서 사용하는 전형적인 교습절차는 다음과 같다.

① 촉진자는 아동이 관찰하는 동안 소리 내어 자기지시를 하고 과제 수행을 보여 준다.
② 아동은 하고자 하는 행동을 소리 내어 자기지시하고 과제를 수행한다.
③ 촉진자는 아동이 관찰하는 동안 자기지시를 속삭이고 과제수행을 보여 준다.
④ 아동은 속삭이며 자기지시하고 과제를 수행한다.
⑤ 촉진자는 잠깐 멈추어 턱을 쓰다듬거나 천장을 응시하는 것 같은 생각하는 모양새를 취하면서, 내현적 자기지시를 사용하여 과제를 수행한다.
⑥ 아동은 내현적 자기지시를 사용하여 과제를 수행한다.

마이헨바움과 굿맨(Meichenbaum & Goodman, 1971)의 이러한 절차의 사용결과 통제집단과 비교해 볼 때 과잉행동아동의 집단에서 충동성의 감소와 자기숙고의 증가(즉, 반응시간의 증가와 오류율의 감소)가 나타났다. 아동들은 연구자가 제시하는 것을 '멈추어 보고 듣는' 것을 학습할 수 있었다. 또한 이러한 초기의 연구는 내현적 자기지시를 사용한 모델을 관찰하는 것만으로는 바라는 결과를 얻기에는 불충분하고, 내현적 자기지시가 필요함을 보여 주었다.

공격적인 청소년의 자기교습훈련

노바코(Novaco, 1975)는 자기지시훈련 방법을 분노관리에 적용하였고, 정의와 관련하여 다음과 같이 언급하고 있다.

> 여기에서 분노의 각성은 정서적 스트레스 반응으로 간주된다. 즉, 분노의 각성은 지각된 환경적 요구인 주로 혐오적인 심리사회적 사건에 대한 반응이다. …… 분노는 생리적인 각성과 분노로서 각성되는 것에 대한 인지적 명명의 결합으로 구성된 것이다. …… 분노의 각성은 혐오적인 사건에 대한 특정 평가의 결과로서, 외적 환경은 개인이 부여하는 의미에 의해 매개될 때만 분노를 유발한다(pp. 252-253).

또한 노바코의 관점은 분노는 유발상황에서 이루어지는 자기 진술(self-statements)에 의해 유발되고 유지되며 영향을 받는다는 점이다. 만성적인 분노 문제를 지닌 사람들을 포함한 연구에서 자기교습훈련을 사용함으로써 이러한 개입을 제공받지 않은 통제집단에 비하여 분노의 각성수준이 실제 감소함을 보여 주었다.

마이헨바움은 자기조절의 정상적인 발달에 관한 루리아의 관점에서 충동성의 효과를 고려하였고, 노바코는 만성적으로 분노를 지닌 개인들에게 자기교습훈련을 확대 적용하고자 마이헨바움의 충동성 연구가 필요하였다. 유사하게 에바 파인들러(Eva Feindler)의 연구는 노바코의 광범위한 연구에 기초하였다. 파인들러와 동료들은 중요한 연구결과와 기법의 향상 면에서 분노관리의 개발에 크게 기여하였다(Feindler, 1979, 1981; Feindler & Fremouw, 1983; Feindler, Latini, Nape, Romano, & Doyle, 1980; Feindler, Marriott, & Iwata, 1984). 파인들러와 동료들의 일련의 연구들은 노바코의 개입전략을 정교화하였고, 내담자들이 학습할 단계(chain)는 다음과 같다.

① 유발요인(Triggers): 분노각성의 유발로 기능하는 외적 사건과 내적 자기 진술
② 단서(Cues): 개인에게 분노각성수준을 알려 주는 생리적 감각과 운동성 감각
③ 리마인더(Reminders): 분노각성의 감소로 기능하는 자기지시적 진술
④ 감소요인(Reducers): 리마인더와 결합해 분노각성을 감소시키는 기법들(예, 심호흡, 거꾸로 숫자 세기, 평온한 장면 상상하기, 장기적 결과의 고려 등)
⑤ 자기평가(Self-evaluation): 이전 단계의 수행 성공/실패 여부에 따른 자기강화와

자기조절의 기회

기존의 개념과 기법의 정교화로서, 분노조절훈련은 집단구성원이 먼저 분노를 유발하는 타인들의 행동을 자신들이 보통 어떻게 지각하고 해석하는가를 (보다 정확히는 잘못 지각하고 잘못 해석하는가를) 이해하도록 돕는 다단계 절차이다. 따라서 초점은 분노를 유발하는 외적인 상황(외적 유발요인)의 파악과 내적인 해석(내적 유발요인)에 있다.

분노가 개인의 인지와 자기 진술에 의해 유도되지만, 그 주된 정서적 특징은 높은 각성수준이다. 집단구성원은 세상을 해석하는 데 도발적이지 않고 각성하지 않으면서 생산적인 방식을 학습하고, 자신들의 왜곡을 교정하기 이전에 각성수준을 감소시켜야 한다. 이 과제를 이루기 위해서는 단서와 감소요인에 주의를 기울여야 한다.

공격적인 청소년들은 두려움이나 불안 및 분노 같은 특정 정서를 수반하는 신체적 징후나 단서를 자주 혼동한다. 분노조절 과정에서 그러한 징후들에 대해 정확하게 해석함으로써 자신의 분노각성수준의 감소 기법들을 사용할 필요성을 알려 줄 수 있다. 리마인더의 사용에 대한 학습은 분노조절에 중요하다.

참여자들이 자신의 정서상태에 대한 혼선을 실제적으로 감소하는 경험을 하게 되면, 자신의 주위세계에 대한 보다 정확하고 호의적이며 분노각성을 낮추는 인지와 해석을 사용할 수 있게 된다. 이때에 이르면 결과를 미리 생각하는 전략의 학습이 가능하다.

만성적으로 공격적인 청소년들은 분노유발의 지각과 해석(즉, 내적 유발요인)을 떠올리는 데는 익숙하고, 분노회피의 자기지시(즉, 리마인더)는 거의 사용하지 않았다. 그들에게는 물론 새로운 과제이지만 이러한 어려움들을 잘 처리할 수 있기 위해서 노력할 필요가 있다고 생각하는 점이 중요하다. 분노조절훈련 절차의 자기평가 단계는 집단구성원에게 성공적인 성취를 위한 자기칭찬과 고칭(교정) 방법을 가르친다.

분노조절훈련 절차의 개요

분노조절의 기법과 절차를 가르치기 위해 촉진자는 사회기술훈련 회기에서 사용한 것과 유사한 모델링, 역할연기, 수행 피드백 등을 사용한다. 이때 2장에서 논의한 동일한 원리와 지침을 적용한다. 참여자들은 촉진자가 기법이나 절차를 시연하는 것을 관찰한 후, 다른 집단구성원들이 관찰하는 상황에서 이를 시도해 보고, 자신의 수행에 대한 동료와 촉진자의 건설적인 피드백을 받는다. 집단촉진자는 분노조절사슬이라고도 하는 분노조절절차의 각 단계를 관찰하도록 구성원들에게 과제를 할당한다. 구성원들은 분노조절사슬의 기법들을 역할연기할 뿐만 아니라, 분노유발상황에서 적절한 반응으로서 ART 사회기술의 단계들을 역할연기한다. 이 과정에서 모델링, 역할연기, 수행 피드백 절차는 단일 사회기술을 가르치는 것과 동일하다. 이때 집단촉진자는 집단구성원에게 다양한 기술 단계를 관찰하도록 할당하고, 유사한 피드백을 제공한다.

분노조절훈련의 과제는 구성원들에게 2주부터 매주 적어도 하나의 싸움 상황일지(Hassle Log)를 수행하도록 요구하고, 일지에는 갈등 상황의 세부 내용을 기록하도록 한다(일지의 예시는 [그림 3-1] 참조).

집단구성원은 분노조절의 기법과 절차를 역할연기할 때 자신이 일지에 기술한 상황을 사용한다. 그러한 방식으로 구성원들은 유사한 상황이 발생할 때마다 분노충동을 행동화하는 대신, 학습한 기법이나 절차를 연습할 기회를 갖게 된다.

분노조절훈련 회기 절차

분노조절훈련 회기는 분노조절 개념과 기법(예, 유발요인, 단서, 감소요인 등) 그리고 분노조절절차(분노조절사슬)의 교육을 포함한다.

ART의 분노조절훈련 커리큘럼은 다음과 같다.

- 1주: 분노의 ABC
- 2주: 싸움 상황일지와 유발요인
- 3주: 단서와 분노감소요인
- 4주: 리마인더
- 5주: 미리 생각하기
- 6주: 자기평가
- 7주: 분노행동주기
- 8주: 사회기술 사용과 분노조절사슬 전 과정 연습
- 9주: 분노조절사슬의 전체과정 시연
- 10주: 전 과정의 복습과 분노조절사슬의 연습

이름: 크웨미 날짜: 6월 16일

☐ 아침 ☑ 점심 ☐ 저녁

1. 어디에서?

☑ 학교/교실 ☐ 목욕탕 ☐ 시내 ☐ 기숙사 ☐ 체육관
☐ 식당 ☐ 사무실 ☐ 작업장 ☐ 기타________

2. 무슨 일이?

☑ 누군가 나를 괴롭혔다.
☐ 누군가 내 것을 가져갔다.
☐ 누군가 내가 싫어하는 행동을 했다.
☐ 내가 잘못했다.
☐ 누군가 내게 싸움을 걸었다.

3. 상대방은 누구?

☑ 다른 청소년 ☐ 부모/양육자 ☐ 선생님 ☐ 상담자
☐ 기타________

4. 어떻게 했는가?

☐ 때림 ☐ 무시함 ☐ 도망감 ☐ 이야기함
☐ 고함침 ☐ 울었음 ☐ 말없이 피함 ☐ 무언가를 부숨
☐ 어른에게 말함 ☐ 동료에게 말함
☑ 분노조절 기법을 사용함(구체적으로) 숫자 거꾸로 세기
☐ 사회기술을 사용함(구체적으로) ________
☐ 기타 ________

5. 얼마나 화났는가?

☐ 심하게 화남 ☐ 정말 화남 ☑ 꽤 화남 ☐ 조금 화남 ☐ 전혀 화나지 않음

6. 자신을 조절한 정도는?

1	2	3	4	5
매우 못함( )	못함( )	괜찮았음( )	잘함(✓)	매우 잘함( )

[그림 3-1] 싸움 상황일지 예시

분노조절훈련 회기의 준비

참여자들은 ART의 사회기술훈련에서 역할연기의 가치를 이미 인식하고 있다. 촉진자는 회기 중 학습하는 분노조절사슬 전체를 정확히 보여 주는 현실적인 모델링 시연을 개발하고 연습하는 시간을 충분히 가져야 한다. 집단구성원은 분노를 유발한 실제의 스트레스 상황을 반영하는 자신들의 싸움 상황일지를 역할연기한다.

회기 요약과 코멘트

1주: 분노의 ABC

1주는 분노조절훈련을 소개하고 ABC 공식에 초점을 둔다.

A(Antecedent) - 선행사건: 문제를 초래한 것은 무엇인가?

B(Behavior) - 행동: 어떤 행동을 했는가, 즉 A에 대한 당신의 반응은 무엇인가?

C(Consequence) - 결과: B의, 즉 당신의 행동의 결과는 무엇인가?

집단촉진자가 모든 분노조절개념들의 토대인 ABC 공식을 진지하고 구체적으로 소개하는 것이 중요하다. 또한 청소년들이 ABC 공식의 중요성을 이해할 수 있도록 충분한 예시를 보여 주고 용어의 정의에 신경을 써야 한다. 예로, 촉진자는 선행사건(antecedent)이란 용어에 대해 회기 중 충분한 시간을 할애한다.

촉진자: 여기 선행사건이 무엇을 의미하는지 알고 있는 사람은? 매우 중요한 용어지요?

카를라: 예, 중요한 용어입니다. 근데 나는 네 글자 이상의 단어는 싫어해요(모두 웃음).

촉진자: 음, 카를라, 조금 도와줄게요. 모든 비밀을 말해 줄게요. 카를라가 영어로 긴 단어를 볼 경우, 그걸 작은 단어로 나눌 수 있지요. 그럼 선행사건이라는 단어를 살펴볼까요? (이젤판에 단어를 적는다.) 대부분 긴 단어는 작은 단어들로 이루어져 있다고 말할 수 있어요. 실제 선행사건은 선행과 사건의 두 단어입니다.

[선행사건 아래에 선행(ante)과 사건(cedent)의 두 단어를 적는다.] 여기에서 선행이라는 단어는 접두사라고 하는데 더 큰 단어를 만들기 위해 다른 단어에 붙이는 말입니다. 이 단어는 큰 단어의 부분이고 사전(before)을 의미합니다. 선행사건이란 단어에서 남

은 건 무엇이지요?

크와미: 사건(cedent)이에요.

촉진자: 그렇지요, 크와미. 사건은 상황을 의미합니다. 그럼 두 단어를 함께 붙이면 무엇을 의미하지요?

크와미: 어떤 상황 이전에 있는 것이에요.

촉진자: 맞아요. 어떤 상황의 이전에 발생하는 것이지요. 이제 다음으로 가 볼까요?

2주: 싸움 상황일지와 유발요인

싸움 상황일지

상황일지의 목적은 다음과 같다.

- 그 주에 일어난 갈등에 대한 정확한 그림을 제공해 준다.
- 집단구성원이 자신의 분노를 일으킨 것이 무엇이고, 그 상황을 어떻게 다룰지 알 수 있도록 해 준다. 그 결과 자신을 어려움에 빠트린 행동을 변화시킬 수 있고 불편한 기분을 해소할 수 있게 된다.
- 다음 회기의 역할연기에 대한 아이디어를 제공해 준다.

가상 상황보다는 실제 일어난 상황을 사용하는 것이 효과적이다. 상황일지는 집단구성원이 잘 다룰 수 있는 상황으로 채울 수 있지만, 보통 화나 공격성과 관련된 상황으로 구성된다.

참여자들에게 상황일지를 제공하고 가능한 분노유발사건이 일어난 직후에 적도록 안내한다. 때로는 집단구성원이 상황일지를 사용하는 다양한 장소를 지정할 수도 있다.

유발요인

첫 회기에 내적·외적 유발요인 개념도 소개한다.

- 외적 유발요인은 자신에게 스트레스 상황을 야기하거나 혹은 분노반응을 일으킨 누군가의 행동이나 사건을 말한다. 이는 언어적인 것(예, 어떤 행동을 하라고 말하거나 이름 부르기)일 수도 비언어적일 것(예, 밀거나 불쾌한 제스처 등)일 수 있다.

- 내적 유발요인은 분노충동을 증가시키는 자신에게 말하는 것이다. 예로, "그 자식이 나를 놀렸어." "그 애가 나를 겁쟁이로 봤어." 혹은 "그 자식 머리통을 갈겨버려야지." 등 흔히 우리는 외적 유발요인을 마주할 때 이와 같은 식으로 자신에게 말하곤 한다.

이러한 부정적인 자기 진술은 높은 수준의 분노각성과 공격적 행동을 이끄는 외적 유발요인과 결합된 내적 유발요인이다. 집단구성원이 자신의 내적 유발요인을 인식할 수 있도록 돕는 것은 다음 회기의 단계에 대한 준비이고, 이를 통해 구성원은 자신에게 분노를 유발한 내적 유발요인을 갈등 상황에서 분노를 감소시키는 긍정적인 자기 진술이나 리마인더로 대체하는 방법을 학습하게 된다.

2주부터, 촉진자는 회기진행 절차에 새로운 항목들을 추가하면서 분노조절사슬의 시각적인 제시를 작성하기 시작한다.

모델링, 역할연기와 수행 피드백

촉진자는 내적·외적 유발요인을 시범 보이고, 각 집단구성원으로 하여금 협력자를 선택하게 하며 상황일지에 근거해 상황을 역할연기하게 한다. 이어 집단구성원은 내적·외적 유발요인을 파악하고자 시도한다. 촉진자는 모델링 제시와 역할연기 모두 내적·외적 유발요인을 반영하는지를 확인한다. 모든 경우에 있어서 사회기술훈련의 경우와 동일한 절차로 수행 피드백(협력자, 관찰자, 주연 그리고 촉진자)이 뒤따른다.

3주: 단서와 분노감소요인

단서

집단촉진자는 일부 개별적인 단서의 예시(화가 난다는 것을 나타내는 신체적 징후)를 제공하고, 자신의 분노를 감소시키기 위해서는 분노조절사슬을 사용하기 전에 자신이 화가 나고 있다는 점을 알아야 한다고 설명한다. 이어 촉진자는 집단구성원이 자신이 화가 나고 있다는 것을 알려 주는 개인적인 단서를 인식하도록 돕는다.

분노감소요인

집단구성원이 자신들의 단서를 인식하기 시작하면서, 자신이 화가 나고 있다는 점을 알아차리면 분노각성수준을 낮추기 위한 분노감소기법을 사용할 수 있게 된다. 세 가지 분노감소요인 모두는 집단구성원에게 보다 많은 자기조절과 효과적인 반응방법을 결정할 시간을 제공하는 새로운 행동계열의 첫 단계가 될 수 있다. 여기에서 핵심 절차는 먼저 분노의 신체적 단서(예, 근육긴장, 주먹 쥐기, 위가 조이는 느낌 등)를 인식하고 이어서 하나 이상의 분노감소요인을 사용하는 것이다.

분노감소요인 1: 심호흡. 촉진자는 집단구성원에게 코를 통해 숨을 깊게 들이마시고 2~3초 멈추었다가 입을 통해 내쉬는 심호흡이 필요하다는 점을 알려 준다. 이 방법을 촉진자가 시범을 보이고 세 번 정도 시행해 보인다. 이어 구성원들이 3회 따라 해 본다. 촉진자는 구성원들에게 자신들의 분노 단서를 떠올려 보도록 하고, 심호흡이 긴장의 신체적 증상을 이완시킴으로써 분노의 감소에 도움이 된다는 점을 설명해 준다. 이것이 첫 번째 분노감소요인의 모델링과 역할연기의 요소다.

분노감소요인 2: 숫자 거꾸로 세기. 압박감 상황에서 개인의 조절력을 증가시키고 분노를 감소시키는 두 번째 방법은 조용히 숫자를 거꾸로 세어 보는 것이다(예, 10에서 1까지). 숫자 거꾸로 세기는 동시에 분노각성 수준을 낮추고 가장 효과적인 반응방법을 생각하는 시간을 얻는 수단이다. 촉진자는 1초에 한 숫자씩 세면서 정확한 거꾸로 세기를 보여 주면서 시범을 보인다. 집단구성원에게 숫자를 세는 동안 가능하면 분노를 유발하는 개인이나 상황으로부터 최대한 벗어나 보도록 지시한다. 촉진자가 숫자 거꾸로 세기 기법을 시연한 후, 집단구성원에게 기법을 시도해 보도록 요청한다. 이것이 두 번째 분노감소요인의 모델링과 역할연기의 요소다.

분노감소요인 3: 즐거운 일 상상하기. 분노각성 상황에서 긴장을 감소시키는 세 번째 방법은 자신이 평화로운 장면에 있는 것을 상상하는 것이다(예, "나는 해변에 누워 있고 햇볕은 따뜻하며 감미로운 미풍이 불고 있다."). 집단구성원에게 평화롭고 이완된 장면을 생각해 보도록 격려한다. 촉진자는 평화로운 장면을 소리 내어 묘사하면서 즐거운 상상 방법을 시범 보인 후, 구성원들에게 눈을 감고 자신의 장면을 상상해 보도록 한다. 또는 집단구성원들이 듣고 있는 동안 촉진자가 한두 개의 평화로운 장면을 묘사할 수도 있다. 이것이 세 번째 분노감소요인의 모델링과 역할연기의 요소다.

모델링, 역할연기 그리고 수행 피드백

집단촉진자는 다음 순서로 시범을 보인다.

유발요인(내적 · 외적) + 단서 + 분노감소요인

각 집단구성원에게 자신의 상황일지의 내용을 사용하여 이 순서대로 역할연기해 보도록 격려하고, 이후 단서와 분노감소요인의 사용을 중심으로 피드백 주기로 이끈다. 촉진자는 모델링 제시에서 세 개의 분노감소요인 모두 시범을 보여야 하지만, 집단구성원이 역할연기하는 경우 하나나 둘 또는 셋 모두를 선택해 시도할 수도 있다.

4주: 리마인더

리마인더(reminders)는 모든 형태의 압박감 상황에서 극복이나 대처를 증가시키는 데 사용되는 자기지시적 진술이다. 이 회기에서 집단구성원은 (상황일지의) 최근 분노나 갈등 상황에서 자신이 사용했던 혹은 사용할 수 있었던 리마인더 목록을 작성한다. 일부 리마인더는 일반적인 것으로(즉, 거의 모든 분노경험에 들어맞는 것), 이러한 자기 진술의 예는 "침착해." "긴장 풀어." "진정해." "흥분하지 마." "냉정해 봐." 등이다. 때로 리마인더는 분노각성의 내적 유발요인에 대한 긍정적인 재해석일 수 있다(예, "그가 나에게 고의로 부딪치지 않았을 거야. 수업이 끝나고 복도가 정말 혼잡스러웠지.").

이미 언급한 것처럼 루리아나 마이헨바움 및 노바코 등은 행동의 효과적인 자기조절 기제로서 자기말(self talk)의 개념을 연구하였다. 노바코(Novaco, 1975)는 분노각성의 경험 이전이나 동안 혹은 이후에 사용할 수 있는 유용한 리마인더 목록을 제공하였다(〈표 3-1〉). 디펜바허(Diffenbacher, 1996) 또한 리마인더 목록을 제공하였는데, 그는 이를 침착한 사고(예, "차분하게 생각해." "이 싸움은 그럴 가치가 없어." 등), 문제해결식 사고(예, "좋아, 계획을 세워 보자." "내가 하고자 하는 첫 번째 일은 무엇이지?" 등), 조절과 회피 사고(예, "내가 자리를 피하면 되지." "시간이 지나면 돼." 등), 그리고 자기보상적 사고(예, "좋아, 내가 잘 견디고 있어." "그래, 기분 좋아. 고함지르지 않고 견뎌 내고 있어." 등)의 네 범주로 구분하였다. 이들 목록에서 제시한 것보다 더욱 효과적인 리마인더는 집단구성원 자신이 구성한 리마인더다.

목록이 만들어지면, 촉진자는 구성원이 침착함을 유지하기 위해 노력해야 하는 상황에서 리마인더가 어떻게 도움이 될 수 있는지에 대해 다양한 예시를 설명하고 보여 준다(예, 부모나 형제들과 논쟁, 경찰과 대면, 법정 출두).

모델링, 역할연기 그리고 수행 피드백

집단촉진자는 다음 순서로 시범을 보인다.

유발요인(내적 · 외적) + 단서 + 분노감소요인 + 리마인더

집단구성원들은 자신들의 상황일지의 갈등 상황을 역할연기하는데, 주연은 절차를 수행하고 자신의 수행에 대한, 특히 리마인더의 사용에 관한 피드백을 받는다. 역할연기를 하는 동안에 구성원이 리마인더의 사용에 어려움을 보일 경우에는, 촉진자가 적절한 시점에서 조용히 예시를 제공하는 것이 유익하다.

〈표 3-1〉 분노유발 이전, 도중, 이후 사용 가능한 자기교습적 리마인더

분노유발에 대비하기	각성에 대처하기
• 당황스럽겠지만, 나는 그것에 대처할 방법을 알고 있어. • 내가 해야 할 일이 무엇이지? • 나는 이것을 다룰 계획이 있지. • 나는 상황에 대처할 수 있고, 내 화를 조절하는 방법을 알아. • 내가 화가 난다고 해도, 난 잘 대처할 거야. • 다툴 필요가 없을 거야. • 이 상황을 너무 심각하게 생각하지 말자. • 화가 나는 상황이지만, 나는 자신을 믿어. • 잠시 심호흡으로 이완하고, 편안하게 진정하자. • 화내지 마, 너의 유머감각을 기억해.	• 몸이 긴장되기 시작해. 잠시 긴장을 풀고 느긋해져 보자. • 속상해해 봐야 도움이 안 돼. • 그렇게 화를 낼 가치가 없어. • 그가 바보 같은 짓을 하도록 그냥 내버려 두자. • 화를 낼 수도 있지만, 그러지는 말자. • 심호흡을 해 보자. • 문제를 조목조목 따져 보자. • 화가 나는 것은 내가 뭔가 할 필요가 있다는 신호지. 생각할 시간을 갖자. • 이끌려 다니지 않겠지만, 제멋대로 행동하지도 않을 거야. • 잘 생각해서 하나하나 따져 보자. • 우리 둘 다 옳을 수 있어. 협력하는 방식으로 가 보자. • 가는 말이 고와야 오는 말이 곱지. 건설적으로 풀어 보자. • 그가 나를 좋아해서 화내는지도 몰라. 그럼 내가 그를 실망시키고 있는 거야. • 내가 바라는 대로 사람들이 행동한다고 기대할 수는 없어. • 진정하고, 억지 부리지 말자.

대면과 직면	분노유발 숙고하기
• 진정하자. 그냥 긴장을 풀자. • 내가 침착하면 잘 해결될 거야. • 그냥 적당히 다루고, 화내지는 말자. • 이 상황에서 벗어나고 싶은 이유를 생각해 보자. • 내가 내 자신을 증명할 필요는 없어. • 화를 내도 소용이 없어. • 그가 나를 침범하게 놔두지는 않을 거야. • 긍정적으로 바라보자. 최악을 가정하거나 결론을 비약하지는 말자. • 그가 이렇게 행동하는 것은 정말 수치다. • 저렇게 화내는 걸 보면, 아마 그는 지금 끔찍하게 힘들어하고 있을 거야. • 내가 화를 내기 시작하면, 아마도 벽에 머리를 박고 말 거야. 그러니 그냥 진정하자. • 내 자신을 의심할 필요는 없어. 그가 말하는 것은 중요하지 않아. • 나는 이 상황을 잘 알아, 잘 되어 가고 있어.	**갈등이 해결되지 않는 경우:** • 일을 더 이상 심각하게 생각하지 말자. 그 일로 단지 화가 났을 뿐이라고 생각하자. • 어려운 상황이야. 정리할 시간이 필요해. • 이제 떨쳐 버리자. 그 일로 내 일을 망치지는 말자. • 내가 연습할수록 잘 할 수 있을 거야. • 침착하자. 그게 화내는 것보다 훨씬 낫지. • 웃어넘길 수 있을까? 그렇게 심각하진 않아. • 사적으로 받아들이지 말자. • 심호흡을 하자. **갈등이 해결되거나 대처가 성공적인 경우:** • 내가 일을 잘 처리했네. 완벽해! • 일이 내가 생각했던 것만큼 어렵지는 않았네. • 더 나빠질 수도 있었지. • 내가 필요 이상으로 엄청 화를 낼 수도 있었지. • 화를 내지 않고서도 내가 잘 처리했구나. • 자존심 때문에 문제될 수 있었는데, 내가 일을 지나치게 심각하게 받아들이지 않아서 참 좋다. • 이렇게 보면 나는 늘 나아지고 있어.

5주: 미리 생각하기

3주째 참여자들은 이미 세 가지 분노감소요인(심호흡, 숫자 거꾸로 세기, 즐거운 상상하기)을 학습하였다. 마이헨바움과 노바코는 미리 생각하기 전략을 분노감소요인으로 분류하였지만, 공격성 대체훈련에서는 분노감소요인과 리마인더로 기능한다. 분노감소요인으로서의 미리 생각하기 전략은 참여자의 반응을 늦추게 하여 현재 행동의 결과를 판단하게 도움으로써 각성을 감소시킨다. 또한 갈등 상황에서 중요한 리마인더로도 기능한다.

이론적으로 ABC 모델은 [그림 3-2]와 같은 방식으로 분노조절 절차와 관련된다. 내적·외적 유발요인은 A(선행사건), 단서와 분노감소요인 및 리마인더는 B(행동), 미리 생각하기와 자기평가는 C(결과)다. 이 회기에서 촉진자는 1주째 제시된 ABC 모델을 다시 보여 주고, 미리 생각하기는 행동을 결정하기(B 단계) 전에 가능한 결과(C)를 예측하는 데 도움이 된다는 점을 설명한다.

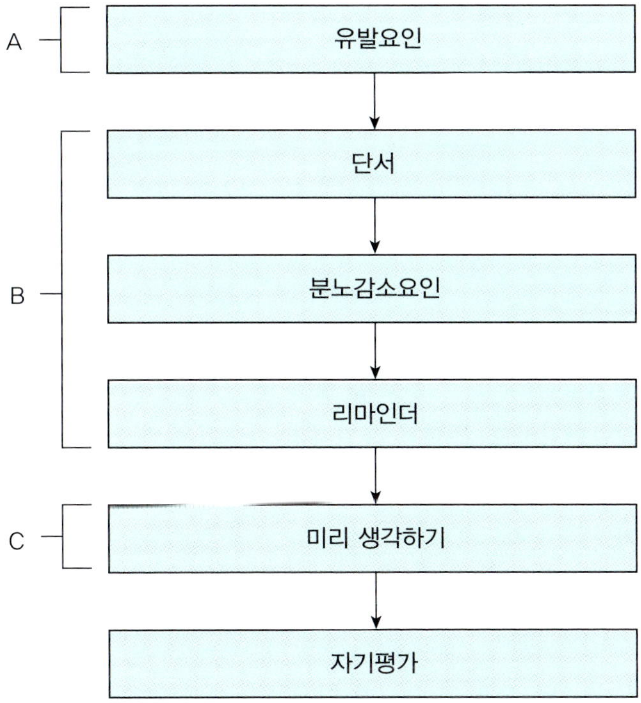

[그림 3-2] **분노조절사슬과 ABC 모델**

미리 생각하기의 학습에서, 촉진자는 구성원들에게 '만약-그러면(If-then)' 법칙을 사용하도록 교육한다. "만약 지금 내가 이렇게 행동하면, 나중에 이 일이 발생할 것이다." 촉진자는 이 공식을 사용함으로써 특정 방식으로 행동을 결정하고 그 행동의 (긍정적이거나 부정적인) 결과를 인식하는 데 도움이 된다는 점을 강조한다.

회기 중 촉진자는 단기적 결과와 장기적 결과를 구분해 주고, 단기보다는 장기적 결과를 고려하도록 격려한다. 예를 들어, "만약 지금 내가 그 애를 두들겨 팬다면, 그러면 애가 조용히 할 것이다."의 단기적 결과와 "만약 지금 내가 그 애를 두들겨 팬다면, 그러면 나는 일주일간 정학을 당하거나 혹은 폭행죄로 소년원에 갈 수도 있을 것이다."의 장기적 결과를 고려해 보도록 한다. 또한 촉진자는 공격적인 행동의 내적·외적 결과 간의 차이점을 설명해 준다. 예로, 외적 결과는 정학이나 소년원 입수 등이고, 내적 결과는 자존감의 상실이나 공포감 등일 수 있다. 더불어 친구를 잃는다거나 집단에서 배제되는 것 같은 사회적 결과도 알려 준다.

모델링, 역할연기 그리고 수행 피드백

집단촉진자는 이 회기 동안에 미리 생각하기를 강조하면서 분노조절사슬의 시범을 보인다.

유발요인(내적 · 외적) + 단서 + 분노감소요인 + 리마인더 + 미리 생각하기

이 모델링 제시에서, 촉진자는 '만약(내가 공격적으로 행동하면), 그러면(아마도 이러한 결과일 것이다)' 법칙을 사용한다. 모델링 제시 후, 각 참여자는 '만약-그러면' 법칙을 포함한 절차를 역할연기하고, 동료와 촉진자의 피드백을 받게 된다.

6주: 자기평가

이 회기는 집단구성원들의 자기평가에 초점을 두고, 그 활동은 다음과 같다.

- 자신들이 분노유발상황을 얼마나 잘 다루는지 판단한다.
- 잘 다루었을 경우 스스로를 보상한다(자기보상).
- 어떻게 하면 상황을 더 잘 다룰 수 있었을지 스스로 알아본다.

기본적으로 자기평가는 갈등 상황의 해결 후에 감정과 사고와 관련된 리마인더를 사용하여 수행된다. 집단에서 구성원들은 스스로를 보상하기 위해 사용 가능한 진술(예, "내가 정말 침착했어." 혹은 "참 잘 참았어.")과 갈등 상황에서 조절을 유지하지 못했을 때 자신을 코칭할 수 있는 진술(예, "단서에 대해 보다 주의를 기울여야 할 필요가 있어.")에 대해서 논의한다. 〈표 3-1〉에는 갈등이 해결되었을 때(자기보상), 해결되지 못했을 때(자기코칭)의 유용한 여러 반응들이 있다.

구성원들이 분노조절사슬 전 과정을 학습하고 나면, 촉진자는 구성원들의 개별화된 자기보상과 자기코칭의 진술 작성을 돕는다. 브레인스토밍하고 칠판에 자기보상과 자기코칭 진술을 기록하며, 구성원들이 사용하는 다양한 진술들이 모두 유용한 전략이라는 점을 알려 준다.

모델링, 역할연기 그리고 수행 피드백

촉진자는 분노조절사슬의 전 과정을 시범한다.

유발요인(내적 · 외적) + 단서 + 분노감소요인 + 리마인더 + 미리 생각하기 + 자기평가(자기보상/자기코칭)

이 모델링 제시에서, 자기보상과 자기코칭 진술을 강조한다. 이어 집단구성원은 자신들의 상황일지의 갈등 상황을 역할연기하고, 자신의 수행에 대한, 특히 자기평가의 진술 사용에 대한 피드백을 받는다.

7주: 분노행동주기

ART의 7주 회기는 중요하다. 그동안 학습해 온 ART 각 구성요소의 개념을 종합하는 회기이기 때문이다. 또 다른 중요한 이유는 지금까지의 분노조절훈련의 초점은 다른 사람들이 화나게 했을 때 구성원이 해야 하는 행동에 있었다. 이번 회기에서는 구성원이 다른 사람을 화나게 할 때 초점을 둠으로써 관점의 변화를 나타낸다. 이는 또한 다음 회기의, 즉 공격적인 행동의 대안으로서 친사회적인 행동(예, 사회기술의 사용)을 선택하는 토대이기도 하다.

촉진자는 집단구성원들을 '다른 사람을 화나게 하는 세 가지 일에 관한 생각과 이들을 색인카드에 적기'와 같은 간단한 활동에 참여시킴으로써 새로운 관점을 격려한다. 촉진자는 구성원들에게 현재 하는 행동 대신 달리 행동할 수 있는 한 가지(보통 정반대의 행동)를 찾아보고 바로 그 행동을 하도록 요청한다. 그런 후 관점의 변화를 보여 주는 분노행동주기를 소개하고([그림 3-3]), 다음과 같이 설명한다.

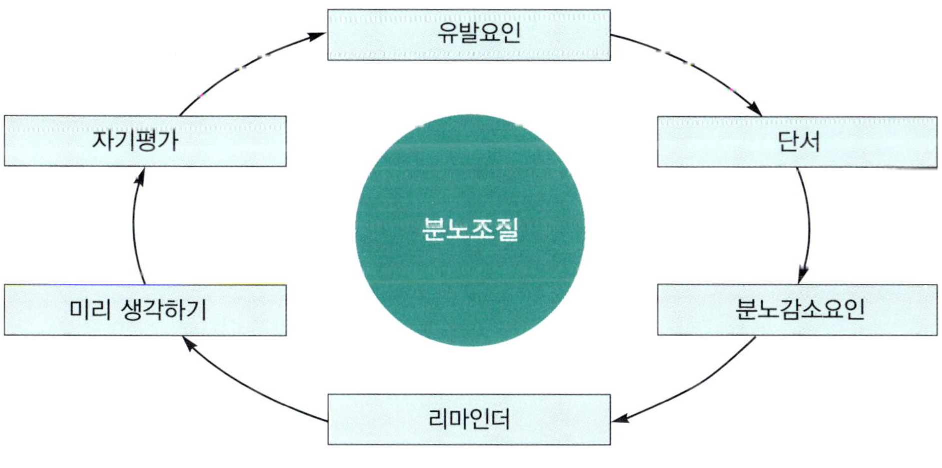

[그림 3-3] 분노행동주기

촉진자: 지난주까지 우리는 다른 사람들이 우리를 화나게 한, 즉 우리의 분노를 각성시킨 내적·외적 유발요인을 알아보는 학습을 했습니다. 어리석은 행동을 하지 않도록 자신의 공격적 충동을 다루는 방법을 배웠습니다. 어리석고 바보 같은 행동을 한다는 것은 우리 자신을 곤경에 빠트리고 우리가 원하는 것을 얻지 못하게 하는 행동을 의미합니다. 이제 우리 모두에게 정말 중요한 것을 보여 주고자 합니다. 여기 지난 6주 동안 학습했던 모든 것이 있습니다. (**[그림 3-2]를 보여 주면서**) 이것이 분노조절사슬입니다. 사슬에는 우리가 학습한 순서대로 모든 개념이 나타나 있습니다. 그럼 이것에 관해 다시 살펴보기로 합니다. '주기'가 무엇인지 누가 얘기해 볼까요?

라토야: 주기는 원과 같은 것이에요. 멈추지 않고 돌고 돌아요.

촉진자: 맞아요, 주기는 우리가 그 움직임을 멈추게 하는 어떤 일을 하지 않는 한 결코 끝나지 않습니다. 분노조절사슬에서 학습했던 각 단계를 연결해 원으로 그린 것을 분노행동주기라고 부릅니다.

분노행동주기의 포스터를 보여 준다.

촉진자: 그런데……. 우리가 주의하지 않는다면, 분노조절사슬은 분노행동주기로 돌아갈 수 있습니다. (**유발요인을 가리킨다.**) 유발요인이 어떻게 화를 유발하는지 볼 수 있지요? 우리의 몸은 어떤 단서를 드러내면서 우리가 화나기 시작한다는 것을 말해 주고, (**단서를 가리킨다.**) 우리가 화가 난다는 것을 인식하게 되면 분노감을 처리하는 어떤 행동을 할 수 있습니다. (**분노감소요인, 리마인더, 미리 생각하기를 가리킨다.**) 마지막은 우리 자신을 보상하고 코칭하는 방법인 자기평가라는 과정이고, (**자기평가를 가리킨다.**) 이것이 지금까지 우리가 배웠던 것들입니다.

이 시점에서, 촉진자는 회기 시작 때 수행한 연습을 언급한다.

촉진자: 조금 전 다른 사람을 화나게 하는 세 가지 일을 찾아보는 연습을 했었지요. 그것들은 이 차트에서 무엇입니까? 누가 나와서 그것들이 어떤 것인지 얘기해 보겠어요?

마이크: 저요. (**나와서 유발요인을 가리킨다.**) 내가 다른 사람을 화나게 하는 것은 외적 유발요인입니다.

촉진자: 정확해요, 마이크. 잘했습니다. 여러분은 우리가 다른 사람을 화나게 한 것이 어떻게

그들의 외적 유발요인이 되는지 알겠습니까? 우리가 자신의 분노감을 조절하지 못한다면, 다른 사람을 화나게 할 일 중의 하나를 사용할 가능성이 매우 높아집니다. 그럼 어떻게 해야 할까요?

구성원: 주기를 끊어야 해요!

카를라: 우리가 의도적으로 누군가를 화나게 하지 않아야 해요.

촉진자: 맞습니다. 우리가 의식적으로 주기를 멈추지 않는다면, 그것은 계속될 것입니다. 우리의 유발요인이 다른 사람을 화나게 할 수 있습니다. 만약 다른 사람들이 자신의 분노를 조절하지 못한다면, 그들이 우리를 화나게 할 수 있는 일 중 하나를 사용해 우리의 분노를 유발할 것입니다. 우리 자신이 의도적으로 유발요인의 사용을 멈추지 않는다면……, 그럼 주기는 계속될 것입니다. 결코 멈추지 않을 겁니다. 누가 분노행동주기를 멈출 수 있을까요?

타이론: 오직 우리 자신만이 그럴 수 있다고 생각합니다.

키오카: 친구들 간에 일어나는 것과 똑같아요. 그들이 지나가면서 우리에게 야유를 했기 때문에 우리가 지나가면서 그들에게 야유를 하고, 그러면 그들이 또 보복하고, 그건 우리에게 다시 유발인자가 되고, 주기는 결코 끝나지 않아요. 와! 우리가 그것을 멈출 힘을 가지고 있다는 얘기인데요.

촉진자: 그렇습니다. 하고자 한다면 우리가 분노행동주기를 멈출 수 있습니다. 방금 키오카가 얘기했지요. 우리가 분노행동주기를 멈추지 않는다면 끝나지 않는 주기가 될 것이라고요. 그래서 우리의 행동이 누군가에게 유발요인이 되기 전에, 우리는 분노행동주기에서 벗어나고자 하는 것입니다. 바로 여기 이 차트에서처럼요.

여기에서, 촉진자는 분노행동주기([그림 3-4])에서 벗어나는 지점을 알려 주는 포스터를 보여 준다.

이 회기에서, 집단구성원들은 사회기술훈련 회기 동안의 기술목록에 친사회적 행동을 추가했다. 청소년들이 '아하'의 통찰과 경험을 다시 시사하는 때가 바로 이 회기이기 때문에, 대부분 ART 촉진자는 프로그램의 이 7주차를 기쁘게 맞이한다. "그들이 결국 해냈다."라고 촉진자들은 말하곤 한다.

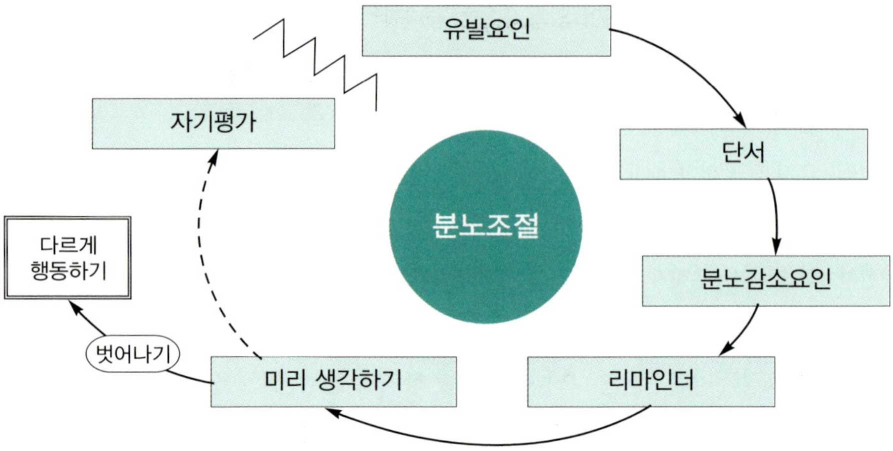

[그림 3-4] **분노행동주기에서 벗어나기: 다르게 행동하기**

모델링, 역할연기 그리고 수행 피드백

촉진자는 상대방의 분노를 유발하지 않을 행동의 선택을 강조하면서 이 절차를 시범으로 보인다.

유발요인(내적 · 외적) + 단서 + 분노감소요인 + 리마인더 + 미리 생각하기 + 벗어나기(다르게 행동하기) + 자기평가(자기보상/자기코칭)

이후 집단구성원 각자는 평소 상대방을 화나게 한 것과는 다른 행동을 함으로써 분노행동주기를 벗어나는 분노조절사슬의 전 과정을 역할연기한다. 촉진자는 미리 생각하기 절차("만약 내가 이렇게 한다면, 그러면 이 사람은 화가 날 것이고 상황은 감당할 수 없게 될 거야.")를 사용해서 이 과제를 성취하도록 집단구성원을 격려한다.

8주: 사회기술 사용과 분노조절사슬의 연습

8주에 이르면, 촉진자와 구성원들 모두 보통 분노폭발의 감소를 경험하고, 완성해야 할 상황일지의 수가 극적으로 감소할 것이다.

자신들이 완성했던 상황일지를 공유하면서, 구성원들은 분노조절사슬의 단계들을 확인하고 분노행동주기에서 벗어나기 위해 수행했던 것을 함께 나눈다.

촉진자: 지난주 과제에서, 자신이 다른 사람을 화나게 했던 세 가지 행동 중 하나를 선택하고 그 행동을 하지 않도록 요청했습니다. 그럼 누군가를 화나게 한 하나의 행동을 하지 않은 결과 어떤 일이 일어났는지를 누가 공유해 볼까요? 크와미 어때요? 지난주에 어땠나요?

크와미: 제 생각에는 이게 잘 되지 않은 것 같은데, 지난주에는 성가신 일이 없었어요. 그래서 상황일지를 완성할 수 없었고 과제를 할 수 없었어요.

촉진자: 그래요?

크와미: 네! 저는 보통 친구들이나 엄마에게 험담을 해서 그들을 화나게 했는데, 나 혼자 있어서 그러지 못했고 아무도 화가 나지 않았어요. 좋았어요.

마리아: 저도 비슷해요. 나는 보통 언니를 화나게 하려고 언니의 옷을 가져다 입어요. 그런데 그렇게 하지 않았고 그래서 언니가 화가 나지 않았어요. 하지만 다른 곳에서 문제가 있었기 때문에 싸움 상황일지를 작성했어요.

일단 구성원이 주기에서 벗어날 수 있게 되면, 촉진자는 사회기술의 사용을 소개한다. 상대방의 부정적 반응은 최소화하고 긍정적 반응은 최대화하면서 자신이 원하는 것을 얻기 위해서는 사회기술훈련에서 배웠던 기술 중 하나를 선택할 수 있다는 점을 설명한다. 촉진자는 분노행동주기를 재언급하나, 이번에는 사회기술로 대체하여 말한다([그림 3-5]).

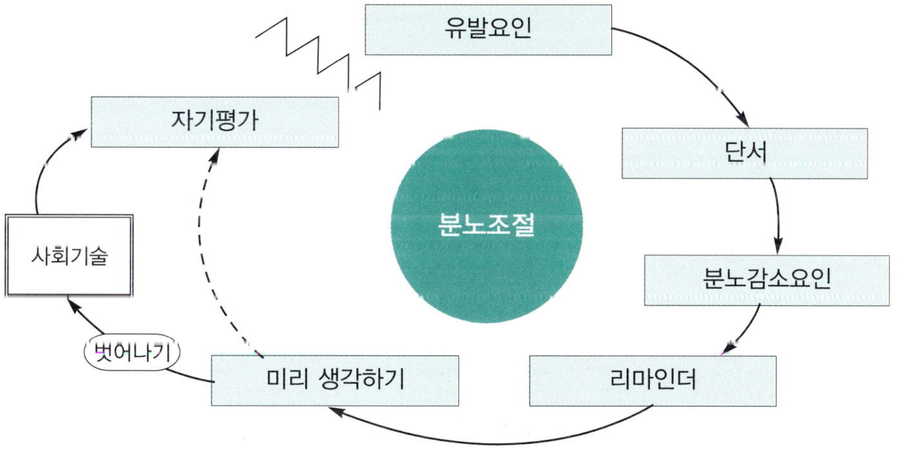

[그림 3-5] 분노행동주기에서 벗어나기: 사회기술의 사용

모델링, 역할연기 그리고 수행 피드백

집단촉진자는 분노행동주기에서 벗어나는 데 사회기술을 사용하여 전체 과정을 시범으로 보인다.

유발요인(내적 · 외적) + 단서 + 분노감소요인 + 리마인더 + 미리 생각하기 + 벗어나기(사회기술) + 자기평가(자기보상/자기코칭)

집단구성원은 상대방의 화를 유발하는 어떤 것을 하는 대신에 특정 사회기술을 사용하여 전 과정을 역할연기를 한다. 촉진자는 역할연기에 사용되는 사회기술과 분노조절사슬의 구체적인 단계들을 관찰할 구성원을 배정한다.

9주: 분노조절 사슬의 연습

이번 회기에서 새롭게 소개되는 개념은 없지만, 촉진자는 이번 회기와 다음 회기에서는 모델링을 관찰하고, 이어 사회기술훈련에서 학습했던 기술을 사용하여 분노행동주기에서 벗어나는 데까지 분노조절 전 과정을 역할연기할 것이라고 알려 준다.

촉진자는 이제 상대방의 긍정적 반응은 최대화하고 부정적 반응은 최소화하면서 공격적이거나 폭력적이지 않고서도 자신이 원하는 것을 얻을 수 있다는 구성원들의 능력을 확인시켜 주고, 구성원들의 삶에 대한 자신감을 불어넣어 준다.

모델링, 역할연기 그리고 수행 피드백

집단촉진자는 분노행동주기에서 벗어나는 데 사회기술을 사용하여 전체 과정을 시범으로 보인다.

유발요인(내적 · 외적) + 단서 + 분노감소요인 + 리마인더 + 미리 생각하기 + 벗어나기(사회기술) + 자기평가(자기보상/자기코칭)

각 구성원은 상대방의 화를 유발하는 어떤 것을 하는 대신에 특정 사회기술을 사용하는 것을 포함해 전 과정을 역할연기한다. 촉진자는 역할연기에 사용되는 사회기술과 분노조절사슬의 구체적인 단계들을 관찰할 구성원을 배정한다.

10주: 종합 검토와 분노조절사슬의 연습

지금까지 첫 주 1회기의 상황일지와 9회기의 상황일지를 간단히 비교해 봄으로써 구성원들이 자신들의 분노감을 어느 정도 잘 조절하고 분노 폭발을 감소시켰는지를 알아볼 수 있다.

이 회기에서 촉진자는 분노조절사슬의 모든 개념과 기법을 검토해 보는 논의의 시간을 갖는다. 촉진자는 구성원들에게 분노행동주기, 자신의 분노감을 조절할 수 있는 힘, 그리고 평소 상대방의 화를 유발하게 한 행동과는 다른 대안을 사용하는 행동의 중요성 등을 상기시킨다.

모델링, 역할연기 그리고 수행 피드백

집단촉진자는 분노행동주기에서 벗어나는 방법으로서 사회기술을 사용하는 것을 포함한 전체 과정을 시범으로 보인다.

유발요인(내적 · 외적) + 단서 + 분노감소요인 + 리마인더 + 미리 생각하기 + 벗어나기(사회기술) + 자기평가(자기보상/자기코칭)

각 구성원은 상대방의 화를 유발하는 행동을 하는 대신 특정 사회기술을 사용하여 전 과정을 역할연기한다. 촉진자는 역할연기에 사용되는 사회기술과 분노조절사슬의 구체적인 단계들을 관찰할 구성원을 배정한다.

상황일지의 검토

3주를 기점으로 각 분노조절훈련 회기는 지난주 과제로 완성한 상황일지의 검토로 시작한다. 촉진자는 칭찬의 형태로 정적 강화를 제공하면서 참여자의 갈등, 분노조절사슬 단계의 사용, 사회기술의 사용 그리고 결과 등을 간단하게 다룬다.

분노조절훈련 회기의 평가

모임을 얼마나 잘 수행했는지 평가하기 위해 [분노조절훈련 회기 평가 양식](부록 B)을 활용할 수 있다. 양식에는 모임에 도움이 되는 기록을 할 수도 있다.

4장

도덕추리: ART의 인지적 요소

이 장에서는 공격성 대체 훈련의 세 번째 요소인 도덕추리를 다룬다. 사회기술훈련에서 참여자들은 친사회적이고 균형 잡힌 기술을 학습한다. 즉, 분노유발이나 압박 상황을 건설적으로 다루는 행동을 습득한다. 분노조절훈련에서는 자신의 감정을 조절하는 방법을 학습하고 이로써 상대방을 비난하거나 위협 혹은 폭행하려는 충동성향을 관리한다. 사회기술훈련에서 청소년들은 친사회적 기술(해야 할 행동)을 배우고, 분노조절훈련에서는 자신의 분노감을 인식하고 반응을 조절하는 방법(하지 않아야 할 행동)을 배운다. 그렇다면 그냥 '그러고 싶어서'라는 이유로 공격적인 행동을 하는 경우는 어떤가?

도덕추리 회기에서 청소년들은 문제 상황에 대한 논의에 참여한다. 사회적으로 도덕적으로 보다 성숙한 세계관의 습득을 위한 문제들에 도전한다. 참여자들은 공정하고 공평한 시선으로 세상을 바라보는 방법과 자신보다는 상대방의 관점을 고려하는 방법을 학습한다. 보다 성숙한 도덕적 이해를 습득한다는 것은 보다 책임감 있는 선택을 할 가능성이 많다는 것을 의미한다. 즉, 사회기술훈련과 분노조절훈련에서 배운 것을 사용하고자 하는 것이다.

이 장에서는 도덕추리의 배경과 절차를 다루는데, 먼저 사회적 도덕성의 발달과 지체에 관한 인지발달이론을 소개한다. 이어 도덕발달을 촉진하거나 발달지체를 개선하는 도덕추리훈련 절차를 다룬다.

집단의 도덕추리를 촉진하는 점은 ART에서 독특한 도전을 나타내고 있다. 구체적인 내용으로 미리 규정된 절차에 따르는 사회기술훈련과 분노조절훈련과는 달리, 이 회기에서는 여러 복잡한 과정과 기능을 관리하며 집단을 이끄는 촉진자의 역량에 의존한다. 촉진자는 개별 집단구성원들의 도덕발달을 다룰 수 있고, 또한 개별 구성원들의 결정으로 이루어지는 집단 전체의 도덕적 사회적 조망을 다룰 수 있어야 한다.

배경

도덕추리나 도덕판단의 발달단계는 많은 국가의 여러 연구에서 입증되었다. 청소년의 사회적 조망 취하기와 도덕판단의 지체는 미국뿐만 아니라 호주, 바레인, 중국, 영국, 독일, 네덜란드, 스웨덴 및 대만 등에서도 발견되었다(Gibbs, Basinger, Grime, & Snarey, 2007). 반사회적 청소년들의 도덕판단 지체는 메타분석에서 증명되었고(Stams et al., 2006), 자세히 논의되었다(Gibbs, 2010).

이러한 연구결과들은 도덕성의 사회인지적 또는 '추리적' 측면을 강조하는 이론적 토대를 따르고 있다. 피아제(Piaget, 1932/1965)와 콜버그(Kohlberg, 1969, 1973, 1984)에 의하면, 타인들과의 자연스러운 상호작용과정에서 아동들은 보다 성숙한 사회적 조망 취하기와 도덕추리를 발달시킨다. 청소년의 도덕추리의 발달 혹은 지체 여부는 '생각하는 대로 행동하기' 때문에 중요하다. 사고와 행동의 지체는 두 가지 문제를 의미한다. 도덕추리 단계의 장기적인 미성숙성과 지속적이고 뚜렷한 인지적 왜곡의 문제다. 도덕추리에서는 이 두 가지 측면의 지체를 개선하고자 한다.

몇 가지 역사적 맥락을 알아보는 것도 도움이 될 것이다. 우리의 원래 프로그램 설계는 도덕추리 회기의 토대로서 콜버그의 도덕발달이론을 채택하였다. 그러나 콜버그의 기법들은 우리의 프로그램 대상자를 다루는 임상가들에게 어려움이 있었다. 깁스 등(Gibbs et al., 1995)은 치료적이고 긍정적인 동료문화 환경 내에서 특정 청소년들에게 ART의 개념과 기법들을 적용하였다. 골드스타인과 글릭은 참여자들이 도덕추리 촉진기법을 보다 효과적이고 쉽게 수행할 수 있도록 한 이 방법을 ART에 채택 및 적용하였다(Goldstein, Glick, & Gibbs, 1998).

물론 도덕추리 회기는 여전히 영향력 있는 콜버그의 도덕발달 단계에 기초하고 있다. 이 인지발달이론 맥락 내에서 깁스(Gibbs, 2010)의 도덕판단의 미성숙 모델(단계 1, 2)과 성숙 모델(단계 3, 4)을 사용하고 있다. 이들 단계를 〈표 4-1〉로 요약하였다.

〈표 4-1〉 도덕추리의 단계

미성숙한 도덕성: 단계 1과 단계 2	
단계 1	**힘: "힘이 정의다."**
	• 도덕성은 힘이 있거나 큰 사람이 말하는 행동이다. 자신이 크거나 힘 있는 사람이라면 자신이 말하는 것이 무조건 옳고, 자신이 하고 싶거나 얻고자 하는 것이 바로 공정이다. • 자신의 행동이 처벌받지 않거나 누군가 힘 있는 사람이 보지 않았다면, 자신의 행동은 옳다. 처벌받는다면 그것은 옳지 않은 것이다. 처벌이 잘못을 정한다. • 신체적 손상이나 외적인 부상(심리적 고통은 아닌)이 주목되고 잘못된 것으로 인식된다. • 말의 의미를 충분히 이해하지 못하고 상투적인 표현을 하는 경향이 있다(예, "거짓말하면 안 된다.").
	평가
	• 단계 1에서 개인은 도덕추리의 규칙을 이해하지 못하고, 한 번에 한 가지 이상의 조망 취하기가 요구되는 경우 상호성에 어려움이 있다. 또한 물리적으로 힘 있는 누군가의 조망을 취하는 것이 최선이다.
단계 2	**거래: "네가 내 등을 긁어 주면, 나도 네 등을 긁어 줄게."**
	• 도덕성은 호의의 교환("내가 네게 이것을 해 주었으니까, 너도 나에게 그것을 해 주어야 한다.")이거나 주고받기("다른 사람이 너에게 해 주기 전에 다른 사람에게 해 주어라." 혹은 "다른 사람이 너에게 해 주었다면 그들에게 보답해라." 같은 황금률을 이해하지 못함)이다. • 자신이 다른 사람을 돕거나 따르기 전에 "내가 얻는 게 뭐지?"를 묻거나 생각한다. • 훔치거나 속이는 등의 행동을 하지 않는 주된 이유는 잡힐 수 있다는 점 때문이다. • 어느 누구도(합법적인 권한이 있는 사람마저도) '다른 사람을 지배해서는' 안 되고, 자기 일은 자기가 알아서 하고, 모든 사람은 옳음에 관한 자신의 관점을 지니며, 자신이 원하는 것을 생각하고 행동할 권리가 있다고 주장할 수 있다. • 누군가 나보다 더 많은 것을 갖는다면, 내가 "바로 잡아야 한다."고 말할 수 있다.
	평가
	• 단계 2에서 개인은 관계에서의 상호성 관념을 이해하는 데 어려움이 있다. 또한 자기중심적인 경향이 있다. 다른 사람의 불공평성을 찾아내는 데는 뛰어나지만 다른 사람을 위한 일은 하지 않는다.
성숙한 도덕성: 단계 3과 단계 4	
단계 3	**상호성: "다른 사람이 너에게 해 주기를 바라는 대로 다른 사람에게 행하라."**
	• 상호적 도덕성에서 관계는 그 자체로 가치가 된다. 비록 만질 수 없으나 '신뢰'와 '상호배려'는 실제적이고 중요하다. • 사람은 다른 사람에 대해 진실로 관심을 쓰고, 신뢰하며, '우리'의 부분으로 느낄 수 있다. • 만약 친구가 적대적이거나 이기적으로 행동하는 경우에도 이해하도록 노력해야 한다. • 자신이 좋은 의도를 지녔다는 것을 다른 사람들이 이해할 수 있도록 그리고 자신을 좋게 생각할 수 있도록 좋은 인상을 주어야 한다.

단계 3	**평가**
	• 단계 3의 사고는 인간의 존엄성과 귀중함에 대한 관심을 포함하고 있다. 그러나 자신을 생각하는 것에 많은 신경을 써서 어려운 상황에서는 '도덕적 겁쟁이'가 될 수 있다.
단계 4	**체계: "사회에 공헌?"**
	• 도덕성은 사회를 위한 상호의존과 협력을 포함하고 있다. 다른 사람들을 존중하지 않고 자신의 책임감을 이행하지 않는다면 사회는 성공할 수 없다. • 헌신한다는 것은 좋은 품성의 표시다. • 자신이 판사, 교사 또는 사회적 지도층인 경우라면 일관적이고 공정한 기준(또한 정상 참작의 상황도 고려)을 지녀야 한다. • 어려운 상황에서 진실성과 자기존중을 유지하는 것은 평판이 좋지 않을 수도 있다.
	평가
	• 단계 4의 사고는 사회의 근간으로서 도덕과 권리와 책임의 존중을 포함한다. 단계 4의 사회적 도덕성은 단계 3의 대인관계적 도덕성의 대체라기보다는 보완이다.

발달과 지연

사회도덕 발달단계이론, 특히 발달지체의 문제를 알아보고자 한다. 일반적으로 피상성은 사회도덕적인 미성숙성의 지표다. 단계 1은 도덕적 가치를 정당화하는 데 구체적이고 신체적인 호소에 의한다는 점에서 피상적이다(예로, "아버지는 크기 때문에 보스다."). 콜버그(Kohlberg, 1984) 연구의 한 청소년의 말에 의하면, 한 사람보다는 다수의 생명을 구하는 것이 더 중요한데 그 이유는 '한 사람은 단지 하나의 집이 있고 (물론 가구는 많을 수 있지만), 한 무리의 사람들이 가지고 있는 가구는 훨씬 많기 때문'이다(p. 192). 단계 2는 조금은 심리적이지만 실제로는 여전히 피상적이다. 예를 들어, 단계 2의 청소년은 다른 사람이 자신에게 약속을 지키고, 자신을 화나게 하지 않는다면 자신도 약속을 지키겠다고 정당화한다.

단계 3과 단계 4는 보다 성숙한 도덕판단을 나타내고, 일반적으로 다른 사람의 조망을 취할 기회가 주어진 아동청소년에게서 나타난다. 단계 3에 이르면 도덕판단은 피상성을 넘어 도덕규준, 도덕적 의사결정 및 가치를 이해하는 수준으로 발달하게 된다. 독단적인 사고를 넘어 상호성의 관점을 취하는 수준으로 나아간다. 피아제(Piaget, 1932/1965)는 이 전환을 '현실로서의 상호성'에서 '이상으로서의 상호성'으로 혹은 '남이 너에게 해 주기를 바라는 대로 남에게 행하라'(p. 323)라는 단계로 보았다. 청소년들이 학교, 작업장, 여행 등의 보다 큰 세계와 상호작용을 시작하면 상호이해의 필요성에 대한 단계 3의 이해는 공통적으로 수용되는, 즉 단계 4인 일관적인 기준과 상호 의존적 요구조건의 필요성에 대한 이해로 확장된다. 콜버그의 청소년 대상자 중 한 명은 "사회에서 모든 사람이 지켜야 할 것들에 대해 어느 정도 이해하지 않는다면, 아무것도 얻을 수 없고 아무것도 할 수 없다."라고 말하고 있다.

그러나 청소년기의 모두에게 성숙한 도덕판단이 항상 나타나지는 않는다. 단계 2 이상의 도덕판단을 보이지 않는 청소년들은 발달적으로 지체된 것으로 간주된다. 집이나 학교 및 지역사회에서 이들은 역할을 맡거나 다른 사람의 관점을 고려하는 충분한 기회를 갖지 못했을 수 있다. 청소년기의 미숙한 도덕판단은 비행이나 반사회적 행동의 위험요인이다. 즉, 생각한 대로 행동하는 경향을 보인다.

반사회적 청소년도 보다 성숙한 판단을 성취할 잠재력을 지니고 있다. 대부분 반사회적 청소년들도 약속 지키기, 진실 말하기, 타인 돕기, 생명 구하기, 훔치지 않기, 법 준수하기 같은 도덕적 가치의 중요성을 인정한다(Gregg, Gibbs, & Basinger, 1994; Palmer & Hollin, 1998). 선택의 가능성을 가정하면, 이들도 비폭력적이고 배려하는 선택을 선호하고(DiBiase, Gibbs, & Potter, 2005), 가설적인 사회적 문제 상황에서 대부분 책임감 있는 의사결정을 내놓기도 한다(Gibbs et al., 1995).

그렇지만 정직성이나 소유권 같은 도덕가치의 중요성에 대해서 많은 반사회적 청소년은 발달적으로 지체되고 미성숙한 추론을 내놓는다. 이들은 책임감 있는 도덕적 의사결정에서도 미숙한 추론을 한다. 도덕적 가치 분야의 도덕판단 지체를 분석한 연구(Gregg, Gibbs, & Basinger, 1994; Palmer & Hollin, 1998) 결과, 모든 가치 영역에서 지체가 드러났다. 가장 큰 지체 분야는 훔치지 않기나 법의 준수에 대한 추론이었다. 대체로 일반집단은 단계 3의 추론, 예루 법 준수의 상호적 기대, 훔치기의 이기성, 결과적인 혼동과 불안정성 및 세상에서 신뢰감 상실 등을 보였다. 대조적으로 비행집단은 체포될 수 있는 위험과 수감 등의 추론(2단계)을 사용하였다.

도덕판단의 지체는 주로 피상적인 도덕적 이해 그리고 책임감 있는 도덕적 의사결정을 하는 데 구체적이고 자기중심적인 추론을 사용하는 것을 말한다. 공격적인 행동과 기타 행동문제를 지닌 학생인 15세의 조이의 경우 솔직하고 진지했지만 타인 돕기, 생명 구하기, 정직성, 약속 지키기, 진실 말하기, 타인의 소유권 존중, 법의 준수 같은 도덕가치의 중요성을 공감적으로 받아들이지는 못했다. 다음은 깁스와 조이의 면담 내용이다.

깁 스: 조이, 학생 생각으로는 남을 해치거나 훔치지 않고 법의 준수가 중요한 이유는 무엇이라고 생각하지요?

조 이: 상점에서처럼 보는 사람이 아무도 없다고 생각할 수 있지만, 카메라가 있을지도 모르기 때문이지요!

다른 도덕적 가치를 지지하는 이유도 대체로 유사했다. 약속을 지키고 거짓말하지 않는 것은 그렇게 하지 않으면 누군가 알아내서 앙갚음할 수 있기 때문에 중요하다고 하였다. 조이에 의하면, 남을 돕는 것은 나중에 그 사람으로부터 호의가 필요할 수도 있기 때문에 중요하다. 여기에서의 요점은 '도덕적 가치' 또는 '책임감 있는 의사결정'에는 그 가치나 결정에 대한 성숙한 이해가 포함된다는 의미다. 깊은 이해가 없으면 반사회적 행동이 뒤따른다. 이미 언급한 비교문화적 그리고 메타분석연구 결과의 시사점은, 조이는 관찰자나 감시카메라의 두려움보다 그의 자기중심적 욕구가 더 특출한 상황에서는 그의 도덕적 가치를 신뢰할 수 없을 것이라는 점이다. 많은 반사회적 비행 청소년은 도덕규준이나 의사결정 및 가치에 대한 깊은 이해나 토대가 없다는 점에서 도덕적으로 지체된 양상을 보인다.

콜버그의 기초연구와 깁스의 이론과 응용 방법의 결합에 힘입어 ART의 도덕추리 요소는 진일보한 셈이다. 도덕추리 회기에서 이론과 기법을 정교화해서, 참여자들의 가장 효과적인 향상과 임상가들의 가장 효율적인 진행을 꾀하고자 한다.

자기중심적 편파와 자기기여적 인지왜곡

조이의 예처럼, 지체된 도덕판단은 피상적이고 자기중심적이며, 자신의 즉각적인 욕구를 향한 편파적인 것이다. 이 점이 릭코나(Lickona, 1983)가 단계 2를 "내가 얻는 것은 뭐지?" 도덕단계라고 부르는 이유다. 청소년 위험집단의 자기중심적 편파는 전형적으로 아동기의 두드러진 특징에 남아 있다. 더욱이 자기중심적 편파는 자기기여적 인지왜곡 체계 또는 경험에 대한 부정확한 주의와 해석방식을 강화할 수 있다. 반사회적 청소년들의 인지왜곡 수준은 높은 양상이다(예, McCrady et al., 2008).

인지치료자인 스탠튼 새미나우(Samenow, 2004)는 이러한 인지왜곡을 사고오류라고 부르고 있다. 나의 사고방식 질문지(How I Think Questionnaire; Barriga et al., 2001; Gibbs et al., 2001)로 측정된 네 가지 사고오류는 다음과 같다.

① 자기중심성(예, 내가 좋아하는 것을 보면, 나는 그것을 갖는다)
② 최악 가정하기(예, 다른 사람이 나를 해치기 전에, 내가 먼저 다른 사람을 해쳐야 한다)
③ 타인 비난하기(예, 나에게 협력하지 않고 누군가 다쳤다면, 그건 내 잘못이 아니다)
④ 최소화/분류오류(예, 사람들은 법을 어긴다. 그건 별일 아니다)

깁스 등(Gibbs et al., 1995)은 자기중심적 사고오류를 '다른 사람의 정당한 관점이 전혀 고려되지 않거나 모두 무시되고, 자기 자신의 관점, 기대, 욕구, 권리, 감정과 바람에 따르는 것'으로 규정하고 있다. 그런 만큼 자기중심성은 세 가지의 이차적 인지왜곡(최악 가정하기, 타인 비난하기, 최소화/분류오류)에 의해 지지되는(혹은 타인에게 피해를 주고서 죄책감이나 양심의 가책 및 공감적인 고통을 느끼지 못하는) 일차적 사고오류이다.

이러한 예시로, 한 17세 강도는 그의 피해자를 비난하면서(타인 비난하기) 자신의 자기중심적 인지왜곡을 변론하였다. "그 사람은 집단속을 잘하고 경보기를 설치했어야 했다"(Samenow, 1984). 아론 벡(Beck, 1999)은 자기중심적 자기기여적 사고오류를 '반사회적 행동의 폭풍의 눈'이라고 하였는데 이는 정확한 지적이다.

이들 자기중심적 왜곡은 공격적인 청소년들에게 꽤 흔하고, 사회도덕적 발달지체의 중요한 양상이다. 촉진자는 이러한 인지왜곡의 이해가 참여자들의 사고에 대한 통찰을 얻고 문제 상황의 훈련을 통해 참여자들의 지체를 교정하는 데 매우 유익하다는 점을 알게 될 것이다.

사회적 조망 취하기와 의사결정을 통한 지체의 교정

ART가 효과적이려면, 도덕발달 지체는 교정되어야 한다. 이러한 개입의 이론적 논리는 간단하다. 반사회적 청소년 혹은 위험군의 피상적이고 자기중심적인 성향은 적어도 부분적으로는 사회적 조망 취하기의 경험부족에서 기인한다. 따라서 그러한 기회를 위한 풍부하고 집중적인 도덕추리의 교육을 제공해야 할 것이다. 사회적 조망 취하기 훈련을 통해 청소년들은 연령에 적절한 도덕판단 수준에 도달할 수 있는 기회를 갖는다.

이러한 자극의 도구가 사회적 의사결정 모임이다. 지금부터 이 모임과 훈련의 개념, 모임에서 논의의 기초로 사용되는 문제 상황 그리고 문제 상황과 관련된 질문들을 알아보고자 한다.

사회적 의사결정 모임

반사회적 청소년들의 도덕추론 지체는 사회적 의사결정 모임인 이른바 도덕추리 회기를 통해 개선된다. 이 모임에서 집단구성원들은 관련된 문제 상황과 질문들을 논의하고, 성숙한 도덕추리와 정확한 사회적 지각으로 입증되는 보다 책임감 있는 사회적 의사결정을 향해 작업해 나간다. 또한 대개 한 시간에서 한 시간 반 정도 지속되는 이 모임은 집단의 성숙한 도덕적 분위기를 조장하도록 돕는다. 이 모임이 사회적 의사결정 모임이라고 불리기도 하지만, 관심사는 의사결정 그 자체보다 더 깊은 곳에 있다. '책임감 있는 의사결정을 한다는 것'이 다소 피상적 추리에 근거한 결정을 의미한다면, '훌륭한 도덕적 가치를 지닌다는 것'은 보다 성숙한 수준에서 도덕적 가치의 중요성에 기초한 깊은 추론을 이해하고 다른 사람의 관점을 취하는 것을 의미한다. 집단구성원이 문제 상황과 관련해 책임감 있는 의사결정을 보인 경우라도, 그러한 결정을 한 이유는 성숙도에서 매우 다양할 수 있다. 예로, 가게에서 훔치지 않기로 한 결정은 책임감 있는 결정이다. 그러나 잡힐까 두려운 이유로 내린 결정은, 훔치기나 법을 어기는 행위는 사회에 해가 된다고 믿기 때문에 내린 결정보다는 상당히 낮은 추리수준을 반영하고 있다. 도덕추리 회기의 근본 목적은 구성원들이 자신의 사회적 결정과 가치를 정당화하는 데 사용되는 추리의 성숙도를 촉진하는 데 있다. 따라서 청소년들의 자기기여적 사고오류를 감소시키고, 사회적 지각의 정확성을 증가시키며, 타인의 관점을 취할 수 있는 잠재력을 고양시키고자 하는 것이다.

촉진자의 역할

사회적 의사결정 모임에서, 임상가는 청소년들의 보다 성숙한 도덕적 이해의 습득을 촉진한다. 이를 위해 교육, 훈련, 모델링, 반복학습을 포함한다. 대부분 촉진은 발달적 자극을 의미한다. 집단촉진자는 구성원들에게 다른 사람의 관점을 고려하도록 유도하는 사고-자극 질문(thought-provoking questions)을 한다. 예를 들어, 한 구성원이 자기중심적 의사결정이나 가치를 내놓는 경우, 촉진자는 "모든 사람이 그렇게 한다면 세상은 어떻게 될까요?" 혹은 "만약 자신이 피해를 입은 사람이라고 하면 여전히 그렇게 말할 수 있을까요?"라고 물을 수 있다.

이런 소크라테스식 질문을 수행하는 데 있어서, 임상가는 안내자의 역할을 한다.

릭코나(Lickona, 1983)가 제안한 간단한 규칙은 '묻고서, 말하지 않는 것'이다. 촉진자가 건설적인 비평을 하는 경우, 반드시 지지적인 코멘트를 선행하고 이어서 지적이 따라야 하는 PCP(칭찬, 정정, 칭찬) 기법을 적용해야 한다. 예는 다음과 같다.

촉진자: 라토야, 잘했어요. 힘께해 주어서 고마워요(칭찬). 그런데 우리의 규칙 중 하나는 누군가와 생각이 다르다고 해도 그 주제와 함께한다는 것이지요. 라토야가 자신의 생각을 말하는 대신 문제의 사실성 여부를 계속 따지는 것에 대해서는 어떻게 생각하나요?(정정)

라토야: 음, 제가 그렇게 하고 있었다는 점을 알지 못했어요.

촉진자: 고마워요. 라토야는 그 사실 여부를 고집하기보다는 이 상황에 대한 자신의 관점을 우리에게 말해 줄 수 있다고 알고 있어요(칭찬).

예/아니요 반응이나 분석 또는 정당화를 포함하는 답을 요구하지 않는 개방형 질문 또한 중요하다. "조금 더 얘기해 줄래요?" "방금 말한 것에 대해 조금 더 설명해 줄 수 있을까요?" 등이 개방형 질문이다.

집단촉진자가 취약한 청소년들에게 도덕성을 강요할 수 있다는 의견에 대한 최선의 방어책은, 실무자들이 일상적인 자연스러운 발달궤도에 따르는 향상을 촉진한다는 점에 있다(Gibbs et al., 2007). 도덕추리 회기가 진행됨에 따라, 참여자들은 점차 그 과정을 이해하게 된다. 구성원들은 다른 사람들의 관점을 고려하고 도전하기 시작하며 그럼으로써 사회적 발달을 이루어 간다.

문제 상황

사회적 의사결정 모임에서, 집단은 문제 상황과 구체적인 문제들에 관해서 논의한다. 학교나 집, 거리 등에서 문제 상황은 정직성, 책임감, 약속 지키기, 훔치거나 속이지 않기, 신뢰할 수 있는 관계, 약물 거부하기, (자신 및 타인에게) 폭력의 예방이나 회피, 타인 돕기 등과 같은 기본적인 도덕적 가치를 포함하고 있다. 각 상황은 전형적으로 문제를 지닌 누군가에 의해 야기되는 문제점을 지닌 한 청소년의 예를 보여 주고 있다(이는 방어적이지 않은 논의를 유도하는 데 효과적인 방법이다).

원래의 ART 프로그램(Goldstein & Glick, 1987; Goldstein et al., 1998)에는 해당하는

주의 프로그램 동안 수행된 사회기술훈련과 분노조절훈련 회기의 내용을 구체적으로 보완하기 위해 마련된 10개의 문제 상황이 있었다. ART 훈련에 참여한 첫 집단이 대부분 남자였기 때문에, 상황의 주인공들은 남자였다. 문제 상황은 4부의 도덕추리 회기에 제시되어 있다. ART 참여자들의 다양성을 보다 잘 반영하기 위해 부록 D에 남자와 여자 그리고 다양한 인종을 포함한 추가적인 문제 상황을 제시하였다. 촉진자는 집단구성원에 적합하도록 문제 상황의 예시나 이름을 조정해서 사용할 수 있다. 그렇지만 상황의 기본구조를 변경해서는 안 되며, 그 주의 관련된 사회기술이나 분노조절 개념을 대체할 수는 없다.

이들은 콜버그(Kohlberg, 1984)가 규정한 도덕적 딜레마가 아니라 문제 상황이라는 점을 주목해야 한다. 관련된 문제의 일부는 어려운 이슈를 제기하지만, 분명한 해결책이 없는 문제를 사용하는 고전적인 인지발달적 관점과는 다른 점이 있다. ART 문제 상황은 책임감 있는 답을 요구한다. 예로, 알론조의 문제 상황에서 차를 훔치는 것에 반대해 친구를 설득하려는 의사결정([그림 4-1] 참조)을 들 수 있다. 대부분 위험집단구성원들은 책임감 있는 의사결정이나 성숙한 추리가 즉각적으로 가능하지 않을 수 있다(따라서 집단의 촉진이 필요하다). 도덕적 이해가 미성숙한 많은 청소년에게 있어서, 차 절도를 '친구와 함께하는 재밌는 놀이'로 해석하는 최소화/잘못분류의 사고오류를 지닌 경우에는 재미를 위해 차를 훔치려는 충동에 저항하기가 쉽지 않을 수 있다. 유사하게, 책임감 있는 대답이 친구를 일러바치는 문제 상황(예, 친구가 사람들을 쏘겠다는 계획을 말하는 상황)은 '고자질'이나 '배신'에 대한 또래의 규범이 매우 강하기 때문에 참으로 딜레마인 상황으로 경험될 수 있다. 이러한 또래규범은 집단촉진자를 어렵게 할 수 있지만, 촉진자는 구성원들을 성숙하고 책임감 있는 결정으로 이끌도록 지속적으로 노력해야 한다.

문제의 논의

각 문제 상황과 관련된 첫 질문은 전반적인 상황에 관하여 책임감 있는 결정을 유도하는 것이다(예, "알론조는 로드니에게 차를 훔치지 않도록 설득해야 하는가?"). 물론 이 경우 책임감 있는 답은 '그렇다'이다. 사회적 조망수용과 정확한 사고를 자극하기 위한 노력으로, 집단촉진자는 각각의 문제 상황에 따르는 추가적인 탐색질문이 특히 유용하다는 것을 알게 될 것이다. 탐색질문의 하나는 집단구성원으로 하여금 자신이 피

이름 Steve 날짜 4월 23일

알론조는 친구인 로드니와 함께 골목길을 걸어오고 있다. 로드니는 멋진 신형 스포츠카 앞에서 멈추어 서서, 차 안을 살펴보고 흥분된 목소리로 말한다. "야, 봐 봐! 열쇠가 그대로 꽂혀 있어! 이게 웬 일이람! 어서 와, 해 보자!"

알론조는 어떻게 말하고 행동해야 하는가?

1. 알론조는 로드니에게 차를 훔치지 않도록 설득해야 하는가? (하나를 선택)

☑ 설득해야 한다 ☐ 훔치도록 내버려 둔다 ☐ 결정할 수 없다

2. 만약 로드니가 알론조에게 차 열쇠를 차 안에 두는 그런 부주의한 사람들은 도난 당해도 된다고 말한다면, 그래도 알론조는 로드니가 차를 훔치지 않도록 설득해야 하는가? (하나를 선택)

☑ 설득해야 한다 ☐ 훔치도록 내버려 둔다 ☐ 결정할 수 없다

3. 만약 로드니가 알론조에게 차의 주인이 보험에 들어서 잃어버린 차를 보험금으로 받을 수 있을 것이라고 말한다면, 그래도 알론조는 로드니가 차를 훔치지 않도록 설득해야 하는가? (하나를 선택)

☑ 설득해야 한다 ☐ 훔치도록 내버려 둔다 ☐ 결정할 수 없다

4. 만약 로드니가 알론조에게 차를 훔치는 것은 그렇게 나쁜 짓이 아니고, 그의 친구들 대부분은 늘 그렇게 한다고 말한다면, 알론조는 어떻게 해야 하는가? (하나를 선택)

☑ 설득해야 한다 ☐ 훔치도록 내버려 둔다 ☐ 결정할 수 없다

5. 만약 로드니가 체포되고 직장을 잃고 감옥에 가면 그의 아내와 아이가 고통을 받을 것이라는 점을 알론조가 알고 있다면, 알론조는 로드니가 차를 훔치지 않도록 설득해야 하는가? (하나를 선택)

☑ 설득해야 한다 ☐ 훔치도록 내버려 둔다 ☐ 결정할 수 없다

6. 그 차가 내 차라고 하자. 알론조는 로드니의 친구이자 또한 내 친구다. 알론조는 그 차가 내 차란 것을 알고 있다. 알론조는 로드니가 차를 훔치지 않도록 설득해야 하는가? (하나를 선택)

☑ 설득해야 한다 ☐ 훔치도록 내버려 둔다 ☐ 결정할 수 없다

7. 일반적으로, 다른 사람의 소유물을 가져가면 안 된다는 것은 얼마나 중요한가? (하나를 선택)

☑ 매우 중요하다 ☐ 중요하다 ☐ 중요하지 않다

8. 알론조는 로드니가 차를 훔치지 않도록 설득하지만, 로드니는 이미 안으로 들어가 차를 훔친다고 하자. 알론조는 로드니의 상황이 매우 좋지 않다는 것을 알고 있다. 그는 심각한 사고를 내거나 누군가를 죽일 수도 있다. 알론조는 어떻게 해야 하는가? (하나를 선택)

☑ 경찰에 연락해야 한다 ☐ 경찰에 연락해서는 안 된다 ☐ 결정할 수 없다

[그림 4-1] 알론조의 문제 상황에 대한 스티브의 결정

해자가 되는 상상을 하도록 묻는 것이다. 다른 탐색질문의 예는 공격적이거나 반사회적인 행동의 희생자가 자신의 가족인 경우를 상상해 보거나 혹은 다른 가족구성원이어서 피해자가 낯선 사람일 경우에는 덜 나쁜 행동인지를 생각해 보도록 참여자에게 묻는 것이다. 보다 개방형의 질문은 구성원들에게 폭력성의 즉각적인 피해의 영향(자신 혹은 타인)을 생각해 보도록 묻는다.

예를 들어, 알론조 문제 상황의 질문 6('그 차가 내 차라고 하는 경우')은 구성원들에게 예상되는 피해자의 조망수용을 직접적으로 자극한다. 다른 질문들은 구성원들에게 알론조의 친구인 로드니(질문 8)와 로드니의 가족(질문 5)에게 일어날 가능한 부정적인 결과를 고려해 보도록 자극한다. 그 외의 질문들은 참여자들이 확인하고 수정해야 할 타인 비난하기(질문 2)와 최소화/분류오류(질문 3과 4)와 같은 인지왜곡을 포함하고 있다.

문제 상황 분석

각각의 문제 상황에는 참여자의 반응에서 특정한 패턴이나 경향에 대해 촉진자의 주의를 환기시키는 문제 상황분석이라는 메모가 있다. 논의의 역동적인 속성과 절차의 복잡성을 가정하면, 집단구성원들의 반응은 늘 예측할 수 없다. 그러나 회기를 수행하기 이전에 이들 분석을 검토하는 것이 특히 유용하다. 예로, 알론조의 문제 상황에 대한 문제 분석에서, 대부분의 입장은 책임감 있는 의사결정(즉, 알론조는 로드니에게 차를 훔치지 않도록 설득해야 한다)을 하는 경향이 있고(질문 1~6), 훔치지 않는 것은 중요하며(질문 7), 대부분 의사결정에서 실용적인 추리와 성숙한 추리를 모두 하는데, '실용적인 추리가 훔치는 의사결정보다 지배적이다' 등등을 설명하고 있다.

도덕추리 회기 절차

ART 도덕추리의 문제 상황은 청소년들이 일상에서 직면할 수 있는 다양한 상황과 주제를 담고 있다. 매주 촉진자는 회기나 부록 D에서 한 상황을 선택할 수 있다. 회기는 다음과 같은 문제 상황을 포함하고 있다.

- 1주: 짐의 문제 상황
- 2주: 제리의 문제 상황
- 3주: 마크의 문제 상황
- 4주: 조지의 문제 상황
- 5주: 샘의 문제 상황
- 6주: 레온의 문제 상황
- 7주: 레지의 문제 상황
- 8주: 알론조의 문제 상황
- 9주: 후안의 문제 상황
- 10주: 안토니오의 문제 상황

도덕추리를 촉진하기 위해, 촉진자는 〈표 4-2〉에 있는 네 단계의 사회적 의사결정 모임을 이끈다. 잘 운영되는 모임에서 이 단계들은 한 단계에서 다음 단계로 자연스럽고 끊어짐이 없이 진행되고, 그 흐름에는 논리성이 있다.

〈표 4-2〉 도덕추리 회기의 단계

단계 1: 문제 상황의 소개
단계 2: 성숙한 도덕성 배양하기
단계 3: 도덕발달 지연 교정하기
단계 4: 성숙한 도덕성 굳히기

일단 구성원들이 문제 상황이 무엇이고 그 상황이 자신들의 삶과 어떻게 관련되는지를 분명하게 이해하고 나면(단계 1), 촉진자는 구성원들의 성숙한 도덕성을 배양하기 위한 논의를 이끈다(단계 2). 이 두 단계의 논의 동안에 그리고 회기 이전에 구성원들이 완성한 문제 상황 유인물의 반응에 기초해 촉진자는 각 구성원의 도덕발달 단계와 사고의 오류를 평가할 수 있다. 일단 어느 정도 성숙하고 책임감 있는 추리의 관점에서 목소리를 내게 되면(단계 2), 집단 내의 보다 성숙한(적어도 덜 지연된) 구성원들은 다른 구성원들의 지연되고 왜곡된 관점에 도전할 강한 입장에 있게 된다. 촉진자는 구성원들이 추가적인 논의를 통해 도덕성의 지연을 교정하는 데 도움을 주고(단계 3), 문제 상황과 관련된 책임감 있는 의사결정을 위한 모두의 합의를 지지하고 이

결정을 하는 데 성숙한 추리를 하도록 이끈다(단계 4). 개인과 집단 모두 전체로서 단계를 거치면서 상장한다.

경험이 쌓이면서 한 단계에서 다음 단계로 전이 시기에 대한 촉진자의 감각은 보다 세련되어질 것이다. 단계 내내 집단구성원의 사고의 향상이 필요할 때마다 촉진자는 안내하고 촉진하고 질문해야 한다. 그렇지만 모임을 지배한다거나 일방적인 의사소통으로 끼어든다거나 특정 구성원과의 대화는 피해야 하고, 어느 정도 집단의 자율성을 부여하는 균형을 유지해야 한다. 앞서 언급한 것처럼, 말하는 것보다는 질문을 많이 사용해야 하는 것이다.

도덕추리 회기의 준비

집단촉진자는 모든 ART 회기의 진행에 앞서 적절한 준비시간을 가져야 하지만, 도덕추리에 포함된 절차의 복잡성 때문에 이 회기의 준비시간은 더욱 중요하다. 이 과정에 처음인 촉진자는 적어도 한 시간 정도의 준비가 필요하다. 경험과 자신감 및 역량이 쌓이면 준비 시간이 줄어들 것이다.

첫째, 각 회기의 시작에 앞서 촉진자는 모임에서 사용할 문제 상황 그리고 관련된 질문들에 익숙해져야 한다. 문제 상황과 문제가 제시하는 도덕적 입장에 대해 충분히 이해하고, 촉진자들이 함께 만나 준비할 때 가장 효과적이다.

둘째, 문제 상황의 질문에 관한 구성원들의 반응을 얻어야 한다. 많은 촉진자들은 바로 이전 회기(〈표 1-1〉의 순서에 따르는 경우 분노조절훈련 모임)가 끝날 무렵 시간을 할애하여, 구성원들에게 문제 상황 질문지를 나누어 주고, 읽어 주며, 관련된 질문에 각자 답하도록 한다. 집단구성원들이 답을 의논하거나 비교하지 않도록 하며, 부정적인 동료의 규범에 따르려는 경향은 각 개인들의 반응의 다양성과 진실성을 해칠 수 있다.

셋째, 촉진자는 [그림 4-2]와 같은 의사결정 도표를 만들어야 한다. 이 차트는 각 문제 상황 질문에 대한 구성원들의 반응을 보여 주는 모형이다. 차트에는 가로의 맨 아래에 집단의 다수의견이 있고, 의문부호는 모임이 끝날 때까지 집단의 최종의견이 될 수 있는 다수의견을 나타낸다. 이 차트는 집단논의의 기초를 이룬다. (부록 E에 사회적 의견 도표가 있다.)

이름	질문							
	1	2	3	4	5	6	7	8
재이	S	S	S	S	P	P	I	CD
빈스	S	S	S	S	P	P	V	CD
마티	P	P	CD	P	P	P	V	CD
스티브	P	P	P	P	P	P	V	C
후안	CD	S	S	P	P	P	I	CD
빌	CD	CD	CD	CD	P	P	I	C
마이크	P	CD	P	P	P	P	I	D
집단 의견	P?	S?	S?	P?	P	P	I?	CD?

S=훔치도록 둠 P=훔쳐서는 안 된다고 설득 D=경찰에 연락하지 않음
C=경찰에 연락함 CD=결정할 수 없음 I=중요 V=매우 중요

[그림 4-2] **예비 사회적 의사결정 도표**

반응도표가 완성되면, 촉진자는 질문에 대한 구성원들의 반응(무책임한 혹은 책임감 있는 의사결정, '결정할 수 없음' 등)을 분석할 수 있다. 또한 촉진자는 어느 구성원이 책임감 있는 의사결정을 위한 성숙한 추리를 하고, 어느 구성원이 미숙한 추리를 내놓을지에 관한 구성원들의 도덕추리 단계의 인상을 얻어야 한다(이상적으로는 부록 E에 있는 사회도덕 숙고척도-단축형 사용). 이러한 인상들은 실제 논의가 진행되면 대부분 바뀌어 가지만, 도표를 검토하는 데 유용하다.

책임감 있는 의견 살펴보기

문제 상황 질문에 대한 책임감 있는 의사결정이 단지 체면치레나 좋은 인상을 주려는 구성원의 바람일 수도 있으나, 진실하고 대체로 좋은 신호일 수도 있다. 알론조의 문제 상황의 경우, 책임감 있는 결정과 무책임한 결정 둘 모두를 볼 수 있다. 집단논의 때까지는 이들 책임감 있는 결정의 이유를 알 수 없다. 훔치지 말라는 책임감 있는 결정의 이유가 실용적이거나 미숙한 근거일 수 있고(예, 로드니가 잡힌다거나, 어려움에 처하거나, 총을 맞거나 등), 한편으로는 보다 성숙한 고려일 수도 있다(예, 로드니는 가족을 생각해야 한다거나, 훔치는 것은 신뢰감을 무너뜨린다거나, 다른 사람의 입장을 생각해야 한다거나, 죄책감이 든다거나 등).

세로로 살펴보기

만장일치의 혹은 만장일치에 가까운 책임감 있는 결정이 있는가? 예로, 알론조의 문제 상황에서, 모두는 로드니에게 고통받을 가족이 있고(질문 5), 도난 당한 차가 자신의 차일 경우(질문 6) '설득'해야 한다고 결정하고 있다. 책임감 있는 결정을 지지하는 적어도 일부 성숙한 이유가 있는 경우 좋은 신호이며, 또한 모두가 훔치지 않는 것이 적어도 '중요하다'(질문 7)고 평가하는 경우도 좋은 신호다. 그러나 '경찰에 연락한다'(질문 8)는 썩 좋은 해결책은 아닌 것으로 보인다.

가로로 살펴보기

일관적으로 책임감 있는 결정을 한 구성원이 있는가? 알론조의 문제 상황에서, [그림 4-2]는 대부분 구성원이 질문 5에서 7까지는 책임감 있는 결정을 보여 준다. 이들 집단구성원들은 배양과 교정 및 굳히기 단계에서 동맹의 가능성이 있다. 물론 앞서 조이의 예에서처럼, 미성숙한 추리의 책임감 있는 결정(잡힐 수 있기 때문에 다른 사람의 재산을 존중하거나 훔치지 않는다 등)도 가능하다. 그러나 이전의 도덕추리 회기에서 혹은 도덕판단 단계의 평가에서 스티브가 일관되게 단계 3 수준의 추리를 한 것을 촉진자가 안다면, 스티브는 아마 좋은 영향력을 미칠 것이다. 다른 가능한 동맹은 마티와 마이크다. 보다 부정적인 패턴을 보이는 구성원도 있는가? 재이와 빈스 같은 보다 부정적인 결정자에 대해서는 성숙한 결정자가 필요할 것이다. 특히 '훔치도록 둔다'는 재이—보통 단계 2 수준의 완고한 집단구성원—의 경우 무책임한 결정과 실용적 추리로 주도하려고 할 수 있다. 빌의 반응은 책임감 있는 결정과 무책임한 결정 둘 중 하나로 갈 수 있음을 보여 준다.

단계 1: 문제 상황의 소개

효과적인 사회적 의사결정 모임을 위해서 모든 집단구성원은 문제 상황과 그것이 자신들의 삶에 어떻게 관련되는지를 분명하게 이해해야 한다. 회기를 시작하면서 구성원들이 문제 상황을 큰 소리로 읽도록 한다. 그런 후 촉진자는 구성원들에게 문제 상황이 무엇이고, 그것이 왜 문제이며, 이 같은 문제가 실제 일어날 수 있는지를 묻는다. 그런 문제를 지녔던 참여자가 있는 경우에는 자신의 경험을 간단히 이야기해 주도록 요청한다.

단계 2: 성숙한 도덕성 배양하기

집단이 문제 상황을 이해하고 적절하게 수긍을 하게 되면, 촉진자는 다음 단계로 넘어간다. 단계 2의 목표는 성숙한 추리에 의해 지지되는 책임감 있는 결정의 도덕성, 즉 성숙한 도덕성의 집단분위기 혹은 집단문화를 배양하는 것이다.

촉진자는 질문 1(혹은 해당 질문에 대한 집단의 결정이 일관된 경우에는 여러 질문)의 논의를 시작한다. 모든 질문에 대한 구성원들의 응답과 추리의 이전 패턴에 기초해, 촉진자는 각 구성원의 가능한 추리에 대한 경험적 예측을 할 수 있다. 성숙하고 책임감 있는 도덕적인 집단분위기를 촉진하기 위해, 촉진자는 책임감 있는 결정과 그러한 결정의 가장 성숙한 추리를 드러낼 수 있는 구성원의 반응을 소개한다.

알론조의 문제 상황에서, 스티브는 질문에 대해 가장 일관적으로 책임감 있는 입장을 보여 주고 있고, 그다음은 마티와 마이크다.

촉진자: 스티브, 알론조가 로드니에게 차를 훔치지 않도록 설득해야 한다고 생각하는 이유에 대해서 집단 모두에게 이야기할 수 있을까요?

스티브: 음, 차 주인은 사람들이 기본적으로 정직하다고 분명히 믿고 있고, 자신의 것이 아닌 것은 가져가서는 안 된다고 생각하기 때문이지요. 사람들은 자신의 차가 있고 그것을 자랑하기도 하며, 자신의 것은 안전하다고 믿고 있는데 누군가 다른 사람의 소유물을 훔친다면 그건 그 사람에게 상처를 주기 때문입니다.

촉진자: 고마워요, 스티브. 마티도 알론조가 차를 훔치지 않도록 로드니를 설득해야 한다고 했는데, 그 결정을 한 이유는 무엇인가요, 마티?

마 티: 네, 차 주인은 그 차에 꽤 많은 돈을 지불했고 아마도 그 차를 사려고 꽤 오랫동안 열심히 일했을 겁니다. 만약 차 주인이 보험이 없다면 차를 샀던 그 돈을 잃어버릴 수 있고, 특히 차가 부서진 경우에는 차 주인이 수리비를 내야 합니다.

촉진자: 조금 더 말해 줄 수 있을까요?

마 티: 음, 만약 그가 일이나 다른 이유로 차가 필요한데 도난 당하면 집에서 꼼짝할 수 없고……, 그러면 가족들은 상황이 나빠질 수도 있고, 그렇습니다.

촉진자: 이야기해 줘서 고마워요, 마티.

마이크: 음, 그 외에 절도는 성경에 어긋나고, 로드니가 결국 감옥에 갈 수도 있습니다.

촉진자가 집단구성원의 반응을 확인하는 동안 공동촉진자는 가능한 한 많이 구성원들의 말을 그대로 사용해 칠판 위에 요약한다.

논의 과정은 역동적인 과정이고, 집단구성원은 자기 차례가 되면 자신의 생각을 말하고, 순서를 벗어나 말하는 것도 가능하다. 가능한 한 촉진자는 논의가 성숙한 수준에서 지지되는 책임감 있는 결정이 되도록 노력해야 하고, 문제 상황 유인물에 제시되어 있는 질문의 순서를 유지하도록 해야 한다. 공동촉진자는 구성원들의 추리를 계속 기록한다. 이전 논의에 기초해 공동촉진자는 질문 1에서 6의 경우 뒤따르는 발언을 '설득(P)'의 제목 아래에 기록할 수 있다. 동시에 스티브와 마티의 추리는 단계 3으로 나타나 보인다는 것을 개별적으로 기록할 수도 있다.

설득(P)

- 신뢰감을 해친다.
- 차 주인은 열심히 일했다.
- 차 주인의 가족이 고통을 받을 수 있다.
- 성경에 어긋난다.
- 로드니는 감옥에 갈 수 있다.

논의를 거치면서 성숙한 도덕적 어조가 배양되면, 결정의 성숙한 추리를 강조하면서 책임감 있는 결정의 이유들을 요약해 보는 것이 도움이 된다. 예를 들어, 촉진자는 "좋아요, 여러분. 우리는 로드니가 차를 훔치지 않도록 알론조가 설득해야 한다는 점에 대해서 여러 가지 훌륭한 추리를 했습니다. 예로, '차를 훔치는 것은 신뢰감을 해친다' '차 주인은 열심히 일했다' '차 주인의 가족이 고통을 받을 수 있다' 등에 대해 들었습니다."라고 말할 수 있다.

단계 3: 도덕발달 지연 교정하기

이제 집단촉진자는 도덕발달 지연 교정하기인 3단계로 넘어간다. 이때쯤 집단은 일부 구성원의 실용적이고 자기기여적 영향력을 넘어설 수 있으리라는, 즉 아무런 지시나 촉구가 없이도 보다 성숙한 구성원이 이에 대해 도전할 것이라는 바람을 갖는다. 어느 정도 촉진자는 무책임한 결정을 한 구성원들에게 그냥 요구하지 않고 책임감 있는 결정의 추리를 강조하지 않음으로써 발달지연이나 부정적 영향력을 이미 다루기 시작했었다.

이들 부정적인 집단구성원들을 버릴 수도 없고 따돌려서도 안 되지만, 궁극적으로는 이들이 집단논의에 포함되지 않은 경우에는 쉽게 지루해하거나 산만해질 수 있다. 책임감 있는 의사결정자의 성숙한 추리를 칭찬하면서, 촉진자는 부정적인 결정자들에게 자신의 추리에 대해 설명해 줄 것을 요청한다. 알론조는 로드니가 차를 훔치도록 두어야 한다는 무책임한 결정을 한 구성원에게 촉진자는 그 이유에 대해 묻는다.

촉진자: 집단에서 일부의 경우 알론조는 로드니가 차를 훔치도록 두어야 한다는 결정을 했습니다. 음, 빈스는 그렇게 응답한 이유를 한두 문장으로 우리에게 말해 줄 수 있을까요?

빈 스: 예, 알론조와 로드니는 오후를 어떻게 보내는 것이 좋을지, 재미난 일을 원하고 있으니까요.

촉진자: 그리고 후안도 빈스와 같은 결정을 했는데, 후안은 그 이유가 무엇일까요?

후 안: 글쎄, 제가 말하려고 하는 것은 로드니가 말한 것처럼 그 차를 가지면 기분이 엄청날 것 같다는 거예요. 아마 거물이 된 기분? 돈도, 여자도, 술도, 아마 원하는 것은 무엇이든지 얻을 수 있을 테니까요.

촉진자: 재이는 어때요?

재 이: 음, 저도 알론조는 로드니가 차를 훔치도록 두어야 한다고 답했는데 그 이유는 달라요. 여기에서 로드니와 알론조는 친구잖아요. 친구는 친구가 하고 싶은 대로 하도록 해 주어야 한다고 생각해요. 알론조가 따라갈 필요는 없지만, 만약 로드니가 차를 갖고 싶어 한다면 그건 그의 일이에요. 알론조는 간섭해서는 안 되지요.

논의가 진행될 때, 공동촉진자는 무책임한 결정의 이유들을 기록한다.

훔치도록 둔다

- 재미난 일을 원한다.
- 돈, 술, 여자, 무엇이든지 가질 수 있는 거물이 된 기분을 느낄 수 있다.
- 친구의 일을 간섭해서는 안 된다.

이 시점에서, 촉진자는 책임감 있는 도덕적 결정을 한 구성원들을 격려하고 자신들의 성숙한 추리를 도덕적으로 덜 성숙한 결정을 한 구성원들과 논의하도록 권한다.

촉진자: 여러분, 알론조는 로드니의 일에 간섭하지 않아야 한다는 점에 대해서 어떻게 생각합니까?

마이크: 알론조와 로드니는 친구지만, 우리가 지금까지 이야기해 왔던 것의 요점을 알 수 있습니다. 우리는, 차 주인이 그 차를 사기 위해 열심히 일했고 차가 없으면 그 가족이 어려움을 겪고, 로드니는 감옥에 갈 수 있기 때문에, 알론조는 로드니가 차를 훔치는 것을 저지해야 한다고 말했습니다. 친구는 친구를 감옥에 가도록 하거나 무고한 사람들을 해치게 두어서는 안 됩니다.

재 이: 무슨 말인지 알겠어요. 내 생각에……, 알론조는 로드니가 차를 훔치지 않도록 설득해야 한다고 생각해요.

촉진자: 재이, 이 질문에 대해서 응답을 바꾼 것처럼 들리는데…….

재 이: 예, 바꾸었어요.

촉진자: 여기 차트에서 재이의 의견을 바꿔도 될까요?

재 이: 예.

빈 스: 감옥에 갈 것까지는 아닌 것 같아서, 제 응답도 바꿔도 됩니다.

촉진자: 좋아요. 빈스의 질문 2의 경우 아직 '훔치게 둔다'라고 되어 있는데. 차 열쇠를 차 안에 두는 그런 부주의한 사람은 당해도 괜찮다는 로드니의 말에 대해서는 어떻게 생각하나요?

빈 스: 모든 사람은 때로 부주의하기도 합니다. 그 말이 곧 차를 도둑맞아도 된다는 의미는 아닙니다. 저는 '설득'으로 바꾸고 싶어요.

빌 : 저 역시 그렇습니다. '결정할 수 없다'를 '설득'으로 바꾸고 싶어요.

촉진자: 질문 2는요?

빌 : 예, 마찬가지입니다. 친구를 곤경에 처하지 않게 도와야 한다고 생각합니다.

논의를 통해 구성원들이 자신의 결정을 바꾸는 경우, 공동촉진자는 원래의 결정을 줄을 그어 지우고 [그림 4-3]에서처럼 새 결정으로 대체한다.

이름	질문							
	1	2	3	4	5	6	7	8
재이	S P	S P	S P	S P	P	P	I	CD
빈스	S P	S P	S P	S P	P	P	V	CD
마티	P	P	CD	P	P	P	V	CD
스티브	P	P	P	P	P	P	V	C
후안	CD	S	S	P	P	P	I	CD
빌	~~CD~~ P	~~CD~~ P	~~CD~~ P	~~CD~~ P	P	P	I	C
마이크	P	CD	P	P	P	P	I	D
집단 의견	Ⓟ	Ⓟ	Ⓟ	Ⓟ	Ⓟ	Ⓟ	Ⓘ	CD

S=훔치도록 둠　　P=훔쳐서는 안 된다고 설득　　D=경찰에 연락하지 않음
C=경찰에 연락함　　CD=결정할 수 없음　　I=중요　　V=매우 중요

[그림 4-3] 최종 사회적 의사결정 도표

도덕성이 지연된 구성원들은 자신의 추리와 결정이 현실적이고 정직하며 따라서 보다 강력한 결정이라고 때로 주장할 수 있다. 예로, 실제 알론조가 가장 바라는 속마음은 그렇게 하고자 하는 것이기에 결국 로드니와 함께 차를 훔쳐 즐기는 것이 우세하다고 주장할 수 있다. 다음의 대화가 예시하고 있다.

스티브: 만약 로드니가 차를 훔치도록 그냥 둔다면 그건 자신만 생각하는 거지요. 마티가 말한 것처럼 상대방을 생각해야 합니다.

촉진자: 예, 누가 피해를 입든 상관없이 모든 사람이 자신만 생각한다면 세상은 어떨까요?

마　티: 여러분, 세상이 그렇다니까요! 현실을 보자고요. 제가 말하려는 것은 당연히 훔치면 안 되지만 만약 내가 그 상황에 있었다면, 아마도 차를 타고 알론조와 함께 갔을 거란 거예요.

이 경우 촉진자는 이러한 실용적인 논의에 반응할 구성원들을, 특히 보다 성숙한 도덕적 이해를 하고 있는 구성원을 초대할 수 있다. 만약 '현실적으로 생각해 보자.'는 실용적인 공격에 직면한 집단에서 집단촉진자가 도덕적 동맹을 발견할 수 없는 경우라면, 집단촉진자는 도덕적 동맹이 될 구성원을 초대할 수밖에 없을 것이다. 촉진

자는 재분류나 혹은 포터와 깁스, 골드스타인(Potter, Gibbs, & Goldstein, 2001)이 말한 실용적인 의향(pragmatic would) 대 도덕적인 당위(moral should)의 분류를 해 볼 수 있다. 다시 말하면, 촉진자는 반사회적 의향(단지 현실적인)을 이상적인 당위의 긍정적이고 '강한' 특징으로 완곡하게 바꾸어 맞설 수 있다. 촉진자가 직접 개입할 필요는 없다. (촉진자가 지지를 제공한 후에) 스티브는 자신의 입장을 강력하게 말하고 있다.

스티브: (마티에게) 그렇지만 그게 올바르지 않다는 걸 알고 있지요?

촉진자: 좋아요. 알론조는 자신이 하고 싶은 것을 하지 않고, 대신에 거의 모든 사람이 할 수는 없는 것을 하는, 즉 올바른 일을 하는 배짱이 있는 것 같지요.

후 안: 네, 여러분. 만약 죽는다면 거물이 무슨 필요가 있겠어요, 필요 없겠지요.

집단구성원 대부분이 자신들의 책임감 있는 결정과 성숙한 추리를 고수하는 것이 매우 중요하다. 성공적인 집단과정에서는, 무책임한 결정을 지지하고 보통 동료들을 지배한 참여자는 집단의 분위기가 성숙한 도덕적 판단의 어조를 띠게 되면(단계 2) 보다 성숙한 구성원들의 논의에서 빠질 수도 있다. 이론적인 용어로, 도덕적으로 미성숙한 참여자들은 피아제(Piaget)의 '불균형화(disequilibration)', 즉 자신이 알고 있는 것과 경험한 것 사이의 불일치인 내적 갈등을 경험할 수 있다. 도덕발달 교정에서는, 참여자의 자기기여적 사고오류는 보다 정확하고 성숙한 사회적 지각과 해석으로 나아가는 경향이 있다.

'결정할 수 없다'라고 한 응답은 이 단계의 후반에서 다룬다. 이들의 불확실성은 일반적으로 이슈의 두 측면, 즉 로드니가 차를 훔치지 않도록 설득해야 한다와 차를 훔치도록 둔다는 주장을 모두 가지고 있음을 나타낸다. '결정할 수 없다'라고 반응한 참여자들은 어느 한쪽의 강한 주장에 휩쓸릴 수 있다는 점에서 상당히 취약하지만, 보다 도덕적으로 성숙한 입장을 지지하는 쪽에 가담할 수도 있다.

질문 1의 논의에서 '결정할 수 없다'라고 반응한 사람은 후안과 빌 두 명이다. 질문들에 대한 반응을 보면, 빌은 후안보다 조금은 더 도덕적으로 성숙한 관점을 지닌 것으로 보이고, 지난 회기에서도 책임감 있는 결정을 지지하는 성숙한 추리를 하는 경향이 있었다. 촉진자는 먼저 빌과 상호작용하면서 도덕발달 지연을 교정하기 시작한다.

촉진자: 빌, 알론조는 로드니가 차를 훔치지 않도록 설득해야 한다는 데 대해서 '결정할 수 없

다'라고 했지요. 여러분, 도덕추리 집단에서 결정할 수 없다고 말하는 경우, 그것은 정말 결정할 수 없기 때문만은 아니라는 점을 기억해야 합니다. 그것은 바로 질문에 대해 똑같지는 않을지라도 두 가지 관점을 지니고 있다는 것입니다. 그러면 빌, 지금까지 논의한 것을 들어 봤을 때 아직도 여전히 결정할 수 없다는 입장인가요?

빌: 음, 글쎄요. 어, 말하자면, 지금까지 우리가 이야기했던 것에 동의합니다. 차 주인이 차를 갖기 위해 열심히 일했고 차가 없으면 가족들이 어려움을 겪을 수 있고, 또 로드니는 감옥에 갈 수도 있기 때문에, 알론조는 로드니가 차를 훔치지 않도록 설득해야 한다는 것에 동의합니다. 그렇지만 친구들은 서로 지지하고, 만약 로드니가 차를 타고 싶어 한다면 그것도 괜찮다고 생각합니다.

스티브: 음, 그게 내가 결정할 수 없다는 이유입니다. 내 생각에 친구는 자신의 오랜 친구를 보살펴야 한다는 것입니다. 나는 친구가 감옥에 가는 걸 바라지 않고, 동시에 차 주인 역시 고통받는 걸 원하지도 않습니다. 알론조는 로드니가 차를 훔치지 않도록 설득해야 한다고 응답을 바꾸고 싶습니다.

촉진자: 좋아요. 차트에 '훔치도록 둔다'에서 '설득'으로 빌의 응답을 바꾸도록 할게요.

촉진자: 후안……. 어떻게 생각하나요? '결정할 수 없다'고 했었는데…….

후 안: 저는 여전히 '결정할 수 없다'입니다.

실용적인 집단구성원이 긍정적인 압박감을 느끼고 보다 책임감 있는 입장을 취하면서, 그들은 성숙한 도덕성을 받아들이기 시작한다. 나머지 질문들에 대한 논의가 계속되고 구성원들이 자신의 입장을 바꾸면, 공동촉진자는 그에 따라 반응 차트에 변화를 기록한다. 후안처럼, 촉진자는 가짜 동의를 끌어내기 위해 자신의 생각을 바꾸도록 구성원들에게 계속 질문하며 압박하는 대신에, 집단의 성숙한 도덕성 굳히기(단계 4)로 옮겨 가는 것이 일반적으로 보다 효과적이다.

단계 4: 성숙한 도덕성 굳히기

일단 성숙한 도덕성이 충분히 배양되고 지지되면, 공고화가 필요하고 가능한 포괄적이어야 한다. 따라서 촉진자는 3단계에서 4단계로 넘어간다. 촉진자가 책임감 있는 결정과 성숙한 추리의 합의를 추구함에 따라 집단분위기는 보다 긍정적이고 응집된다. 이제 책임감 있는 결정과 성숙한 추리의 긍정적인 다수의 입장에서 만장일치의 집단의견으로 전환을 시도할 때다.

촉진자: 질문 5와 6에서, 알론조는 로드니가 차를 훔치지 않도록 설득해야 한다는 점에 집단 모두가 의견을 같이 한 것으로 보이는데, 집단의견으로 P(설득)에 동그라미를 해도 될까요?

집단촉진자, 공동촉진자 혹은 구성원 중 책임 있는 누군가가 동그라미를 그릴 수 있다.

촉진자: 알론조는 로드니가 차를 훔치지 않도록 설득해야 한다(질문 1)는 것에 모두 동의합니까? 이것을 집단의 의견으로 하는 것에 반대나 이의가 있는 사람 있습니까?

(아직 그렇게 하지 않은 사람이 있다면) 구성원은 자신의 결정을 바꿀 수 있고, 촉진자나 구성원은 차트에 표시할 수 있다. [그림 4-3]에서처럼, 재이, 빈스, 빌은 책임감 있는 결정으로 바꾸었고, 구성원 대부분의 결정이 책임감 있는 입장으로 이동하였다.

촉진자: '설득'으로 입장변화가 있어서, 우리는 집단의견란에 동그라미를 할 수 있어 보입니다. 질문 5와 6의 경우 '설득'이 집단의견이고, 질문 7의 경우는 '중요'가 집단의견임을 알 수 있습니다. 질문 2부터 4까지는 어떻습니까? 이 질문들의 경우도 '설득'을 집단의견으로 하는 것에 반대가 있습니까?

반대가 없으면, 공동촉진자나 한 구성원은 질문 2, 3, 4에는 '설득', 질문 7에는 '중요'에 동그라미를 한다. 그러나 [그림 4-3]에서 질문 8에는 일치가 없다.

알론조의 문제 상황 논의를 계속하면서, 집단은 책임감 있는 의사결정을 하는 추가적인 성숙한 추리를 떠올리거나 제안할 수 있다. [그림 4-4]는 네 단계의 논의를 진행하면서 공동촉진자가 기록한 예시를 보여 준다.

설득	중요
• 신뢰감을 해친다. • 차 주인은 열심히 일했다. • 차 주인의 가족이 고통 받을 수 있다. • 성경에 어긋난다. • 로드니는 감옥에 갈 수 있다. • 내 차일 수 있다. • 친구가 어려움에 처하지 않도록 도와야 한다.	• 다른 사람의 입장이 되어 본다. • 내가 감금될 수 있다. • 내가 강탈당한 적이 있다(그건 엿 같다). • 기분 나쁘고, 두렵고, 화나고, 죄책감이 들 것이다.

훔치도록 둠/중요하지 않음
• 사람들이 훔치지 않는 것은 별로 중요하지 않다. • 거물이 된 기분일 것이다. • 엄청 재미난 일이다. • 이제 차를 몰 수 있고, 돈이나 여자 등 원하는 것을 얻을 수 있다. • 친구의 일을 간섭해서는 안 된다.

[그림 4-4] 알론조 문제 상황의 결정에 관한 추리

성숙한 결정을 확인하고 반응차트상의 그런 결정에 동그라미 하는 것만큼 중요하게, 집단촉진자는 그러한 책임감 있는 결정의 여러 가지 성숙한 추리를 확인해 볼 수 있다. 그리고 반대가 없는 경우, 공동촉진자나 구성원 중의 누군가가 그러한 추리를 긍정적인 의견 중 '집단의 최상의 추리'로 밑줄을 긋는다.

촉진자: 로드니가 차를 훔치지 않도록 설득해야 하는 가장 훌륭한 추리는 어떤 것일까요? 우리는 차트에 있는 것처럼 여러 가지 좋은 추리를 얻었습니다. 다른 사람의 소유물을 훔치는 것은 그들이 신뢰감을 해친다는 점을 기억해야 하고, 다른 사람이 입장이 되어 보는 것이 중요하다는 점을 얘기했습니다.

재 이: 네, 우리가 그 점을 기억한다면 두려워할 필요가 없을 것이고, 누군가의 것을 훔치는 경우에는 죄책감을 느낄 것입니다.

마 티: 그리고 차 주인의 가족이 고통 받을 수 있습니다.

촉진자: 그렇습니다.

스티브: 그래서 우리는 다른 사람의 입장에서 볼 필요가 있습니다. 만약 내 차가 도난 당한다면 어떨까요?

촉진자: 좋습니다. 이들 의견을 집단의 최상의 추리로 밑줄 긋는 것에 이의가 있습니까?

반대하는 사람이 없으면, 공동촉진자는 [그림 4-4]의 목록에서 '최상의 추리'로 밑줄을 긋는다. 때로 집단은 책임감 있는 결정과 성숙한 추리에 관한 합의에 이를 수 있다. 그럴 경우 촉진자는 다음과 같은 방식으로 집단의 작업을 칭찬할 수 있다.

촉진자: 집단에서 여러 가지 훌륭하고 강력한 의견을 제시하고 그로부터 훌륭하고 강력한 추리를 해낼 수 있었다는 점에서 정말 기쁩니다. 우리가 해낼 수 있다는 것을 다시 보여 주었습니다. 서로 주의를 기울이고 나아가면서 모두가 열심히 해 주었습니다.

가짜의 집단 합의를 무리하게 짜내는 것은 불필요하다. 자신의 의견에 관한 집단구성원의 논의에 관심을 갖고 귀 기울이는 것으로도, 구성원들은 자신보다는 상대방을 탐색하고 궁극적으로는 상대방의 관점을 수용할 수 있으며, 이로써 주어진 질문에 대한 자신들의 반응의 이유에 관한 깊은 이해를 얻게 된다. 답보 상태 또한 격려할 수 있는데, 사회적 의사결정 모임의 종료 시에 노력 그 자체에 대해 집단을 칭찬하고 격려할 수 있다.

촉진자: 모두가 서로 관심을 갖고 귀 기울이면서 열심히 했고, 책임감 있는 의사결정을 향해 어느 정도 성과를 이루었습니다. 고맙습니다.

성과와 무관하게, 모임의 마무리에 촉진자, 공동촉진자 혹은 책임감 있는 구성원은 밑줄 그어진 최상의 성숙한 추리와 함께 추리목록을 보여 주는 게시물이나 인쇄물을 붙인다.

도덕추리 회기의 평가

모임의 수행 정도를 평가하기 위해, 촉진자는 도덕추리 회기 평가표(부록 B)를 완성하고 모임에 관한 특별한 메모나 의미 등을 기록한다.

흔히 제기되는 질문

집단모임 전에 의사결정 도표를 준비하지 못한 경우에는 어떻게 할까?

집단구성원이 회기 전에 문제 상황 질문에 응답하지 못한 경우에는, 바람직하지는 않지만 경험 많은 촉진자가 회기의 시작 시 즉석에서 차트에 임의로 제시하는 것도 가능하다. 이러한 경우 촉진자는 구성원들의 도덕발달 단계와 전반적인 사고패턴을 평가할 시간이 충분하지 않다. 알다시피 구성원의 관점에서 차트를 구성하는 것이 바람직하다.

사회기술훈련이나 분노조절훈련에서처럼 역할연기가 도덕추리 회기에서도 기능적인 부분이 될 수 있는가?

ART는 집단구성원의 평균적인 인지능력을 가정하고 있다. 그러나 특정집단에서도 역할연기가 유익하다는 결과가 있다. 예로, 플로리다의 소년교정시설에서 깁스는 지적으로 낮은 품행장애 청소년들과 작업하는 교사가 집단의 자원자로 하여금 상황을 연기하게 함으로써 문제 상황을 성공적으로 소개하는 것을 관찰하였다. 나이 어린 참여자들에 의한 역할연기는 예방커리큘럼에서 옹호되고 있다(DiBiase et al., 2005). 그 의미를 이해하지 못하는 집단에서의 문제 상황을 명료하게 하기 위해서 역할연기는 분명 유용할 수 있다.

매 문제 상황마다 모든 질문들을 다루어야 하는가?

문제 상황에 수반되는 질문의 목적은 대화와 토론을 자극해서 집단구성원들이 자신보다는 상대방의 관점을 취해 볼 기회를 갖게 하는 것이다. 각 질문은 성숙한 도덕적 이해와 정확한 사회적 지각을 자극하는 구체적 목적으로 기능한다. 이상적으로는, 프로그램의 충실도와 최대 개입 효과를 위해서 모든 질문을 논의해야 한다. 때로는 계획이 그렇게 진행되지 않을 수 있다. 그러한 경우 질문들을 제시된 순서대로 다루어야 할 것이다. 때로 신속한 처리를 위해 질문들을 블록으로 제시할 수도 있다(예로, 알론조의 문제 상황의 경우 질문 1에서 6까지). 집단이 일련의 질문들에서 책임감 있는 결정에 동의하는 경우, 이 질문들은 성숙한 추리를 이끌어 낸 것으로 묶을 수 있다.

집단이 주제로부터 벗어나는 경우에는?

도덕추리 회기에서, 촉진자가 많은 작업을 수행하기에 시간이 충분치는 않다. 그런 만큼 회기가 단순히 다른 집단상담 회기처럼 되는 것을 허용해서는 안 된다. 촉진자가 묻는 질문들은 추리에 내재되어 있는 각 참여자들의 도덕발달 단계와 사고오류를 밝히거나 구성원들의 책임감 있는 결정과 성숙한 도덕추리를 향상시키는 데 도움이 되어야 한다. 촉진자는 집단구성원들과 긴 대화에 가담하지 않도록 주의해야 하고 가능한 신속하게 문제 상황으로 돌아가 논의를 진행해야 한다.

집단이 답보 상태에 빠져 합의에 이르지 못하는 경우에는?

인지발달적 접근에서 종결이 없는 것이 반드시 그렇게 나쁜 일은 아니다. 물론 합의를 이끌어 내지 못하거나 신경을 쓰지 않는 집단은 성장 동력을 잃어버린 집단이다. 결국 자유로운 집단과정이나 집단상담과는 다른 도덕추리 집단은 발달적 형식과 목표를 지니고 있다. 그럼에도 합의에 이르지 못해 좌절된 집단은 또 다른 이야기다. 종결의 부재로 인한 좌절은 종결만큼이나 자극적일 수 있다. 집단이 답보 상태일 경우 촉진자는 "음, 집단이 이 질문에 대해 집단의사결정이나 최상의 추리에 오를 수 없는 것으로 생각하는데……."라고 간단히 말하고 나아갈 수 있다. 혹은 집단이 전반적인 합의에 이를 수 없는 경우 촉진자는 "우리 오늘은 이것으로 만족할까요? 우리가 이전 시간에 (가능하다면 긍정적인 예를 상기하며) 성공했던 것을 보면 다음 시간에는 더 잘할 수 있을 것으로 압니다. 다음 모임에서 좋은 추리에 의해 지지되는 보다 훌륭한 결정을 이루기 위해서 지금 우리가 할 수 있는 계획은 무엇일까요?"라며 마무리할 수 있다.

5장 ART

집단구성원의 동기와 저항

일상생활에서 화내고, 공격적이고, 협박하고, 왕따시키고 위협적인 행동을 빈번히 드러내는 청소년들은 ART 집단에서도 같은 행동을 드러내곤 한다. 집단구성원은 참석을 원하지 않을 수 있고, 드문드문 참석하기도 한다. 집단에서 한번쯤은 요청한 대로 혹은 사전 면담에서의 합의대로 참여하지 않을 수도 있다. 자신들의 일상생활의 요구와 커리큘럼의 관련성을 지각하지 못할 수 있다. 다양한 방식으로 구성원들은 의미 있는 집단참여에 적극적으로 저항하기도 한다. 그들의 저항 행동은 자신의 기술습득, 분노조절 및 도덕추리와 함께 집단의 다른 구성원들의 학습을 방해할 수 있다. 청소년 사법체계에 관련된 구성원들은 기술결함이 현저하고 반사회적, 공격적, 폭력적인 행동이 잘 강화된 이유로 부가적인 어려움을 드러내기도 한다. 이 장에서는 이러한 문제들을 다루고 집단구성원의 동기를 증가시키고 저항을 감소시키는 방법을 제공한다.

집단구성원의 동기 증가시키기

집단구성원이 실제로 계획된 ART 회기에 모습을 드러내고(참석 동기), 집단훈련절차에서 요청한 대로 참여하고(참여 동기), 학습한 것을 일상생활에서 사용할(일반화 동기) 가능성을 증가시킬 수 있는 해결책은 무엇인가?

일반화 동기는 6장의 주제이고, 이 장에서는 정규적 참석 동기와 적극적이고 적절한 참여를 증가시키는 다양한 전술의 확인과 사용에 초점을 두고 있다.

행동규칙 알리기

ART 프로그램의 첫 회기에서 집단의 안전하고 효과적인 학습 환경조성을 위한 행동규칙을 설정한다. 수반성 관리 문헌에 있는 여러 효과적인 '규칙사용의 규칙'(Greenwood, Hops, Delquadri, & Guild, 1974; Walker, 1979)은 다음과 같다.

① 집단구성원의 행동 규칙을 분명하고 구체적이며 특히 행동 용어로 정의하고 알린다. '다른 사람 배려하기'보다는 '질문하기 전에 손들기'라고 (구체적이고 행동적으로) 말하는 것이 더 좋다(Walker, 1979). 유사하게 '집단 안에서 행동하기' 혹은 '들은 것을 행동하기'라는 애매한 말보다는 '지시사항을 주의 깊게 듣기'나 '피드백 절차에 주의 기울이기'가 실제 구성원의 행동 표현을 알아볼 수 있는 규칙의 제시가 바람직하다.

② 하지 말아야 할 것보다는 해야 할 것을 말하는 것이 보다 효과적이다. 예로, "건너뛰지 마라." "싸우지 마라." "큰 소리 내지 마라."보다는 순서대로 하기, 의견이 맞지 않을 때 말로 하기, 조용하게 행동하기의 긍정적인 표현 규칙이 바람직하다.

③ 집단구성원의 규칙 이해를 돕는 방식으로 규칙을 알린다. 구성원의 나이와 규칙 실행의 복잡성 및 어려움을 고려해서, 규칙의 수를 간단하고 적게, 규칙을 여러 번 반복하고, 모두가 쉽게 볼 수 있도록 써서 붙여 놓는 형태로 규칙의 이해를 돕는다.

④ 집단구성원의 참여 기회를 제공한다. 전체 구성원의 규칙에 대한 충분한 논의를 통해, 구성원이 규칙 설정과 수정 및 실행에 실제적인 역할을 할 경우 규칙 준수가 보다 효과적이 된다.

더 나아가 규칙사용의 효과적인 규칙은, 집단의 시작점에서 규칙을 개발해야 하고, 각 구성원의 역량 범위 내에서 공정하고 합리적이어야 하며, 집단의 모든 구성원이 규칙을 이해할 수 있어야 하고, 모든 구성원이 동등하고 공정하게 적용할 수 있어야 한다. 이러한 방식으로 설정된 ART 집단 규칙은 집단이 안전하고 생산적인 장소일 것이라는 가능성을 증가시킨다.

외재적 동기와 내재적 동기

뒷부분에서 수반성 관리(contingency management)의 구체적 사용에 대해 자세히 논의하는데, 외재적 및 내재적 동기의 두 가지 형태의 동기전략이 이용 가능하다.

외새적 동기는 바람직한 행동에 따라 제공되는 외적 보상이다. 외적 보상의 사용은 ART 프로그램 활동의 초기 참여를 유도하는 데 특히 유용하고, 이 장의 뒷부분에서 행동관리원칙들과 함께 논의할 것이다. 간단히 알아보면, 집단촉진자는 각 집단구성원과의 사전 면담을 통해서, 프로그램을 소개하면서, 토큰경제 같은 체계에서 제공되는 외적 유인이나 강화의 형태로 외적 보상을 제공함으로써 긍정적 방향으로 참여 동기를 증가시킬 수 있다

청소년들에게 적용할 강화의 형태를 결정하는 데 있어서 집단촉진자는 사회적 강화(예, 주의, 칭찬, 인정)가 시행하기 쉽고, 지속적인 행동변화를 유도할 가능성이 높다는 점을 기억해야 한다. 따라서 촉진자가 가장 자주 사용하려는 강화의 형태일 것이다. 불행하게도 행동변화의 초기단계에서는—특히 공격적, 파괴적, 기타 부적절한 행동들이 가시적인 강화자와 또래의 관심 및 집단촉진자의 사회적 강화에 의해 보상될 경우—바람직한 행동의 물질적 강화와 활동 강화에 큰 비중이 필요할 것이다. 대체로 초기 강화전략으로서는 토큰강화체계가 가장 효과적일 것이다.

그러나 시간이 흐를수록 외적 보상은 동기유지에 불충분하다. 개인 내부에서 오는 내재적 동기나 보상이 있어야 한다. ART에서는 특히 사회기술훈련과 분노조절훈련의 경우 내재적 동기는 사회기술과 분노조절 개념 그 자체의 형태를 취한다. 예를 들어, 실제로 [상대방의 분노 다루기] 기술을 적용해 긍정적 경험을 한 집단구성원은 그 기술을 다시 사용하고 더욱 배우고자 할 것이다. [미리 생각하기] 기술을 사용해서 처벌을 피한 참여자나, [도덕추리]의 결과로 보다 성숙한 의사결정을 함으로써 긍정적 결과를 경험한 참여자는 이를 지속하려는 동기를 가질 것이다.

집단의 핵심 속성

동기의 문제는 항상 쉽지만은 않다. 친사회적 행동을 증가시키는 ART에 참여기회를 제안받는 많은 청소년이 반사회적 행동의 사용에서 매우 유능하다. 게다가 이러한 성향은 청소년들의 생활에서 또래나 가족구성원과 같은 중요한 사람들로부터 빈번한

보상이나 지지를 받는다.

다른 많은 교육 및 훈련 방법과 마찬가지로, 구성원의 참여 동기는 교육절차와 커리큘럼의 내용뿐만 아니라 집단의 핵심 속성에 달려 있다. 위협받지 않고 창피당하지 않으며 왕따가 없는 안전한 장소인가? 촉진자는 유능한 교사나 지도자이면서 보호자인가? 구성원들은 유용한 집단규칙들을 설정하였고, 그 규칙에 따라 기능하고 있는가?

촉진자가 청소년 발달이론을 알고서 적용하게 되면 집단구성원의 프로그램 참여와 몰입을 유지하는 데 도움을 준다. 요컨대 청소년들은 공정하고 비판단적이면서 자신들을 존중하는 방식으로 대해 주는 어른들을 존경한다. 촉진자 훈련에서, 우리는 임상가들에게 청소년들의 체면을 유지하고, 자신의 의사결정에 대한 통제력을 지니며(ART의 구체적인 목표), 약속한 과제와 임무를 이행하도록 하는 방식으로 집단구성원을 대하는 학습을 제공한다.

다음의 대화는 촉진자가 프로그램의 목표를 강화하는 방식으로 과제 완수에 관한 갈등을 다루는 한 예시이다.

조 쉬: 난 [싸움 상황일지]를 완성하지 못했고, 지난주에 배웠던 [단서와 분노감소요인]을 사용하려고 해 보지도 못했어요.

촉진자: 조쉬, 왜요? 어떤 문제가 있나요?

조 쉬: 예. 많았는데, 단지 숙제를 못했어요. 하고 싶지 않았어요.

촉진자: 자, 조쉬, 집단이 끝난 후에 바로 나와 함께 이 문제를 좀 더 자세하게 얘기해 볼 필요가 있겠어요. 지금은 조쉬를 포함해서 여러분 각자와 개별만남을 가졌던 점을 구성원 모두가 떠올렸으면 해요(**조쉬를 바라본 후 집단구성원들을 바라본다**). 그때 여러분 모두 ART의 모든 프로그램에, 분노조절훈련 집단에 참여하기로 했었지요? (**다시 조쉬를 바라보면서**) 조쉬도 나와 만났지요. 기억을 더듬어 봐요. 3주 동안 참석하기로 말했었지요.

조 쉬: 음……. 그랬던 것 같아요.

촉진자: 집단참석이 무얼 의미하는지 누가 말해 줄 수 있나요?

라토야: 집단 활동에 참여하고, 숙제를 해 오고, 집단규칙을 따르는 것.

촉진자: 맞아요. 고마워요, 라토야. 오늘 우리가 할 게 많으니까 계속하지요. 조쉬, 내가 구성원들과 과제를 검토할 동안 지금 바로 [싸움 상황일지]를 완성했으면 해요. 지난주에 경험한 것을 완성하고 나면, 우리가 오늘 새로운 분노조절 개념에 들어가기 전에 집단

원들과 공유를 위해서 물어볼게요.

집단에서 문제행동은 즉각적으로 다루는 것이 중요하다. 그렇게 하지 않으면 긍정적 동기 유지가 불가능해진다. 문제행동을 지닌 집단구성원이 여러 회기에서 나타날 수 있고, 그들의 참여는 제한적이고 최소화될 것이다. 부적절하고 공격적인 태도로 다른 사람을 왕따시키거나 위협하거나 지배하려는 구성원을 교정하는 데 방심하지 않는 것이 공격받는 구성원을 보호하는 기능을 한다. 또한 공격자에게는 부가적인 기술교육도 제공한다.

다음 대화는 두 가지의 이득을 보여 준다. 이런 상황에서 촉진자는 공동촉진자, 그리고 방금 집단의 첫 역할연기를 마친 라토야와 함께 [싸움에 말려들지 않기]의 새로운 사회기술을 보여 주고 있다. 라토야는 역할연기 동안에 기술 단계를 잘 따라 했고, 집단촉진자는 특정 기술 단계를 관찰하도록 배정받은 집단구성원들이 긍정적인 수행 피드백을 줄 것이라 기대하고 있다.

촉진자: 카를라, 단계 1 '멈추어 싸우고 싶어 하는 이유에 관해 생각해 보기'를 관찰했지요. 라토야가 단계 1 '멈추어 싸우고 싶어 하는 이유에 관해 생각해 보기'를 수행한 것에 대해 우리에게 얘기해 줄 수 있나요? 얼마나 잘했다고 생각하나요?

카를라: 잘했어요. 라토야는 멈춰서 머리를 가리키며 생각을 소리 내어 말했어요. "저 애가 엄마 이름을 부르면서 다시 날 모욕하고 있는데, 가서 머리를 쥐어박고 싶어요."라고 말했어요.

촉진자: 고마워요, 카를라. 조쉬, 조쉬는 단계 2 '최종적으로 발생하기를 원하는 것 결정하기'를 관찰했지요. 라토야가 단계 2 '최종적으로 발생하기를 원하는 것 결정하기'를 수행한 것을 어떻게 생각하나요?

조 쉬: 상당히 잘했어요. 깔끔했어요. 라토야는 머리를 가리키면서 "저 애가 더 이상 내 엄마를 모욕하지 않았으면 하고, 싸움으로 정학당하는 걸 원하지 않아요."라고 했어요.

촉진자: 마리아, 라토야가 수행한 단계 3 '상황을 다루는 싸움 이외의 다른 방법 생각해 보기'는 어땠나요?

마리아: 형편없어서 토할 것 같아요.

마리아의 얘기는 즉각적으로 세 가지 문제를 야기하고 있다. 첫 번째 문제는 마리아에게 관련되는 것이다. 마리아는 무엇보다도 자신을 ART 집단에 오게 했던 공격적인 행동 형태를 드러내고 있다. 그의 행동은 다른 집단구성원을 위협하는 것이고, 라토야와 그를 위해서 교육적이고 건설적이며 보호하는 태도로 직면시켜야 한다. 두 번째 문제는 아직 역할연기를 하지 않은 다른 구성원들에게 관련된다. 구성원들은 "내가 역할연기를 하려고 일어났을 때, 마리아는 라토야에게 했던 식으로 나에게도 그렇지 않을까?" 하고 의심하고 있을 것이다. 세 번째 문제는 라토야다. 라토야는 집단 밖의 실생활 장면에서 기술 사용하기를 격려하기보다는 좌절시키는 형태의 피드백을 받고 있다. 집단촉진자의 반응은 모든 참여자의 욕구를 전달해야 한다.

적절한 사회기술훈련과 분노조절훈련 절차를 따르는 경우, 이러한 상황의 발생은 최소화될 것이다. 모델링은 학습할 기술 단계나 분노조절 개념의 '완전무결한' 표현을 보여 준다. 역할연기는 특정 단계의 관찰을 맡은 구성원은 그 단계의 성취 여부에 초점을 두도록 구성된다. 기준에 따라 단계들이 수행되지 못할 경우, 촉진자는 역할연기를 멈추고, 주연에게 다시 지시하고, 주연의 연기가 긍정적인 성과를 보일 때까지 집단절차를 계속 이어 간다.

그러나 어떤 이유에서든지 구성원이 파괴적이고 부정적일 경우에, 촉진자는 먼저 집단구성원에게 존중해야 할 집단의 규칙에 대해 상기시켜야 한다. 마리아에게 "라토야가 기술 단계를 수행했는가?"라는 질문을 직접 묻는 것은 긍정적인 반응을 가져올 것이다. 여전히 일어나지 않는다면, 촉진자는 라토야의 기술 단계 수행을 보았는지 다른 구성원에게 물을 수 있다.

마리아를 보호하려는 시도에서, 촉진자는 그를 당황시키지 않기 위해서 공개적으로 그의 행동에 대해 그에게 직접 묻는 것은 피해야 한다. 그러나 앞의 모든 조치들이 실패할 경우, 직면은 이러한 식일 수 있다. "자, 마리아. 라토야에게 솔직한 피드백은 좋아요. 그렇지만 마리아가 말한 방식은 라토야에게 도움 되지 않아 보여요. 조금은 더 건설적인 방식으로 해 줄 수 있겠어요?" 마리아에게 건설적인 반응이 없을 경우에, 촉진자는 마리아의 뒤에 서서 귀에 대고 "마리아, 몇 가지를 말해 주려는데 라토야에게 그걸 말해 줄래요?" 하고 속삭인다. 이는 마리아에게 건설적인 피드백 주기에 대한 교육이 되고, 위협적인 코멘트는 받아들일 수 없다는 점을 알게 해 준다. 라토야는 피드백을 얻고, 긍정적 행동연습은 실생활 기술사용을 격려해 준다. 나머지 집단구성원들도 마리아가 자신들을 위협하거나 하는 경우, 촉진자는 자신들을 도울 것이라는 메시지를 받는다. 적극적인 태도로 촉진자는 모든 집단구성원에게 보호와 교육을 제공한 것이다.

집단구성원의 저항 감소시키기

앞서 집단촉진자와 조쉬, 마리아 간 상호작용은 객관적이고 비난하지 않는 형태로, 이는 주로 청소년 발달 원리에 대한 촉진자의 지식에 따른 것이다. 때로 부정적인 결과를 피하기 어려운 상황도 있지만, 청소년들에게 선택의 기회를 부여하고 또래들 앞에서 당혹스럽게 하지 않으며 부정적 상황을 변화시키는 책임감을 주게 되면 부정적인 결과를 피할 수 있다. 일부 청소년들은 특히 프로그램의 2주나 3주째에 매우 저항적이고 적대적일 수도 있다. 이러한 상황에서 다음의 논의가 도움이 될 것이다.

집단구성원 저항의 형태

ART 집단에 참여를 반대하거나 방해 및 저항하는 방식은 매우 다양하다. 〈표 5-1〉에는 자주 관찰되는 집단구성원 저항의 형태들이 있다. 각각에 대해서 간단하게 설명하고, 이러한 비생산적인 행동을 다루는 데 사용할 수 있는 집단촉진자의 일반적인 전략을 알아본다.

〈표 5-1〉 집단구성원 저항의 형태

비활동	과다활동	적극 저항
• 최소 참여 • 무반응 • 잠자기	• 잡담하기 • 독점하기 • 끼어들기 • 지나친 산만함	• 참석하나 지시에 따르지 않기 • 수동-공격적 고립 • 반대나 거부 • 방해하기

공격성	인지적 부적절성과 정서적 장해
• 비난하기, 창피 주기 • 왕따시키기, 협박하기 • 위협하기 • 공격하기	• 주의집중력 결함 • 이해력 결함 • 기억력 결함 • 기괴한 행동

비활동

최소 참여는 자원하지 않고 단지 짧은 대답만 하는 집단구성원을 말하며, 일반적으로 집단촉진자가 다양한 학습 과제로 집단을 유지하는 것이 매우 힘들다고 느끼게 한다.

최소 참여의 극단적 형태로 무반응은 집단을 이끌거나 활성화하려는 촉진자의 모든 노력에도 흥미와 자발성이 결여되고 집단목표를 향한 어떠한 진척도 없는 경우다.

드물지만 잠자기도 때로 발생한다. 잠자는 구성원은 깨울 필요가 있고, 촉진자는 그 이유를 물어야 한다. 집단의 무료함, 수면부족, 신체적 질병 등이 가능한 이유다.

과다활동

잡담하기는 ART의 목적과 절차로부터 벗어난 반복적이고 의도적이며 적극적인 행동이다. 집단구성원은 특정 감정(예, 분노나 불안 및 실망감)을 강하게 느끼고 이를 의도적으로 표현하는 것이다. 종종 기술이나 분노조절 및 문제 상황에 관한 촉진자의 짧은 강의가 자신의 최근 경험을 연상할 수 있고, 이를 드러내 말하고 싶어 한다. 잡담하기는 역할에서 벗어나는 형태를 취하기도 하는데, 단지 트랙을 배회하기보다는 의도한 경로로 집단을 몰고 간다.

독점하기는 한 구성원이 집단 회기 동안에 보다 많은 시간을 취하려는 시도를 말한다. 도덕추리를 독점하려 하거나, 분노조절단계를 반복하자고 불필요하게 요구한다거나, 사회기술훈련 회기에서 지나치게 지엽적인 피드백을 한다거나, 기타 무대를 차지하려는 관심추구행동들은 이러한 독점하기의 예다.

독점하기와 유사하지만 더욱 개입하고 고집스러운 끼어들기는 말 그대로 집단촉진자의 모델링, 역할연기, 피드백 때나 다른 활동의 지속적인 흐름에 집단의 내용이나 과정에 무관하게 보이는 코멘트나 질문, 제안, 관찰 등과 같은 말로 끼어드는 것이다. 끼어들기의 방법이 지나치게 공격적이거나 화를 내는 형태 또는 촉진자의 도움을 요청하는 호의를 가장한 형태를 취할 수도 있다. 어떤 경우이든 끼어들기는 집단의 목표를 향한 활동에 방해가 된다.

지나친 산만함은 보다 극적이고 물리적인 형태의 과다활동이다. 구성원은 앉아 있으면서 의자를 굴린다거나, 일어나 서성댄다거나, 언어적 · 비언어적 초조함을 드러내는 등 안절부절못하기도 한다. 지나친 산만성은 전형적으로 잡담하기, 독점하기, 끼어들기 행동을 수반한다.

적극 저항

참석하나 지시에 따르지 않는 구성원은 과녁을 벗어난 이들이다. 그들은 도덕추리절차나 기술의 역할연기를 하고, 분노조절의 조연 역할을 하고, 피드백을 주거나 다른 요구하는 과제에 개입하려는 것으로 보일 수 있지만, 그들 개인의 관심사는 방해하는 것이고 무관하거나 반쯤 무관한 주제로 길을 벗어난 것이다.

수동-공격적 고립은 단순한 무감동이 아니라 단지 참여에 관심이 없다. 참여하지도 지시에 따르지도 않고, 적극적으로 과제를 벗어나 개인적 문제를 제기한다. 수동-공격적 고립은 적절한 참여에 대한 의도적인 억제이고 적극적인 중단이다. 이는 고의적으로 참여를 안 하겠다는 표현으로 '팔짱을 끼고 있는' 것으로 볼 수 있다.

반대와 거부를 보이는 구성원은 말과 행동으로 뚜렷이 참여 회피의 표현을 드러내고, 역할연기의 역할이나 지시 및 과제할당에 공개적으로 거절하기도 한다. 또는 회기에 빠지거나 늦게 온다거나 중간에 나가기도 한다.

방해하기는 공개적이고 열정적으로 집단촉진자나 다른 구성원 및 ART 절차를 조롱하는 것과 같은, 반대와 거부보다도 더 강한 적극 저항행동에 포함된다. 혹은 공개적인 비난과 적의를 표현하는 비언어적 행동이나 제스처 등을 드러낼 수도 있다.

공격성

비난하기와 창피주기는 다른 구성원의 행동이나 기술 수행을 조롱하거나 폄훼하는 말들로, 이러한 신랄한 평가의 의도는 수행의 가치를 비난하고 감소시키고자 하는 것이다.

왕따시키기와 협박하기는 ART에 참여하는 청소년들의 특징적 양식이기 때문에 흔한 문제행동이다. 비난 및 창피주기의 문제보다 이 행동들이 보다 심각한 의도와 결과를 초래한다는 점에서 구분된다.

위협하기는 자신의 요구가 충족되지 않을 경우, 다른 구성원을 향한 수치심 주기나 비밀폭로 또는 신체적인 위해의 형태로 나타나고, 드문 경우이지만 ART 집단에서 실제 신체적 공격이 발생할 수 있다. 집단의 안전을 위반하는 이 심각한 행동은 집단의 기능에 장기적인 부정적 결과를 미칠 수 있고 쉽게 사라지지 않는다.

인지적 부적절성과 정서적 장해

심한 인지적 · 정서적 장해를 지닌 집단구성원은 ART 프로그램에서 배제해야 한다. 발달지연이나 정서장해가 있는 청소년들은 그들의 욕구에 부합하는 인지행동적 개입이 적합하다. 그러나 ART 집단상황에서 그러한 문제들이 때로 나타날 수 있다.

지나친 산만함과 관련되는 주의집중력 결함은 내적 · 외적 주의산만요인이나 백일몽 또는 구성원의 주의를 끄는 긴급한 문제의 결과다. 짧은 시간의 경우를 제외하고 이

행동은 한 가지 이상의 인지손상에서 기인할 수도 있다.

발달장애, 지적장애, 경험박탈, 질병 등으로 인한 인지결함은 구성원의 ART 커리큘럼 이해력 결함을 초래할 수 있다. 물론 이해의 실패는 지시의 불명료성이나 지나친 복잡성의 결과일 수도 있다.

ART 집단에서 제시하는 자료는 기억력이 아닌 주로 주의와 이해력을 필요로 한다. 기억력 결함은 참여규칙과 절차, 과제할당 등의 학습전이와 집단관리 문제를 초래할 수 있다.

기괴한 행동은 드물지만, 발생할 경우 집단기능에 특히 방해가 된다. 이러한 형태의 문제는 다른 구성원의 수행을 방해하거나 놀라게 하거나 매우 불안하게 하는데, 이는 혼자 말하거나 무생물과 말한다거나, 집단과는 관련 없는 아무 말이나 한다거나, 분명한 이유 없이 화를 낸다거나, 환청을 듣고 반응한다거나, 독특한 행동을 보이는 것 등이다.

이러한 부정적인 행동들을 어떻게 건설적으로 다루고 그 영향을 최소화할 수 있을까? 두 가지 해결방안을 제시한다면, 첫째는 저항행동의 정확한 파악이고 둘째는 행동수정 등의 기법 활용이다.

저항행동의 정확한 파악

저항행동을 다루는 첫 단계는 집단촉진자가 왜?라고 자문하는 것이다. 구성원이 지금 이 순간 특정 행동을 보이는 이유는 무엇인가? 촉진자는 가설을 만들고 검증할 필요가 있다. 한 가설은 그 구성원이 그 순간 특정 저항행동을 드러내는 이유가 요구의 지나친 복잡성(지나치게 많은 단계와 요구로 수행하기 어려움)일 수 있다. 이 경우 구성원의 능력에 맞추어 요구를 줄이는 단순화로 저항 감소를 이끌 수 있다.

사회기술훈련이나 분노조절훈련 회기 동안, 절차상의 요구가 복잡하게 보이는 경우 촉진자가 취할 수 있는 조치는 다음과 같다.

① 집단구성원의 최소 수행을 보상한다.
② 학습해야 할 기술 단계나 분노조절훈련 개념의 역할연기를 줄인다.
③ 단서를 제공함으로써 구성원에게 언어적으로 코칭한다.

④ 구성원에게 배부한 행동 단계의 각본을 읽게 한다.
⑤ 구성원에게 먼저 조연 역할을 맡게 한다.

때로 집단촉진자의 생각에 참여자가 이전의 더 어려운 요구를 다루었기 때문에 수행이 그렇게 어렵지 않다고 볼 수 있지만, 참여자는 이전 역할연기에 대한 피드백이 가혹해서 부끄럽게 여길 수도 있다. 이러한 경우 위협감을 줄이고 상황을 보다 안전하게 하는 조치를 즉각 취해야 한다. 다음은 위협감을 줄이는 몇 가지 제안이다.

① 다른 모델링을 선정한다.
② 그 구성원의 역할연기를 마지막으로 미룬다.
③ 안심시킨다.
④ 공감적 격려를 한다.
⑤ 위협으로 받아들인 구성원의 수행 양상을 명확하게 파악한다.
⑥ 위협으로 경험한 구성원의 수행 양상을 재구조화한다.

행동수정과 기법

문제 행동을 줄이려는 첫 번째 목적은 청소년들의 참여와 학습을 극대화하는 것이고, 두 번째는 주의산만이나 공격성 및 다른 무관한 행동으로 인한 시간낭비를 최소화하는 것이다. 다음의 행동수정과 기법들은 이 목적에 유익하다.

정적 강화

정적 강화는 특정 행동의 발생 이후 수반하는 강화를 제공할 때 그 행동의 빈도를 증가시키는 것이다. 물질 강화물(가시적 강화물)은 적절한 행동에 수반해 개인에게 제공하는 실제적인 물질이다. 활동 강화물은 다양한 활동 중에서 구성원이 자유롭게 선택할 수 있는 강화물이다. 토큰 강화물은 적절하거나 바람직한 행동에 수반해 제공하는 상징적 아이템이나 토큰(칩, 별, 점수 등)이고, 물질 강화물이나 활동 강화물과 교환 가능하다(Ayllon & Azrin, 1968; Kazdin, 1975 참고). 주로 관심이나 칭찬 및 인정으로 표현되는 사회적 강화물은 다양한 개인적, 대인관계 행동 영역에서 영향력이 특히 강력하다.

청소년들의 강화 선호도는 시간에 따라 변하고, 바람직한 행동에 대한 촉진자의 적절한 보상가치 또한 변한다. 잠재적 강화물의 다양성과 거의 모든 사상(event)이 개인들에게 강화물이 될 수 있다는 사실을 가정하면, 촉진자는 특정 시점에서 특정 청소년에게 사용하는 최상의 강화물을 어떻게 결정할 수 있을까? 가장 간단하게는 집단구성원에게 어떤 것을 좋아하는지 묻는다. 그러나 청소년들이 어떤 강화물이 이용 가능한지를 충분히 알 수 없기 때문에 이 방법은 불충분하다. 이럴 경우 다른 확인절차를 사용해야 한다.

첫째, 촉진자는 청소년들에게 나타나는 효과를 관찰함으로써 주어진 사상의 강화물로서의 실제 기능을 정확히 결정할 수 있다. 청소년들이 사상의 반복을 요구하거나, 사상 동안 행복하고 사상이 끝나면 불행하게 보인다거나 혹은 그 사상을 얻기 위해 노력하는 경우라면 그 사상은 강화적인 것이다. 선택의 관찰 또한 유익하다. 예를 들어, 한 청소년이 여러 이용 가능한 활동 중 자유로운 선택이 주어졌을 때, 그가 선택한 활동 그리고 그 선택한 활동에 가담하는 시간이 그 사상의 강화 여부에 대한 단서가 된다.

정적 강화물의 파악에 질문지 또한 유용하다. 미완성 문장들로 질문지를 구성하고 청소년들이 특정 강화물을 구체화해서 문장을 완성한다. 예로, "내가 부모님께 가장 잘 하고 싶은 것은 ____________이다." 또는 "나는 ____________을 얻기 위해서라면 거의 모든 일을 할 것이다."를 들 수 있다(Tharp & Wetzel, 1969). 누가 강화물의 매개자로서 기능을 하는지 아는 것이 중요하다. 야구하러 갈 때는 친구가 함께하면 강력한 상화물이 될 수 있고, 심약한 아이는 엄마가 함께하면 강화물이 될 수 있다. 존경하는 어른에게 받는 칭찬은 잠재적 강화 사상이 되고, 무시당한다고 생각되는 또래에게 받는 칭찬은 비효과적이다. 〈표 5-2〉에 있는 가능한 강화메뉴에 대해 청소년의 평정 또한 유용할 수 있다.

다양성

지나친 강화의 결과로 강화 물림이 발생할 수 있다. 촉진자가 동일한 칭찬이나 보상을 반복해서 사용하는 경우 비슷한 형태의 강화 물림이 일어날 수 있다. 촉진자는 내용을 다양하게 함으로써 강화물의 효력을 유지할 수 있다. 3~4회 계속 "잘 했어요."라고 하는 대신, 여러 코멘트(예, "정말 대견해요." "대단해요." 또는 "매우 좋아요." 등)를 사용하면 지속적인 효과를 낼 수 있을 것이다.

〈표 5-2〉 흔히 사용되는 강화물

물질 강화물	활동 강화물
• 좋아하는 스낵 • 옷 • 책 • 게임 • 자전거 • 자기 방, 휴대폰, TV • 시계 • 화장품 • 음악 • 보석 • 악기	• 점심시간 늘려 주기 • 학교여행 참여하기 • 학급토론 담당하기 • 숙소반장 담당하기 • 숙제 열외하기 • 다른 학생 가르치기 • 학교방송 제작하기 • 스포츠팀 가담하기 • 수업 일찍 끝내 주기 • 심부름하기 • 좋아하는 게임하기 • 취미 활동하기 • 비디오 시청하기 • 음악 감상하기 • 악기 연주하기 • 비디오게임 하기 • 자유시간 갖기
사회적 강화물	**토큰 강화물**
• 미소 • 껴안아 주기 • 말할 때 관심 보여 주기 • 의견 묻기 • 윙크 • 언어적 칭찬 • 머리 끄덕이기 • 엄지를 들어 지지하기	• (다른 강화물과 교환 가능한) 점수나 쿠폰 • 추가 금액 • 자기수표 • 수당 • 상품권

칭찬과 짝지어 주기

물질, 활동 및 토큰 강화물의 강도가 더 적절한 상황이 있기는 하지만, 사회적 강화는 지속적인 행동변화와 가장 관련된다. 사회적 강화로의 이동을 돕기 위해 촉진자는 인정하는 코멘트, 격려의 말, 윙크, 미소 등의 물질, 활동 및 토큰 강화와 사회적 강화를 짝지어 주어야 한다.

정적 강화를 극대화하는 이러한 규칙은 모두 본질적으로 치료적 속성을 갖는다. 기존의 파괴적, 공격적, 반사회적, 철회적 혹은 비사회적 행동을 적절한 친사회적 행동으로 대체하는 노력이다. 정적 강화는 예방 목적으로도 사용한다. ART 집단에서는 "잘 하고 있는 것을 알고 있다."라고 개방적으로 표현하는 태도를 강하게 권유한다.

정적 강화물의 제거

적절하고 친사회적인 혹은 바람직한 행동의 빈도를 증가시키는 것은 주로 바람직한 행동의 정적 강화와 사회기술훈련에서 직접적인 교습에 의해 이루어진다. 강화의 제공으로 적절한 행동의 증가와 함께 강화의 제거로 부적절한 행동의 감소도 중요하다. 적절한 행동과 부적절한 행동이 서로 양립 불가능할 경우(예, 착석은 보상, 이석은 무시; 대화는 보상, 고함은 무시) 이 두 가지의 조합은 특히 효과적이다.

소거

소거는 과거에 의도적이거나 비의도적으로 강화를 받았던 공격적인 혹은 바람직하지 않은 행동에 대한 정적 강화의 철회나 제거다. 이 기법은 심하지 않은 형태의 공격성(예, 빈정대기나 야유, 비하하기 등 낮은 수준의 언어적 공격성)에 대한 선택 절차다.

흔히 청소년들이 공격성이나 이와 유사한 행동으로 얻고자 하는 강화물은 관심이다. 청소년들의 공격성에 촉진자와 동료들의 흔한 반응은 웃음, 바라보기, 응시하기, 소리 지르기 등이다. 이러한 행동들을 무시하는 것은 소거 효과가 있다. 소거를 사용하는 지침은 다음과 같다.

① 집단구성원을 무시하고 있다는 언급을 하지 않는다. 긴(짧은 경우에도) 설명은 정확하게 일종의 사회적 강화를 제공한다. 사전 경고나 소개 혹은 설명 없이 단순히 행동을 무시한다.

② 구성원이 공격적이거나 부적절하게 행동하는 경우 갑자기 시선을 돌리지 않는다. 갑작스러운 행동은 소거 메시지의 정반대인 "내가 너의 행동을 알아채고 조치를 취한다."는 메시지를 전달할 수 있다.

③ 공격의 대상자를 보호한다. 한 구성원이 다른 구성원을 언어적 혹은 신체적으로 공격한다면 촉진자는 개입을 해야 하지만, 개입은 가해자를 무시함으로써 그리고 피해자에게 주의와 관심을 둠으로써 소거의 노력을 헛되지 않게 할 수 있다.

강화의 제공과 마찬가지로 강화의 제거도 일관되어야 한다. ART 집단에서 이 일관성 규칙은 집단촉진자와 구성원들이 함께 행동하고, 촉진자는 시종 일관적이어야 한다는 것을 의미한다. 반응이 일관적이지 않고 공격적인 행동이 간헐적 혹은 부분적으로 강화될 경우, 그 행동은 소거하기가 매우 어려워진다. 일관성이 의미하는 것은 특정 청소년들과 작업하는 집단촉진자는 가능한 한 동일한 부적절 행동을 무시하려고 노력해야 한다는 점이다. 기회가 있을 때마다 청소년의 실생활에서 중요한 인물들을 소거과정에 포함하도록 노력해야 한다.

때로 공격적인 행동은 오랜 정적 강화의 과거력이 있고, 특히 그 강화사의 많은 부분이 간헐적 강화일 경우에는 차단하려는 노력을 기울여야 한다. 이 점에서 지속성이 보통 성공적이다. 그러나 소거의 효과성을 판단할 때 유념해야 할 두 가지 사상이 있다. 첫째는 **소거폭발**(extinction burst)이다. 소거를 처음 도입할 때, 공격적인 행동의 강도나 빈도가 점차 감소하기 시작해 0에 이르기 이전에 갑자기 증가하는 것이 보통이다. 이러한 폭발의 의미는 실제 소거가 작용하기 시작한다는 것이다. 게다가 성공적으로 소거된 부적절한 행동이 때때로 다시 나타날 수 있다. 소거폭발과 마찬가지로, **자발적 회복**(spontaneous recovery)은 일시적이고, 촉진자의 소거노력이 지속적일 때 사라진다.

타임아웃

타임아웃에서, 공격적이거나 부적절한 행동을 드러내는 개인을 일정 기간 동안 모든 강화로부터 물리적으로 제거한다. 소거와 마찬가지로, 타임아웃의 목적은 직전의 선행하는 바람직하지 못한 행동을 감소하는 것이다. 소거는 강화로부터 개인을 제거하는 것이고, 타임아웃은 보통 강화 상황으로부터 개인을 제거한다는 점에서 다르다.

학교와 시설의 경우, 타임아웃은 전형적으로 세 가지 형태를 취한다. 가장 흔한 **고립 타임아웃**은 청소년을 타임아웃 방으로 물리적으로 제거하는 것이다. **배제 타임아웃**은 다소 덜 제한적이기는 하지만 청소년을 강화원으로부터 물리적으로 제거하는 것이다. 이곳에서 청소년은 방의 구석으로 가서, 때로 스크린으로 가려진 '조용한 의자'에 앉아 있어야 한다. 방에서 제거되지는 않지만 그들은 일정 시간 동안 하고 있는 활동으로부터 배제된다. 최소의 제한적인 타임아웃인 **비배제 타임아웃**(수반 관찰)은 청소년에게 앉아서 다른 구성원들의 적절한 행동을 관찰하도록 요구한다. 이 형태는 타임아웃과 모델링 관찰을 결합한 것이고 따라서 ART 집단에서 선호하는 접근법이다.

소거와 마찬가지로, 적절한 행동의 정적 강화는 타임아웃을 수반하다. 가능한 경우, 정적 강화를 받는 행동은 타임아웃을 적용하는 행동과는 반대이거나 적어도 양립 불가능해야 한다. 게다가 이 두 기법을 결합해 사용하는 데는 부가적인 권고사항이 있다. 특히 강화물의 포괄적인 사용은 상황에 머무르는 것을 보다 보상적인 것으로 그리고 타임아웃을 보다 회피적인 것으로 만든다.

소거는 공격적이거나 바람직하지 못한 행동을 하는 청소년들에게 권하는 절차다. 잠재적으로 해로운 행동은 보다 적극적인 반응, 가능한 경우 타임아웃을 필요로 한다. 집단촉진자는 훈련환경으로부터 청소년을 제거하는 절차들을 알아야 하고, 필요시 적용할 수 있어야 한다. 그러나 모두 가능하다고 해도 촉진자는 ART 집단에서 청소년을 배제하는 것은 피해야 한다. 많은 청소년의 경우 집단촉진자에 의한 물리적 제거는 현명하지도 적절하지도 심지어 가능하지 않을 수도 있다. 이러한 청소년의 경우, 소거나 타임아웃 이외의 다음 장에서 논의되는 절차를 적용할 수 있다.

반응대가

심한 공격성을 보이는 청소년의 경우, 소거와 타임아웃은 적절한 행동에 촉진자의 칭찬이나 기타 강화를 결합한 경우에도 때로 불충분한 것으로 드러나고 있다. 많은 경우, 반응대가 절차는 특히 친사회적 행동에 토큰경제를 통한 정적 강화를 결합하는 경우 효과적인 것으로 나타난다.

반응대가는 미래의 부적절한 행동을 감소시키기 위해서 부적절한 행동이 발생했을 때 그 행동의 대가로 이전에 획득한 강화물을 제거하거나 박탈하는 것을 말한다. 반응대가 절차가 토큰강화 체계의 한 구성요소인 경우나 독립적인 반응대가 체계인 경우에서도 이 강화물들을 얻을 수 있다. 두 경우에서, 강화물은 사전에 정한 바람직하지 못한 행동이 발생(반응)할 때마다 제거(대가)된다.

대가설정은 이 접근의 성공 여부에 중요한 결정요인이다. 예로, 카(Carr, 1981)는 벌금이 지나치게 많은 경우 그 결과 파산이 일어나고 청소년은 어떠한 대체 강화물도 구매하지 못할 것이라고 지적하고 있다. 벌금이 너무 적을 경우, 청소년은 여러 적절한 행동을 쉽게 수행함으로써 손실이 최소거나 없을 수 있다. 반응대가 실행의 또 다른 측면은 창조적 경제학자로서의 촉진자의 기술을 요구한다. 잃게 되는 강화물과 얻을 수 있는 점수나 강화물의 관계, 부적절한 행동의 심각성과 대가의 관계, 유사물의 대량구매, 가격 그리고 궁극적으로 동기의 고려가 작용한다.

주요 정적 강화의 제거 절차(소거와 타임아웃)와 마찬가지로, 반응대가 절차는 그 절차의 적용에서 구성원과 시간에 대한 집단촉진자의 일관성을 요구하고, 부적절한 행동의 발생 후 수반하는 대가를 이행하는 데 즉시성을 요구한다. 또한 거의 예외 없이 부적절한 행동은 반응대가를 가져온다는 공정성을 보장해야 한다.

처벌과 부적 강화

처벌과 부적 강화는 각각 혐오자극의 제시와 제거와 관련된다. 이 절차는 일반적으로 정적 강화의 제시와 제거 절차보다 권장되지는 않는다.

처벌

처벌은 미래의 발생가능성을 감소시키려는 의도로 행동에 수반하는 혐오자극의 제시다. 처벌의 주요 두 가지 형태는 언어적 처벌(예, 질책)과 신체적 처벌(예, 매나 손바닥 때리기 등)이다. 공격성 같은 부적절한 행동의 수정에 이러한 처벌 기법들은 가능성, 일관성, 즉시성, 기간, 심각성, 도피나 회피 가능성, 대체 목표의 이용 가능성, 공격성 도발 수준, 공격성의 보상 수준 그리고 제지자의 특성 등과 같은 여러 요인의 함수로 밝혀졌다.

이러한 결정요인들이 실제적인 영향력이 있는 경우라도, 이상적으로 처벌은 공격성이나 바람직하지 않은 행동에 어떤 영향력이 있을까? 만약 청소년이 질문이나 요청 혹은 타협능력이 없는 경우라면, 처벌은 바람직한 대체행동을 가르치지 못할 것이다.

처벌의 주된 효과는 부적절한 행동의 일시적 억제다. 연구결과 처벌의 부작용은 사회적 접촉의 철회, 처벌자를 향한 역공격, 처벌행동의 모델링, 사회적 관계의 파괴, 일반화 효과의 실패, 선택적 회피(감독 하에서만 부적절한 행동의 억제), 낙인효과(Azrin & Holz, 1966; Bandura, 1973; Sobsey, 1990) 등과 같다. 윤리적 문제와 관련 자료를 고려해 판단하면, 질책이나 징계 같은 언어적 처벌의 선택적 사용을 권장하고, 어떤 경우에서든지 신체적 처벌의 사용은 반대한다.

집단촉진자의 입장에서는 훈련시간을 늘리고자 하는 일시적 억제의 잠재적 가치를 우리가 알고는 있지만, 촉진자의 경우 동일한 부적절한 행동으로 동일한 청소년을 반복해서 처벌하는 경우가 흔하다. 따라서 처벌을 사용하는 경우에는 청소년의 결함 행동을 가르치려는 노력과 결합해야 할 것이다.

부적 강화

부적 강화는 바람직한 행동의 발생 후 혐오자극을 제거하는 것이다. 이는 교실이나 비행 관련시설에서는 행동수정 방법으로 거의 사용되지 않는다. 예외는 청소년이 조용함이나 침착성 같은 바람직한 행동에 수반되어 타임아웃(혐오적 환경)으로부터 벗어날 때 발생한다.

불행하게도 교실이나 기타 맥락에서는 부적 강화의 역동은 건설적인 효과가 적은 것으로 나타난다. 예로, 학생이 파괴적으로 행동하는 경우(고함지르기, 싸우기 등) 교사는 화난 목소리로 비난이나 질책으로 반응할 수 있다. 교사의 처벌은 학생의 파괴적 행동을 일시적으로 억제할 수 있는데, 파괴성(즉, 혐오자극)의 감소는 바로 이전 교사의 행동(이 경우 화난 목소리로 비난)에 대해 부적강화의 가능성이 있다. 이 예에서 실제적인 효과는 교사의 질책 행동을 증가시키는 것이다. 이와 유사한 일련의 사건이 다른 비효과적이거나 부적절한 행동의 가능성을 증가시키는 기능을 할 수 있다.

기타 행동수정 절차

정적 강화나 혐오자극의 제시나 제거의 절차 이외에, 과잉교정과 수반계약의 두 행동수정 절차는 수반성 관리에 의존하지 않는다.

과잉교정

과잉교정(overcorrection)은 폭스와 애즈린(Foxx & Azrin, 1973)이 개발한 행동수정 접근으로, 소거나 타임아웃 및 반응대가를 사용할 수 없고 강화가 가능한 대체의 적절한 행동이 없는 경우에 사용한다. 과잉교정은 복구(restitution)와 긍정적 실천(positive practice)의 두 부분으로 구성된다. 예를 들어, 한 청소년이 학교기물을 파손하거나 친구를 때리는 경우 그는 원래 상태로 혹은 그보다 더 나은 상태로 원상회복해야 한다. 손상된 기물을 복구해야 하고, 화가 난 친구에게 사과해야 하고, 조각난 사물은 주워야 한다. 긍정적 실천은 그 청소년에게 다른 사람이 깨트린 사물을 복구하고, 구타당한 반 친구를 목격한 친구들에게 사과하고, 교실 전체를 청소하도록 한다. 보상과 정적 연습은 처벌과 교육적 기능이 있다.

수반계약

수반계약은 집단촉진자와 집단구성원 간의 합의서다. 자세한 행동적 용어로 바람직한 행동과 그 긍정적인 결과 및 바람직하지 못한 행동과 그 부정적인 결과를 구체화하여 각자가 서명한 서식이다. 계약은 그 성과가 즉각적일 경우보다 신뢰할 수 있는 바람직한 행동을 유도할 수 있다. 바람직한 행동에 가까운 행동의 보상, 복종보다는 성취를 보상, 보상보다는 성취를 우선시하고, 계약은 공정하고 분명하며 정직하고 긍정적이며 체계적으로 이행된다.

이 장에서는 ART 집단에서 청소년의 동기와 수행을 증진하는 전략과 저항하는 집단구성원을 다루는 이정표를 제공하였다. 다음 장에서는 집단구성원이 ART 집단에서 습득한 지식을 실생활 환경으로 확장하는 방법을 다루고자 한다.

6장

ART

수행의 일반화 증진

인지행동적 개입의 효과성에 관한 증거가 축적되고 새로운 행동의 습득은 훈련방법이나 집단 모두에서 신뢰할 만한 결과를 보이는 한편, 일반화가 다른 문제인 것은 분명하다. 새로운 장면(전이)과 시간에 따른(유지) 일반화는 부분적으로만 발생하는 것으로 보고된다. 이 장에서는 일반화의 증진 문제를 검토하고자 한다.

일반화 증진의 접근법

많은 전통적 개입은 치료의 목적과 성과로서 성격에서 핵심신념의 변화를 반영하고 있다. 이러한 개입들은 행동에 미치는 환경의 영향을 무시하는 경향을 드러내고, 성공적인 개입을 일종의 심리적 접종(psychological inoculation)으로 간주한다. 개인의 성격구조 내에서 일어날 긍정적 변화는 어디에서 그리고 언제 발생하든 문제를 개인이 효과적으로 다루도록 돕는 것으로 생각한다. 즉, 전이와 유지를 자동적인 발생과정으로 고려한다. 이 문제와 관련하여 정신분석적 관점에서 포드와 어반(Ford & Urban, 1963)은 "만약 치료자가 행동의 전이패턴을 성공적으로 해결한다면, 치료자로부터 다른 상황으로의 전이를 촉진하는 특별한 절차는 필요하지 않다."고 보았다.

자동적인 전이와 유지의 가정은 또한 아들러(Adler, 1924), 호나이(Horney, 1939), 랭크(Rank, 1945), 로저스(Rogers, 1951), 설리번(Sullivan, 1953)의 치료적 입장의 특징이기도 한다. 이들이 제시하는 관점은 치료과정이 환자의 긍정적인 심리내적 변화를 가져오면, 환자는 이러한 변화를 언제 어디서든 필요시 실생활 환경에서 적용할 수 있게 된다는 점이다. 이러한 관점은 1950년대 심리적 변화에 대한 접근법들에서 일반적이었다. 치료적 성과는 개입의 결과 자동적으로 발생하는 것으로 여겨졌기 때문에 전이와 유지의 증진을 위한 방법의 개발 필요성도 없었다.

심리치료 연구는 1950년대 시작하여 1960년대와 1970년대에 그 양과 범위가 성장하였다. 이 시기에 수행된 성과연구의 대부분은 개입의 종결시점에서 이득이 다양한 장면과 시기로 일반화되는지를 확인하기 위한 체계적인 추수 조사를 포함하였다. 스토크스와 배어(Stokes & Baer, 1977)는 이 단계를 훈련과 희망(train and hope)의 하나로 묘사하고 있다.

연구의 압도적인 결과는 개입의 전이와 유지가 발생하지 않았다는 점이다. 치료와 훈련은 예방접종으로 기능하지 않았고, 이득은 자동적으로 지속되지 않았으며, 희망했던 훈련효과의 일반화도 나타나지 않았다(Goldstein & Kanfer, 1979; Keeley, Shemberg, & Carbonell, 1976). 그 결과 전이와 유지를 적극적으로 추구해야 한다고 보았다. 사실 훈련과 희망 단계 동안에 축적된 증거로 드러난 예방접종 모델의 실패는 세 번째 단계인 일반화—개입이득의 전이와 유지 증진을 위한 다양한 절차의 개발과 평가 및 사용—로 관심을 이끌었다.

치료적 이득의 전이와 반응유지에 관한 다른 가정은 심리치료 연구, 특히 행동수정 개입의 성과에 관련된 연구에서 나타났다. 여기에서 분명한 점은 치료 상황에서 획득된 행동이 아무리 잘 학습되었다고 해도 다른 상황으로 이월될 것이라고 가정할 수 없다는 것이다. 따라서 어떤 반응이 다른 상황으로 일반화 혹은 전이되고 어떤 반응은 그렇지 않을 것이라는 것을 결정하는 규칙을 이해해야 한다.

전이-증진 절차

여러 유용한 전이-증진 기법들이 개발 및 평가되고 활용되었다. 〈표 6-1〉의 이 절차들을 자세하게 검토하면 다음과 같다.

일반 원칙의 제시

훈련의 전이는 집단구성원에게 원래 과제와 전이 과제에서 만족스러운 수행을 결정하는 일반 매개 원칙을 제공함으로써 촉진된다. 간단히 말하면, 구성원들에게 성공

〈표 6-1〉 전이와 유지 증진 절차

전이	유지
1. 일반 원칙의 제시(전반적인 사례 설계) 2. 과잉학습(반응 유용성의 최대화) 3. 자극 다양성(충분한 예시의 훈련, 느슨한 훈련) 4. 동일한 요소(공통 자극의 설계) 5. 매개된 일반화 (자기기록, 자기강화, 자기처벌, 자기교습)	1. 간헐 강화(중단과 예측 불가능성 높이기) 2. 지연 강화 3. 촉진의 용암법(Fading prompts) 4. 추수회기 제공 5. 자연 환경에서 비강화의 준비 a. 자기강화 b. 재발과 실패 관리 기술 c. 점진적 과제할당 6. 자연 환경에서 강화의 설계 7. 자연 강화물의 사용 a. 실생활 장면 b. 쉬운 강화행동 c. 강화 요청 d. 강화 인식

적인 수행을 이끄는 규칙, 전략 및 구성원칙을 제공한다.

구성원이 기술이나 분노조절개념을 사용할 실생활 장면의 '느낌'을 ART 집단촉진자가 역할연기 상황에서 제아무리 유능하게 만들어 낸다고 해도, 또한 주연이 주어진 역할연기에서 실제 인물대상의 속성과 반응에 유사하게 어울린다고 해도, 역할연기와 실생활 간의 중요한 차이는 늘 존재한다.

구성원이 기술을 역할연기하고 반복해 기술 단계들을 관찰하는 경우에도, 실생활 장면이 요구는 역할연기에서 그려 내는 요구와는 거리가 있을 것이다. 그리고 실제 부모, 동료, 교사 및 교정 담당관은 역할연기 상황의 파트너나 동료구성원이 행동하는 것과 다르게 반응할 수 있다. 집단구성원이 전달하고자 하는 역할연기와 실생활 장면에 기저하는 원칙(기술이나 단계에 기저하는 요구, 기대행동, 규범, 목표, 규칙과 원칙 등)을 잘 이해하면, 전이가 이루어질 가능성은 보다 높아진다.

과잉학습

훈련의 전이는 과잉학습 혹은 반응 유용성을 극대화하는 절차에 의해 증진되고, 반응의 이용 가능성은 바로 이전 사용의 함수다. 학습할 외국어를 수십 번 거듭 반복하고, 하루 한 시간씩 피아노를 연습하고, 부드럽고 자동적인 골프스윙을 위해서는 상당한 시간 동안 연습한다고 말한다. 이들이 반응 유용성의 간단한 표현이다. 즉, 정확한 반응을 연습할수록, 그만큼 더 다른 맥락이나 시간에 그 반응을 사용하기가 쉬워진다. 모든 것이 동일할 경우, 과거에 가장 빈번하게 이루어진 반응이 나중에 이루어질 가능성이 더 높다. 그러나 이는 전이에 가장 유익한 효과적인 행동의 단순한 연습이 아니고, 성공적인 시도의 연습이다. 과잉학습은 개인의 행동에서 초기의 변화를 위해 필요한 것보다는 반복시행을 통해 학습을 확장하는 것이다. 많은 상황에서 주어진 과제의 한두 번의 성공은 다음 과제나 원래 과제의 다음 수준으로 옮겨 갈 증거로 간주된다. 과잉학습을 통한 전이의 극대화를 위한 안내규칙은 "연습하면 완벽해진다."(올바르게 할 수 있고 다음으로 넘어갈 때까지 단순한 연습)가 아니고, '완벽한 연습'(첫 성공 이후 정확한 반응의 반복 시행)이다.

사회기술이나 분노조절 절차를 성공적으로 역할연기를 했던 청소년들은 모든 집단구성원이 그것을 역할연기해 보자는 촉진자의 요청에 반대할 수 있다. 흔히 이러한 반대의 경우에는 프로운동선수의 게임 전 반복연습(준비운동, 혼자 연습하기, 타격연습 등)의 가치를 이야기해 준다. 이렇게 반복연습을 하면 핵심기술을 거의 자동화하고, 전략이나 다른 계획적인 노력으로부터 선수의 주의력을 자유롭게 해 준다. 사회기술훈련 집단의 경우 한 기술에 대해 8~10회 정도의 역할연기의 관찰이 일상적이고 적절하다. 유사하게 분노조절훈련 절차의 경우 각 단계는 주마다 여러 번 반복된다. 실생활의 사람들과 사건은 집단구성원의 친사회적 행동과 분노조절 기법의 사용과는 다르게 나타날 수 있다는 점을 가정하면, 과잉학습의 필요성은 더 분명해진다.

자극 다양성

전이는 연습과 반복(정확한 반응 수)으로 증진된다. 전이는 또한 개인이 반응하는 상황의 범위나 다양성에 의해 증진된다. 단지 한 상황에서의 훈련보다는 두 상황에서의 훈련이 더 좋다. 그 의미는 긍정적 전이를 극대화하기 위해 훈련은 반응할 자극의 여러 예시를 제공해야 한다는 점이다. 새로운 기술이나 행동의 일반화도 다양하고 폭넓은 조건하의 훈련에 의해 촉진된다. 개입에 포함되는 집단촉진자의 수, 장면 그리고 반응군집을 변화시키면 구성원들을 다양한 상황에 노출시킴으로써 일반화를 촉진한다. 따라서 과잉학습을 목적으로 구성원들에게 주어진 사회기술을 정확하게 역할연기 하도록 여러 번 요구하는 경우, 각 시도는 각각 다른 보조연기자와 장면 그리고 특히 동일한 기술과는 다른 요구를 포함해야 한다.

또한 훈련 상황에서 그리고 가능한 경우 구성원의 실생활 장면(예, 학교, 지역사회센터, 기관장면 등)에서 기술카드와 포스터에 있는 사회기술 단계와 분노조절 단계를 제공함으로써 자극의 다양성을 증진할 수도 있다.

동일한 요소

전이증진을 다룬 초기의 실험연구에서, 손다이크와 우드워스(Thorndike & Woodworth, 1901)는 한 습관이 다른 습관에 촉진효과가 있는 경우는 습관들이 동일 요소를 공유하기 때문이라고 보았다. 엘리스(Ellis, 1965)와 오스굿(Osgood, 1953)은 전이에서 훈련과 적용과제의 특징 간 유사성의 중요성을 강조하였다. 즉, 연습과 검사 자극 간 유사성이 클수록, 긍정적 전이의 양은 커진다. ART 맥락에서, 동일 요소의 원칙은 집단 내 자극(장소, 사람, 사건 등)과 실생활의 일치를 증가시키는 절차에 의해 수행된다. 높은 수준의 일치를 얻는 두 가지에 전략이 있다.

첫째는 ART가 수행되는 물리적 장소이다. 전형적으로 학교나 기관에서, 그리고 구성원들이 기술이나 단계를 사용할 실생활 맥락과 유사한 물리적 느낌이 나는 소품과 상상력을 사용해 수행한다. 때로는 기술을 사용할 실제상황(예, 사무실, 카페, 체육관 등)을 이용하기도 한다. 이 전이훈련 원칙에서 구성원들이 집단에서 역할연기 후 기술을 사용할 실생활 장소와 유사해야 한다는 점이 매우 중요하다.

둘째는 기술을 사용할 실제 개인을 떠올리게 하는 구성원들과의 실생활 장면을 구성하는 것이다. 이를 위해서 역할연기하는 실생활—함께 생활하고, 놀고, 수업 듣고, 싸우고, 훈련받는 등—의 세부에 익숙하고 서로 알고 있는 집단구성원을 포함하는 것이 도움이 된다. 따라서 ART를 실행 시에 동일 학년, 기관, 병동 등의 참여자로 구성하는 것이 좋다.

매개된 일반화

훈련과 적용 상황의 한 가지 공통점은 집단구성원이다. 다른 사람이 아닌, 집단구성원에 의해 매개되는 일반화는 일련의 맥락-연결(context-bridging)의 자기조절역량에서 구성원의 학습에 의존하는 전이-증진의 한 방법이다. 조작적으로는 구성원에게 자기기록, 자기강화, 자기처벌 그리고 자기교습의 학습으로 구성된다. 특수교육 장면에서 토큰경제를 활용한 엡스, 톰슨과 레인(Epps, Thompson, & Lane, 1985)은 일반화 매개 단계를 다음과 같이 구성하였다.

① 자기기록

- 교사는 자료수집 절차를 설정한다. 즉, 표적행동을 선정하고, 이를 측정 가능한 용어로 정의하고, 적절한 기록기법을 결정한다.
- 교사는 자료수집 절차를 시험해 본다.
- 교사는 구성원에게 자료수집 절차의 사용방법을 교육한다.
- 교사는 정확한 절차를 사용하는 구성원을 강화한다.

② 자기강화

- 교사는 구성원의 획득점수를 결정하고, 구성원은 이를 기록한다.
- 교사는 구성원에게 적절한 행동에 몇 점을 부여할지 결정하도록 말해 준다.
- 구성원은 교사의 감독하에 자기강화를 연습한다.
- 구성원은 교사의 감독 없이 자기강화를 수행한다.

③ 자기처벌

여기에서 반응대가(점수 빼앗기)로 예시되는 자기처벌은 자기강화와 병행해서 교육하고, 교사는 강화의 빈도와 강도를 점진적으로 줄여 가는 용암법(fading)을 사용한다.

④ 자기교습

- 교사는 과제를 수행하는 동안 구성원이 들을 수 있을 정도로 자신에게 소리 내어 말하면서 적절한 행동을 시범한다.
- 구성원은 교사의 외현 지시에 따라 과제를 수행한다.
- 구성원은 외현의 자기지시에 따라 과제를 수행한다.
- 구성원은 내현의 자기지시에 따라 과제를 수행한다.

특히 자기교습 절차에 주로 의존하는 인지행동수정 기법이 대중의 관심을 얻자 이에 상응하여 일반화에 자기매개 방법의 사용도 증가하였다.

유지-증진 절차

기술훈련방법으로 개발된 행동의 지속성 혹은 유지는 주로 훈련 시의 환경과 자연환경에서의 강화관리의 문제다. 유지-증진 강화관리에는 여러 방법이 있는데, 먼저 간헐 강화, 지연 강화, 용암법, 추수회기 제공, 자연 상황에서 비강화의 준비를 다루고, 이어서 자연 상황에서 강화의 설계와 자연 강화물의 사용에 대해 알아볼 것이다.

간헐 강화

풍부한 연속 강화계획은 새로운 행동의 수립에 적합하고, 행동의 유지는 불연속 강화의 경우 증진된다. 집단촉진자는 연속계획(매 시행마다)을 자연환경의 특징인 강화가 적고 드문 수준인 간헐계획으로 바꿈으로써 불연속 강화를 적용한다. 실제로 이러한 불연속 과정의 유지-증진의 목적은 집단촉진자의 강화계획을 전형적으로 실생활 맥락에서 발견되는 것과 구분하기 어렵게 하는 것이다.

지연 강화

소거의 저항 또한 지연강화로 증진된다. 개입의 초기단계 동안에는 강화가 즉각적이고 연속적이어야 한다. 그러나 행동이 확실하게 수립된 후에는, 지연강화가 자연환경의 강화조건에 훨씬 근접하기 때문에 강화의 제시에 지연을 도입하는 것이 중요하다.

강화의 지연은 ① 강화가 제공되기 전 요구되는 반응의 크기나 복잡성을 증가시킴으로써, ② 반응과 강화의 전달 사이의 시간을 늘림으로써, ③ 토크경제에서는 토큰의 수령과 토큰을 사용할 기회 사이의 시간 간격을 증가시킴으로써 혹은 강화물과 교환할 토큰의 수를 더 많이 요구함으로써 실행된다.

촉진의 용암

유지는 지시, 리마인더, 촉진 혹은 다른 유사한 코칭이나 지시의 점진적인 제거로 증진된다. 촉진의 용암(溶暗)법은 바람직한 행동에 대해 집단촉진자의 인위적 통제로부터 보다 자연적인 자기통제로 옮겨 가는 수단이다. 다른 모든 증진기법과 마찬가지로, 촉진의 용암은 세심하게 계획되고 체계적으로 실행되어야 한다.

추수회기 제공

구성원이 자연환경에서 행동을 지속하기 위해서는 주기적으로 적절한 행동의 세부에 대한 지시를 다시 알려 줄 필요가 있다. 추수회기는 사전계획이든 필요시든 이 점에서 중요하다(1장 프로그램의 적용과 확장의 논의 참고).

자연 환경에서 비강화의 준비

집단촉진자와 집단구성원은 자연환경에서 적절한 행동의 강화가 발생할 가능성을 극대화하는 여러 조치를 취할 수 있지만, 많은 경우 강화가 뒤따르지 않을 수 있다. 이 예측불허의 사태에 구성원들을 대비시키는 것이 중요하다. 앞서 매개된 일반화에서 본 것처럼, 바람직한 행동이 정확하게 수행되고 그렇지만 외적인 보상이 없는 경우 자기강화는 반응의 한 수단이다.

중독치료 영역에서 실패관리와 재발예방의 연구결과는 새로 학습한 친사회적 행동을 유지하는 다른 방법을 시사하고 있다. 적절하고 친사회적 지향의 자기교습적 대화와 친사회적 행동패턴(가는 곳, 어울리는 사람, 하는 일)으로 환경적 단서의 재배열은 이런 점에서 도움이 된다. 실패에 반응하기, 비난에 대처하기, 집단압력에 대처하기 같은 사회적 기술의 숙달은 재발과 실패관리의 목적에도 도움 될 수 있다(부록 A의 기술과 단계 참고).

ART 구성원들이 자연환경에서의 비강화에 대비하는 세 번째 방법은 점진적 과제할당을 사용하는 것이다. 예로, 사회기술훈련에서 실생활의 인물이 너무 어렵거나 반응적이지 않다거나 기술사용에 대한 강화를 제공할 가능성이 없는 경우의 과제를 논의함으로써 분명해질 수 있다. 이 경우에 두세 명의 우호적이고 반응적일 표적인물로 과제할당을 바꾼다. 최종적으로 구성원이 원래의 표적인물과 정확하게 기술을 사용하고 강화를 받지 못하는 경우, 이전의 강화시행은 행동의 소거 가능성을 최소화하는 데 도움이 된다.

자연 환경에서 강화의 설계

지금까지 검토한 유지-증진 기법들은 집단구성원이 그 대상이다. 적절한 행동의 유지는 타인지향의, 특히 자연환경에서 주요 강화제공자로 기능하는 타인에 의해 증진될 수도 있다. 이들은 부모, 형제, 동료, 교사, 이웃, 학우 및 직접적인 강화제공자로 구성된다. 구성원이 새로 학습한 기술행동에 대한 이들의 반응성 혹은 무반응성은 이들 행동의 운명을 결정한다. 우리 모두는 삶에서 중요한 사람들이 우리의 행동에 대해 생각하고 느끼는 것에 반응한다. 그들이 보상을 하면, 행동을 지속할 가능성이 많아진다. 그들이 무관심하거나 적대적이면 사용하지 않게 될 것이다.

7장에서 자세하게 다루지만, 구성원의 기술수행을 유지하는 데 초점을 둔 ART의 주요 평가 중 하나는 청소년뿐만 아니라 부모에게도 ART 프로그램을 제공하는 것이다(Goldstein, Glick, Irwin, McCartney, & Rubama, 1989). 부모훈련집단은 4회기 중 3회기는 독립적으로 운영되고, 4회기에는 함께 모임을 갖는다. 훈련프로그램은 구성원들의 동료에게도 시행될 수 있다. 한 예로 참여한 동료들은 집단구성원들의 소년원 비행집단 친구들이었고(Goldstein & Glick, 1994), 두 번째는 주립 소년원에 입소해 있던 친구들이었다(Leeman, Gibbs, & Fuller, 1993). 두 경우의 평가결과, 집단구성원의 삶에서 중요한 사람들의 ART 기술 수준을 증진하면 집단구성원의 기술사용의 유지가 증진된다는 결과를 보여 주었다. 이 결과는 반사회적 행동을 친사회적 행동으로 변화하려는 시도는 청소년과 그들의 삶에서 중요한 사람들에게도 이루어져야 한다는 점을 반영하고 있다.

참여하는 청소년들의 조력자 그리고 청소년들과 작업하는 스태프를 위해 마련된 자료는 부록 C에 있다.

자연 강화물의 사용

유지-증진의 최종 그리고 특히 가치 있는 방법은 실생활 장면에 있는 강화물의 사용이다. 타인들이 가장 바람직하고 긍정적인 것으로 보는 변화행동을 표적으로 하는 것이 중요하다. 애일론과 애즈린(Ayllon & Azrin, 1968)은 이를 '행동의 적절성 규칙'이라고 말한다. 즉, 훈련 이후에 강화가 지속될 행동들만을 가르치는 것이다.

알베르토와 트라우트만(Alberto & Troutman, 1982)은 자연 강화물의 효과적인 사용을 촉진하는 4단계 절차를 제안하였다.

① 구성원의 자연환경을 구성하는 주요 장면에서 어떠한 행동들이 규칙적으로 강화되고 그 행동들이 어떻게 강화 받는지를 관찰한다.
② 강화 받은 행동들의 일부를 구성원에게 알려 준다(예, 특정 사회기술, 단정한 옷차림새).
③ 구성원에게 강화의 요청 방법을 가르친다(예, 동료나 타인들에게 인정이나 인식을 깔끔하게 요청하기).
④ 구성원에게 강화가 제공될 때 인식 방법을 가르친다(많은 집단구성원에게 있어서 특정 제스처나 얼굴 표정은 상당히 미묘할 수 있기 때문).

지금까지 우리는 구성원이 집단 회기에서 배운 것을 실생활에 전이할 가능성을 증가시키는 방법을 알아보았다. 이제 지금까지 설명한 여러 원칙과 전략을 통합한 프로그램을 살펴보고자 한다. 다음 장은 프로그램의 적용과 효과성에 대해 설명하고 있다.

7장 ART

적용과 효과성 평가

공격성 대체 훈련에 대한 연구와 평가는 잘 수행되어 왔다. ART는 청소년사법과 비행예방 및 국립사법연구소(U.S. Department of Justice, 2010; Sherman, Farrington, MacKenzie, & Welsh, 2006), 학교 마약금지 안전청(U.S. Department of Education, 2002), 국립 정신건강증진 및 청소년 폭력예방센터(the National Center for Mental Health Promotion and Youth Violence Prevention, 2007) 등에서 유망한 근거기반 프로그램으로 밝혀졌다. ART의 효과성 연구 결과, 프로그램이 고위험집단 청소년들의 친사회적 행동은 증가시키고 공격적인 행동과 행동화를 감소시킨다는 일관된 결과를 보여 주고 있다.

다양한 ART 프로그램의 적용과 그 효과성을 간략히 살펴보고자 한다. 먼저, ART를 수행한 세미나 프로그램을 알아보고, 이어 ART의 채택이 인지행동적 개입으로서 평가되고 효과적이며 비용 효율적이라고 판단된 전국의 기관이나 체계 등을 기술한다.

세미나 프로그램

ART 작업은 프로그램을 채택하고 원래의 개발과 의도대로 정확하고 충실하게 실행했던 사람들에 의해 크게 향상되었다.

뉴욕주 청소년과

뉴욕주의 앤스빌 청소년센터에서 초기의 예비프로젝트를 수행한 이후, 처음으로 ART를 실행하였던 곳이 뉴욕주의 청소년과다. 이를 통해 많은 기관이 자신들의 프로그램에 ART를 통합하였다. 그중 한 곳이 태버그센터로, 폭행과 강도 및 유사범죄를 저지른 14세에서 18세 사이의 남자 청소년 비행 거주센터다.

긍정적 대안 학습(PAL) 프로그램

세인트 루이스 외곽 퍼거슨-플로레산트 교육구의 긍정적 대안 학습 프로그램은 초등 및 중학교 청소년들에게 10주의 ART 절차를 통합하였다. 일부 청소년들은 심하지 않은 수준의 비행으로 중대한 위기가 발생하기 이전 예방적 차원에서 프로그램에 배정되었다. 심각한 범죄를 저지른 청소년들은 징계위원회의 심의에 따라 재활센터에 배정되었다. 이 프로그램은 지속적으로 실시되고 있다.

어린이 마을(Children's Village)

뉴욕의 돕스페리 아동마을은 거의 모두가 학대와 방임의 과거력이 있고 현재 정서적 문제와 때로 심각한 행동 및 학습문제를 지닌 300명의 소년들에게 교육과 정신건강서비스를 제공하는 거주시설이다. 1996년 초등학교 고학년을 대상으로 시작되어 중학생을 포함해 전체로 확장된 ART 프로그램이다.

우리가 배운 것

이러한 초기의 개입으로부터 우리는 많은 것을 배웠다. 초기 프로그램 실행으로부터 얻은 대부분은 ART가 개발되고 의도된 이론적 철학적 토대를 지지해 주었다. 그중 중요한 몇 가지는 다음과 같다.

- ART의 전달을 유능하게 하고 프로그램의 충실도를 유지하기 위해서 스태프는 개입의 훈련을 받아야 한다.
- ART의 표적 행동(즉, 공격성과 폭력성)에 부합하는 청소년을 선발하고 평가해야 한다.
- ART는 다양한 장면에서 전달될 수 있고 문화와 성별에 따른 중립성을 지닌다.
- 프로그램 관리자와 집단촉진자 간 큰 차이가 있는 경우에도 프로그램의 정확성은 유지될 수 있다.
- 프로그램의 감독과 감사는 프로그램의 충실도를 보장하기 위해 필요하다.

- 행정가와 관리자는 체계 내의 프로그램 실행과 유지에 함께 참여하여야 한다.
- 프로그램의 연구와 평가는 ART의 시작부터 함께해야 한다.

미국 내 프로그램 모델

- 워싱턴주 청소년 재활 행정
- 램지주 청소년 지역사회 교정기관
- 알래스카 소년사법기관
- 일리노이주 법정행정청
- 사법연구 센터
- 어빈 국립 청소년 동맹

우리가 배운 것

앞의 모델들은 효과적이고 효율적인 인지행동개입으로서 ART를 채택한 미국 내의 수많은 활용 예 중의 일부다. 초기의 프로그램 개입과 마찬가지로 이들 기관의 ART 실행으로부터 우리는 많은 것을 배웠다.

- ART는 다양한 청소년 프로그램과 서비스 체계(청소년사법기관, 교육, 사회서비스, 지역사회기반 청소년센터, 공적/사적 및 영리/비영리 기관 등)에서 효과적이다.
- ART는 성과 문화 및 인종에 거쳐 중립적으로 나타나 보인다.
- ART 실행 동안 기술적 지지와 임상 슈퍼비전을 제공받고 잘 훈련받은 스태프는 동료들에게 동료자문과 슈퍼비전을 더 잘 제공하였다.
- 프로그램 실행의 충실도를 위해서 스태프는 적절한 훈련과 지도감독의 지지를 필요로 한다. 또한 프로그램 충실도와 스태프 수행의 강화를 위해서 중간관리자와 행정가는 ART에 익숙해야 한다.
- 스태프가 매주 3회의 각 집단회기에서 적어도 한 시간 정도의 준비시간을 갖는 경우 ART의 전달에 보다 효과적이다.
- 질 관리체계를 구성하고 ART 프로그램 충실도를 감독 및 감사하는 도구를 마련

했던 관할구역에서 프로그램 효과성이 증진되었다.

- 스태프가 충분히 훈련받지 않거나 프로그램이 개발 및 의도대로 수행되지 않을 경우, 내담자의 행동(공격성과 폭력성)이 좋아지지 않거나 더 나빠질 수도 있다.

국제 프로그램 모델

청소년 대안(UngArt)

UngArt는 스웨덴의 말뫼에 있는 종합적이고 다중서비스를 제공하는 지역사회기반 기관이다. 말뫼에는 다양한 언어의 인종, 대규모 이슬람공동체, 빈번한 사회적 문제 그리고 폭력집단이 있다. 1977년부터 위험청소년에게 서비스를 제공해 왔고 현재 청소년를 위한 다양한 프로그램과 서비스를 제공하고 있다.

애미티 연구소(Amity Institute)

애미티 연구소는 폴란드 바르샤바에 있고 여러 인적 서비스시스템에 훈련과 자문서비스를 제공하고 있다. 이들은 처음에 골드스타인과 함께 작업하였고 나중에 프로그램 전달의 정확도를 위해 글릭과 함께 작업하였다. 최근 바르샤바의 공립학교에 ART 프로그램을 도입하는 프로젝트를 진행하였고, 글릭의 자문하에 매해 약 1000명 정도의 ART 집단촉진자를 훈련시켰다. 또한 지도자훈련 연구소를 개설하고 경험이 있는 집단촉진자에게 1 : 1의 실습을 포함해 280시간 정도의 추가 훈련을 제공하고 있다.

골드스타인과 작업(Werken med Goldstein)

WME는 초기에 글릭과 작업을 시작한 네덜란드의 아인트호벤에 있는 재단이다. 골드스타인은 자신의 대학원 시절의 일부를 암스테르담에서 보내기도 하였다. 이 재단은 네덜란드와 유럽 지역에 프로그램의 활용을 위한 자료집과 훈련 개발에 시간과 에너지를 헌신해 왔다.

2007년 글릭은 이 연구소에 미국시장을 위한 훈련자료를 개발하는 자문으로 초청받았다. 이 프로젝트에는 ART 사회기술의 모델링 제시를 위해 헤이그에 있는 미국 드라마스쿨의 학생들이 참여하였다. 또한 도덕추리상황의 삽화와 분노조절훈련의 만화훈련 보조자료를 개발하였다.

우리가 배운 것

ART 국제프로그램은 우리가 ART 실행에 관한 통찰과 인지행동적 개입의 풍요로움을 얻는 경험적 토대를 제공하고 있다. 통찰의 몇 가지는 다음과 같다.

- 청소년들은 세계 도처에서 동일하다. 그들은 상황에 따라 공통적인 공격성과 폭력성으로 유사한 위험행동을 드러낸다.
- ART를 포함해 특정 개입을 훈련시키기 전에 프로그램 행정가, 관리자, 집단촉진자는 기본적인 인지행동치료 원리의 훈련을 받아야 한다.
- 집단촉진자는 프로그램 실행을 증진하고 참여자-스태프의 생산성을 극대화하기 위해서 표적 내담자와 잘 들어맞아야 한다.
- ART는 프로그램이 충실하고 정확하게 실행되었을 경우 수료증이 주어지는 것처럼, 유럽의 인적서비스 체계에서 수료와 증명서 발급이 매우 중요하다.
- 스태프의 개발은 프로그램의 성공에 필수적이다. 스태프는 '가르치는 것처럼 살아야' 하며 그들이 청소년들에게 기대하는 것처럼 자신들이 청소년의 모델이 되어야 한다.
- 물리적 공간, 장비, 필요 물품과 자료, 행정적 지지, 프로그램의 임상적 기술적 지원을 포함해 프로그램을 실행하는 집단촉진자에게 적절한 자원을 제공해야 한다.
- ART는 스웨덴, 노르웨이, 러시아, 헝가리, 폴란드, 네덜란드, 벨기에 등에서 행한 여러 실행에서 드러난 것처럼 문화와 성 및 인종에 구분 없이 중립적인 것으로 나타나 보인다.
- ART의 실행에 책임이 있는 행정가는 역량 있고 열정적이며 처음부터 프로그램 전달에 참여하여야 한다.

8장 실시와 관리

ART를 포함해 인지행동적 개입은 프로그램 담당자, 관리자, 기관장으로부터 성공적인 지지를 받은 유일한 개입이다. 많은 문헌에서 프로그램의 설계, 개발 및 실행에 행정과 지도감독의 참여의 중요성을 입증하고 있다(Gendreau & Andrews, 1992; Glick, 2006, 2009; Latessa, 2006). 정부기관, 학교, 지역사회기반 기관, 공공부문과 정부 프로그램, 영리 및 비영리 기구, 정신건강체계, 교육체계 및 사회서비스체계 등의 다양한 장면에서 ART의 성공이 있었다. 이 모두에서 프로그램은 정책의 이해관계자, 기관장, 관리자, 지도감독자의 무조건적인 지지를 받은 성공적이고 효과적인 프로그램으로 밝혀졌다. 이 장에 있는 사상과 개념들은 프로그램 참여자에게 서비스를 제공하고, 스태프에게 지지를 제공하도록 행정가들을 자문하면서 수년에 거쳐 개발되어 왔다.

역할과 관계

새로운 프로그램은 조직 변화의 촉매로서 기능을 한다(Glick, 2006). 조직에 새로운 프로그램이 도입되는 경우, 프로그램은 인적자원, 일정관리, 예산, 재정, 내담자 등 많은 기능에 영향을 미친다. 행정구조가 잘 짜인 체계들은 운영에 최소한의 파열음으로 새로운 프로그램을 수용하는 유리한 입장에 있다. 프로그램이 기관장, 관리자, 지도감독자의 지지를 받는 경우 더욱 효과적이고, 비용 효율적이며 내담자들에게 많은 도움이 된다. 그러나 행정가와 관리자가 성공적인 프로그램의 실행을 지속하기 위해서는 스태프 간 분명하게 규정된 역할과 관계가 있어야 한다.

정책입안자/이해관계자

이들은 조직의 비전과 지도원칙을 수립하고, 이사회 임원이나 입법부 의원 혹은 주주 같이 조직에 이해관계가 있는 사람들이다. 정책입안자는 보통 조직의 운영에 참여하지 않고, 인력을 지도감독하지도 않는다. 그러나 이들은 프로그램의 미션과 비전이 잘 이행되고 있는지 조직의 운영을 감시하고 감사한다.

기관장

기관장은 조직의 최고운영자로서, 정책입안자가 위임한 조직의 비전, 미션, 목표를 이행할 책임이 지닌다. 또한 전반적인 프로그램과 서비스 실행의 책임이 있고 스태프가 목표를 달성하도록 한다. 기관장은 조직 내에서 진행되는 것을 알고 있어야 하지만, 나날의 구체적인 프로그램이나 서비스의 운영에는 익숙하지 못할 수 있다. 학교의 교장, 교육감, 교정시설의 교도소장, 아동보호시설의 시설장 등이다.

관리자

관리자는 보통 정부조직 내 광역 서비스영역의 기관이나 부서의 장이다. 이들은 책임 지역 내 예산을 관리한다. 스태프를 채용하거나 해고 및 관리하고, 일반적으로 정책과 절차의 실행을 책임진다. 이들은 자신의 분야에서 전문가이기도 하고, 전반적인 운영 지식과 책임 분야의 세부적인 운영지식을 갖고 있을 수 있다.

지도감독자

지도감독자는 프로그램 실행, 스태프의 지도감독, 내담자에 대한 질적 서비스의 제공에 직접적인 책임이 있다. 이들은 자신의 분야에 이론적으로 전문적인 식견이 있고, 프로그램을 충실하게 전달할 수 있도록 지식을 실제적인 방식으로 적용할 수 있다. 이를 위해서 지도감독자는 내담자에게 전달하는 프로그램과 서비스의 운영에 대한 책임이 있다.

직속 스태프

이들은 내담자에게 프로그램과 서비스를 전달하는 체계의 전문가들로서, 다양한 교육과 훈련 및 전문지식을 지니고 있다. 이들은 운영 기능을 담당하고, 체계의 목적과 목표를 완수하기 위해 관리자와 지도감독자에 의해 채용된다. 제공하는 서비스의 분야는 교육, 레크리에이션, 임상적(심리학과 사회사업) · 의학적 개입, 연구와 프로그램 평가, 회계 및 법적 업무 등이다.

ART의 실행에 있어서 필수적인 요소는 모든 스태프가 조직 내의 개인들이 취하는 역할과 기능을 이해하고 알고 있어야 한다는 점이다. 스태프들이 개인이 성취해야 하는 다양한 과제에 관해 알고 있는 경우에서만 각각은 특정 결정과 조치의 이유를 알 수 있다. 예로, ART 촉진자로서 새로이 훈련받은 직속스태프들은 집단회기를 마련하는 것이 중요하다고 인식하지만, 그 당시 계획 속에는 없을 수 있다. 그들은 집단회기의 제공 필요성을 지도감독자에게 알리고 지도감독자는 이 요청을 조정하고자 하지만, 부서장은 예산이 없고 시간이 지나 승인받을 수 없다고 말할 수 있다. 기관장은 위원회의 정책 방향에 따라 근거기반의 인지행동프로그램을 즉각 시행할 것이라고 위원회에 이미 약속을 했었다. 이러한 상황의 복잡성은 명백하다.

조직 내 역할과 기능을 감안하면, 다양한 수준의 행정과 관리 간의 갈등은 동일한 목적의 다른 관점으로 재해석될 수 있다. 특히 프로그램 실행의 책임을 맡고 있는 직속스태프들은 계획에 따라 프로그램을 전달해야 한다. 이들은 내담자에게 프로그램을 제공하는 전문지식을 지니고 있다. 그러나 계획 수립, 스태프의 재배치, 프로그램 실행의 준비시간 조정에 필요한 문제해결 등의 능력은 지니고 있지 않다. 그것은 혁신과 창조성 및 용기를 지니고 있는 지도감독자의 역량이고, 촉진자가 준비에 필요한 시간을 제공할 수 있다. 동시에 지도감독자의 주된 역할은 프로그램 담당자로서 스태프를 지지하고, 스태프가 전문적 개인적으로 성장하고 발전할 수 있는 환경을 제공하는 것이다. 관리자는 프로그램 운영의 세부사항이나 구체성을 반드시 알 필요는 없겠으나, 기관정책을 이행하는 책임이 있다. 스태프를 지지하는 것은 지도감독자의 의무다. 그것이 아마도 지도감독자가 '중간 관리자'로서 조직 내의 지위를 갖는 이유일 것이다. 그들은 자신들이 지도감독하는 직속 스태프와 관리자의 중간에 끼어 있다.

프로그램 철학과 설명서

ART의 설계와 개발에 기저하는 철학적 토대는 프로그램은 차별화되고 규범적이어야 한다는 생각이다. 프로그램 실시자는 내담자에게 차별화된 서비스가 제공된다는 프로그램 철학을 설명할 책임이 있다. 기관이나 조직의 프로그램 철학의 설명과 진술은 ART 같은 효과적이고 효율적인 인지행동적 개입의 실행에 중요하다. 프로그램 철학과 설명서는 수많은 행정적 작업의 절차에 따르는 기준이다. 프로그램 기획, 프로그램 실행의 예산과 재정, 스태프 능력개발 등은 정연한 프로그램 설명서가 뒷받침하는 이슈의 예다. 프로그램 설명서는 기관의 철학, 미션, 장기적 목표, 스태프 특징, 서비스받을 내담자의 종류, 내담자의 행동변화를 위한 기본적인 치료적 접근, 프로그램의 재정적 조건 등을 포함해야 한다. 프로그램 설명서와 철학은 ART가 기능하는 맥락을 제공하기 때문에 ART의 실행에서 중요하다. 예로, 스태프는 기관의 프로그램 철학이 내담자에 관한 입장을 구체적으로 제시하는 경우, ART 커리큘럼의 개발을 강조하는 교육이나 훈련의 개념을 포함할 가능성이 높다(예, "내담자는 기술에 결함이 있는 개인들로서, 행동변화를 위해 합리적인 교육원리에 근거한 학습 환경의 분위기를 제공하고자 한다."). 게다가 프로그램 철학과 설명서가 책자로 마련되어 있으면, 스태프는 집단 촉진자로서 자신의 역할을 보다 진지하게 받아들이기 쉽고, 계획대로 ART 프로그램을 전달할 것이다. 스태프의 역할이 잘 규정되어 있고 ART 프로그램의 전달 업무가 책임감 있고 확실하게 위임된 경우에는 ART가 성공적으로 실행될 것이라고 오래전부터 주장하였다. 잘 구비된 프로그램 설명서는 이러한 목표들의 성취에 도움이 된다.

운영 원칙

인지행동적 개입은 여러 변수에 달려 있다는 점에 이견은 없다. 우리는 이제 기관의 책임자가 프로그램의 설계와 실행에 참여하는 것이 얼마나 중요한지 알고 있다. 지난 20년 동안, 기관장과 관리자가 매일의 프로그램 전달 전략과 실행에 참여해야 한다는 것을 알았다. 점검, 감사, 스태프 지도감독 같은 기능의 책임은 지도감독자와 관리자에게 있다. 관리자가 필요한 물품이나 재료 및 지지를 제공하고 스태프를 잘 지도감독하는 경우, ART는 공격적이고 폭력적인 청소년 고위험군에 성공적이다.

따라서 효과적인 운영원칙은 체계의 관련 특징에 반응적이어야 한다. 그런 원칙의 개발은 체계의 세심한 검토부터 시작해야 한다. 체계가 구조화되어 있는가? 그 책임자는 누구인가? 의사소통 라인은 어떤가? 문제의 인식과 해결은 어떻게 이루어지는가? 이러한 모든 질문은 ART 같은 효과적인 프로그램의 개발에 기본이다. 기관장은 이들 질문에 확실하게 답해야 하고, 그 답은 철학과 프로그램 설명서에 근거해 논리적이어야 한다.

몇몇 원칙은 프로그램과 서비스의 실행에 중요하다. 효과적이고 비용 효율적인 것으로 나타나고 진실되고 충실하게 전달되어야 하는 ART 프로그램은 일련의 운영원칙에 좌우된다. ART 실행 시 그 철학적 입장에 근거해 다음의 원칙들을 채택해 왔다.

원칙 1: 고진감래 - 고통이 없으면 얻는 게 없다

간단히 말해 이 원칙은 성장과정을 통한 스태프의 고통, 불편감 및 괴로움이 없으면 성장과 발달이 없다는 것이다. 이는 지금까지 이야기해 온 것과는 모순되는 것처럼 보이지만, 실제는 그렇지 않다. 고통은 단순히 처벌도 악의도 아니다. 만약 기관장이 진심으로 스태프가 성장하고 발전할 수 있도록 환경을 제공하고 스태프의 전문성 향상에 관심이 있는 경우라면, 그러한 목표를 충족하는 데 필요한 모든 조치를 취해야 한다는 것이다. 예로, 많은 기관장은 부적절한 행동을 소거할 바람으로 스태프에게 취할 훈육조치에 대해 고심한다. 또한 그들은 스태프의 태도나 직업윤리를 평가할 지도회의나 조사절차를 수행한다. 많은 스태프 구성원이 새로운 기술과 지식을 습득하면서 체계나 기관장에게 불만을 표현한다. 체계에 ART 같은 새로운 프로그램이 도입되는 경우, 스태프들이 변화에 대한 개인적, 환경적 그리고 운영상의 불안을 경험하는 것을 보았다. 이 경험은 스태프에게는 새로운 프로그램에 대한 자신의 가치와 태도의 도전을 가져오기 때문에 고통이 되고, 작업 조건은 일상적인 스케줄의 변화와 해체를 가져올 수 있으며, 스태프는 새로운 기술을 학습할 필요가 있는 것이다.

원칙 2: 존중받으려면 존중을 보여라

다른 사람들이 자신에게 하지 않기를 바라는 것을 다른 사람에게 하지 말라는 익숙한 훈육은 다른 사람을 존중해야 한다는 기본적인 운영원칙이다. 기관장은 스태프의 직업지식, 기술수준, 지위에 존중을 보여야 한다. 존중은 또한 자신의 지위, 성취, 생산성 및 자존감도 포함한다. 스태프에 대한 기관장의 지각과 스태프의 자기지각 간의 상호작용은 지위와 직업기능에 대한 상호존중을 생성한다. 조직 내에서 어떤 지위에 있든지 스태프가 자신의 지위와 기능에 대해 충분히 이해할 수 있는 경우, 그들은 품위 있게 그리고 두려움과 위협감을 느끼지 않으면서 자유롭게 피드백을 주고받는다. 수많은 체계, 기관, 사법권에서 ART를 훈련하면서 이러한 원칙들을 따르지 않았을 때, 스태프의 사기가 저하되고 훈련에 대한 스태프의 저항이 높았으며 생산성이 낮았다. 이는 진정성 있고 충실한 ART의 성공적인 전달능력의 저하를 초래한다.

원칙 3: 노력을 인정하고, 결과에 보상하라

기관장의 가장 어려운 책임 중의 하나는 ART 프로그램을 실행하는 스태프의 수행평가다. 스태프가 무엇을 수행하고 얼마나 잘 수행했는가와 관련한 피드백의 객관성은 분명 중요하다. 기관장은 기술개발수준, 능력, 생산성을 포함한 업무수행에서 직원들에게 때로 불필요하게 부정적인 메시지나 혼란을 주기도 한다. 지도감독자와 스태프 간 의사소통을 밀접하게 검토해 보면, 관리자가 노력과 성취 간의 적절한 구분을 하지 않는다는 점이 드러나곤 한다. 직원들이 기대되는 수준의 수행만을 했는데도 업무평가에서 '뛰어난' 평정을 받는다거나, 게다가 지도감독자가 직원의 실제 수행보다는 동기나 의사를 평정한 경우도 많았다. 그런 경우 다음과 같은 평가가 반영되고 있었다. "이 사람은 항상 ART 집단회기를 탁월한 방식으로 완수하려고 하고 있다." 혹은 "이 사람은 시종 최상의 업무를 하고자 한다." 이러한 평가는 노력을 반영하는 것이지 업무의 생산성 평가로 고려되어서는 안 된다.

지도감독자와 관리자는 직원들의 능력과 의사를 분리할 수 있어야 한다. 같은 맥락에서, 지도감독자는 객관적인(가시적이고 측정 가능한) 업무성과의 이슈와 함께 직원들의 태도와 감정을 반영하는 이슈에 관해 분명히 할 필요가 있다. 기관장을 위한 지침은 지도감독자와 관리자들을 강화하는 것으로, 모든 스태프의 노력과 동기를 인식하고 알아야 할 필요가 있으며, 기관의 목적과 목표를 성취할 경우 정적 강화와 보상을 하는 것이다. 요컨대 스태프에게 그들의 ART 실행에 대한 인정과 고마움을 말해 주고, 프로그램 실행의 역량을 보일 경우에만 긍정적인 수행평가를 제공해야 한다.

원칙 4: 관료주의가 간편한 일을 복잡하게 만든다

크든 작든 모든 체계, 모든 조직은 그만의 관료조직을 만든다. 행정은 종종 일을 복잡하게 하는 경향이 있다. 조직 내에서 한 사람이 행정의 사다리를 오르게 되면, 단순한 일을 복잡하게 하는 경향은 증가하는 것처럼 보인다. 역할과 책임 분야에서 빈번히 발견되는 것에 더해서, 많은 행정에서 거의 혹은 아무런 문제해결을 하지 않는다는 점은 놀라운 일이 아니다. 요점은 최고책임자, 기관장, 관리자, 지도감독자가 구체적이고 단순하며 명료한 의사소통을 취할 수 있는가다. 예로, 최고책임자의 주요 역할은 비전과 정책 수립이다. 그런 만큼 책임자는 스테프에게 항상 자신들의 역할에 대해 적어도 6개월 정도 미리 생각해 보도록 상기시켜 주어야 한다. 따라서 관리자는 그들의 탁월한 의견을 장기적인 관점에 두고서, 운영 목표를 분명하게 유지할 수 있게 된다는 것을 알게 된다. 유사한 다른 기법은 기관장이 부서들의 관심사와는 대립하는 전 체계의 이슈, 논점과 안건 및 문제 간의 차이를 재언급하고 분명하게 하는 것이다. 이 원칙이 올바르게 시행되는 경우, 보통 직속 스태프는 기관장이 제기한 이슈를 이해하고 정책 방향을 간소화하며 이를 자신들의 업무 상황에 효과적으로 적용하게 된다. 보통 스태프는 복잡한 일을 유능하게 간편화할 수 있다

원칙 5: 구조적 애매함에 대한 행정적 인내심이 필요하다

이 원칙은 기관장의 주요 책임 중 하나가 계획이라는 전제에서 출발한다. 체계의 관리자와 함께 기관장은 목적 입안의 책임이 있고, 목표의 완성을 위해 에너지를 모으고, 모든 스태프가 목표에 도달하도록 노력한다. 이를 성공적으로 이행하기 위해서 행정은 스태프의 구체적인 매일의 성과를 감독하면서 동시에 다양한 목적과 프로그램 기획의 균형을 유지할 수 있어야 한다. 많은 경우 두 욕구 간 균형은 모순되는 것처럼 보인다. 이러한 긴장은 종종 조직 내 스태프의 혼란을 야기한다. 스태프는 자신들이 처한 문제의 해결이나 질문한 문제에 대한 즉각적인 답을 원한다. 관리자는 스태프가 제시한 문제의 해결이나 장기적인 안을 알고 있지만, 때로 정보제공을 삼가거나 의도적으로 조직의 애매함을 조성해야 한다. 문제해결이나 정보 및 지도를 즉각적으로 제공하는 경우의 행정은 스태프의 창조성을 빼앗거나 참여적 관리방식을 희생시킬 수 있다. 정보나 지도를 늦추는 것이 긴장감을 야기하고 불협화를 지속할 수 있지만, 세심하게 잘 이행하는 경우에는 스태프의 능력을 극대화하고 프로그램의 대안을 만들어 내고 조직의 융통성을 증가하는 환경을 조성한다.

원칙 6: 문제해결, 정책개발 및 프로그램 기획에서 많을수록 더 즐겁다

기관장이 스태프의 다양한 참여를 중시하는 행정 모델을 수립해야 한다는 생각은 편견이다. 우리는 그동안 ART를 실행하는 기관을 돕는 경험을 하였고, 스태프가 프로그램 개발에 참여하는 경우 프로그램의 원래 목표를 충족하는 데 더욱 성공적이었다. 게다가 기관은 기꺼이 경청할 수 있는 개방적이고 책임감 있는 관리자들이 스태프와 분명한 의사소통을 할 필요가 있다. 참여적 행정 모델은 조직 내 여러 수준의 모든 스태프의 의견을 이끌어 내고 각 부서뿐만 아니라 지도감독라인까지 포함한다. 적절하게 관리되는 경우, 조직의 환경은 스태프의 사기, 평균 이상의 스태프의 생산성과 수행이 나타나고 업무와 성취에 대한 주인의식 그리고 새로운 아이디어와 창조성이 풍부해진다. 이 모두는 성공적인 ART 프로그램의 실행에 중요한 속성이다.

참여적 행정 모델을 채택하고 있는 기관장은 이슈에 관한 대화와 토론에 관용을 보여야 하고, 구성원들의 도전에 겁을 내서는 안 되며 참여하고자 하는 구성원들을 위협해서도 안 된다. 또한 기관장은 스태프의 의견에 기초해서 입장의 변화, 의견의 수정, 대안의 고려 및 결정의 번복을 기꺼이 받아들이고 할 수 있어야 한다.

이들 철학적 원칙에 반응적인 체계는 굳건하고 책임감이 있다. 실제 이러한 체계는 지속적인 프로그램의 성장과 개인적인 발달에 대한 기대와 더불어 성공적인 성취의 기준, 적정수행의 기준, 실수의 관용, 배움의 가치와 같은 특징들을 받아들임으로써 기관장에게 많은 융통성을 부여한다. 기관장은 적절한 관리방식, 지도감독 프로토콜, 개인적 자원과 강점, 그리고 스태프에게는 매력적인 학습 환경을, 프로그램 참여자에게는 질 좋은 서비스를 보장하는 행정원칙을 통합하여야 한다. 기관장은 "우린 늘 이 방식대로 해 왔어." 혹은 "긁어 부스럼 만들지 마." 하는 식의 관례대로 편의상 행정 모델을 채택하는 우를 범하지 말아야 한다. 이와는 반대로 기관장은 기관에 부합하는 환경과 인적자원 및 미션에 기반하는 행정 모델과 체계를 설계하고 개발하고 채택할 필요가 있다.

프로그램 실행의 운영 문제

ART의 실행은 조직수준에서 많은 문제를 포함한다. 이들 중 일부는 ART 집단촉진자가 되려는 스태프의 훈련 부분에서 제기되었고, 일부는 사법기관 내담자를 위한 인지행동적 개입의 설계와 실행을 지원하면서 밝혀졌다.

이론적 해결책이 있고, 이러한 이슈들의 상당 부분은 개개 장면에서 잘 해결된다. 우리는 훈련하는 대상에게 자신들이 실행문제들을 해결할 가장 훌륭한 자원이라고 힘을 실어 주고, 스태프는 훈련받은 후 조직 내에서 ART의 '전문가'라고 생각한다. 따라서 집단촉진자는 동료 자문가와 동료 지도감독자로서 각 기능을 잘할 수 있을 것이다. ART의 실행단계 동안에, 스태프들이 집단에 함께 하며 기법, 과정 및 기술을 관찰하고 피드백을 제공하도록 격려한다. 부록 B에 있는 평가 양식이 이러한 목적에 유용할 수 있다.

비전에서 실천으로

ART의 실행을 결정한 후 첫 집단회기를 시작하기 이전 꽤 많은 조치가 필요하다. 기관장은 다루어야 할 업무상의 문제들을 확인하는 운영위원회를 소집해야 한다. 운영위원회에서 다루어야 하는 문제들은 다음과 같다.

- 프로그램 전달 훈련은 스태프 중 누가 받을 것인가?
- 프로그램 실행은 전체적으로 혹은 점진적으로 할 것인가?
- 프로그램 전달에 사용할 스케줄은 무엇인가?
- 집단회기는 어디에서 할 것인가?
- 프로그램 대상자는 누구인가?
- 물품과 재료, 장비 등에 할당할 예산과 재정은 어느 정도인가?

운영위원회는 구성원 각각의 역할과 기능을 정할 필요가 있다. 예로, 구성원 중의 누군가를 전략가, 비전가, 실행가 등으로 구분할 수 있다. 이러한 역할과 기능의 구분은 시간과 자원의 효과적인 사용에 있어서 중요하다. 운영위원회는 ART 실행목표의 상세한 실행계획과 관리를 제공할 책임이 있다. 각 목표는 그 성취 방법에 대한 정연한 전략적 단계가 있다. 계획에는 '누가 무엇을 언제 어떻게'의 기본원리가 열거된다.

지도감독의 지원

이는 ART 실행에서 프로그램의 신뢰도와 충실도 유지를 위해 다루어야 할 체계의 가장 중요한 이슈 중의 하나다. 지도감독의 지원에는 다양한 방식이 있다. 최소한 지도감독자는 스태프가 수행할 업무의 지침과 방향성을 제공할 필요가 있다. 새로이 훈련받은 ART 집단촉진자는 자신들의 수행에 관한 피드백, 집단운영 시 사용한 기법에 대한 자문, 추후 기술개발과 프로그램 이해를 위한 자원 등을 필요로 한다. 지도감독자는 이러한 서비스를 수행할 역량을 지녀야 하고, 스태프가 성장하고 발전할 수 있는 자원을 습득할 수 있는 곳을 알고 있어야 한다.

일부 체계에서는 지도감독자가 ART 집단촉진자로서 훈련받기를 요구하기도 한다. 지도감독자 또한 스태프가 개인적 전문적으로 성장 발전할 수 있는 환경을 조성함으로써 스태프에게 지지를 제공해야 한다. ART를 수행하면서 실행상의 이슈들을 해결하기 위해 스태프가 의존할 것이기 때문에 기관장, 관리자 및 지도감독자는 유능한 문제해결자여야 한다. ART 집단을 운영하는 임상가는 많은 이슈를 접하고, 그들 중 일부는 스스로 해결할 수 있지만 많은 부분은 지도감독의 지원을 필요로 한다.

지도감독의 지원은 기관장과 지도감독자가 최고책임자와 정책입안자의 ART 프로그램의 지속성 보장에 대한 문제를 다루어야 한다는 뜻이다. 관리자는 세심한 스태프의 옹호자, 프로그램통합의 대변자, 유능한 연구자와 프로그램 평가자, 역량 있는 예산입안자, 공공관계 전문가여야 한다. 이들 모두는 지속적인 후원을 가져올 활동에 기관장의 참여를 필요로 한다.

우선순위의 갈등

모든 세대의 인간 서비스에서 그러하듯 돈과 자원은 한정되어 있다. 최고책임자와 기관장은 의무적인 서비스와 자유재량의 서비스에 고심을 한다. 대체로 건강과 안전이 우선이고, 정책과 정관이 요구하는 프로그램은 그다음이다. 기관장은 기관이나 조직의 미션과 목적을 위해 어떤 프로그램과 서비스가 가장 효과적이고 비용효율적인지를 결정해야 한다.

때로 프로그램의 운영에서 우선순위의 갈등이 발생한다. 예로, 어떤 스태프는 분열이 있어서 ART 집단의 운영이 어렵다고 불평한다. 종종 프로그램 사회사업가나 임상가가 참여자들과 이야기를 해서 집단회기를 방해한다거나, 예정된 집단회기에 병원 약속을 한다거나, 참여자가 나타나지 않는다고 스태프는 말한다. 그러한 일이 일어난 이유에 대해서, 스태프는 원래 그렇다고 말하거나 그것을 통제할 힘이 없다고 말한다. 이러한 경우, 외부의 자문가/훈련가가 체계변화를 옹호할 수 있고 성공하기도 한다. 프로그램 실행에 심각한 어려움이 있을 경우 충실한 훈련을 제공하기 위해 정책을 변경하거나 책략적으로 체계를 변화시켜야 할 것이다. 실제로 기관의 최고책임자는 내담자가 ART 같은 공식적인 인지행동적 개입에 참여하도록 정책을 재작성한다거나 병원의 약속을 수정하기도 한다.

마지막으로 갈등은 ART 참여자들에게서 발생할 수 있다. 우리의 지역사회 세 번째 프로젝트에서 부모가 집단회기에 참석할 수 없는 경우가 있었다(Goldstein et al., 1989). 갈등의 발생 이유는 참여자의 동생이 아팠거나, 부모 중 한 사람이 늦게까지 일하거나, 차에 기름이 없다거나 등이었다. 많은 경우에 창조적이고 혁신적인 집단촉진자는 이러한 운영과정 상의 문제를 해결할 수 있었다.

질 관리

질 관리는 기준에 따라 프로그램을 성실하게 전달할 수 있도록 프로그램을 체계적이고 세심하게 검토하는 것이다. 질 관리는 프로그램이 아닌 기관이나 체계의 기능이다. 프로그램은 질을 측정하는 준거와 책략을 제공하지만, 행정은 효과성과 효율성을 평가하는 기준과 측정을 제공한다. (부록 B에 질 관리체계 내의 ART 구성요소 각각에 대해 사용할 평가 체크리스트가 있다.)

질 관리 체계는 중요한 두 가지 활동, 감시(monitoring)와 감사(auditing)를 포함해야 한다. 감시는 관리감독과 지도감독을 목적으로 그 기능을 평가하기 위한 도구에 의한 프로그램 운영에 대한 관찰, 발견 및 기록이다. 감사는 프로그램 설계와 절차에 따른 정확성을 보장하는 프로그램 실행의 검토와 검증이다. 이 두 가지는 기관이나 조직의 목적과 스태프의 목표에 부합하는 수립된 계획에 따라 일어나야 한다. 많은 사법제도와 기관에서는 프로그램 충실도를 보장하고 근거기반개입과 성과를 향상시킬 목적으로 질 관리 제도를 개발해 왔다. 그중 일부는 7장에서 살펴보았다.

프로그램은 세심한 개입과 기관장이 제공하는 지지가 수반되어야 성공적이다. 이 장에서는 최고책임자, 기관장, 관리자, 지도감독자가 자신들의 체계 내에서 ART의 실행을 지지하면서 사용할 정보를 제공하였다.

2부

공격성 대체 훈련 회기 1 - 사회기술훈련

사회기술훈련 1주

ART

불평 호소하기

〈표 1-1〉과는 다른 순서로 회기를 진행하고 있는 경우에는 첫 회기 이전에 인사와 소개, ART의 구성요소, 집단규칙 및 ART 집단에서 일어나는 일의 절차를 따른다.

목표

- ART 프로그램의 목적과 내용을 설명하고 소개한다.
- 집단의 행동규칙을 설정한다.
- ART 사회기술훈련을 소개하고 이론적 근거를 제공한다.
- 사회기술훈련 회기 절차를 소개하고 [불평 호소하기] 기술을 가르친다.
- [기술 과제 보고서]를 설명하고 참여자가 집단 밖에서 기술을 연습할 기회를 제공한다.

준비물

- 칠판(이젤판)과 마커
- 불평 호소하기 기술 카드 만들기
- 불평 호소하기 기술 과제 보고서 사본
- 포스터: 공격성 대체 훈련(ART), 집단규칙, 사회기술, 불평 호소하기

* 회기 전, 공동촉진자와 함께 모델링 시범을 논의하고 개발한다.

절차

1. 인사와 소개

집단참여자들을 환영하고, ART의 목적은 다른 사람들과 잘 지내는 기술을 배워서 사용하기 위한 것이라고 설명한다.

분노와 공격성으로 자동적인 반응을 하는 대신 행동선택의 아이디어 예시를 위해 '호주머니 비유'를 사용한다(상황이 진척되면서 여러 개의 빈 호주머니가 있음을 주지시킨다).

여기에 이 집단의 중요성에 관해 생각하는 또 다른 방식이 있습니다. 우리는 잘 살아남을 수 있는 한 가지 방법을 알고 있습니다. 그렇지요? 그것이 뭘까요?

'싸움'의 반응을 유도한다.

맞습니다. 투쟁입니다. 그럼 자신의 주먹 혹은 칼이나 총을 원할 때면 언제나 꺼낼 수 있는 힘을 지니고 있다고 가정해 봅니다.

자신의 호주머니 중 하나에서 주먹을 쥐고 그것을 꺼낸다.

그 호주머니 속에 무엇을 가지고 있습니까? 아무것도 없습니다!
호주머니 속에 무엇을 가지고 있습니까? 아무것도 없습니다!
그 호주머니에는? 아무것도 없어요!

질문을 할 때마다 호주머니를 뒤집어 보고 반응을 한다.

이 프로그램에서 우리는 자신의 호주머니를 채울 것이고, 원할 때는 언제든지 바로 주먹을 꺼낼 수 있습니다. 그렇지만 다른 선택, 곤란한 지경에 빠지지 않을 선택도 있습니다. 여러 가지 선택이 있다면 어떤가요? 어떻게 생각합니까?

선택이 많을수록 임파워먼트(능력강화)가 커진다는 생각을 격려한다.

2. ART 구성요소

ART 포스터를 제시하고 사회기술훈련, 분노조절훈련 및 도덕추리의 세 부분으로 구성되어 있다고 간단히 설명한다.

> **공격성 대체 훈련**
>
> - 사회기술훈련: 다른 사람들과 지내면서 자신이 원하는 것을 얻는 데 도움이 되는 사회기술을 훈련한다.
> - 분노조절훈련: 화가 날 때를 인식하고 싸움에 빠지지 않도록 진정하는 법을 훈련한다.
> - 도덕추리: 다른 상황을 생각하고, 자신과 다른 사람의 관점을 이해하며, 책임감 있고 도덕적으로 성숙한 의사결정을 떠올리는 방법을 훈련한다.

매주 세 번의 집단회기(사회기술훈련 1회기, 분노조절훈련 1회기 및 도덕추리 1회기)에 참석할 것이라고 구성원들에게 알려 준다. 한 회기는 1시간에서 1시간 30분 정도 지속되고, 모든 회기에 참석하고 전체 프로그램을 완수하면 풍부한 선택을 갖게 될 것이라고 (자신의 호주머니가 가득 찰 것이라고) 알려 준다.

3. 집단규칙

집단규칙을 설명한다. 단, 복잡하게 하지는 않는다. 일부 규칙은 필수적인 것이며 (규칙이 없으면 프로그램을 할 수 없다) 따라서 협상할 수 없다는 점을 분명히 한다. 부드럽지만 확고한 태도로 의사소통한다.

집단규칙 포스터를 제시한다. 가능하면 집단구성원과 필수규칙을 논의하고 능력강화를 증진할 수 있도록 각 개인의 생각을 목록에 추가한다.

> **집단규칙**
>
> 1. 출석하고 참여한다.
> 2. 존중한다(싸우거나 창피를 주지 않는다).

3. 개방적이고 정직해야 한다.
4. 집단에서 말한 것을 집단 밖에서 말하지 않는다.

4. ART 집단에서 하는 일

각 회기는 구성원들이 중요한 것을 배우는 데 도움이 될 것이고, 그러면서 재미도 있고 다음과 같은 활동을 포함한다고 설명한다.

- 토의: 집단은 학습하는 기술과 생각에 관해 이야기할 것이다.
- 모델링: 촉진자와 공동촉진자는 시범을 보일 것이다. 즉, 구성원이 학습할 기술 단계들의 수행 방법을 보여 줄 것이다.
- 역할연기: 집단구성원들은 역할연기를 통해 보았던 기술을 시도해 볼 기회를 가질 것이다. 역할연기는 시범을 통해 보았던 기술을 적용하고자 하는 각자에게 중요한 실생활 장면을 선택하고, 그 상황에서 보았던 기술의 단계를 수행해 보는 것을 의미한다.
- 과제: 집단구성원들은 역할연기를 하면서 기술을 적용할 상황과 시도한 그대로, 학습한 것을 집단 밖에서 기술을 연습해 봄으로써 실생활에 적용해 볼 것이다. 그리고 각자에게 일어난 것들을 이야기해 볼 것이고, 이러한 경험들은 프로그램의 중요한 부분이 될 것이다.

5. 사회기술훈련의 소개

각 사회기술훈련 모임에서 여러 사회기술을 학습할 것이라고 설명한다. 포스터를 제시하고 사회기술을 정의한다.

사회기술

사회기술은 우리가 다른 사람들을 대할 때 사용하는 기술입니다. 좋은 사회기술은 우리가 원하는 것을 얻게 해 줍니다. 좋은 기술은 다른 사람으로부터 긍정적인 반응을 얻을 기회를 증가시켜 주고, 부정적인 반응을 얻을 기회는 감소시켜 줍니다.

참여자들에게 학습할 첫 기술은 [불평 호소하기]라고 알려 준다. 모두 기술에 관해 이야기하고서, 촉진자와 공동촉진자가 보이는 기술의 모델링(시범)을 관찰한다. 그런 후 단계를 사용하여 기술을 역할연기할 기회를 갖는다.

6. 기술 교육

단계 1: 기술의 정의

간단한 기술의 논의에 집단구성원들을 참여시킨다. "불평 호소하기란 어떤 의미인가?"에 대해 질문하고, 집단구성원들의 여러 응답을 유도한다. 참여자들의 생각을 사용하여 기술의 조작적 정의를 내린다. 예를 들면 다음과 같다.

촉진자: 여러분이 말했던 것으로 본다면, '불평 호소하기'라는 것은 특정 상황에서 자신이 좋아하지 않는 어떤 것을 얘기하는 것입니다. 그것은 누군가의 말이나 행동 혹은 결정일 수도 있고, 자신의 불만을 상대방에게 말하고자 하는 것입니다. 상대방은 여러분의 불평에 반응할 수도, 하지 않을 수도 있습니다.

"과거에 이 기술을 사용해 본 적이 있는 사람이 있습니까?"라고 질문하고, 집단구성원의 반응을 알아보고 격려한다.

다음으로 집단구성원에게 기술 포스터를 제시하고 각 단계를 소리 내어 읽게 한다. 각 단계를 읽은 후, 단계가 '행동 단계'인지 '생각 단계'인지를 질문한다(이 기술에서 단계 1, 2는 생각 단계, 단계 3~5는 행동 단계임).

불평 호소하기

기술 단계	촉진자 노트
1. 자신의 불평을 결정한다.	→ 불평은 무엇인가?
2. 누구에게 불평할 것인지 결정한다.	→ 문제를 일으킨 사람은 누구인가?
3. 상대방에게 불평을 말한다.	→ 불평하는 방법을 고려한다. (예, 정중하게, 확고하게, 자신감 있게)
4. 상대방에게 문제가 어떻게 되었으면 하는지를 말한다.	→ 문제해결에 관한 유익한 제안을 한다.
5. 자신이 말했던 것에 대해서 어떻게 생각하는지를 묻는다.	

모델링의 예

- 학교: 주연이 상담선생님에게 과제가 지나치게 어렵다는 것에 관한 불만을 말한다.
- 집: 주연이 형에게 일의 불공평한 분배에 관한 불만을 말한다.
- 동료: 주연이 친구에게 소문을 퍼트린 것에 관한 불만을 말한다.
- 기관: 주연이 룸메이트에게 물건을 훔친 것에 관한 불만을 말한다.

단계 2: 기술의 시범

공동촉진자와 함께 회기 시작하기 이전에 준비하고 연습했던 기술을 보여 준다. 모델링 시범은 기술 단계의 '완전무결한' 제시여야 한다.

단계 3: 기술에 대한 집단구성원들의 욕구 설정

집단구성원에게 방금 보았던 기술을 언제, 어디에서, 누구에게 사용하면 도움이 될지 간단히 설명하도록 요청한다. 시간이 충분하다면, 칠판(이젤판)에 각 참여자의 이름과 함께 불만의 내용 및 기술을 사용할 상대방의 이름을 적어 둘 수 있다. 그렇게 하지 못한다면, 공동촉진자가 칠판이나 다른 기록지에 적어 둔다.

단계 4: 첫 역할연기자의 선정과 역할연기 준비

지원자에게 첫 번째 역할연기의 수행을 요청한다. 주연에게 기술을 사용할 실생활 장면을 간단히 설명해 주도록 하고, 역할연기의 단계에서 실생활의 인물과 가능한 많은 점에서 가깝고 부가적 정보를 이끌 수 있는 조연(신체적 특징, 역할연기 바로 이전의 사건, 조연이 묘사해야 할 기분이나 태도 등)을 선택하도록 한다.

그런 다음 집단구성원들의 과제를 할당한다.

- **주연**: 기술의 단계를 따른다('생각 단계'의 경우, 참여자는 자신의 머리를 가리키면서 생각을 소리 내어 말한다).
- **조연**: 상대의 역할만을 한다.
- **집단구성원**: 관찰하도록 할당받은 기술의 단계를 주연이 정확하게 따르는지 관찰한다.

각 집단구성원에게 관찰할 특정 단계를 할당한다. 단계보다 구성원이 많은 경우에는 한 단계에 한 명 이상을 할당할 수 있고, 필요시 한 구성원에게 한 단계 이상을 할당할 수도 있다.

단계 5: 역할연기 수행

기술의 단계에 따른 역할연기의 진행을 유지하기 위해 필요할 때마다 주연에게 도움이나 코칭을 제공한다. 역할을 벗어나는 경우 역할로 돌아가도록 촉구한다. 주연이 기준에 따른 기술 단계를 수행하지 못하는 경우 지시를 하고 다시 시작한다.

단계 6: 토의(수행 피드백)

먼저 조연에게 역할연기 수행에 관한 피드백을 묻고, 이어 관찰자에게 묻는다. 이후 주연에게 자신의 역할연기에 대해 묻는다("객관적으로, 나는 기술 단계를 따랐는가?"). 역할연기 수행의 강화를 제공하기 위해 촉진자와 공동촉진자는 마지막으로 조언한다.

단계 7: 과제(전이훈련)

주연이 역할연기를 완료하면, [기술 과제 보고서]를 주고 윗부분의 반을 완성하도록 지시한다. 집단구성원들에게는 역할연기를 수행한 집단 밖이 실생활 장면에서 기술을 연습한 후 곧 바로 아랫부분을 완성해야 한다고 알려 준다.

단계 8: 다음 역할연기자 선정

다음 주연을 맡을 구성원을 초대한다. 모든 집단구성원이 기술의 역할연기를 마칠 때까지 단계를 반복한다.

7. 마무리

회기 동안 집단구성원의 노력을 칭찬하고, 회기 밖에서 기술을 연습해 보도록 격려한다. 기술을 시도해 본 후에 [기술 과제 보고서]의 나머지 부분을 완성하도록 다시 지시하고, 다음 사회기술훈련 회기 때 무슨 일이 있었는지 서로 공유할 것이라고 알려 준다.

리더 노트

일부 집단촉진자는 모든 집단구성원이 역할연기를 끝낼 때까지 기다리다가, 회기의 끝 무렵에 기술 과제 보고서를 내주기도 한다. 집단촉진자의 역량과 시간에 따라 [기술 과제 보고서 1(부록 E)]을 사용할 수 있다. 참여자들에게 기술의 단계를 자신들이 써 보도록 하면 학습의 강화에 도움이 될 수 있다.

기술 카드

불평 호소하기	불평 호소하기
기술 단계 1. 자신의 불평을 결정한다. 2. 누구에게 불평할 것인지 결정한다. 3. 상대방에게 불평을 말한다. 4. 상대방에게 문제가 어떻게 되었으면 하는지를 말한다. 5. 자신이 말했던 것에 대해서 어떻게 생각하는지를 묻는다.	**기술 단계** 1. 자신의 불평을 결정한다. 2. 누구에게 불평할 것인지 결정한다. 3. 상대방에게 불평을 말한다. 4. 상대방에게 문제가 어떻게 되었으면 하는지를 말한다. 5. 자신이 말했던 것에 대해서 어떻게 생각하는지를 묻는다.
불평 호소하기	**불평 호소하기**
기술 단계 1. 자신의 불평을 결정한다. 2. 누구에게 불평할 것인지 결정한다. 3. 상대방에게 불평을 말한다. 4. 상대방에게 문제가 어떻게 되었으면 하는지를 말한다. 5. 자신이 말했던 것에 대해서 어떻게 생각하는지를 묻는다.	**기술 단계** 1. 자신의 불평을 결정한다. 2. 누구에게 불평할 것인지 결정한다. 3. 상대방에게 불평을 말한다. 4. 상대방에게 문제가 어떻게 되었으면 하는지를 말한다. 5. 자신이 말했던 것에 대해서 어떻게 생각하는지를 묻는다.

사회기술훈련 – 기술 과제 보고서

불평 호소하기

이름: ____________________ 날짜: ____________________

기술 단계

1. 자신의 불평을 결정한다.
2. 누구에게 불평할 것인지 결정한다.
3. 상대방에게 불평을 말한다.
4. 상대방에게 문제가 어떻게 되었으면 하는지를 말한다.
5. 자신이 말했던 것에 대해서 어떻게 생각하는지를 묻는다.

회기 동안의 기록

- 어디에서 기술을 시도할 것인가?
- 누구에게 기술을 시도할 것인가?
- 언제 기술을 시도할 것인가?

기술 연습 후 기록

- 기술을 시도했을 때 무슨 일이 일어났는가?
- 실제 수행한 기술 단계는 무엇인가?
- 기술 사용을 얼마나 잘 수행했는가? (하나를 고르시오.)

매우 잘함( ) 잘함( ) 잘 못함( ) 매우 못함( )

사회기술훈련 2주

ART

상대방의 감정 이해하기

목표

- 집단구성원들이 집단 밖에서 [불평 호소하기] 기술을 연습한 경험을 공유한다.
- [상대방의 감정 이해하기] 기술의 중요성을 인식하도록 도움을 준다.
- 기술 단계를 학습하고 역할연기의 기회를 제공하고 집단 밖에서 기술의 사용을 격려한다.

준비물

- 칠판(이젤판)과 마커
- 상대방의 감정 이해하기 기술 카드
- 상대방의 감정 이해하기 기술 과제 보고서 사본
- 포스터: 상대방의 감정 이해하기

* 회기 전, 공동촉진자와 함께 모델링 시범을 논의하고 개발한다.

절차

1. 복습

오늘 회기는 새로운 기술을 배울 것이지만, 먼저 [불평 호소하기] 기술을 시도했던 경험을 알고 싶다고 알린다. [불평 호소하기 기술 과제 보고서]를 꺼내게 한 후 토의한다. 다음과 같은 질문을 사용한다.

- 자신의 과제를 먼저 이야기해 볼 사람은 누구인가요?

- 좋아요, ______. 먼저 과제의 상황을, 즉 언제 어디에서 누구에게 시도해 보았는지 간단히 얘기해 볼까요?
- 기술을 시도했을 때 어떤 일이 있었나요?
- 얼마나 잘했다고 생각하나요?

과제를 완수한 사람에게 언어적 강화를 제공하고 그들의 경험을 공유한다.

2. 기술 교육

단계 1: 기술의 정의

간단히 기술을 논의하고 정의한다. "상대방의 감정 이해하기란 어떤 의미인가?"를 묻고, 참여자들의 생각을 사용하여 기술의 조작적 정의를 내린다. 예를 들면 다음과 같다.

> 상대방의 감정 이해하기는 상대방이 현재 처해 있는 상황의 결과 어떤 감정을 지니고 있는지 인식하는 것을 의미합니다. 또한 자신의 감정을 파악할 수 있는 것도 의미합니다.

과거에 이 기술을 사용해 본 적이 있는 사람을 묻고, 집단구성원의 반응을 알아본다.

다음으로 집단구성원에게 기술 포스터를 제시하고 각 단계를 소리 내어 읽게 한다. 각 단계를 읽은 후, 단계가 행동 단계인지 생각 단계인지를 질문한다(이 기술에서 단계 1, 2는 행동 단계, 단계 3, 4는 생각 단계이고, 단계 5는 결합 단계임).

상대방의 감정 이해하기

기술 단계	촉진자 노트
1. 상대방을 바라본다.	→ 어조, 자세 및 얼굴 표정을 파악한다.
2. 상대방이 무슨 말을 하는지 귀 기울인다.	→ 내용을 이해하려고 한다.
3. 상대방이 느끼는 감정을 헤아려 본다.	→ 상대방이 화나 있거나 슬프거나 불안해할 수 있다.
4. 상대방의 감정에 대한 이해를 보여 줄 수 있는 방법들을 생각해 본다.	→ 상대방에게 말하거나 접촉하거나 혼자 남겨 둘 수 있다.
5. 가장 좋은 방법을 결정하고 보여 준다.	

모델링의 예

- 학교: 이번 주말의 파티에 나는 초대받았는데 친구는 초대받지 못했다. 친구가 화내거나 슬퍼하거나 시기할 수도 있다(하나를 선택).
- 집: 부모가 경제적인 이유로 부모들만 가기로 결정했다는 것을 주연이 알았다.
- 동료: 주연이 친구가 새로운 사람들을 만나는 것에 불편해한다는 사실을 이해한다는 점을 친구에게 말한다.
- 기관: 행동 때문에 친구는 집에 오는 것을 거절당했다. 그 친구는 화나고 슬프고 실망했다(하나를 선택).

단계 2: 기술의 시범

공동촉진자와 함께, 회기 이전에 연습했던 기술을 보여 준다.

단계 3: 기술에 대한 집단구성원들의 욕구 설정

집단구성원에게 방금 보았던 기술을 언제, 어디에서, 누구에게 사용하면 도움이 될지 간단히 설명하도록 요청한다. 시간이 충분하다면, 칠판(이젤판)에 각 참여자의 이름과 함께 상황을 묘사하는 구절 및 기술을 사용할 상대방의 이름을 적어 둘 수 있다.

단계 4: 첫 역할연기자의 선정과 역할연기 준비

지원자에게 첫 번째 역할연기의 수행을 요청한다. 주연에게 기술을 사용할 실생활 장면을 간단히 설명해 주도록 하고, 역할연기의 단계에서 실생활의 인물과 가능한 많은 점에서 가까운 조연을 선택하도록 한다. 역할연기의 단계를 설정하는 데 부가적 정보를 이끌어 낸다.

그런 다음 집단구성원들의 과제를 할당한다.

- 주연: 기술의 단계를 따른다.
- 조연: 상대의 역할만을 한다.
- 집단구성원: 관찰하도록 할당받은 기술의 단계를 주연이 정확하게 따르는지 관찰한다.

단계 5: 역할연기 수행

기술의 단계에 따른 역할연기의 진행을 유지하기 위해 필요할 때마다 주연에게 코칭을 한다. 공동촉진자는 기술 포스터 옆에 서서 역할연기 순서에 따라 차례로 단계를 짚어 준다.

단계 6: 토의(수행 피드백)

조연, 관찰자, 촉진자 순서로 피드백을 제공한다. 마지막으로 주연에게 자신의 역할연기에 대해 묻는다. 2장의 지침에 따라 역할연기 수행에 대한 강화를 제공한다.

단계 7: 과제(전이훈련)

주연에게 [기술 과제 보고서]를 주고서 윗부분을 완성하도록 한다.

단계 8: 다음 역할연기자 선정

다음 주연을 맡을 구성원을 초대한다. 모든 집단구성원이 기술의 역할연기를 마칠 때까지 단계를 반복한다.

3. 마무리

회기 동안 집단구성원의 노력을 칭찬하고, 회기 밖에서 기술을 연습해 보도록 모두를 격려한다. 기술을 시도해 본 후에 [기술 과제 보고서]의 나머지 부분을 완성하도록 알려 준다.

리더 노트

과제를 내줄 때, 보고서의 윗부분을 정확하고 완전하게 완성하도록 한다. 기술 단계(부록 E의 기술 과제 보고서 1 사용)의 글쓰기나 철자법 등을 도와줄 수 있다.

기술 카드

상대방의 감정 이해하기

기술 단계

1. 상대방을 바라본다.
2. 상대방이 무슨 말을 하는지 귀 기울인다.
3. 상대방이 느끼는 감정을 헤아려 본다.
4. 상대방의 감정에 대한 이해를 보여 줄 수 있는 방법들을 생각해 본다.
5. 가장 좋은 방법을 결정하고 보여 준다.

상대방의 감정 이해하기

기술 단계

1. 상대방을 바라본다.
2. 상대방이 무슨 말을 하는지 귀 기울인다.
3. 상대방이 느끼는 감정을 헤아려 본다.
4. 상대방의 감정에 대한 이해를 보여 줄 수 있는 방법들을 생각해 본다.
5. 가장 좋은 방법을 결정하고 보여 준다.

상대방의 감정 이해하기

기술 단계

1. 상대방을 바라본다.
2. 상대방이 무슨 말을 하는지 귀 기울인다.
3. 상대방이 느끼는 감정을 헤아려 본다.
4. 상대방의 감정에 대한 이해를 보여 줄 수 있는 방법들을 생각해 본다.
5. 가장 좋은 방법을 결정하고 보여 준다.

상대방의 감정 이해하기

기술 단계

1. 상대방을 바라본다.
2. 상대방이 무슨 말을 하는지 귀 기울인다.
3. 상대방이 느끼는 감정을 헤아려 본다.
4. 상대방의 감정에 대한 이해를 보여 줄 수 있는 방법들을 생각해 본다.
5. 가장 좋은 방법을 결정하고 보여 준다.

사회기술훈련 – 기술 과제 보고서

상대방의 감정 이해하기

이름: ______________________ 날짜: ______________________

기술 단계

1. 상대방을 바라본다.
2. 상대방이 무슨 말을 하는지 귀 기울인다.
3. 상대방이 느끼는 감정을 헤아려 본다.
4. 상대방의 감정에 대한 이해를 보여 줄 수 있는 방법들을 생각해 본다.
5. 가장 좋은 방법을 결정하고 보여 준다.

회기 동안의 기록

- 어디에서 기술을 시도할 것인가?

- 누구에게 기술을 시도할 것인가?

- 언제 기술을 시도할 것인가?

기술 연습 후 기록

- 기술을 시도했을 때 무슨 일이 일어났는가?

- 실제 수행한 기술 단계는 무엇인가?

- 기술 사용을 얼마나 잘 수행했는가? (하나를 고르시오.)

매우 잘함(　) 잘함(　) 잘 못함(　) 매우 못함(　)

사회기술훈련 3주 ART

어려운 대화 대비하기

목표

- 집단구성원들이 집단 밖에서 [상대방의 감정 이해하기] 기술을 연습한 경험을 공유한다.
- [어려운 대화 대비하기] 기술의 중요성을 이해하도록 도움을 준다.
- 기술 단계를 학습하고 역할연기의 기회를 제공하고 집단 밖에서 기술의 사용을 격려한다.

준비물

- 칠판(이젤판)과 마커
- 어려운 대화 대비하기 기술 카드
- 어려운 대화 대비하기 기술 과제 보고서 사본
- 포스터: 어려운 대화 대비하기

* 회기 전, 공동촉진자와 함께 모델링 시범을 논의하고 개발한다.

절차

1. 복습

[상대방의 감정 이해하기] 과제 보고서를 꺼내게 한 후 토의한다. 다음과 같은 질문을 사용한다.

- 자신의 과제를 먼저 이야기해 볼 사람은 누구인가요?

- 좋아요, ______. 먼저 과제의 상황을, 즉 언제 어디에서 누구에게 시도해 보았는지 간단히 얘기해 볼까요?
- 기술을 시도했을 때 어떤 일이 있었나요?
- 얼마나 잘했다고 생각하나요?

과제를 완수한 사람에게 언어적 강화를 제공하고 그들의 경험을 공유한다.

2. 기술 교육

단계 1: 기술의 정의

간단히 기술을 논의하고 정의한다. "어려운 대화 대비하기란 어떤 의미인가?"를 묻고, 참여자들의 생각을 사용하여 기술의 조작적 정의를 내린다. 예를 들면 다음과 같다.

> [어려운 대화 대비하기]는 자신에게 문제를 일으킬 만한 어떤 것에 관해 누군가와 직면할 준비를 하는 것을 의미합니다. 얼굴을 마주 보고 하는 대화나 전화 통화 혹은 문자나 카톡 등일 수도 있지만, 대면의 대화가 최적입니다.

과거에 이 기술을 사용해 본 적이 있는 사람을 묻고, 집단구성원의 반응을 알아본다. 다음으로 집단구성원에게 기술 포스터를 제시하고 각 단계를 소리 내어 읽게 한다. 각 단계를 읽은 후, 단계가 행동 단계인지 생각 단계인지를 질문한다(이 기술에서 단계 1~5는 생각 단계, 단계 6은 결합 단계임).

어려운 대화 대비하기

기술 단계	촉진자 노트
1. 대화 중 느낄 내 감정을 생각해 본다. 2. 상대방의 감정을 생각해 본다. 3. 어떻게 말할지 방법들을 생각해 본다. 4. 상대방이 반응할 말을 생각해 본다. 5. 대화 중 일어날 수 있는 다른 일들을 생각해 본다. 6. 가장 좋은 방법을 선택하고 시도한다.	→ 긴장하거나 불안해하거나 조바심이 날 수 있다. → 화내거나 따분해할 수 있다.

단계 1~5를 상황에 다른 방법을 사용해 최소 두 번 반복한다. 예를 들어, 나는 우호적이지만 직설적으로 말할 수 있고, 상대방은 수용하거나 비난할 수도 있고 딱딱하거나 요구적일 수 있다.

모델링의 예

- 학교: 주연이 수업에 빠진 것에 관해 선생님과 이야기할 준비를 한다.
- 집: 주연이 성적이 안 좋은 것에 관해 부모님과 이야기할 준비를 한다.
- 동료: 주연이 누군가에게 함께 외출하자고 요청할 준비를 한다.
- 기관: 룸메이트에게 자신이 다른 곳으로 가기 때문에 다시는 서로 볼 수 없을 것이라고 말해야 한다.

단계 2: 기술의 시범

공동촉진자와 함께 회기 이전에 연습했던 기술을 보여 준다.

단계 3: 기술에 대한 집단구성원들의 욕구 설정

집단구성원에게 방금 보았던 기술을 언제, 어디에서, 누구에게 사용하면 도움이 될지 간단히 설명하도록 요청한다. 시간이 충분하다면, 칠판(이젤판)에 각 참여자의 이름과 함께 상황을 묘사하는 구절 및 기술을 사용할 상대방의 이름을 적어 둘 수 있다.

단계 4: 첫 역할연기자의 선정과 역할연기 준비

지원자에게 첫 번째 역할연기의 수행을 요청한다. 주연에게 기술을 사용할 실생활 장면을 간단히 설명해 주도록 하고, 역할연기의 단계에서 실생활의 인물과 가능한 많은 점에서 가까운 조연을 선택하도록 한다. 역할연기의 단계를 설정하는 부가적 정보를 이끌어 낸다.

그런 다음 집단구성원들의 과제를 할당한다.

- 주연: 기술의 단계를 따른다.
- 조연: 상대의 역할만을 한다.
- 집단구성원: 관찰하도록 할당받은 기술의 단계를 주연이 정확하게 따르는지 관찰한다.

단계 5: 역할연기 수행

기술 단계에 따른 역할연기의 진행을 유지하기 위해, 필요할 때마다 주연에게 코칭을 한다. 공동촉진자는 기술 포스터 옆에 서서 역할연기의 순서에 따라 차례로 단계를 짚어 준다.

단계 6: 토의(수행 피드백)

조연, 관찰자, 촉진자 순서로 피드백을 제공한다. 마지막으로 주연에게 자신의 역할연기에 대해 묻는다. 2장의 지침에 따라 역할연기 수행에 대한 강화를 제공한다.

단계 7: 과제(전이훈련)

주연에게 [기술 과제 보고서]를 주고서 윗부분을 완성하도록 한다.

단계 8: 다음 역할연기자 선정

다음 주연을 맡을 구성원을 초대한다. 모든 집단구성원이 기술의 역할연기를 마칠 때까지 단계를 반복한다.

3. 마무리

회기 동안 집단구성원의 노력을 칭찬하고, 회기 밖에서 기술을 연습해 보도록 모두를 격려한다. 기술을 시도해 본 후에 [기술 과제 보고서]의 나머지 부분을 완성하도록 알려 준다.

리더 노트

어렵거나 스트레스를 주는 대화를 준비하면서, 자신이 상황에 접근하는 방식이 최종 결과에 영향을 준다는 점을 청소년들이 인식하는 것이 도움이 된다. 이 기술은 다양한 접근방식을 연습하고 나서 어떤 방법이 가장 좋은 결과를 낳는지 생각해 보는 것도 포함하고 있다. 각 방법의 효과성에 대해 구성원들의 피드백이 특히 유용할 수 있다.

기술 카드

어려운 대화 대비하기

기술 단계

1. 대화 중 느낄 내 감정을 생각해 본다.
2. 상대방의 감정을 생각해 본다.
3. 어떻게 말할지 방법들을 생각해 본다.
4. 상대방이 반응할 말을 생각해 본다.
5. 대화 중 일어날 수 있는 다른 일들을 생각해 본다.
6. 가장 좋은 방법을 선택하고 시도한다.

어려운 대화 대비하기

기술 단계

1. 대화 중 느낄 내 감정을 생각해 본다.
2. 상대방의 감정을 생각해 본다.
3. 어떻게 말할지 방법들을 생각해 본다.
4. 상대방이 반응할 말을 생각해 본다.
5. 대화 중 일어날 수 있는 다른 일들을 생각해 본다.
6. 가장 좋은 방법을 선택하고 시도한다.

어려운 대화 대비하기

기술 단계

1. 대화 중 느낄 내 감정을 생각해 본다.
2. 상대방의 감정을 생각해 본다.
3. 어떻게 말할지 방법들을 생각해 본다.
4. 상대방이 반응할 말을 생각해 본다.
5. 대화 중 일어날 수 있는 다른 일들을 생각해 본다.
6. 가장 좋은 방법을 선택하고 시도한다.

어려운 대화 대비하기

기술 단계

1. 대화 중 느낄 내 감정을 생각해 본다.
2. 상대방의 감정을 생각해 본다.
3. 어떻게 말할지 방법들을 생각해 본다.
4. 상대방이 반응할 말을 생각해 본다.
5. 대화 중 일어날 수 있는 다른 일들을 생각해 본다.
6. 가장 좋은 방법을 선택하고 시도한다.

사회기술훈련 – 기술 과제 보고서

어려운 대화 대비하기

이름: ____________________ 날짜: ____________________

기술 단계

1. 대화 중 느낄 내 감정을 생각해 본다.
2. 상대방의 감정을 생각해 본다.
3. 어떻게 말할지 방법들을 생각해 본다.
4. 상대방이 반응할 말을 생각해 본다.
5. 대화 중 일어날 수 있는 다른 일들을 생각해 본다.
6. 가장 좋은 방법을 선택하고 시도한다.

회기 동안의 기록

- 어디에서 기술을 시도할 것인가?
- 누구에게 기술을 시도할 것인가?
- 언제 기술을 시도할 것인가?

기술 연습 후 기록

- 기술을 시도했을 때 무슨 일이 일어났는가?
- 실제 수행한 기술 단계는 무엇인가?
- 기술 사용을 얼마나 잘 수행했는가? (하나를 고르시오.)

매우 잘함( ) 잘함( ) 잘 못함( ) 매우 못함( )

상대방의 분노감 다루기

목표

- 집단구성원들이 집단 밖에서 [어려운 대화 대비하기] 기술을 연습한 경험을 공유한다.
- [상대방의 분노감 다루기] 기술의 중요성을 이해하도록 도움을 준다.
- 기술 단계를 학습하고 역할연기의 기회를 제공하고 집단 밖에서 기술의 사용을 격려한다.

준비물

- 칠판(이젤판)과 마커
- 상대방의 분노감 다루기 기술 카드
- 상대방의 분노감 다루기 기술 과제 보고서 사본
- 포스터: 상대방의 분노감 다루기

* 회기 전, 공동촉진자와 함께 모델링 시범을 논의하고 개발한다.

절차

1. 복습

[어려운 대화 대비하기 기술 과제 보고서]를 꺼내게 한 후 토의한다. 다음과 같은 질문을 사용한다.

- 자신의 과제를 먼저 이야기해 볼 사람은 누구인가요?

- 좋아요, ______. 먼저 과제의 상황을, 즉 언제 어디에서 누구에게 시도해 보았는지 간단히 얘기해 볼까요?
- 기술을 시도했을 때 어떤 일이 있었나요?
- 얼마나 잘했다고 생각하나요?

과제를 완수한 사람에게 언어적 강화를 제공하고 그들의 경험을 공유한다.

2. 기술 교육

단계 1: 기술의 정의

간단히 기술을 논의하고 정의한다. "상대방의 분노감 다루기란 어떤 의미인가?"를 묻고, 참여자들의 생각을 사용하여 기술의 조작적 정의를 내린다. 예를 들면 다음과 같다.

> [상대방의 분노감 다루기]는 다른 사람이 화나 있을 때 그 상황에서 자신이 어떤 것을 할 수 있는지를 이해하는 것으로 정의하고자 합니다.

과거에 이 기술을 사용해 본 적이 있는 사람을 묻고, 집단구성원의 반응을 알아본다.

다음으로 집단구성원에게 기술 포스터를 제시하고 각 단계를 소리 내어 읽게 한다. 각 단계를 읽은 후, 단계가 행동 단계인지 생각 단계인지를 질문한다(이 기술에서 단계 1, 2, 4는 행동 단계, 단계 3은 생각 단계임).

상대방의 분노감 다루기

기술 단계	촉진자 노트
1. 화나 있는 사람에게 귀 기울인다.	→ 방해하지 않는다. 조용히 있는다.
2. 상대방을 관찰한다.	→ 화난 사람이 무슨 말을 하고 어떤 감정을 느끼는지 이해하려고 노력한다.
3. 어떤 말과 행동으로 그 상황을 다룰지 결정한다.	
4. 결정했다면 상대방의 분노감을 다룬다.	→ 그냥 듣고 있거나, 공감하거나, 문제를 다루기 위해 어떤 행동을 하거나, 무시하거나, 주장할 수 있다.

모델링의 예

- 학교: 주연이 수업 중 방해 행동 때문에 화가 난 선생님에게 조용히 하고 주의를 기울이겠다고 반응을 한다.
- 집: 주연이 집 안을 어지럽힌 것에 화가 난 부모님에게 함께 치우겠다고 반응을 한다.
- 동료: 주연이 술 마시러 가자는 것을 거절해 화가 난 형에게 반응을 한다.
- 기관: 시합에서 잘 못한 것 때문에 친구들에게 고함치고 있는 스태프를 보고 있다. 그는 친구들에게 다가가서 스태프에게 화가 나는 이유를 알아보려고 한다.

단계 2: 기술의 시범

공동촉진자와 함께, 회기 이전에 연습했던 기술을 보여 준다.

단계 3: 기술에 대한 집단구성원들의 욕구 설정

집단구성원에게 방금 보았던 기술을 언제, 어디에서, 누구에게 사용하면 도움이 될지 간단히 설명하도록 요청한다. 시간이 충분하다면, 칠판(이젤판)에 각 참여자의 이름과 함께 상황을 묘사하는 구절 및 기술을 사용할 상대방의 이름을 적어 둘 수 있다.

단계 4: 첫 역할연기자의 선정과 역할연기 준비

지원자에게 첫 번째 역할연기의 수행을 요청한다. 주연에게 기술을 사용할 실생활 장면을 간단히 설명해 주도록 하고, 역할연기의 단계에서 실생활의 인물과 가능한 많은 점에서 가까운 조연을 선택하도록 한다. 역할연기의 단계를 설정하는 부가적 정보를 이끌어 낸다.

그런 다음 집단구성원들의 과제를 할당한다.

- 주연: 기술의 단계를 따른다.
- 조연: 상대의 역할만을 한다.
- 집단구성원: 기술의 단계를 주연이 정확하게 따르는지 관찰한다.

단계 5: 역할연기 수행

기술 단계에 따른 역할연기의 진행을 유지하기 위해 필요할 때마다 주연에게 코칭을 한다. 공동촉진자는 기술 포스터 옆에 서서 역할연기의 순서에 따라 차례로 단계를 짚어 준다.

단계 6: 토의(수행 피드백)

조연, 관찰자, 촉진자 순서로 피드백을 제공한다. 마지막으로 주연에게 자신의 역할연기에 대해 묻는다. 2장의 지침에 따라 역할연기 수행에 대한 강화를 제공한다.

단계 7: 과제(전이훈련)

[기술 과제 보고서]를 주고서 주연에게 윗부분을 완성하도록 한다.

단계 8: 다음 역할연기자 선정

다음 주연을 맡을 구성원을 초대한다. 모든 집단구성원이 기술의 역할연기를 마칠 때까지 단계를 반복한다.

3. 마무리

회기 동안 집단구성원의 노력을 칭찬하고, 회기 밖에서 기술을 연습해 보도록 모두를 격려한다. 기술을 시도해 본 후에 [기술 과제 보고서]의 나머지 부분을 완성하도록 알려 준다. 다음 사회기술훈련 모임 때, 다른 사람들과 보다 잘 지낼 수 있고 자신이 원하고 필요한 것을 얻을 수 있기 위해 사용할 수 있는 다른 기술을 배울 것이라고 말해 준다.

리더 노트

이번 주의 [상대방의 분노감 다루기] 기술은 이전 주의 기술, 특히 2주째의 [상대방의 감정 이해하기] 기술과 곧바로 관련되어 있다. 실제 이 기술의 2단계는 집단구성원들에게 다른 사람들의 감정을 이해하는 것을 필요로 한다. ART의 다른 구성요소들과의 연결은 이 지점에서 분명해지기 시작한다.

기술 카드

상대방의 분노감 다루기	상대방의 분노감 다루기
기술 단계 1. 화나 있는 사람에게 귀 기울인다. 2. 상대방을 관찰한다. 3. 어떤 말과 행동으로 그 상황을 다룰지 결정한다. 4. 결정했다면 상대방의 분노감을 다룬다.	**기술 단계** 1. 화나 있는 사람에게 귀 기울인다. 2. 상대방을 관찰한다. 3. 어떤 말과 행동으로 그 상황을 다룰지 결정한다. 4. 결정했다면 상대방의 분노감을 다룬다.
상대방의 분노감 다루기	**상대방의 분노감 다루기**
기술 단계 1. 화나 있는 사람에게 귀 기울인다. 2. 상대방을 관찰한다. 3. 어떤 말과 행동으로 그 상황을 다룰지 결정한다. 4. 결정했다면 상대방의 분노감을 다룬다.	**기술 단계** 1. 화나 있는 사람에게 귀 기울인다. 2. 상대방을 관찰한다. 3. 어떤 말과 행동으로 그 상황을 다룰지 결정한다. 4. 결정했다면 상대방의 분노감을 다룬다.

사회기술훈련 – 기술 과제 보고서

상대방의 분노감 다루기

이름: ______________________ 날짜: ______________________

기술 단계

1. 화나 있는 사람에게 귀 기울인다.
2. 상대방을 관찰한다.
3. 어떤 말과 행동으로 그 상황을 다룰지 결정한다.
4. 결정했다면 상대방의 분노감을 다룬다.

회기 동안의 기록

- 어디에서 기술을 시도할 것인가?
- 누구에게 기술을 시도할 것인가?
- 언제 기술을 시도할 것인가?

기술 연습 후 기록

- 기술을 시도했을 때 무슨 일이 일어났는가?
- 실제 수행한 기술 단계는 무엇인가?
- 기술 사용을 얼마나 잘 수행했는가? (하나를 고르시오.)

매우 잘함( ) 잘함( ) 잘 못함( ) 매우 못함( )

사회기술훈련 5주

ART

상대방 돕기

목표

- 집단구성원들이 집단 밖에서 [상대방의 분노감 다루기] 기술을 연습한 경험을 공유한다.
- [상대방 돕기] 기술의 중요성을 이해하도록 도움을 준다.
- 기술 단계를 학습하고 역할연기의 기회를 제공하고 집단 밖에서 기술의 사용을 격려한다.

준비물

- 칠판(이젤판)과 마커
- 상대방 돕기 기술 카드
- 상대방 돕기 기술 과제 보고서 사본
- 포스터: 상대방 돕기

* 회기 전, 공동촉진자와 함께 모델링 시범을 논의하고 개발한다.

절차

1. 복습

[상대방의 분노감 다루기 과제 보고서]를 꺼내게 한 후 토의한다. 다음과 같은 질문을 사용한다.

- 자신의 과제를 먼저 이야기해 볼 사람은 누구인가요?

- 좋아요, ______. 먼저 과제의 상황을 즉 언제 어디에서 누구에게 시도해 보았는지 간단히 얘기해 볼까요?
- 기술을 시도했을 때 어떤 일이 있었나요?
- 얼마나 잘했다고 생각하나요?

과제를 완수한 사람에게 언어적 강화를 제공하고 그들의 경험을 공유한다.

2. 기술 교육

단계 1: 기술의 정의

간단히 기술을 논의하고 정의한다. “상대방 돕기란 어떤 의미인가?”를 묻고, 참여자들의 생각을 사용하여 기술의 조작적 정의를 내린다. 예를 들면 다음과 같다.

> [상대방 돕기]는 상대방의 과제완성을 돕는다거나 또는 상대방이 원하는 것을 얻을 수 있도록 지원해 주는 것을 의미합니다.

과거에 이 기술을 사용해 본 적이 있는 사람을 묻고, 집단구성원의 반응을 알아본다.

다음으로 집단구성원에게 기술 포스터를 제시하고 각 단계를 소리 내어 읽게 한다. 각 단계를 읽은 후, 단계가 행동 단계인지 생각 단계인지를 질문한다(이 기술에서 단계 1, 2는 생각 단계, 단계 3, 4는 행동 단계임).

상대방 돕기

기술 단계	촉진자 노트
1. 상대방이 나의 도움을 필요로 하고 원하는지 결정한다.	→ 상대방의 욕구에 관해 생각하고, 관찰한다.
2. 도움을 줄 수 있는 방법들을 생각한다.	
3. 내 도움을 원하는지 상대방에게 묻는다.	→ 상대방이 원한다면 거절할 수 있도록 하며, 진지하게 제안한다.
4. 상대방을 돕는다.	

모델링의 예

- 학교: 주연이 교실의 의자정리를 돕겠다고 선생님에게 제안한다.
- 집: 주연이 저녁 준비를 돕겠다고 제안한다.
- 동료: 주연이 아픈 친구를 위해 숙제를 집으로 가져다 주겠다고 제안한다.
- 기관: 룸메이트가 자신에게 이제 만나고 싶지 않다고 말했던 여자 친구에게 방금 전화를 받았다.

단계 2: 기술의 시범

공동촉진자와 함께 회기 이전에 연습했던 기술을 보여 준다.

단계 3: 기술에 대한 집단구성원들의 욕구 설정

집단구성원에게 방금 보았던 기술을 언제, 어디에서, 누구에게 사용하면 도움이 될지 간단히 설명하도록 요청한다. 시간이 충분하다면, 칠판(이젤판)에 각 참여자의 이름과 함께 상황을 묘사하는 구절 및 기술을 사용할 상대방의 이름을 적어 둘 수 있다.

단계 4: 첫 역할연기자의 선정과 역할연기 준비

지원자에게 첫 번째 역할연기의 수행을 요청한다. 주연에게 기술을 사용할 실생활 장면을 간단히 설명해 주도록 하고, 역할연기의 단계에서 실생활의 인물과 가능한 많은 점에서 가까운 조연을 선택하도록 한다. 역할연기의 단계를 설정하는 부가적 정보를 이끌어 낸다.

그런 다음 집단구성원들의 과제를 할당한다.

- 주연: 기술의 단계를 따른다.
- 조연: 상대의 역할만을 한다.

• 집단구성원: 기술의 단계를 주연이 정확하게 따르는지 관찰한다.

단계 5: 역할연기 수행

기술 단계에 따른 역할연기의 진행을 유지하기 위해 필요할 때마다 주연에게 코칭을 한다. 공동촉진자는 기술 포스터 옆에 서서 역할연기의 순서에 따라 차례로 단계를 짚어 준다.

단계 6: 토의(수행 피드백)

조연, 관찰자, 촉진자 순서로 피드백을 제공한다. 마지막으로 주연에게 자신의 역할연기에 대해 묻는다. 2장의 지침에 따라 역할연기 수행에 대한 강화를 제공한다.

단계 7: 과제(전이훈련)

[기술 과제 보고서]를 주고서 주연에게 윗부분을 완성하도록 한다.

단계 8: 다음 역할연기자 선정

다음 주연을 맡을 구성원을 초대한다. 모든 집단구성원이 기술의 역할연기를 마칠 때까지 단계를 반복한다.

3. 마무리

회기 동안 집단구성원의 노력을 칭찬하고, 회기 밖에서 기술을 연습해 보도록 모두를 격려한다. 기술을 시도해 본 후에 [기술 과제 보고서]의 나머지 부분을 완성하도록 알려 준다.

기술 카드

상대방 돕기

기술 단계

1. 상대방이 나의 도움을 필요로 하고 원하는지 결정한다.
2. 도움을 줄 수 있는 방법들을 생각한다.
3. 내 도움을 원하는지 상대방에게 묻는다.
4. 상대방을 돕는다.

상대방 돕기

기술 단계

1. 상대방이 나의 도움을 필요로 하고 원하는지 결정한다.
2. 도움을 줄 수 있는 방법들을 생각한다.
3. 내 도움을 원하는지 상대방에게 묻는다.
4. 상대방을 돕는다.

상대방 돕기

기술 단계

1. 상대방이 나의 도움을 필요로 하고 원하는지 결정한다.
2. 도움을 줄 수 있는 방법들을 생각한다.
3. 내 도움을 원하는지 상대방에게 묻는다.
4. 상대방을 돕는다.

상대방 돕기

기술 단계

1. 상대방이 나의 도움을 필요로 하고 원하는지 결정한다.
2. 도움을 줄 수 있는 방법들을 생각한다.
3. 내 도움을 원하는지 상대방에게 묻는다.
4. 상대방을 돕는다.

사회기술훈련 – 기술 과제 보고서

상대방 돕기

이름: ______________________ 날짜: ______________________

기술 단계

1. 상대방이 나의 도움을 필요로 하고 원하는지 결정한다.
2. 도움을 줄 수 있는 방법들을 생각한다.
3. 내 도움을 원하는지 상대방에게 묻는다.
4. 상대방을 돕는다.

회기 동안의 기록

- 어디에서 기술을 시도할 것인가?
- 누구에게 기술을 시도할 것인가?
- 언제 기술을 시도할 것인가?

기술 연습 후 기록

- 기술을 시도했을 때 무슨 일이 일어났는가?
- 실제 수행한 기술 단계는 무엇인가?
- 기술 사용을 얼마나 잘 수행했는가? (하나를 고르시오.)

매우 잘함(　) 잘함(　) 잘 못함(　) 매우 못함(　)

사회기술훈련 6주 ART

싸움에 말려들지 않기

목표

- 집단구성원들이 집단 밖에서 [상대방 돕기] 기술의 연습 경험을 공유한다.
- [싸움에 말려들지 않기] 기술의 중요성을 이해하도록 도움을 준다.
- 기술 단계를 학습하고 역할연기의 기회를 제공하고 집단 밖에서 기술의 사용을 격려한다.

준비물

- 칠판(이젤판)과 마커
- 싸움에 말려들지 않기 기술 카드
- 싸움에 말려들지 않기 기술 과제 보고서 사본
- 포스터: 싸움에 말려들지 않기

* 회기 전, 공동촉진자와 함께 모델링 시범을 논의하고 개발한다.

절차

1. 복습

[상대방 돕기 기술 과제 보고서]를 꺼내게 한 후 토의한다. 다음과 같은 질문을 사용한다.

- 자신의 과제를 먼저 이야기해 볼 사람은 누구인가요?
- 좋아요, ______. 먼저 과제의 상황을, 즉 언제 어디에서 누구에게 시도해 보았는

지 간단히 얘기해 볼까요?

- 기술을 시도했을 때 어떤 일이 있었나요?
- 얼마나 잘했다고 생각하나요?

과제를 완수한 사람에게 언어적 강화를 제공하고 그들의 경험을 공유한다.

2. 기술 교육

단계 1: 기술의 정의

간단히 기술을 논의하고 정의한다. "싸움에 말려들지 않기란 어떤 의미인가?"를 묻고, 참여자들의 생각을 사용하여 기술의 조작적 정의를 내린다. 예를 들면 다음과 같다.

> [싸움에 말려들지 않기]는 갈등 상황을 확대시키는 것과는 다른 일을 하는 것을 의미합니다. 싸움은 몸싸움이나 말싸움일 수 있고, 이 기술은 두 상황에 빠져들지 않는 데 도움이 됩니다.

과거에 이 기술을 사용해 본 적이 있는 사람을 묻고, 집단구성원의 반응을 알아본다.

다음으로 집단구성원에게 기술 포스터를 제시하고 각 단계를 소리 내어 읽게 한다. 각 단계를 읽은 후, 단계가 행동 단계인지 생각 단계인지를 질문한다(이 기술에서 단계 1~3은 생각 단계, 단계 4는 행동 단계임).

싸움에 말려들지 않기

기술 단계	촉진자 노트
1. 멈추고 내가 싸우고자 하는 이유를 생각해 본다.	
2. 궁극적으로 어떤 일이 일어나기를 바라는지 결정한다.	→ 장기적 결과는 무엇인가?
3. 상황을 다룰 수 있는 싸움 이외의 방법들을 생각해 본다.	→ 타협하거나, 내 권리를 옹호하거나, 도움을 요청하거나, 상대방을 달랠 수 있다.
4. 상황을 다룰 최선의 방법을 결정하고 실행한다.	

모델링의 예

- 학교: 주연이 반 친구에게 싸우려는 것이 아니라 차이점을 이야기하고자 한 것이라고 말한다.
- 집: 주연이 부모님에게 중재해 달라고 요청함으로써 형과의 잠재적 싸움을 해결한다.
- 동료: 주연이 다른 친구와 싸우려는 친구를 보고, 대안을 생각해 본 후에 싸움을 말리기로 결정한다.
- 기관: 식당에서 줄을 서서 기다리고 있는데, 다른 줄에 있던 한 사람이 내 앞으로 새치기하면서 “그래, 어쩔 건데?”라고 말한다.

단계 2: 기술의 시범

공동촉진자와 함께 회기 이전 연습했던 기술을 보여 준다.

단계 3: 기술에 대한 집단구성원들의 욕구 설정

집단구성원에게 방금 보았던 기술을 언제, 어디에서, 누구에게 사용하면 도움이 될지 간단히 설명하도록 요청한다. 시간이 충분하다면, 칠판(이젤판)에 각 참여자의 이름과 함께 상황을 묘사하는 구절 및 기술을 사용할 상대방의 이름을 적어 둘 수 있다.

단계 4: 첫 역할연기자의 선정과 역할연기 준비

지원자에게 첫 번째 역할연기의 수행을 요청한다. 주연에게 기술을 사용할 실생활 장면을 간단히 설명해 주도록 하고, 역할연기의 단계에서 실생활의 인물과 가능한 많은 점에서 가까운 조연을 선택하도록 한다. 역할연기의 단계를 설정하는 부가적 정보를 이끌어 낸다.

그런 다음 집단구성원들의 과제를 할당한다.

- 주연: 기술의 단계를 따른다.
- 조연: 상대의 역할만을 한다.
- 집단구성원: 기술의 단계를 주연이 정확하게 따르는지 관찰한다.

단계 5: 역할연기 수행

기술 단계에 따른 역할연기의 진행을 유지하기 위해 필요할 때마다 주연에게 코칭을 한다. 공동촉진자는 기술 포스터 옆에 서서 역할연기의 순서에 따라 차례로 단계를 짚어 준다.

단계 6: 토의(수행 피드백)

조연, 관찰자, 촉진자 순서로 피드백을 제공한다. 마지막으로 주연에게 자신의 역할연기에 대해 묻는다. 2장의 지침에 따라 역할연기 수행에 대한 강화를 제공한다.

단계 7: 과제(전이훈련)

[기술 과제 보고서]를 주고서 주연에게 윗부분을 완성하도록 한다.

단계 8: 다음 역할연기자 선정

다음 주연을 맡을 구성원을 초대한다. 모든 집단구성원이 기술의 역할연기를 마칠 때까지 단계를 반복한다.

3. 마무리

회기 동안 집단구성원의 노력을 칭찬하고, 회기 밖에서 기술을 연습해 보도록 모두를 격려한다. 기술을 시도해 본 후에 [기술 과제 보고서]의 나머지 부분을 완성하도록 알려 준다.

리더 노트

모델링 시범을 준비하면서, 싸움 이외의 상황을 다루는 최소한 세 가지 방법을 개발하도록 한다(단계 3). 이 기술의 경우 상황을 다룰 수 있는 최선의 방법을 선택하는 데 여러 대안이 있다는 점이 중요하다. 단계 3에서 단 하나의 방법만 언급하는 경우, 집단구성원의 역량 강화 측면에서 단계 4의 영향력은 감소한다.

기술 카드

싸움에 말려들지 않기

기술 단계

1. 멈추고 내가 싸우고자 하는 이유를 생각해 본다.
2. 궁극적으로 어떤 일이 일어나기를 바라는지 결정한다.
3. 상황을 다룰 수 있는 싸움 이외의 방법들을 생각해 본다.
4. 상황을 다룰 최선의 방법을 결정하고 실행한다.

싸움에 말려들지 않기

기술 단계

1. 멈추고 내가 싸우고자 하는 이유를 생각해 본다.
2. 궁극적으로 어떤 일이 일어나기를 바라는지 결정한다.
3. 상황을 다룰 수 있는 싸움 이외의 방법들을 생각해 본다.
4. 상황을 다룰 최선의 방법을 결정하고 실행한다.

싸움에 말려들지 않기

기술 단계

1. 멈추고 내가 싸우고자 하는 이유를 생각해 본다.
2. 궁극적으로 어떤 일이 일어나기를 바라는지 결정한다.
3. 상황을 다룰 수 있는 싸움 이외의 방법들을 생각해 본다.
4. 상황을 다룰 최선의 방법을 결정하고 실행한다.

싸움에 말려들지 않기

기술 단계

1. 멈추고 내가 싸우고자 하는 이유를 생각해 본다.
2. 궁극적으로 어떤 일이 일어나기를 바라는지 결정한다.
3. 상황을 다룰 수 있는 싸움 이외의 방법들을 생각해 본다.
4. 상황을 다룰 최선의 방법을 결정하고 실행한다.

사회기술훈련 – 기술 과제 보고서

싸움에 말려들지 않기

이름: ______________________ 날짜: ______________________

기술 단계

1. 멈추고 내가 싸우고자 하는 이유를 생각해 본다.
2. 궁극적으로 어떤 일이 일어나기를 바라는지 결정한다.
3. 상황을 다룰 수 있는 싸움 이외의 방법들을 생각해 본다.
4. 상황을 다룰 최선의 방법을 결정하고 실행한다.

회기 동안의 기록

- 어디에서 기술을 시도할 것인가?

- 누구에게 기술을 시도할 것인가?

- 언제 기술을 시도할 것인가?

기술 연습 후 기록

- 기술을 시도했을 때 무슨 일이 일어났는가?

- 실제 수행한 기술 단계는 무엇인가?

- 기술 사용을 얼마나 잘 수행했는가? (하나를 고르시오.)

  매우 잘함( ) 잘함( ) 잘 못함( ) 매우 못함( )

사회기술훈련 7주

ART

비난 다루기

목표

- 집단구성원들이 집단 밖에서 [싸움에 말려들지 않기] 기술의 연습 경험을 공유한다.
- [비난 다루기] 기술의 중요성을 이해하도록 도움을 준다.
- 기술 단계를 학습하고 역할연기의 기회를 제공하고 집단 밖에서 기술의 사용을 격려한다.

준비물

- 칠판(이젤판)과 마커
- 비난 다루기 기술 카드
- 비난 다루기 기술 과제 보고서 사본
- 포스터: 비난 다루기

* 회기 전에, 공동촉진자와 함께 모델링 시범을 논의하고 개발한다.

절차

1. 복습

[싸움에 말려들지 않기 기술 과제 보고서]를 꺼내게 한 후 토의한다. 다음과 같은 질문을 사용한다.

- 자신의 과제를 먼저 이야기해 볼 사람은 누구인가요?

- 좋아요, ______. 먼저 과제의 상황을, 즉 언제 어디에서 누구에게 시도해 보았는지 간단히 얘기해 볼까요?
- 기술을 시도했을 때 어떤 일이 있었나요?
- 얼마나 잘했다고 생각하나요?

과제를 완수한 사람에게 언어적 강화를 제공하고 그들의 경험을 공유한다.

2. 기술 교육

단계 1: 기술의 정의

간단히 기술을 논의하고 정의한다. "비난 다루기란 어떤 의미인가?"를 묻고, 참여자들의 생각을 사용하여 기술의 조작적 정의를 내린다. 예를 들면 다음과 같다.

> [비난 다루기]는 누군가가 자신의 행동에 대해 말할 때 더 이상 곤경에 빠지지 않는 방식으로 반응하는 것을 의미합니다. 자신이 비난받고 있는 행동이 좋은 것일 수도 나쁜 것일 수도 있지만 대개 부정적인 것이며, 상대방의 비난이 사실일 수도 거짓일 수도 있음을 짚어야 합니다(자신이 했을 수도, 하지 않았을 수도 있습니다).

과거에 이 기술을 사용해 본 적이 있는 사람을 묻고, 집단구성원의 반응을 알아본다.

다음으로 집단구성원에게 기술 포스터를 제시하고 각 단계를 소리 내어 읽게 한다. 각 단계를 읽은 후, 단계가 행동 단계인지 생각 단계인지를 질문한다(이 기술에서 단계 1~3은 생각 단계, 단계 4는 행동 단계임).

비난 다루기	
기술 단계	**촉진자 노트**
1. 상대방이 자신의 무엇을 비난하는지 생각해 본다.	→ 비난이 정확한가 부정확한가?
2. 상대방이 왜 비난하는지 생각해 본다.	→ 상대방의 권리나 소유물을 침해했는가? → 누군가의 소문으로 시작되었는가?
3. 상대방의 비난에 대응할 방법들을 생각해 본다.	
4. 최선의 방법을 결정하고 실행한다.	→ 타협하거나, 내 권리를 옹호하거나, 도움을 요청하거나, 상대방을 달랠 수 있다.

모델링의 예

- 학교: 교사가 주연에게 시험 부정행위를 비난한다.
- 집: 부모님이 주연에게 동생의 감정을 상하게 한 것에 대해 비난한다.
- 동료: 친구가 주연에게 거짓말했다고 비난한다.
- 기관: 룸메이트가 주연에게 자신의 물통을 훔쳐 갔다고 비난한다.

단계 2: 기술의 시범

공동촉진자와 함께 회기 이전에 연습했던 기술을 보여 준다.

단계 3: 기술에 대한 집단구성원들의 욕구 설정

집단구성원에게 방금 보았던 기술을 언제, 어디에서, 누구에게 사용하면 도움이 될지 간단히 설명하도록 요청한다. 시간이 충분하다면, 칠판(이젤판)에 각 참여자의 이름과 함께 상황을 묘사하는 구절 및 기술을 사용할 상대방의 이름을 적어 둘 수 있다.

단계 4: 첫 역할연기자의 선정과 역할연기 준비

지원자에게 첫 번째 역할연기의 수행을 요청한다. 주연에게 기술을 사용할 실생활 장면을 간단히 설명해 주도록 하고, 역할연기의 단계에서 실생활의 인물과 가능한 많은 점에서 가까운 조연을 선택하도록 한다. 역할연기의 단계를 설정하는 데 부가적 정보를 이끌어 낸다.

그런 다음 집단구성원들의 과제를 할당한다.

- 주연: 기술의 단계를 따른다.
- 조연: 상대의 역할만을 한다.
- 집단구성원: 기술의 단계를 주연이 정확하게 따르는지 관찰한다.

단계 5: 역할연기 수행

기술 단계에 따른 역할연기의 진행을 유지하기 위해 필요할 때마다 주연에게 코칭을 한다. 공동촉진자는 기술 포스터 옆에 서서 역할연기의 순서에 따라 차례로 단계를 짚어 준다.

단계 6: 토의(수행 피드백)

조연, 관찰자, 촉진자 순서로 피드백을 제공한다. 마지막으로 주연에게 자신의 역할연기에 대해 묻는다. 2장의 지침에 따라 역할연기 수행에 대한 강화를 제공한다.

단계 7: 과제(전이훈련)

[기술 과제 보고서]를 주고서 주연에게 윗부분을 완성하도록 한다.

단계 8: 다음 역할연기자 선정

다음 주연을 맡을 구성원을 초대한다. 모든 집단구성원이 기술의 역할연기를 마칠 때까지 단계를 반복한다.

3. 마무리

회기 동안 집단구성원의 노력을 칭찬하고, 회기 밖에서 기술을 연습해 보도록 모두를 격려한다. 기술을 시도해 본 후에 [기술 과제 보고서]의 나머지 부분을 완성하도록 알려 준다.

리더 노트

비난이 타당한지 혹은 잘못된 것인지 집단구성원들이 이해하는 것이 중요하다. 반응은 각 사례마다 다를 것이다. 비난이 타당하다면 사과하는 것이 적절하다.

기술 카드

비난 다루기	비난 다루기
기술 단계 1. 상대방이 자신의 무엇을 비난하는지 생각해 본다. 2. 상대방이 왜 비난하는지 생각해 본다. 3. 상대방의 비난에 대응할 방법들을 생각해 본다. 4. 최선의 방법을 결정하고 실행한다.	**기술 단계** 1. 상대방이 자신의 무엇을 비난하는지 생각해 본다. 2. 상대방이 왜 비난하는지 생각해 본다. 3. 상대방의 비난에 대응할 방법들을 생각해 본다. 4. 최선의 방법을 결정하고 실행한다.
비난 다루기	**비난 다루기**
기술 단계 1. 상대방이 자신의 무엇을 비난하는지 생각해 본다. 2. 상대방이 왜 비난하는지 생각해 본다. 3. 상대방의 비난에 대응할 방법들을 생각해 본다. 4. 최선의 방법을 결정하고 실행한다.	**기술 단계** 1. 상대방이 자신의 무엇을 비난하는지 생각해 본다. 2. 상대방이 왜 비난하는지 생각해 본다. 3. 상대방의 비난에 대응할 방법들을 생각해 본다. 4. 최선의 방법을 결정하고 실행한다.

사회기술훈련 – 기술 과제 보고서

비난 다루기

이름: ______________________ 날짜: ______________________

기술 단계

1. 상대방이 자신의 무엇을 비난하는지 생각해 본다.
2. 상대방이 왜 비난하는지 생각해 본다.
3. 상대방의 비난에 대응할 방법들을 생각해 본다.
4. 최선의 방법을 결정하고 실행한다.

회기 동안의 기록

• 어디에서 기술을 시도할 것인가?

• 누구에게 기술을 시도할 것인가?

• 언제 기술을 시도할 것인가?

기술 연습 후 기록

• 기술을 시도했을 때 무슨 일이 일어났는가?

• 실제 수행한 기술 단계는 무엇인가?

• 기술 사용을 얼마나 잘 수행했는가? (하나를 고르시오.)

매우 잘함( ) 잘함( ) 잘 못함( ) 매우 못함( )

사회기술훈련 8주 ART

집단압력 다루기

목표

- 집단구성원들이 집단 밖에서 [비난 다루기] 기술의 연습 경험을 공유한다.
- [집단압력 다루기] 기술의 중요성을 이해하도록 도움을 준다.
- 기술 단계를 학습하고 역할연기의 기회를 제공하고 집단 밖에서 기술의 사용을 격려한다.

준비물

- 칠판(이젤판)과 마커
- 집단압력 다루기 기술 카드
- 집단압력 다루기 기술 과제 보고서 사본
- 포스터: 집단압력 다루기

* 회기 전, 공동촉진자와 함께 모델링 시범을 논의하고 개발한다.

절차

1. 복습

[비난 다루기 과제 보고서]를 꺼내게 한 후 토의한다. 다음과 같은 질문을 사용한다.

- 자신의 과제를 먼저 이야기해 볼 사람은 누구인가요?
- 좋아요, ______. 먼저 과제의 상황을, 즉 언제 어디에서 누구에게 시도해 보았는지 간단히 얘기해 볼까요?

- 기술을 시도했을 때 어떤 일이 있었나요?
- 얼마나 잘했다고 생각하나요?

과제를 완수한 사람에게 언어적 강화를 제공하고 그들의 경험을 공유한다.

2. 기술 교육

단계 1: 기술의 정의

간단히 기술을 논의하고 정의한다. "집단압력 다루기란 어떤 의미인가?"를 묻고, 참여자들의 생각을 사용하여 기술의 조작적 정의를 내린다. 예를 들면 다음과 같다.

> [집단압력 다루기]는 지역사회나 학교 혹은 기타 상황에서 친구들이나 타인들이 자신의 생각이나 행동에 어떤 방식으로 영향력을 행사하고자 할 경우 자신을 지키는 것을 의미합니다.

과거에 이 기술을 사용해 본 적이 있는 사람을 묻고, 집단구성원의 반응을 알아본다.

다음으로 집단구성원에게 기술 포스터를 제시하고 각 단계를 소리 내어 읽게 한다. 각 단계를 읽은 후, 단계가 행동 단계인지 생각 단계인지를 질문한다(이 기술에서 단계 1~3은 생각 단계, 단계 4는 행동 단계임).

집단압력 다루기

기술 단계	촉진자 노트
1. 집단이 자신에게 무엇을 그리고 왜 하라고 하는지 생각해 본다.	→ 다른 사람들에게 귀 기울이고, 실제의 의미가 무엇인지 결정하고, 들은 것을 이해하려고 해 본다.
2. 나는 무엇을 하고 싶은지 결정한다.	→ 굴복, 저항, 시인, 협상?
3. 자신이 하고 싶은 것을 어떻게 말할지 결정한다.	→ 이유를 말한다. 한 사람에게만 말한다. 지연한다. 자기주장을 한다.
4. 결정한 것을 집단에게 말한다.	

모델링의 예

- 학교: 주연이 학교를 빠지라는 집단의 압력을 다루고 있다.
- 집: 주연이 친구와 만나지 말라는 가족의 압력을 다루고 있다.
- 동료: 주연이 싸우라는 압력을 다루고 있다.
- 기관: 주연의 친구들이 이제 새로 입소한 학생에게 오늘 밤 소등하면 두들겨 패는 신고식을 바라고 있다.

단계 2: 기술의 시범

공동촉진자와 함께 회기 이전에 연습했던 기술을 보여 준다.

단계 3: 기술에 대한 집단구성원들의 욕구 설정

집단구성원에게 방금 보았던 기술을 언제, 어디에서, 누구에게 사용하면 도움이 될지 간단히 설명하도록 요청한다. 시간이 충분하다면, 칠판(이젤판)에 각 참여자의 이름과 함께 상황을 묘사하는 구절 및 기술을 사용할 상대방의 이름을 적어 둘 수 있다.

단계 4: 첫 역할연기자의 선정과 역할연기 준비

지원자에게 첫 번째 역할연기의 수행을 요청한다. 주연에게 기술을 사용할 실생활 장면을 간단히 설명해 주도록 하고, 역할연기의 단계에서 실생활의 인물과 가능한 많은 점에서 가까운 조연을 선택하도록 한다. 역할연기의 단계를 설정하는 부가적 정보를 이끌어 낸다.

그런 다음 집단구성원들의 과제를 할당한다.

- 주연: 기술의 단계를 따른다.
- 조연: 상대의 역할만을 한다.
- 집단구성원: 기술의 단계를 주연이 정확하게 따르는지 관찰한다.

단계 5: 역할연기 수행

기술 단계에 따른 역할연기의 진행을 유지하기 위해 필요할 때마다 주연에게 코칭을 한다. 공동촉진자는 기술 포스터 옆에 서서 역할연기의 순서에 따라 차례로 단계를 짚어 준다.

단계 6: 토의(수행 피드백)

조연, 관찰자, 촉진자 순서로 피드백을 제공한다. 마지막으로 주연에게 자신의 역할연기에 대해 묻는다. 2장의 지침에 따라 역할연기 수행에 대한 강화를 제공한다.

단계 7: 과제(전이훈련)

[기술 과제 보고서]를 주고서 주연에게 윗부분을 완성하도록 한다.

단계 8: 다음 역할연기자 선정

다음 주연을 맡을 구성원을 초대한다. 모든 집단구성원이 기술의 역할연기를 마칠 때까지 단계를 반복한다.

3. 마무리

회기 동안 집단구성원의 노력을 칭찬하고, 회기 밖에서 기술을 연습해 보도록 모두를 격려한다. 기술을 시도해 본 후에 [기술 과제 보고서]의 나머지 부분을 완성하도록 알려 준다.

기술 카드

집단압력 다루기

기술 단계

1. 집단이 자신에게 무엇을 그리고 왜 하라고 하는지 생각해 본다.
2. 나는 무엇을 하고 싶은지 결정한다.
3. 자신이 하고 싶은 것을 어떻게 말할지 결정한다.
4. 결정한 것을 집단에게 말한다.

집단압력 다루기

기술 단계

1. 집단이 자신에게 무엇을 그리고 왜 하라고 하는지 생각해 본다.
2. 나는 무엇을 하고 싶은지 결정한다.
3. 자신이 하고 싶은 것을 어떻게 말할지 결정한다.
4. 결정한 것을 집단에게 말한다.

집단압력 다루기

기술 단계

1. 집단이 자신에게 무엇을 그리고 왜 하라고 하는지 생각해 본다.
2. 나는 무엇을 하고 싶은지 결정한다.
3. 자신이 하고 싶은 것을 어떻게 말할지 결정한다.
4. 결정한 것을 집단에게 말한다.

집단압력 다루기

기술 단계

1. 집단이 자신에게 무엇을 그리고 왜 하라고 하는지 생각해 본다.
2. 나는 무엇을 하고 싶은지 결정한다.
3. 자신이 하고 싶은 것을 어떻게 말할지 결정한다.
4. 결정한 것을 집단에게 말한다.

사회기술훈련 – 기술 과제 보고서

집단압력 다루기

이름: ________________ 날짜: ________________

기술 단계

1. 집단이 자신에게 무엇을 그리고 왜 하라고 하는지 생각해 본다.
2. 나는 무엇을 하고 싶은지 결정한다.
3. 자신이 하고 싶은 것을 어떻게 말할지 결정한다.
4. 결정한 것을 집단에게 말한다.

회기 동안의 기록

- 어디에서 기술을 시도할 것인가?
- 누구에게 기술을 시도할 것인가?
- 언제 기술을 시도할 것인가?

기술 연습 후 기록

- 기술을 시도했을 때 무슨 일이 일어났는가?
- 실제 수행한 기술 단계는 무엇인가?
- 기술 사용을 얼마나 잘 수행했는가? (하나를 고르시오.)

매우 잘함( ) 잘함( ) 잘 못함( ) 매우 못함( )

사회기술훈련 9주

ART

애정 표현하기

목표

- 집단구성원들이 집단 밖에서 [집단압력 다루기] 기술을 연습한 경험을 공유한다.
- [애정 표현하기] 기술의 중요성을 이해하도록 도움을 준다.
- 기술 단계를 학습하고 역할연기의 기회를 제공하고 집단 밖에서 기술의 사용을 격려한다.

준비물

- 칠판(이젤판)과 마커
- 애정 표현하기 기술 카드
- 애정 표현하기 기술 과제 보고서 사본
- 포스터: 애정 표현하기

* 회기 전, 공동촉진자와 함께 모델링 시범을 논의하고 개발한다.

절차

1. 복습

[집단압력 다루기 기술 과제 보고서]를 꺼내게 한 후 토의한다. 다음과 같은 질문을 사용한다.

- 자신의 과제를 먼저 이야기해 볼 사람은 누구인가요?
- 좋아요, ______. 먼저 과제의 상황을, 즉 언제 어디에서 누구에게 시도해 보았는

지 간단히 얘기해 볼까요?

- 기술을 시도했을 때 어떤 일이 있었나요?
- 얼마나 잘했다고 생각하나요?

과제를 완수한 사람에게 언어적 강화를 제공하고 그들의 경험을 공유한다.

2. 기술 교육

단계 1: 기술의 정의

간단히 기술을 논의하고 정의한다. "애정 표현하기란 어떤 의미인가?"를 묻고, 참여자들의 생각을 사용하여 기술의 조작적 정의를 내린다. 예를 들면 다음과 같다.

> [애정 표현하기]는 다른 사람에게 자신이 관심을 갖고 있다는 것을 알리고, 그것을 어떤 방식으로든 보여 주는 것을 의미합니다.

과거에 이 기술을 사용해 본 적이 있는 사람을 묻고, 집단구성원의 반응을 알아본다.

다음으로 집단구성원에게 기술 포스터를 제시하고 각 단계를 소리 내어 읽게 한다. 각 단계를 읽은 후, 단계가 행동 단계인지 생각 단계인지를 질문한다(이 기술에서 단계 1~4는 생각 단계, 단계 5는 행동 단계임).

애정 표현하기

기술 단계	촉진자 노트
1. 상대방에게 좋은 감정을 가지고 있는지 결정한다.	
2. 상대방이 자신의 감정을 알고 싶어 하는지 결정한다.	→ 가능한 결과를 고려한다(예, 행복감, 오해, 당혹감, 우정의 돈독 등).
3. 감정을 표현할 최선의 방법을 선택한다.	→ 행동, 말, 선물, 카드, 전화, 문자, 초대
4. 감정을 표현할 최적의 시간과 장소를 선택한다.	→ 간섭이나 방해를 최소화한다.
5. 다정한 방식으로 감정을 표현한다.	

모델링의 예

- 학교: 주연이 학교 상담선생님과 개인적인 문제를 이야기한 후 호감을 표현한다.
- 집: 주연이 애정의 표시로 부모님에게 작은 선물을 드린다.
- 동료: 주연이 새로운 친구에게 우호적인 감정을 표현한다.
- 기관: 주연이 룸메이트에게 따뜻한 감정을 표현한다. 그는 2년 동안 함께 음식을 나눠 먹고, 과제에 도움을 주고 폭력으로부터 보호해 주었던 좋은 친구였다.

단계 2: 기술의 시범

공동촉진자와 함께 회기 이전에 연습했던 기술을 보여 준다.

단계 3: 기술에 대한 집단구성원들의 욕구 설정

집단구성원에게 방금 보았던 기술을 언제, 어디에서, 누구에게 사용하면 도움이 될지 간단히 설명하도록 요청한다. 시간이 충분하다면, 칠판(이젤판)에 각 참여자의 이름과 함께 상황을 묘사하는 구절 및 기술을 사용할 상대방의 이름을 적어 둘 수 있다.

단계 4: 첫 역할연기자의 선정과 역할연기 준비

지원자에게 첫 번째 역할연기의 수행을 요청한다. 주연에게 기술을 사용할 실생활 장면을 간단히 설명해 주도록 하고, 역할연기의 단계에서 실생활의 인물과 가능한 많은 점에서 가까운 조연을 선택하도록 한다. 역할연기의 단계를 설정하는 부가적 정보를 이끌어 낸다.

그런 다음 집단구성원들의 과제를 할당한다.

- 주연: 기술의 단계를 따른다.
- 조연: 상대의 역할만을 한다.
- 집단구성원: 기술의 단계를 주연이 정확하게 따르는지 관찰한다.

단계 5: 역할연기 수행

기술 단계에 따른 역할연기의 진행을 유지하기 위해 필요할 때마다 주연에게 코칭을 한다. 공동촉진자는 기술 포스터 옆에 서서 역할연기의 순서에 따라 차례로 단계를 짚어 준다.

단계 6: 토의(수행 피드백)

조연, 관찰자, 촉진자 순서로 피드백을 제공한다. 마지막으로 주연에게 자신의 역할연기에 대해 묻는다. 2장의 지침에 따라 역할연기 수행에 대한 강화를 제공한다.

단계 7: 과제(전이훈련)

[기술 과제 보고서]를 주고서 주연에게 윗부분을 완성하도록 한다.

단계 8: 다음 역할연기자 선정

다음 주연을 맡을 구성원을 초대한다. 모든 집단구성원이 기술의 역할연기를 마칠 때까지 단계를 반복한다.

3. 마무리

회기 동안 집단구성원의 노력을 칭찬하고, 회기 밖에서 기술을 연습해 보도록 모두를 격려한다. 기술을 시도해 본 후에 [기술 과제 보고서]의 나머지 부분을 완성하도록 알려 준다.

리더 노트

집단구성원들은 처음에 이 기술을 사랑과 관련시키기도 하지만 애정과 돌봄은 다양한 방식으로 여러 사람에게 표현될 수 있다는 생각을 금방 알게 된다. 고마움을 표현하는 적절한 접촉과 긍정적인 말들을 격려한다. 예로, "정말 고마워." "네가 있어서 마음이 따뜻해." "내 주위에 있었으면 하는 사람이 바로 너야." 등이 있다.

기술 카드

애정 표현하기

기술 단계

1. 상대방에게 좋은 감정을 가지고 있는지 결정한다.
2. 상대방이 자신의 감정을 알고 싶어 하는지 결정한다.
3. 감정을 표현할 최선의 방법을 선택한다.
4. 감정을 표현할 최적의 시간과 장소를 선택한다.
5. 다정한 방식으로 감정을 표현한다.

애정 표현하기

기술 단계

1. 상대방에게 좋은 감정을 가지고 있는지 결정한다.
2. 상대방이 자신의 감정을 알고 싶어 하는지 결정한다.
3. 감정을 표현할 최선의 방법을 선택한다.
4. 감정을 표현할 최적의 시간과 장소를 선택한다.
5. 다정한 방식으로 감정을 표현한다.

애정 표현하기

기술 단계

1. 상대방에게 좋은 감정을 가지고 있는지 결정한다.
2. 상대방이 자신의 감정을 알고 싶어 하는지 결정한다.
3. 감정을 표현할 최선의 방법을 선택한다.
4. 감정을 표현할 최적의 시간과 장소를 선택한다.
5. 다정한 방식으로 감정을 표현한다.

애정 표현하기

기술 단계

1. 상대방에게 좋은 감정을 가지고 있는지 결정한다.
2. 상대방이 자신의 감정을 알고 싶어 하는지 결정한다.
3. 감정을 표현할 최선의 방법을 선택한다.
4. 감정을 표현할 최적의 시간과 장소를 선택한다.
5. 다정한 방식으로 감정을 표현한다.

사회기술훈련 – 기술 과제 보고서

애정 표현하기

이름: ______________________ 날짜: ______________________

기술 단계

1. 상대방에게 좋은 감정을 가지고 있는지 결정한다.
2. 상대방이 자신의 감정을 알고 싶어 하는지 결정한다.
3. 감정을 표현할 최선의 방법을 선택한다.
4. 감정을 표현할 최적의 시간과 장소를 선택한다.
5. 다정한 방식으로 감정을 표현한다.

회기 동안의 기록

- 어디에서 기술을 시도할 것인가?
- 누구에게 기술을 시도할 것인가?
- 언제 기술을 시도할 것인가?

기술 연습 후 기록

- 기술을 시도했을 때 무슨 일이 일어났는가?
- 실제 수행한 기술 단계는 무엇인가?
- 기술 사용을 얼마나 잘 수행했는가? (하나를 고르시오.)

매우 잘함( ) 잘함( ) 잘 못함( ) 매우 못함( )

사회기술훈련 10주

ART

실패에 대처하기

목표

- 집단구성원들이 집단 밖에서 [애정 표현하기] 기술을 연습한 경험을 공유한다.
- [실패에 대처하기] 기술의 중요성을 이해하도록 도움을 준다.
- 기술 단계를 학습하고 역할연기의 기회를 제공하고 집단 밖에서 기술의 사용을 격려한다.

준비물

- 칠판(이젤판)과 마커
- 실패에 대처하기 기술 카드
- 실패에 대처하기 기술 과제 보고서 사본
- 포스터: 실패에 대처하기

* 회기 전, 공동촉진자와 함께 모델링 시범을 논의하고 개발한다.

절차

1. 복습

[애정 표현하기 기술 과제 보고서]를 꺼내게 한 후 토의한다. 다음과 같은 질문을 사용한다.

- 자신의 과제를 먼저 이야기해 볼 사람은 누구인가요?
- 좋아요, ______. 먼저 과제의 상황을, 즉 언제 어디에서 누구에게 시도해 보았는

지 간단히 얘기해 볼까요?

- 기술을 시도했을 때 어떤 일이 있었나요?
- 얼마나 잘했다고 생각하나요?

과제를 완수한 사람에게 언어적 강화를 제공하고 그들의 경험을 공유한다.

2. 기술 교육

단계 1: 기술의 정의

간단히 기술을 논의하고 정의한다. "실패에 대처하기란 어떤 의미인가?"를 묻고, 참여자들의 생각을 사용하여 기술의 조작적 정의를 내린다. 예를 들어,

> [실패에 대처하기]는 자신이 바라는 것을 할 수 없고 원하는 것을 이루지 못하거나 얻지 못할 때 긍정적인 방식으로 다루는 것을 의미합니다.

과거에 이 기술을 사용해 본 적이 있는 사람을 묻고, 집단구성원의 반응을 알아본다.

다음으로 집단구성원에게 기술 포스터를 제시하고 각 단계를 소리 내어 읽게 한다. 각 단계를 읽은 후, 단계가 행동 단계인지 생각 단계인지를 질문한다(이 기술에서 단계 1~4는 생각 단계, 단계 5는 행동 단계임).

실패에 대처하기

기술 단계	촉진자 노트
1. 자신이 무엇에 실패했는지 결정한다.	→ 실패는 대인관계, 학업, 운동 등 다양하다.
2. 실패한 이유를 생각해 본다.	→ 기술, 동기 또는 행운의 부족일 수 있고, 개인적인 이유와 환경을 포함한다.
3. 다시 실패하지 않으려면 무엇을 해야 하는지 생각해 본다.	→ 자신이 통제할 수 있는지/변화 가능한지 평가해 본다. 기술의 문제라면 연습한다. 동기의 문제라면 더 노력한다. 환경의 문제라면 가능한 환경을 변화시킬 방법을 생각해 본다.
4. 재시도를 원하는지 결정한다.	
5. 새로운 아이디어로 재시도한다.	

모델링의 예

- 학교: 주연이 시험 성적의 실패를 다룬다.
- 집: 주연이 동생의 프로젝트를 도우려는 데 실패한다.
- 동료: 주연이 데이트의 거절을 다룬다.
- 기관: 사례관리자가 주연에게 프로그램의 다음 단계로 나아가지 말고 다음 복습 때까지 기다리라고 말한다.

단계 2: 기술의 시범

공동촉진자와 함께 회기 이전에 연습했던 기술을 보여 준다.

단계 3: 기술에 대한 집단구성원들의 욕구 설정

집단구성원에게 방금 보았던 기술을 언제, 어디에서, 누구에게 사용하면 도움이 될지 간단히 설명하도록 요청한다. 시간이 충분하다면, 칠판(이젤판)에 각 참여자의 이름과 함께 상황을 묘사하는 구절 및 기술을 사용할 상대방의 이름을 적어 둘 수 있다.

단계 4: 첫 역할연기자의 선정과 역할연기 준비

지원자에게 첫 번째 역할연기의 수행을 요청한다. 주연에게 기술을 사용할 실생활 장면을 간단히 설명해 주도록 하고, 역할연기의 단계에서 실생활의 인물과 가능한 많은 점에서 가까운 조연을 선택하도록 한다. 역할연기의 단계를 설정하는 부가적 정보를 이끌어 낸다.

그런 다음 집단구성원들의 과제를 할당한다.

- 주연: 기술의 단계를 따른다.
- 조연: 상대의 역할만을 한다.
- 집단구성원: 기술의 단계를 주연이 정확하게 따르는지 관찰한다.

단계 5: 역할연기 수행

기술 단계에 따른 역할연기의 진행을 유지하기 위해 필요할 때마다 주연에게 코칭을 한다. 공동촉진자는 기술 포스터 옆에 서서 역할연기의 순서에 따라 차례로 단계를 짚어 준다.

단계 6: 토의(수행 피드백)

조연, 관찰자, 촉진자 다음 순서로 피드백을 제공한다. 마지막으로 주연에게 자신의 역할연기에 대해 묻는다. 2장의 지침에 따라 역할연기 수행에 대한 강화를 제공한다.

단계 7: 과제(전이훈련)

[기술 과제 보고서]를 주고서 주연에게 윗부분을 완성하도록 한다.

단계 8: 다음 역할연기자 선정

다음 주연을 맡을 구성원을 초대한다. 모든 집단구성원이 기술의 역할연기를 마칠 때까지 단계를 반복한다.

3. 마무리

회기 동안 집단구성원의 노력을 칭찬하고, 회기 밖에서 기술을 연습해 보도록 모두를 격려한다. 기술을 시도해 본 후에 [기술 과제 보고서]의 나머지 부분을 완성하도록 알려 준다.

리더 노트

이 회기는 사회기술훈련의 마지막 회기다. 시간이 충분하다면, 집단구성원이 배우고 사용해 본 기술들을 다시 한번 더 검토할 수 있고, 부정적인 결과 없이 자신들이 원하는 것을 더 잘 얻을 수 있는 방법들을 논의할 수 있다.

기술 카드

실패에 대처하기

기술 단계

1. 자신이 무엇에 실패했는지 결정한다.
2. 실패한 이유를 생각해 본다.
3. 다시 실패하지 않으려면 무엇을 해야 하는지 생각해 본다.
4. 재시도를 원하는지 결정한다.
5. 새로운 아이디어로 재시도한다.

실패에 대처하기

기술 단계

1. 자신이 무엇에 실패했는지 결정한다.
2. 실패한 이유를 생각해 본다.
3. 다시 실패하지 않으려면 무엇을 해야 하는지 생각해 본다.
4. 재시도를 원하는지 결정한다.
5. 새로운 아이디어로 재시도한다.

실패에 대처하기

기술 단계

1. 자신이 무엇에 실패했는지 결정한다.
2. 실패한 이유를 생각해 본다.
3. 다시 실패하지 않으려면 무엇을 해야 하는지 생각해 본다.
4. 재시도를 원하는지 결정한다.
5. 새로운 아이디어로 재시도한다.

실패에 대처하기

기술 단계

1. 자신이 무엇에 실패했는지 결정한다.
2. 실패한 이유를 생각해 본다.
3. 다시 실패하지 않으려면 무엇을 해야 하는지 생각해 본다.
4. 재시도를 원하는지 결정한다.
5. 새로운 아이디어로 재시도한다.

사회기술훈련 – 기술 과제 보고서

실패에 대처하기

이름: ______________________ 날짜: ______________________

기술 단계

1. 자신이 무엇에 실패했는지 결정한다.
2. 실패한 이유를 생각해 본다.
3. 다시 실패하지 않으려면 무엇을 해야 하는지 생각해 본다.
4. 재시도를 원하는지 결정한다.
5. 새로운 아이디어로 재시도한다.

회기 동안의 기록

- 어디에서 기술을 시도할 것인가?
- 누구에게 기술을 시도할 것인가?
- 언제 기술을 시도할 것인가?

기술 연습 후 기록

- 기술을 시도했을 때 무슨 일이 일어났는가?
- 실제 수행한 기술 단계는 무엇인가?
- 기술 사용을 얼마나 잘 수행했는가? (하나를 고르시오.)

매우 잘함( ) 잘함( ) 잘 못함( ) 매우 못함( )

3부

공격성 대체 훈련 회기 2 – 분노조절훈련

- 1주 분노조절훈련의 소개와 분노의 ABC
- 2주 싸움 상황일지와 유발요인
- 3주 단서와 분노감소요인
- 4주 리마인더
- 5주 미리 생각하기
- 6주 자기평가
- 7주 분노행동주기
- 8주 사회기술 사용과 분노조절사슬 전 과정 연습
- 9주 분노조절사슬의 전 과정 연습
- 10주 종합 검토와 분노조절사슬의 전 과정 연습

분노조절훈련 1주

ART

분노조절훈련의 소개와 분노의 ABC

목표

- 분노조절훈련의 목적을 설명하고 분노조절과정 학습의 이론적 근거를 제공한다.
- 분노조절훈련 회기의 절차를 소개한다.
- 분노의 ABC(선행사건-행동-결과) 이해를 돕는다.

준비물

- 칠판(이젤판)과 마커
- 선택사항: 분노의 ABC 보고서 복사본
- 포스터: 분노조절, 분노의 ABC

절차

1. 개관

첫 회기 동안 논의될 집단규칙에 대해 개관하고 질문이 있는지 묻는다.

2. 분노조절훈련의 절차

사회기술훈련 회기처럼 분노조절훈련 회기에서는 토의, 모델링(시범), 역할연기(시범 보인 것을 시도하기), 회기 밖의 과제 등을 구성원들에게 알려 준다.

3. 분노조절훈련의 소개

구성원들에게 분노가 무엇인지 질문한다. 분노는 매우 자연스러운 감정이고 우리 모두가 화를 낼 수 있다는 점을 설명한다. 분노는 좋거나 나쁜 것이 아니라는 점을 강조한다. 분노감을 느낄 때 어떻게 행동하는가가 중요하다. 화가 날 때 다른 사람에게 공격적이고 해를 끼친다면, 친구나 관련 대상(경찰, 교사, 부모)과 문제를 일으킬 수 있고, 심지어 자신의 기분에도 어려움이 나타날 수 있다.

참여자들에게 분노조절카드를 소리 내어 읽게 한다.

분노조절

분노조절은 상대방이 괴롭힘에도 불구하고 자신의 분노반응을 조절함으로써 개인적인 힘을 지니는 것을 의미한다.

ART의 분노조절훈련은 구성원들이 자신에게 분노가 일어나고 있을 때를 인식하고 화를 내서 곤경에 빠지지 않도록 자기조절을 유지하는 데 도움이 된다는 점을 지적해 준다.

구성원들이 존경하는 사람 중에서 자기조절을 잘 하는 사람의 예(예를 들어, 홍콩의 유명 배우 성룡과 헤비급 권투선수 에반더 홀리필드)를 묻는다. 이들과 대조적으로 1997년 헤비급 복싱 경기에서 마이크 타이슨은 분노충동을 조절하지 못하고 에반더 홀리필드의 귀를 물어뜯음으로 인해 자신의 명성을 잃게 되었다.

실생활의 예를 들어 통제력을 잃게 되면 성공하지 못할 것이라는 점을 강조하면서 자기통제력의 중요성을 설명해 줍니다.

4. 분노의 ABC

구성원들에게 분노의 ABC 포스터를 제시하고, ABC의 이해가 분노조절에 매우 중요하다는 점을 설명한다. 분노의 ABC 각 부분을 설명하면서 논의한다.

분노의 ABC

A= 선행요인(Antecedent): 문제를 야기한 것은 무엇인가?

B= 행동(Behavior): 무슨 행동을 했는가(A에 대한 반응은)?

C= 결과(Consequence): 행동의 결과는 무엇인가?

개인적인 갈등 상황을 어떻게 다루었는지 예를 들고, 분노상황의 ABC를 확인하도록 한다. 예를 들면 다음과 같다.

- 고속도로에서 끼어들기를 당했다(A). 그래서 나는 화가 나서 상대방에게 고함지르고 경적을 울려 댔다(B). 결국 경찰이 내 차를 갓길에 세우게 하고 난폭운전으로 딱지를 끊었다(C).

이어 구성원의 실생활을 예로 들어 화가 난 상황과 ABC를 확인하도록 돕는다. 예를 들면 다음과 같다.

- 강의실에서 녀석이 나를 경멸했다는 이유로(A) 그 녀석의 얼굴을 한 대 갈겼더니(B) 나는 정학을 당했다(C).
- 선생님이 나를 힘들게 해서(A) 선생님에게 욕설을 했다(B). 추가 과제를 다섯 번 쓰도록 해서 놀이에 갈 수 없었다(C).
- 남자친구 대신 친구들과 영화를 보러 가고 싶었다(A). 남자친구가 그것을 눈치챘고(B), 우리는 아마 곧 헤어질 수도 있다(C).

공동촉진자는 구성원들이 드러내 놓은 ABC를 칠판에 적는다.

5. 마무리와 과제

청소년들이 자기조절을 개발해야 하는 이유와 분노조절훈련 집단의 절차 그리고 분노조절의 ABC를 복습한다. 필요시 분노의 ABC 유인물을 나누어 주고, 다음 주의 과제는 화가 날 때에 주의를 기울이고 진정한 후 ABC를 적용하도록, 즉 자신의 행동의 선행요인, 행동 그리고 결과를 확인하도록 설명한다. 참여자들이 기록할 수 없는 경우에는 유인물을 리마인더로 참고하도록 하고 거기에 기록하도록 설명해 준다.

리더 노트

〈표 1-1〉에 제시된 회기 순서에 따르면, 다음 회기는 도덕추리 회기가 될 것이다. 리더가 반응차트(4장)를 작성할 시간을 위해, 다음 회기 이전에 참여자들에게 문제 상황을 읽고서 질문에 응답하게 한다. 많은 집단리더가 분노조절훈련 회기가 끝날 무렵에 상황을 소개하는 시간을 갖는다.

도덕추리 1주: 짐의 문제 상황

그 주의 도덕추리 상황을 복사해 나누어 주고, 집단구성원에게 읽은 후 질문에 응답하게 한다. 그 후 다음과 같이 설명한다.

> 우리가 다음 회기에 논의할 문제 상황이 여기 있습니다. 매주 여러분들이 응답해야 하는 질문이 있는 문제 상황을 줄 것입니다. 질문은 간단하고 쉽습니다. 각 질문에 대한 반응 중 하나에 표시하면 됩니다. **옳고 그른 답은 없습니다.** 우리가 상황을 논의하는데 모두의 반응차트를 작성하기 위해 여러분의 응답을 사용할 것입니다. 질문지의 맨 위에 자신의 이름을 적고 내가 문제 상황을 소리 내어 읽는 동안 함께 상황을 읽기 바랍니다. 문제에 대한 자신의 생각으로 각 문제에 답해야 한다는 점을 기억해야 합니다. **자신의 응답을 서로 공유해서는 안 됩니다.** 다 마치면 질문지를 제출하고 가도 됩니다. 좋은 하루 되세요!

* 필요시 에밀리오의 문제 상황을 사용할 수 있다(부록 D).

분노조절훈련 – 분노의 ABC 기록

이름: ______________________ 날짜: ______________________

날짜/시간	A = 선행요인 (문제를 일으킨 것은 무엇인가?)	B = 행동 (어떻게 행동했는가?)	C = 결과 (결과는 무엇인가?)

분노조절훈련 2주 ART

싸움 상황일지와 유발요인

목표

- 싸움 상황일지를 소개하고 그 사용에 대해 설명한다.
- 내적 외적 유발요인에 대한 집단구성원의 이해를 돕는다.
- 집단구성원에게 자신들의 분노 유발요인에 대한 역할연기할 기회를 제공한다.

준비물

- 칠판(이젤판)과 마커
- 상황일지 복사본
- 포스터: 유발요인

* 회기 전, 촉진자는 모델링 시범을 보일 갈등 상황을 선택해 연습한다.

절차

1. 개관

집단규칙에 대해 간단히 개관하고 질문이 있는지 묻는다. 타인에 대한 자신의 분노감과 반응을 조절함으로써 개인적인 힘이 증진된다는 점을 집단구성원들에게 상기시킨다.

각 갈등 속의 세 부분을 주지시키면서 분노조절의 ABC 모델을 복습한다. 지난주 자신의 생활에서 발생한 예를 논의하도록 구성원들에게 요청한다.

* 1주에 과제로 분노의 ABC 보고서를 내준 경우, 그 보고서를 검토할 수 있다.

2. 상황일지

상황일지 복사본을 나누어 주고 구성원에게 각 문항을 소리 내어 읽도록 요청한다. 논의하고, 일지의 중요성을 설명한다.

- 한 주 동안 발생한 갈등의 정확한 양상을 제공해 준다.
- 자신을 화나게 한 것은 무엇이고 그 상황을 어떻게 다루어야 할지에 관한 학습을 돕고, 그 결과 자신을 어려움에 빠트리고 좋지 않은 기분을 야기했던 행동의 변화를 위해 작업할 수 있게 된다.
- 앞으로의 회기에서 역할연기에 대한 생각을 제공해 준다.

이 시점에서, 구성원에게 최근의 상황일지를 완성하도록 요청하다 공동촉진자와 함께 일지를 검토하고 설명을 이해하지 못한 경우 교정한다. 상황일지를 나누어 주고, 자신이 화가 났거나 공격적이었던 사건 후에 가능한 한 빨리 일지를 채우도록 지시한다.

* 필요한 경우 구성원들이 상황일지를 가져갈 수 있도록 특정 장소를 선정해 둘 수도 있다.

3. 유발요인

1주의 분노의 ABC 포스터를 언급하면서, 이번 회기의 초점은 A, 선행요인 또는 유발요인(방아쇠)임을 설명한다. 회기의 목적은 구성원들이 자신들의 분노를 일으키는 또는 각성시키는 대상을 인식하도록 돕는 것이다.

유발요인을 알아내는 것이 분노조절사슬의 여러 단계에서 첫 번째 고리이자 자신의 분노조절의 첫 단계라는 점을 설명한다. 칠판에 유발요인이라고 쓰고 분노사슬을 시작한다.

* 여기에는 회기를 진행하면서 절차의 나머지 기법들을 첨가할 것이다.

유발요인

집단구성원에게 유발요인 포스터를 언급하고, 외적 유발요인과 내적 유발요인을

정의하고 논의한다.

> **유발요인**
>
> **외적 유발요인**은 우리를 분노로 반응하게 하거나 스트레스를 주는 누군가의 행동이거나 혹은 발생 사건이다.
>
> **내적 유발요인**은 우리의 분노감을 증가시키는 우리 자신에게 말하는 것이다.

외적 유발요인

외적 유발요인은 언어적(예, 누군가 내 이름을 부르거나 뭘 하도록 말하는 것)이거나 비언어적(예, 누군가 나를 밀치거나 불쾌한 제스처를 취하는 것)일 수 있음을 설명한다.

집단구성원이 지난주 혹은 지지난주 자신들의 분노나 공격성을 유발한 외적 유발요인(언어적, 비언어적)을 파악할 수 있도록 돕는다. 칠판에 다음과 같은 예들을 적는다.

- 친구가 나에게 거짓말을 했다.
- 내가 하지 않았는데 했다고 비난받았다.
- 누군가 법정에서 나를 함정에 빠트렸다.

내적 유발요인

내적 유발요인은 외적 유발요인에 직면했을 때 사람들이 생각하는 것이나 혹은 자신에게 말하는 것이라고 설명한다. 집단구성원이 내적 유발요인으로 기능하는 부정적인 자기 진술을 파악할 수 있도록 돕는다. 칠판에 다음과 같은 예들을 적는다.

- 저 자식이 나를 조롱하고 있네.
- 저게 나를 겁쟁이 취급하고 있네.
- 저 녀석 머리통을 쥐어뜯어 버릴 거야.

이러한 부정적인 자기 진술은 외적 유발요인과 결합해서 높은 수준의 분노나 공격행동을 초래하는 내적 유발요인임을 지적한다.

4. 모델링, 역할연기 및 수행 피드백

① 공동촉진자와 함께 파악한 유발요인 상황을 시범한다. 그 상황은 외적 유발요인과 내적 유발요인을 포함하고 있어야 한다. 다음과 같이 질문한다.

- 외적 유발요인은 무엇입니까?
- 내적 유발요인은 무엇입니까?

② 구성원 역할연기에서, 구성원의 반은 외적 유발요인을 나머지 반은 내적 유발요인을 찾아보도록 배정한다. (나머지 역할연기에서는 서로 바꾼다.)

③ 각 집단구성원이 이 회기 시작 전에 작성한 상황일지의 외적 내적 유발요인의 상황을 역할연기 하도록 한다.

④ 역할연기 후, 집단원이 두 가지 형태의 유발요인을 인식하도록 한다.

5. 마무리와 과제

구성원들과 상황일지의 사용을 복습하고 일지 작성의 중요성을 상기시킨다. 구성원들에게 자신이 갈등 상황에 처할 때마다 상황일지를 적을 수 있도록 알려 준다.

다음 분노조절훈련 회기가 시작되기 이전에, 실생활의 갈등 상황에 대한 적어도 하나의 일지를 작성하도록 하고 자신들의 유발요인에 특별히 주의를 기울이도록 교육한다.

리더 노트

집단구성원에게 다음 회기들에서 설정해 놓은 내적 유발요인들을 파악해 보도록 돕고, 자신들의 갈등 상황에서 자신들을 화나게 한 내적 유발요인들을 분노를 감소시키는 긍정적인 자기 진술이나 리마인더로 대체하는 방법을 학습하도록 한다.

도덕추리 2주: 제리의 문제 상황

구성원들에게 제리의 도덕추리 상황(289쪽 참조)을 복사해 나누어 주고, 소리 내어 읽게 한다. 옳고 그른 답은 없으며, 자신의 응답을 서로 공유해서는 안 된다는 점을 상기시킨다. 질문에 답하게 하고, 제출하고 가도록 한다.

* 필요시 라토야의 문제 상황을 사용할 수 있다(부록 D).

분노조절훈련 – 상황일지

이름: ______________________ 날짜: ______________________

☐ 아침 ☐ 점심 ☐ 저녁

1. 어디에서 일어났습니까?

☐ 학교/교실 ☐ 목욕탕 ☐ 시내 ☐ 기숙사 ☐ 체육관
☐ 식당 ☐ 사무실 ☐ 작업장 ☐ 오락실 ☐ 외부/운동장
☐ 기타____________

2. 무슨 일이 있었습니까?

☐ 누군가 나를 괴롭혔다.
☐ 누군가 내 것을 가져갔다.
☐ 누군가 내가 싫어하는 행동을 했다.
☐ 내가 잘못했다.
☐ 누군가 내게 싸움을 걸었다.
☐ 기타______________________________________

3. 상대방은 누구입니까?

☐ 다른 청소년 ☐ 부모/양육자 ☐ 선생님 ☐ 상담자 ☐ 기타______

4. 어떤 행동을 했습니까?

☐ 때림 ☐ 무시함 ☐ 도망감 ☐ 이야기함 ☐ 고함침
☐ 울었음 ☐ 말없이 피함 ☐ 무언가를 부숨 ☐ 어른에게 말함 ☐ 동료에게 말함
☐ 사용한 분노조절기법(구체적으로)______________________
☐ 사용한 사회기술(구체적으로)______________________
☐ 기타______________________________________

5. 얼마나 화났습니까?

☐ 심하게 화남 ☐ 정말 화남 ☐ 꽤 화남 ☐ 조금 화남 ☐ 전혀 화나지 않음

6. 자신을 얼마만큼 조절했습니까?

1	2	3	4	5
매우 못함( )	못함( )	괜찮았음( )	잘함( )	매우 잘함( )

분노조절훈련 3주

ART

단서와 분노감소요인

목표

- 집단구성원들에게 자신이 화날 때를 알려 주는 단서의 인식 방법 학습을 돕는다.
- 심호흡, 숫자 거꾸로 세기, 즐거운 상상 등 자신을 진정시키는 방안들을 제공한다.
- 유발요인(외적/내적) + 단서 + 분노감소요인(모두)의 절차를 역할연기할 기회를 제공한다.

준비물

- 칠판(이젤판)과 마커
- 선택: 나의 분노 단서 복사본
- 포스터: 분노감소요인

* 회기 전, 촉진자는 모델링 시범을 보일 갈등 상황을 선택해 연습한다.

절차

1. 개관

집단규칙에 대해 개관하고 질문이 있는지 물은 후, 집단구성원들이 작성한 상황일지를 검토한다. 촉진자들은 상황일지가 적절하게 작성되었는지 검토하고, 일지를 완성하고 유발요인(내적, 외적)을 성공적으로 인식한 구성원들에게 긍정적인 강화를 제공한다.

2. 단서

분노 단서의 인식은 분노조절사슬의 두 번째 고리임을 설명한다. 칠판의 유발요인 아래에 단서를 추가한다.

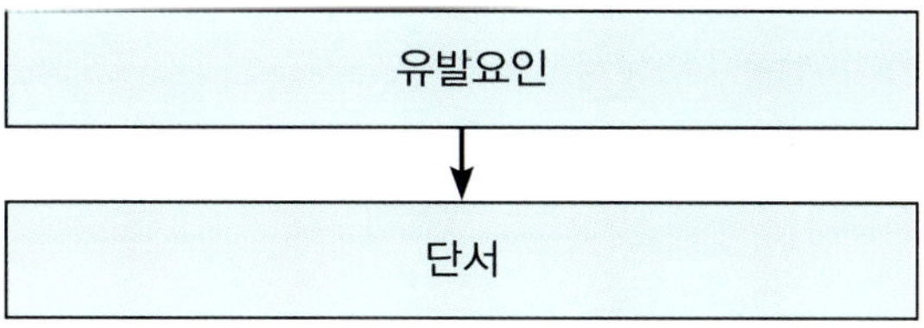

모든 사람에게는 자신이 화가 나고 있다는 것을 알려 주는 신체적 경고징후(예, 근육긴장, 위가 뒤틀리는 느낌, 주먹 쥐기, 이갈이, 심장 두근거림 등)가 있음을 설명한다. 분노를 감소시키기 위한 자기조절을 사용하기 이전에, 자신이 화가 나고 있다는 것을 알려 주는 신체적 징후를 인식할 필요성을 지적해 둔다.

분노 단서의 예시를 보여 주고, 구성원들에게 화가 나고 있다는 것을 알려 주는 단서를 파악해 보도록 격려한다. 공동촉진자는 이를 칠판에 적을 수 있다.

필요한 경우, 구성원들에게 나의 분노 단서 유인물 복사본을 나누어 준 후 표시하도록 하고 이들 단서를 느낄 수 있는 자신의 신체 위치를 간단히 기술하도록 한다. 모든 구성원이 역할연기를 하고 제시간에 집단을 마칠 수 있도록 적절한 시간을 확보해야 한다.

3. 분노감소요인

분노조절사슬의 다음 고리인 분노감소요인을 추가한다.

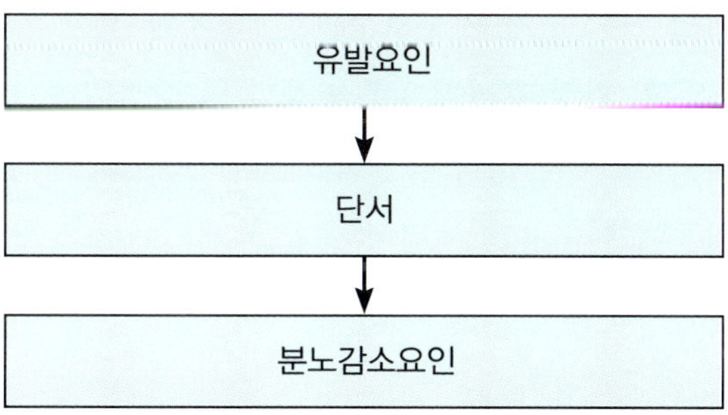

구성원들에게 분노감소요인 포스터를 제시하고, 다음의 절차를 실행한다.

분노감소요인

1. 심호흡: 코로 들어 마시고, 2초 정도 멈춘 후, 입으로 내쉰다.
2. 숫자 거꾸로 세기: 10에서 1까지 속으로 센다.
3. 즐거운 상상하기: 평화로운 장면을 상상한다.

분노감소요인 1: 심호흡

심호흡 기법은 운동이나 스포츠 장면에서 사용되는 것이라고 설명한다. 실제로 운동선수들이 주의집중을 유지하기 위해 흔히 사용한다. 구성원들에게 적절한 심호흡 방법을 교육한다.

1. 코로 깊게 들어 마신다.
2. 2초 정도 호흡을 멈춘다.
3. 입으로 천천히 내쉰다.

심호흡 절차를 3회 시행하며 이 기법을 시범한 후, 함께 집단구성원이 3회 시도(역할연기)해 보도록 한다.

구성원들에게 자신이 화가 나고 있다는 단서를 알아차릴 때 신체의 긴장과 화를 감소하기 위해 심호흡을 사용할 수 있음을 알려 준다.

분노감소요인 2: 숫자 거꾸로 세기

압박 상황에서 분노를 감소하고 개인역량을 증가시키는 두 번째 방법인 속으로 숫자 거꾸로 세기를 설명한다. 숫자 거꾸로 세기는 숫자를 세는 동안에 개인을 진정시키기 때문에 효과가 있고, 가장 효과적으로 반응할 방법에 대해 생각할 시간을 준다.

1초에 한 숫자씩 거꾸로 세는 정확한 방법을 시범 보이고, 구성원들이 함께 시도해 보도록 한다. 구성원들에게 숫자를 세면서 유발한 개인이나 상황으로부터 주의를 돌리도록 시도하는 것이 가장 좋은 방법임을 알려 준다.

분노감소요인 3: 즐거운 상상하기

분노각성 상황에서 긴장감소의 세 번째 방법인 평화로운 장면 상상하기를 설명한다. 평화로운 장면은 개인을 이완시켜 주고 그로써 실제 긴장과 분노를 감소시킨다.

눈을 감고서 즐거운 상상하기의 사용을 시범 보인 후, 이완장소를 구체적으로 묘사한다. 예를 들면 다음과 같다.

- 나는 해변의 모래사장에 있다. 혼자 있다. 햇볕은 너무 뜨겁지 않고 따뜻하다. 부드러운 미풍이 불어오고, 파도는 바닷가에 출렁거린다.

구성원들에게 자신이 평화롭고 이완시켜 주는 장면이라고 생각하는 순간을 떠올려 보도록 요청한다. 눈을 감고서 조용히 1~2분 정도 그 장소에서의 자신을 상상해 보도록 한다. 예를 들면 다음과 같다.

- 나는 친구와 함께 집의 거실 소파에 앉아 편안하게 영화를 보고 있다. 우리는 팝콘을 먹으면서 함께하고 싶은 일들에 대해 이야기하며 편안하게 있다.
- 나는 아버지 작은아버지와 함께 낚시를 하고 있다. 수면은 아무런 물결도 없이 잔잔하다. 공기는 시원하고, 아침 해는 산 위로 이제 떠오르고 있다.

구성원들에게 자신들의 장면을 간단히 묘사해 보도록 요청한다.

4. 모델링, 역할연기 및 수행 피드백

① 공동촉진자와 함께 분노감소요인의 사용을 강조하면서 아래의 분노조절 절차를 보여 주기 위해 선택한 상황을 시범을 보인다.

유발요인(외적 · 내적) + 단서 + 분노감소요인(모두)

역할연기에서 세 가지 분노감소요인을 모두 포함해야 한다

② 각 구성원에게 이전의 상황일지에서 역할연기할 갈등 상황을 선택하도록 하고, 하나나 둘 혹은 세 가지 분노감소요인 모두를 시도해 보는 기회를 준다.

③ 분노조절사슬의 각 단계를 관찰할 구성원들을 배정한다.

④ 필요시 코칭과 격려를 제공하면서 역할연기를 수행한다.

⑤ 각 역할연기 후, 분노감소요인의 사용에 초점을 두고 집단구성원의 수행에 대한 집단 피드백 시간을 갖는다. 피드백은 보조연기자, 관찰자, 촉진자, 주연 순으로 한다.

관찰자 질문

- 외적 유발요인을 관찰한 사람은 누구인가? 관찰한 외적 유발요인은 무엇인가?
- 내적 유발요인을 관찰한 사람은 누구인가? 관찰한 내적 유발요인은 무엇인가?
- 분노 단서를 관찰한 사람은 누구인가? 관찰한 분노 단서는 무엇인가?
- 분노감소요인을 관찰한 사람은 누구인가? 관찰한 분노감소요인은 무엇인가?

5. 마무리와 과제

각 구성원의 유발요인과 분노의 신체적 징후(분노 단서) 그리고 세 가지 분노감소요인을 복습한다. 구성원들에게 이번 주에 자신이 화가 나는 것을 알아채는 상황에서 세 가지 분노감소요인을 시도해 보도록 알려 준다. 다음 분노조절훈련 회기 전까지 구성원들은 적어도 하나의 갈등 상황에서 자신의 상황일지를 계속 사용해야 한다.

도덕추리 3주: 마크의 문제 상황

구성원들에게 마크의 도덕추리 상황(294쪽 참조)을 복사해 나누어 주고, 소리 내어 읽게 한다. 옳고 그른 답은 없으며, 자신의 응답을 서로 공유해서는 안 된다는 점을 상기시킨다. 질문에 답하게 하고, 제출하고 가도록 한다.

* 필요시 이샨의 문제 상황을 사용할 수 있다(부록 D).

분노조절훈련 – 나의 분노 단서

이름: ______________________ 날짜: ______________________

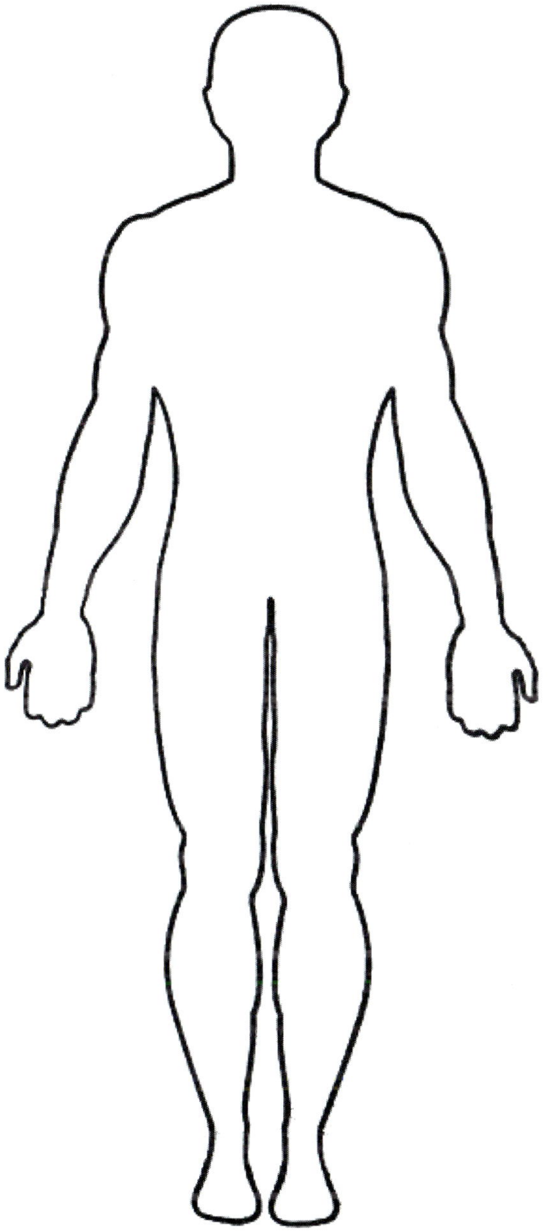

분노조절훈련 4주

ART

리마인더

목표

- 리마인더의 개념을 소개한다.
- 구성원들에게 유발요인(외적 · 내적) + 단서 + 분노감소요인 + 리마인더의 역할연기 기회를 제공한다.

준비물

- 칠판(이젤판)과 마커

* 회기 전, 촉진자는 모델링 시범을 보일 갈등 상황을 선택해 연습한다.

절차

1. 개관

집단규칙에 대해 간단히 개관하고, 과제로 내준 상황일지를 검토하면서 이전 회기에서 학습한 분노 단서와 분노감소요인에 대해 논의한다. 일지를 작성하고 세 가지 분노감소요인 중 하나나 그 이상을 시도해 본 구성원들에게 긍정적인 강화를 제공한다.

2. 리마인더

리마인더는 모든 형태의 압박 상황에서 성공을 증가시키는 데 도움이 되는 자기교습적(지시적) 진술임을 알려 준다. 분노조절사슬에 리마인더를 추가한다.

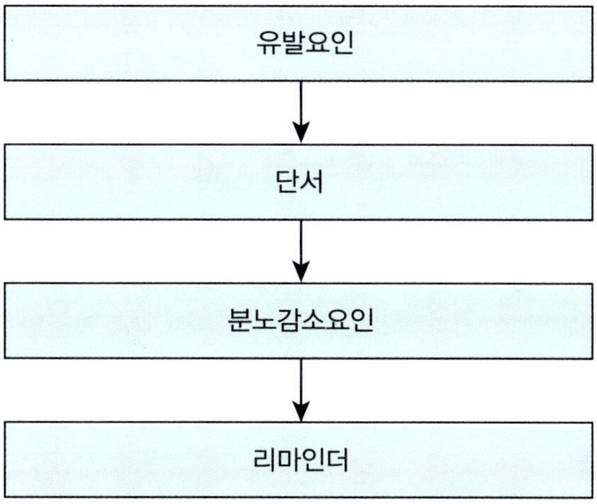

스포츠의 비유가 유익하다. 예로, 농구에서 자유투를 할 때 '무릎을 구부렸다가 공을 던지면서 팔을 끝까지 뻗는 폴로스루'나 복싱에서 '잽 앤드 훅' 등이 있다.

구성원들에게 최근의 분노나 갈등 상황에서 자신이 사용한 혹은 사용했던 이런 여러 가지 형태의 리마인더를 제안해 보도록 격려한다.

공동촉진자는 구성원들이 내놓은 리마인더를 칠판에 적는다. 1부 3장에서 다뤘던 〈표 3-1〉은 분노유발 이전, 도중, 이후에 사용한 다양한 리마인더 목록이다.

구성원들이 침착함을 유지하기 위해 열심히 시도하는 상황에서 다양한 예시가 어떠한 도움이 되는지를 논의한다. 예를 들면 다음과 같다.

- 흥분을 가라앉힌다.
- 침착해진다.
- 그럴 가치가 없다.
- 그는 내 친구이고 그럴 의도가 없었을 것이다.

〈표 3-1〉 분노유발 이전, 도중, 이후 사용 가능한 자기교습적 리마인더

분노유발에 대비하기	각성에 대처하기
• 당황스럽겠지만, 나는 그것에 대처할 방법을 알고 있어. • 내가 해야 할 일이 무엇이지? • 나는 이것을 다룰 계획이 있지. • 나는 상황에 대처할 수 있고, 내 화를 조절하는 법을 알아. • 내가 화가 난다고 해도, 난 잘 대처할 거야. • 다툴 필요는 없을 거야. • 이 상황을 너무 심각하게 생각하지 말자. • 화나는 상황이지만, 나는 자신을 믿어. • 잠시 심호흡으로 이완하고, 편안하게 진정하자. • 화내지 마. 나의 유머감각을 기억하자.	• 몸이 긴장되기 시작해. 잠시 긴장을 풀고 느긋해져 봐. • 속상해해 봐야 도움이 안 돼. • 그렇게 화를 낼 가치가 없어. • 그가 바보 같은 짓을 하도록 내버려 두자. • 화를 낼 수도 있지만, 그러지는 말자. • 심호흡을 해 보자. • 문제를 조목조목 따져 보자. • 화가 나는 것은 내가 뭔가 할 필요가 있다는 신호지. 생각할 시간을 갖자. • 이끌려 다니지도 않고, 제멋대로 행동하지도 않을 거야. • 잘 생각해서 하나하나 따져 보자. • 우리 둘 다 옳을 수 있어. 협력하는 방식으로 가 보자. • 기는 말이 고와야 오는 말이 곱지. 건설적으로 풀어 보자. • 그가 나를 좋아해서 정말 화내는지도 몰라. 그럼 내가 그를 실망시키고 있는 거야. • 내가 바라는 대로 모든 사람이 행동한다고 기대할 수는 없어. • 진정하고, 억지 부리지 말자.
대면과 직면	**분노유발 숙고하기**
• 그냥 긴장 풀고 진정하자. • 내가 침착하면, 잘 해결될 거야. • 적당히 다루고 화내지는 말자. • 이 상황에서 벗어나고 싶은 이유를 생각해 봐. • 네가 자신을 증명할 필요는 없겠지. • 화를 내도 소용이 없겠지. • 그가 나를 침범하게 놔두지는 않을 거야. • 긍정적으로 바라보자. 최악을 가정하거나 결론을 비약하지는 말자. • 그가 이렇게 행동하는 것은 정말 수치다. • 누군가 저렇게 화내는 걸 보면, 그는 끔찍하게 불행함이 틀림없어.	갈등이 해결되지 않는 경우: • 일을 더 이상 심각하게 생각하지 말자. 그 일로 단지 화가 났을 뿐이라고 생각하자. • 어려운 상황이야, 정리할 시간이 필요해. • 이제 떨쳐버리자. 그 일로 내 일을 망치지는 말자. • 내가 연습할수록 잘 할 수 있을 거야. • 침착하자. 그게 화내는 것보다 훨씬 낫지. • 웃어넘길 수 있을까? 그렇게 심각하진 않아. • 사적으로 받아들이지 말자. • 심호흡을 하자.

• 내가 화를 내기 시작하면, 아마도 벽에 머리를 박고 말 거야. 그러니 그냥 진정하자. • 내 자신을 의심할 필요는 없어. 그가 말하는 것은 중요하지 않아. • 나는 이 상황을 잘 알아, 잘 되어 가고 있어.	**갈등이 해결되거나 대처가 성공적인 경우:** • 내가 일을 잘 처리했네. 완벽해! • 일이 내가 생각했던 것만큼 어렵지는 않았네. • 더 나빠질 수도 있었지. • 내가 필요 이상으로 엄청 화를 낼 수도 있었지. • 화내지 않고서도 내가 잘 처리했구나. • 자존심 때문에 문제될 수 있었는데, 내가 일을 지나치게 심각하게 받아들이지 않아서 참 좋다. • 이렇게 보면 나는 계속 나아지고 있어.

3. 모델링, 역할연기 및 수행 피드백

① 리마인더 사용에 초점을 두면서 전 과정을 시범 보인다.

유발요인(외적 · 내적) + 단서 + 분노감소요인(모두) + 리마인더

② 각 구성원에게 이전의 상황일지에서 역할연기할 갈등 상황을 선택하도록 한다.

③ 각 단계를 관찰할 구성원들을 배정한다.

④ 코칭과 격려를 제공하면서 역할연기를 수행한다.

⑤ 각 역할연기 후, 리마인더의 사용에 초점을 두고 집단구성원의 수행에 대한 집단 피드백 시간을 갖는다. 피드백은 보조연기자, 관찰자, 촉진자, 주연 순으로 한다.

관찰자 질문

- 외적 유발요인을 관찰한 사람은 누구인가? 관찰한 외적 유발요인은 무엇인가?
- 내적 유발요인을 관찰한 사람은 누구인가? 관찰한 내적 유발요인은 무엇인가?
- 분노 단서를 관찰한 사람은 누구인가? 관찰한 분노 단서는 무엇인가?
- 분노감소요인을 관찰한 사람은 누구인가? 관찰한 분노감소요인은 무엇인가?
- 리마인더를 관찰한 사람은 누구인가? 관찰한 리마인더는 무엇인가?

4. 마무리와 과제

리마인더의 사용과 그 사용의 논리적 근거를 요약한다. 리마인더의 사용이 자신의 분노감정을 관리하는 데 실제로 도움이 된다는 점을 지적해 준다.

구성원들에게 자신에게 개인적으로 유익하다고 생각되는 리마인더를 선택하도록 하고, 이를 '나의 리마인더' 제목 아래 일지의 빈 곳에 적어 두도록 한다. 구성원들은 이번 주에 자신이 화가 나는 것을 알아채는 상황에서 이들 리마인더 사용을 시도해 본다. 다음 분노조절훈련 회기 전까지 자신이 생각하는 적어도 하나의 갈등 상황에서 상황일지를 계속 사용해야 한다.

도덕추리 4주: 조지의 문제 상황

구성원들에게 조지의 도덕추리 상황(300쪽 참조)을 복사해 나누어 주고, 소리 내어 읽게 한다. 옳고 그른 답은 없으며, 자신의 응답을 서로 공유해서는 안 된다는 점을 상기시킨다. 질문에 답하게 하고, 제출하고 가도록 한다.

* 필요시 엔지오의 문제 상황을 사용할 수 있다(부록 D).

분노조절훈련 5주 ART

미리 생각하기

목표

- 구성원들에게 미리 생각하기를 소개하고 '만약-그러면' 공식을 가르친다.
- 여러 형태의 결과(단기적/장기적, 내적/외적)를 논의한다.
- 유발요인(외적 · 내적) + 단서 + 분노감소요인 + 리마인더 + 미리 생각하기의 역할연기 기회를 제공한다.

준비물

- 칠판(이젤판)과 마커
- 선택: 여러 형태의 결과 유인물 복사본
- 포스터: 미리 생각하기

* 회기 전, 촉진자는 모델링 시범을 보일 갈등 상황을 선택해 연습한다.

절차

1. 개관

십난규칙에 대해 간단히 개관하고, 이전 회기 이후 구성원들이 작성한 상황일지를 검토한다. 이전 회기에서 학습한 분노 단서와 분노감소요인에 대해 논의한다. 각 구성원에게 리마인더의 사용 효과를 평가해 보도록 요청한다.

- 어떤 리마인더를 사용하였는가? ("흥분을 가라앉힌다." "침착해진다." "그럴 가치가 없다." 등)

- 리마인더의 사용이 화를 조절하는 데 도움이 되었는가?
- 리마인더의 사용이 보다 해로운 행동을 피하는 데 도움이 되었는가? 즉, 더 큰 문제 상황에 빠지지 않았는가?

2. 미리 생각하기

미리 생각하기는 갈등 상황에서 현재 행동의 앞으로 가능한 결과를 판단함으로써 분노를 조절하는 한 방법임을 설명한다. 분노조절사슬에 미리 생각하기를 추가한다.

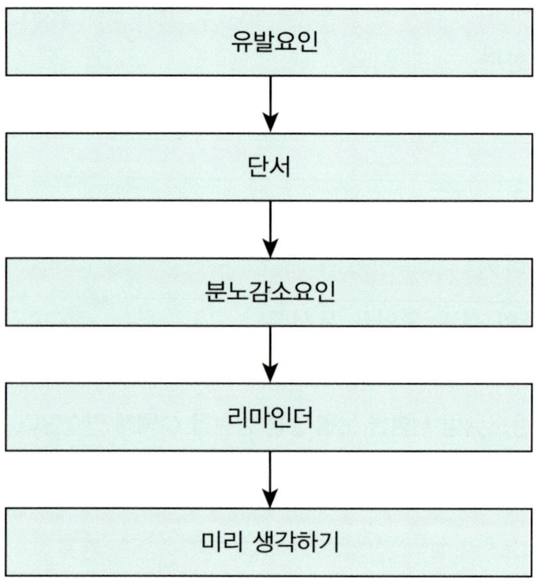

1주째의 분노의 ABC 포스터를 보여 주며, 미리 생각하기는 무엇을 할지(B 단계) 결정하기 이전에 상황을 이해하는 데 도움을 준다는 점을 설명한다.

구성원들에게 미리 생각하기 포스터를 언급하고, '만약-그러면' 공식은 자신의 행동에 대한 긍정적인 또는 부정적인 결과(C)의 인식을 보다 쉽게 해 줌으로써 특정 방식으로 행동할 결정을 이끈다는 점을 강조한다.

미리 생각하기

만약 내가 지금 이렇게 하면, 그러면 아마도 이것이 발생할 것이다.

- 단기적 결과 대 장기적 결과
- 외적 결과 대 내적 결과

단기적 결과와 장기적 결과의 차이를 논의하고, 단기적 결과와 장기적 결과를 고려하도록 격려한다. 단기적 결과의 예는 "내가 지금 그를 한 대 때린다면, 그는 입을 다물 것이다.", 장기적 결과의 예는 "내가 지금 그를 한 대 때린다면, 나는 한 일주일 정도 정학을 당하거나 혹은 폭행죄로 고소되어 보호처분을 받을 수 있을 것이다."이다.

이어 공격성의 내적 외적 결과의 차이점을 설명한다. 예로, 외적 결과에는 학교에서 일주일 정학을 당하거나 법정에 출석하는 것이 포함될 수 있고, 친구를 잃거나 집단에서 배제되는 것과 같은 사회적 결과 또한 일종의 외적 결과다. 내적 결과는 자존감을 상실하거나 자신에 대해 끔찍한 감정을 느끼는 것 등이다.

부정적인 결과는 공격적으로 행동하지 않는 부가적인 동기로 작용할 수 있다는 점도 알려 주는 것이 유익하다.

필요시 구성원의 이해 여부를 평가하기 위해 [결과의 유형]을 사용할 수 있다.

응답: 1(단기, 외적), 2(장기, 외적), 3(단기, 내적), 4(장기, 외적), 5(단기, 외적), 6(단기, 외적), 7(단기 혹은 장기, 내적), 8(단기, 내적), 9(장기, 외적), 10(단기 혹은 장기, 내적)

3. 모델링, 역할연기 및 수행 피드백

① 공동촉진자와 함께 미리 생각하기 절차와 '만약-그러면' 공식의 사용에 초점을 두면서 분노조절 전 과정을 시범 보인다.

유발요인(외적 · 내적) + 단서 + 분노감소요인(모두) + 리마인더 + 미리 생각하기

② 각 구성원에게 이전의 상황일지에서 역할연기할 갈등 상황을 선택하도록 한다.

③ 각 단계를 관찰할 구성원들을 배정한다.

④ 필요시 코칭과 격려를 제공하면서 역할연기를 수행한다.

⑤ 각 역할연기 후, 분노감소요인으로서 미리 생각하기의 사용에 초점을 두고 구성

원의 수행에 대한 집단피드백 시간을 갖는다. 피드백은 보조연기자, 관찰자, 촉진자, 주연 순으로 한다.

관찰자 질문

- 외적 유발요인을 관찰한 사람은 누구인가? 관찰한 외적 유발요인은 무엇인가?
- 내적 유발요인을 관찰한 사람은 누구인가? 관찰한 내적 유발요인은 무엇인가?
- 분노 단서를 관찰한 사람은 누구인가? 관찰한 분노 단서는 무엇인가?
- 분노감소요인을 관찰한 사람은 누구인가? 관찰한 분노감소요인은 무엇인가?
- 리마인더를 관찰한 사람은 누구인가? 관찰한 리마인더는 무엇인가?
- 미리 생각하기를 관찰한 사람은 누구인가? 관찰한 '만약-그러면' 진술은 무엇인가?

4. 마무리와 과제

미리 생각하기와 '만약-그러면' 진술의 사용에 대한 근거를 살펴보고, 결과는 단기적 혹은 장기적, 내적 혹은 외적일 수 있음을 상기시킨다. 구성원들에게 이번 주 동안 발생하는 실제상황에서 적어도 하나의 상황일지를 작성하도록 알려 준다. 일지의 뒷면에 '미리 생각하기'를 작성하고 자신이 경험한 갈등 상황에서 '만약-그러면'의 진술을 기록하도록 지시한다.

도덕추리 5주: 샘의 문제 상황

구성원들에게 샘의 도덕추리 상황(305쪽 참조)을 복사해 나누어 주고, 소리 내어 읽게 한다. 옳고 그른 답은 없으며, 자신의 응답을 서로 공유해서는 안 된다는 점을 상기시킨다. 질문에 답하게 하고, 제출하고 가도록 한다.

* 필요시 카르멘의 문제 상황을 사용할 수 있다(부록 D).

분노조절훈련 – 결과의 유형

이름: ______________________ 날짜: ______________________

각 항목의 결과유형에 ◯표 하십시오. 결과는 하나 이상일 수도 있습니다.

단 = 단기적 결과
장 = 장기적 결과
외 = 외적 결과
내 = 내적 결과

	결과	유형			
1	부정행위로 시험을 통과함	단	장	외	내
2	부정행위를 해서 학교에서 정학을 당함	단	장	외	내
3	누군가를 때렸을 때, 기분이 좋음	단	장	외	내
4	폭행으로 고소당해 구속됨	단	장	외	내
5	규칙을 위반해서 처벌받음	단	장	외	내
6	통금시간을 몰랐다고 거짓말해서 구내식당 이용을 못 하게 됨	단	장	외	내
7	거짓말을 하고 죄책감을 느낌	단	장	외	내
8	누군가를 이겼을 때 힘을 느낌	단	장	외	내
9	우정을 잃음	단	장	외	내
10	외로움을 느낌	단	장	외	내

분노조절훈련 6주

ART

자기평가

목표

- 자기평가(자기보상과 자기코칭)를 소개한다.
- 구성원들에게 유발요인(외적 · 내적) + 단서 + 분노감소요인 + 리마인더 + 미리 생각하기 + 자기평가(자기보상과 자기코칭)의 역할연기 기회를 제공한다.

준비물

- 칠판(이젤판)과 마커
- 포스터: 자기평가

* 회기 전, 촉진자는 모델링 시범을 보일 갈등 상황을 선택해 연습한다.

절차

1. 개관

이전 회기 이후 구성원들이 작성한 상황일지를 검토한다. 각 구성원에게 '만약-그러면'의 미리 생각하기 절차의 사용과 자신 및 타인에게 미친 그 효과를 묻는다.

- '만약-그러면'의 어떤 진술을 사용하였는가?
- 어떤 종류의 결과라고 생각하는가(단기/장기, 외적/내적)?
- 미리 생각하기의 사용이 분노조절에 어떻게 도움을 주었는가?

2. 자기평가

구성원들에게 자기평가 포스터를 보여 주고, 자기평가는 자신이 갈등 상황을 얼마나 잘 다루었고, 잘 다루었을 경우 스스로 보상하거나(자기보상) 또는 어떻게 하면 그것을 보다 잘 다루었을지 스스로 알아내도록 돕는(자기코칭) 자가판단 방법임을 설명한다.

> **자기평가**
>
> 자기평가는 갈등 상황이 끝난 후 자신이 그 상황을 어떻게 다루었는지를 판단하는 것을 의미한다.
>
> - 자신이 잘 다루었을 경우에는, 자신에게 보상한다(자기보상).
> - 잘 다루지 못했을 경우에는, 어떻게 하면 잘 다룰 수 있었을지를 알아본다(자기코칭).

자신이 상황을 잘 다루었을 때 구성원들이 자기보상에 사용할 수 있는 진술들(예, "내가 정말 침착했어." "내가 정말 잘 참았어." 등)을 이끌거나, 갈등 상황에서 잘 조절할 수 없었을 경우에는 자기코칭의 진술들(예, "내 단서에 더 집중할 필요가 있었어." "다음에는 숫자 거꾸로 세기를 해 볼 거야.")을 유도해 본다.

공동촉진자는 구성원들이 내놓은 리마인더를 칠판에 기록한다. 〈표 3-1〉에는 갈등이 해결된 경우(자기보상)와 갈등이 해결되지 못한 경우(자기코칭)의 유익한 반응들이 있다.

3. 모델링, 역할연기 및 수행 피드백

① 공동촉진자와 함께 자기보상과 자기코칭의 진술들을 강조하면서 분노조절 진행과정을 시범 보인다.

유발요인(외적 · 내적) + 단서 + 분노감소요인(모두) +

리마인더 + 미리 생각하기 + 자기평가(자기보상/자기코칭)

② 각 구성원에게 이전의 상황일지에서 역할연기 할 갈등 상황을 선택하도록 한다.

③ 각 단계를 관찰할 구성원들을 배정한다.

④ 필요시 코칭과 격려를 제공하면서 역할연기를 수행한다.
⑤ 각 역할연기 후, 자기평가(자기보상, 자기코칭 진술)의 사용에 초점을 두고 집단구성원의 수행에 대한 집단피드백 시간을 갖는다. 피드백은 보조연기자, 관찰자, 촉진자, 주연 순으로 한다.

관찰자 질문

- 외적 유발요인을 관찰한 사람은 누구인가? 관찰한 외적 유발요인은 무엇인가?
- 내적 유발요인을 관찰한 사람은 누구인가? 관찰한 내적 유발요인은 무엇인가?
- 분노 단서를 관찰한 사람은 누구인가? 관찰한 분노 단서는 무엇인가?
- 분노감소요인을 관찰한 사람은 누구인가? 관찰한 분노감소요인은 무엇인가?
- 리마인더를 관찰한 사람은 누구인가? 관찰한 리마인더는 무엇인가?
- 미리 생각하기를 관찰한 사람은 누구인가? 관찰한 '만약-그러면' 진술은 무엇인가?
- 자기평가를 관찰한 사람은 누구인가? 관찰한 자기평가 형태는 무엇인가(자기보상/자기코칭)?

4. 마무리와 과제

두 가지 형태의 자기평가(자기보상과 자기코칭)를 간단히 살펴보고, 분노유발상황에서 자신이 했던 것을 평가하는 것이 앞으로 상황에서 분노조절의 유지에 도움이 된다는 점을 강조한다.

구성원들에게 이번 주 동안 실제상황에서 적어도 하나의 상황일지를 작성하도록 알려 준다. 일지의 뒷면에 '자기평가 진술'을 기록하도록 지시한다.

도덕추리 6주: 레온의 문제 상황

구성원들에게 레온의 도덕추리 상황(310쪽 참조)을 복사해 나누어 주고, 소리 내어 읽게 한다. 옳고 그른 답은 없으며, 자신의 응답을 서로 공유해서는 안 된다는 점을 상기시킨다. 질문에 답하게 하고, 제출하고 가도록 한다.

* 필요시 체리의 문제 상황을 사용할 수 있다(부록 D).

분노조절훈련 7주

ART

분노행동주기

목표

- 분노행동주기를 소개한다.
- 구성원들에게 유발요인(외적/내적) + 단서 + 분노감소요인 + 리마인더 + 미리 생각하기 + 탈출구(다르게 행동하기) + 자기평가(자기보상과 자기코칭)의 역할연기 기회를 제공한다.
- 자신의 행동이 다른 사람의 분노유발요인이 될 수 있음을 인식하게 하고, 다르게 행동함으로써 자신의 유발행동을 변화시켜 보도록 돕는다.

준비물

- 칠판(이젤판)과 마커
- 8cm × 13cm 색인카드
- 포스터: 분노조절사슬, 분노행동주기, 분노행동주기 탈출구(EXIT) – 다르게 행동하기

* 회기 전, 촉진자는 모델링 시범을 보일 갈등 상황을 선택해 연습한다.

절차

1. 개관

이전 회기 이후, 구성원들이 작성한 상황일지를 검토한다. 각 구성원에게 자기평가 진술의 사용과 자신 및 타인에게 미친 그 효과를 묻는다.

- 어떤 자기평가 진술을 사용하였는가?
- 어떤 종류의 자기평가 진술이었는가?
- (필요시) 그것이 자기보상 진술 혹은 자기코칭 진술이었는가?
- 자기평가 진술의 사용이 자신의 분노조절에 어떻게 도움이 되었는가?

2. 분노행동주기

다른 사람을 화나게 할 행동의 예시(예, 누군가의 외모 비웃기나 가족 험담하기 등)를 보여 주면서 시작한다. 우리 모두가 다른 사람의 화를 유발하는 것들을 지니고 있다고 지적해 준다.

각 구성원에게 색인카드를 나누어 주고, 다른 사람을 화나게 하는 자신의 익숙한 행동을 생각해 보고 세 가지를 적도록 한다.

그다음, 구성원들에게 각 경우에서 다른 사람을 화나게 하는 대신 다르게 행동할 수 있는 것을 생각해 보고 적도록 요청한다. 보통 자신이 썼던 것의 반대 행동이다. 예로, 피하는 대신 할당된 과제를 하는 것, 누군가에게 이름을 부르는 것 대신 아무 말도 하지 않는 것 등이 있다.

집단구성원에게 잠시 색인카드를 옆으로 치워 두고 회기가 끝날 무렵 다시 볼 것이라고 알려 준다. 분노조절사슬 포스터를 제시하고, 이미 배웠던 순서로 적혀 있는 개념들을 설명한다.

<분노조절사슬>

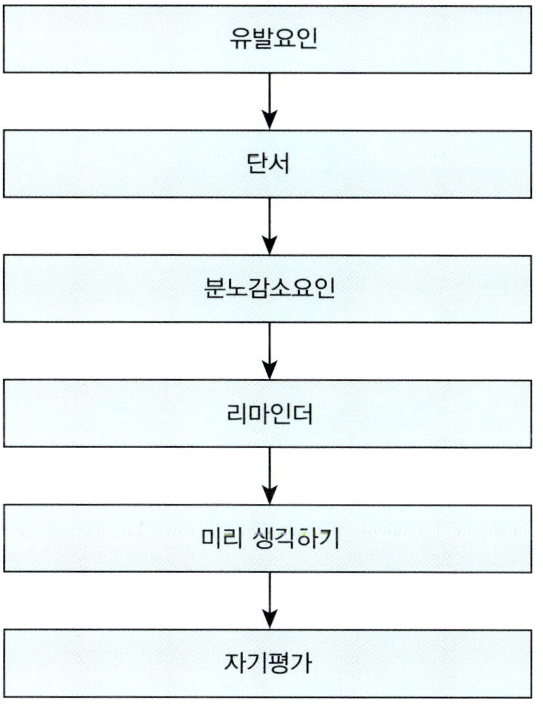

구성원들에게 주기(cycle)가 무엇을 의미하는지를 묻고, 주기는 원(circle)과 같은 의미라고 설명한다. 주기는 계속 돌고 돌아 끝이 없는 것이다.

다음 분노행동주기 포스터를 제시하고 다음과 같이 설명한다.

> 여러분이 여기에서 볼 수 있는 분노조절사슬은 분노행동주기입니다. (사슬의 각 개념들을 가리킨다.) 유발요인이 어떻게 우리에게 화를 일으키는지 알 수 있겠지요? 우리의 신체는 어떤 단서를 주면서 우리에게 화가 나고 있다는 것을 말해 줍니다. 일단 우리는 화가 나고 있다는 것을 깨닫게 되면, 자신의 분노감을 관리할 수 있는 어떤 것을 할 수 있습니다. 우리는 자신의 분노감소요인을 사용할 수 있습니다. "침착하자." 혹은 "진정하자."와 같은 리마인더를 사용할 수 있습니다. 자신의 행동 결과에 앞서 미리 생각하기를 사용할 수 있습니다. 마지막으로 우리는 자기평가를 사용할 수 있습니다. 자신이 잘했을 때 자기보상을 하고, 필요시 더 잘하기 위해서 자기코칭을 합니다.

〈분노행동주기〉

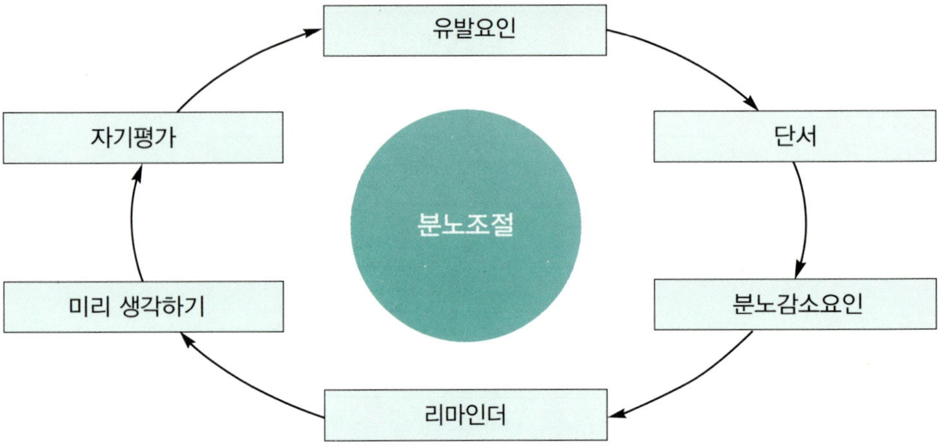

구성원들이 앞서 적어 놓은 색인카드를 꺼내게 하고, 지원자에게 다른 사람을 화나게 한 것이 분노행동주기에서 어디에 있는지 가리켜 보도록 요청한다. 지원한 구성원이 못 하는 경우에는 이것들은 유발요인이라고 알려 준다. 단, 그것은 우리 자신의 것이 아니고 다른 사람들의 유발요인이라는 점을 지적해 준다.

우리가 분노행동주기의 어딘가를 끊어 내지 않으면 그것은 결코 끝나지 않을 것이라고 강조한다. 따라서 우리의 행동이 다른 누군가의 유발요인이 되기 이전에 우리는 분노행동주기를 벗어나기를 원한다.

〈분노행동주기 탈출구 – 다르게 행동하기〉

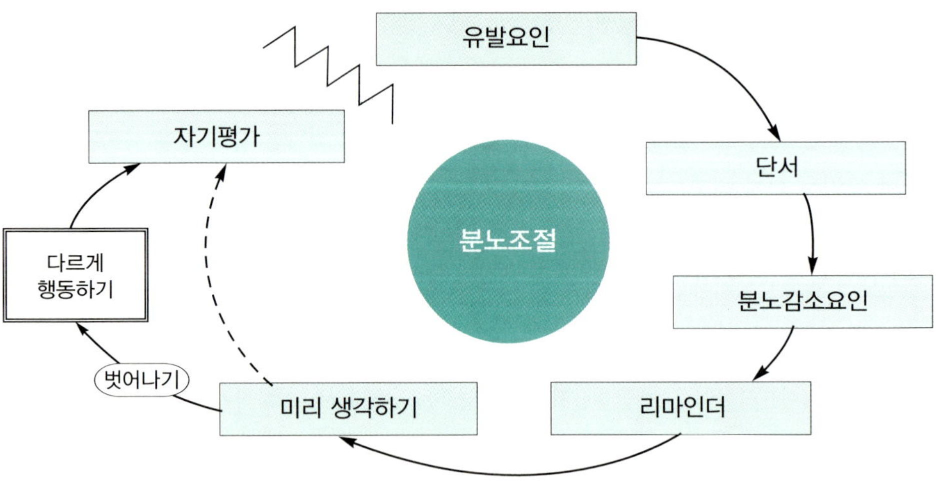

분노행동주기 탈출구 – 다르게 행동하기의 포스터를 제시하고, 주기가 계속되는 것으로부터 탈출할 필요가 있는 위치를 가리킨다.

3. 모델링, 역할연기 및 수행 피드백

① 공동촉진자와 함께, 분노조절사슬 전 과정의 시범을 보인다. 다른 사람이 우리를 유발한 행동으로부터 우리가 다른 사람을 유발한 행동으로의 관점 변화를 강조한다.

유발요인(외적/내적) + **단서** + **분노감소요인**(모두) + **리마인더** +
미리 생각하기 + **탈출구**(다르게 행동하기) + **자기평가**(자기보상/자기코칭)

② 각 구성원에게 이전의 상황일지에서 역할연기할 갈등 상황을 선택하도록 한다.

③ 각 단계를 관찰할 구성원들을 배정한다.

④ 필요시 코칭과 격려를 제공하면서 역할연기를 수행한다.

⑤ 각 역할연기 후, 다른 사람이 우리를 유발한 행동으로부터 우리가 다른 사람을 유발한 행동으로의 관점 변화에 초점을 두고 집단구성원의 수행에 대한 집단피드백 시간을 갖는다. 피드백은 보조연기자, 관찰자, 촉진자, 주연 순으로 한다.

관찰자 질문

- 외적 유발요인을 관찰한 사람은 누구인가? 관찰한 외적 유발요인은 무엇인가?
- 내적 유발요인을 관찰한 사람은 누구인가? 관찰한 내적 유발요인은 무엇인가?
- 분노 단서를 관찰한 사람은 누구인가? 관찰한 분노 단서는 무엇인가?
- 분노감소요인을 관찰한 사람은 누구인가? 관찰한 분노감소요인은 무엇인가?
- 리마인더를 관찰한 사람은 누구인가? 관찰한 리마인더는 무엇인가?
- 미리 생각하기를 관찰한 사람은 누구인가? 관찰한 '만약 그러면' 진술은 무엇인가?
- 분노행동주기에서 탈출하기 위해 다르게 행동하기를 관찰한 사람은 누구인가? 관찰한 것은 무엇인가?
- 자기평가를 관찰한 사람은 누구인가? 관찰한 자기평가 형태는 무엇인가(자기보상/자기코칭)?

4. 마무리와 과제

분노행동주기를 복습하고, 우리가 평소 누군가의 화를 유발했을 일상적인 행동의 대안으로 밝혀진 행동들을 사용하는 중요성에 역점을 둔다. 분노행동주기에서 벗어나기 위해서는 우리가 다른 사람을 화나게 한 행동에 초점을 두고서 관점 변화의 중요성을 강조한다.

구성원들에게 회기 중 작성한 카드를 살펴보게 하고, 누군가를 화나게 한 자신의 행동으로서 밝혀진 세 가지 행동 중의 하나를 선택하게 한다. 다음 주 동안 그 행동과는 다른 행동을 취해 보도록 요청한다. 실제상황에서 적어도 하나의 상황일지를 작성하도록 알려 주고, 자신이 다르게 행동했던 것에 초점을 두고서 작성하도록 지시한다.

도덕추리 7주: 레지의 문제 상황

구성원들에게 레지의 도덕추리 상황(315쪽 참조)을 복사해 나누어 주고, 소리 내어 읽게 한다. 옳고 그른 답은 없으며, 자신의 응답을 서로 공유해서는 안 된다는 점을 상기시킨다. 질문에 답하게 하고, 제출하고 가도록 한다.

* 필요시 빅베어의 문제 상황을 사용할 수 있다(부록 D).

리더 노트

이번 주는 ART에서 중요한 회기로, 구성원들은 각 ART 요소에서 학습한 개념들을 종합하기 시작하는 주다. 지금까지는 그 초점이 다른 사람들이 집단구성원들을 화나게 했을 때 어떻게 행동할까에 있었다. 이 회기에서는 그 관점이 바뀌고, 또한 다음 분노조절훈련 회기의 토대가 된다. 즉, 공격적이거나 폭력적인 행동의 한 대안으로서 사회기술을 추가하고 있다.

분노조절훈련 8주 ART

사회기술 사용과 분노조절사슬 전 과정 연습

목표

- 분노행동주기에서 벗어나기 위해 공격성 대신 사회기술의 사용을 소개한다.
- 유발요인(외적/내적) + 단서 + 분노감소요인 + 리마인더 + 미리 생각하기 + 탈출구(사회기술) + 자기평가(자기보상과 자기코칭)의 역할연기 기회를 제공한다.

준비물

- 칠판(이젤판)과 마커
- 기술 카드와 기술 포스터(기술 1~8)
- 포스터: ART 사회기술, 분노행동주기 탈출구(EXIT) – 사회기술의 사용

* 회기 전, 촉진자는 모델링 시범을 보일 갈등 상황을 선택해 연습한다.

절차

1. 개관

시난주 사신이 한 행동이 다른 사람을 화나게 할 수 있다(즉, 유발요인)는 것을 학습했던 점을 상기시킨다. 자신들이 작성한 상황일지를 공유하게 하고, 분노행동주기의 요소들을 확인하고 거기로부터 벗어나기 위해 했던 행동(즉, 지난 회기에서 자신들이 작성했던 변화를 위해 선택한 세 가지 유발행동)을 검토한다.

2. 사회기술 사용하기

구성원들이 분노행동주기에서 벗어날 수 있으려면, 자신이 원하는 것을 얻기 위해 타인들의 긍정적인 반응을 최대화하고 부정적인 반응을 최소화하면서 사회기술훈련에서 이미 학습했던 사회기술 중의 하나를 선택할 수 있다는 개념을 소개한다.

ART 사회기술 포스터를 제시하고, 이미 학습한 8개의 기술과 학습할 2개의 기술을 설명한다.

ART 사회기술

1. 불평 호소하기	6. 상대방 돕기
2. 상대방의 감정 이해하기	7. 비난 다루기
3. 어려운 대화 대비하기	8. 집단의 압력 다루기
4. 상대방의 분노감 다루기	9. 애정 표현하기
5. 싸움에 말려들지 않기	10. 실패에 대처하기

〈분노행동주기 벗어나기 – 사회기술의 사용〉

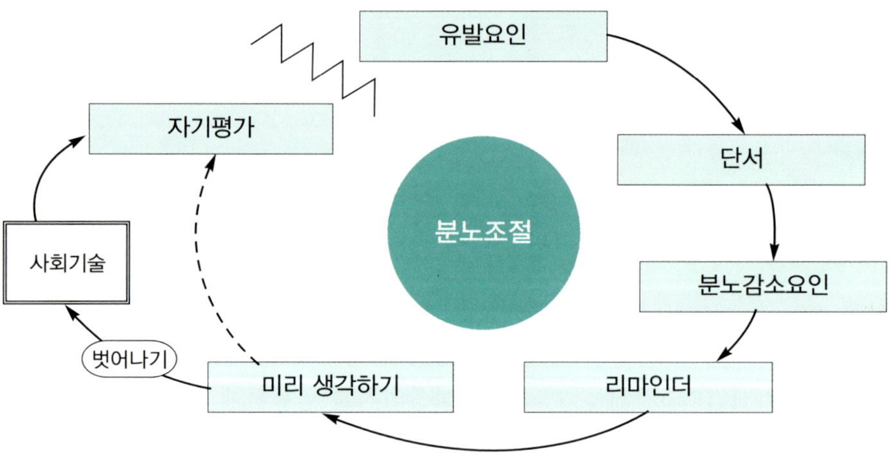

분노행동주기 벗어나기 – 사회기술의 사용 포스터를 제시한다. 주기에서 벗어나는 방법을 알고 있는 지금, 주기에서 탈출하는 한 방법으로서 이미 학습했던 사회기술의 하나를 선택할 수 있다는 점을 설명한다. 주기에서 벗어나기 위한 기술의 선택은 다른 사람과 마찰 없이 혹은 화나게 하지 않고서 자신이 원하는 것을 얻을 수 있는 매우 효과적인 방법이 될 수 있다고 지적해 준다. 즉, 자신을 조절할 수 있고 자제력을 유지하는 데 도움이 된다.

3. 모델링, 역할연기 및 수행 피드백

① 공동촉진자와 함께, 사회기술을 사용해 분노행동주기에서 벗어나는 점을 강조하면서 분노조절사슬 전 과정을 시범 보인다. 적절한 사회기술 포스터를 제시한다.

유발요인(외적/내적) + 단서 + 분노감소요인(모두) + 리마인더 +
미리 생각하기 + 탈출구(사회기술) + 자기평가(자기보상/자기코칭)

② 각 구성원에게 이전의 상황일지에서 주기를 계속하는 대신 사회기술을 사용하여 역할연기할 갈등 상황을 선택하도록 한다. 적절한 기술카드를 제공하고 관련된 사회기술 포스터를 제시한다.

③ 분노조절사슬의 각 단계와 함께 사회기술의 각 단계를 관찰할 구성원들을 배정한다.

④ 필요시 코칭과 격려를 제공하면서 역할연기를 수행한다.

⑤ 각 역할연기 후, 분노행동주기에서 벗어나는 방법으로서 사회기술의 사용에 초점을 두고 집단구성원의 수행에 대한 집단피드백 시간을 갖는다. 피드백은 보조연기자, 관찰자, 촉진자, 주연 순으로 한다.

관찰자 질문

- 외적 유발요인을 관찰한 사람은 누구인가? 관찰한 외적 유발요인은 무엇인가?
- 내적 유발요인을 관찰한 사람은 누구인가? 관찰한 내적 유발요인은 무엇인가?
- 분노 단서를 관찰한 사람은 누구인가? 관찰한 분노 단서는 무엇인가?
- 분노감소요인을 관찰한 사람은 누구인가? 관찰한 분노감소요인은 무엇인가?
- 리마인더를 관찰한 사람은 누구인가? 관찰한 리마인더는 무엇인가?
- 미리 생각하기를 관찰한 사람은 누구인가? 관찰한 '만약-그러면' 진술은 무엇인가?
- 분노행동주기에서 탈출하기 위해 사회기술의 사용을 관찰한 사람은 누구인가? 관찰한 단계들은 무엇인가? (각 단계의 관찰자에게 피드백을 요청한다.)
- 자기평가를 관찰한 사람은 누구인가? 관찰한 자기평가 형태는 무엇인가(자기보상/자기코칭)?

4. 마무리와 과제

일단 자신이 자신의 분노감을 관리하고 다른 사람의 화를 유발하지 않겠다고 결정한다면, 적절한 사회기술을 선택할 것이라는 점을 상기시킨다.

구성원들에게 분노행동주기에서 벗어나기 위해서는 분노조절사슬을 사용하고 사회기술을 선택하여, 다음 주 동안 적어도 하나의 상황일지를 작성하도록 지시한다.

* 필요시 집단구성원들에게 과제로 시도할 선택했던 기술의 단계들이 적혀 있는 기술카드를 제공할 수 있다.

도덕추리 8주: 알론조의 문제 상황

구성원들에게 알론조의 도덕추리 상황(320쪽 참조)을 복사해 나누어 주고, 소리 내어 읽게 한다. 옳고 그른 답은 없으며, 자신의 응답을 서로 공유해서는 안 된다는 점을 상기시킨다. 질문에 답하게 하고, 제출하고 가도록 한다.

* 필요시 타라와 라숀다의 문제 상황을 사용할 수 있다(부록 D).

리더 노트

ART 회기의 8주까지 집단구성원과 그들과 작업한 사람들은 일반적으로 분노폭발의 유의미한 감소를 경험한다. 또한 갈등 상황에서 구성원들이 작성할 필요가 있는 상황일지의 수는 극적으로 감소할 것이다. 사회기술을 사용하면 자신이나 다른 사람에게 상처 주지 않고서 자신이 원하는 것을 얻는 데 도움이 되고, 긍정적인 결과를 최대화하고 부정적인 결과는 최소화한다는 점을 강조한다.

분노조절훈련 9주

ART

분노조절사슬의 전체과정 시연

목표

- 분노행동주기에서 벗어나기 위해 사회기술 사용의 연습을 제공한다.
- 구성원들에게 유발요인(외적/내적) + 단서 + 분노감소요인 + 리마인더 + 미리 생각하기 + 탈출구(사회기술) + 자기평가(자기보상과 자기코칭)의 역할연기 기회를 제공한다.

준비물

- 칠판(이젤판)과 마커
- 기술 카드와 기술 포스터(기술 1~9)

* 회기 전, 촉진자는 모델링 시범을 보일 갈등 상황을 선택해 연습한다.

절차

1. 개관

작성한 상황일지를 검토하고, 자신의 분노감을 관리하기 위해 분노조절절차를 얼마나 잘 적용했는지 모두에게 상화의 기회를 제공한다. 적절한 사회기술을 사용하여 분노행동주기에서 벗어나려 했던 구성원 각자의 노력에 대해 논의한다.

2. 모델링, 역할연기 및 수행 피드백

① 공동촉진자와 함께, 사회기술을 사용해 분노행동주기에서 벗어나는 점을 강조

하면서 분노조절사슬 전 과정을 시범 보인다.

유발요인(외적/내적) + 단서 + 분노감소요인(모두) + 리마인더 +

미리 생각하기 + 탈출구(사회기술) + 자기평가(자기보상/자기코칭)

② 각 구성원에게 이전의 상황일지에서 역할연기할 갈등 상황을 선택하도록 하고, 적절한 기술 카드를 제공한다.

③ 분노조절사슬의 각 단계와 함께 사회기술의 각 단계를 관찰할 구성원들을 배정한다. 이들에게 적절한 사회기술 포스터를 제시해 준다.

④ 필요시 코칭과 격려를 제공하면서 역할연기를 수행한다.

⑤ 각 역할연기 후, 분노행동주기에서 탈출방법으로서 사회기술 사용에 초점을 두고 집단구성원의 수행에 대한 집단피드백 시간을 갖는다. 피드백은 보조연기자, 관찰자, 촉진자, 주연 순으로 한다.

관찰자 질문

- 외적 유발요인을 관찰한 사람은 누구인가? 관찰한 외적 유발요인은 무엇인가?
- 내적 유발요인을 관찰한 사람은 누구인가? 관찰한 내적 유발요인은 무엇인가?
- 분노 단서를 관찰한 사람은 누구인가? 관찰한 분노 단서는 무엇인가?
- 분노감소요인을 관찰한 사람은 누구인가? 관찰한 분노감소요인은 무엇인가?
- 리마인더를 관찰한 사람은 누구인가? 관찰한 리마인더는 무엇인가?
- 미리 생각하기를 관찰한 사람은 누구인가? 관찰한 '만약-그러면' 진술은 무엇인가?
- 분노행동주기에서 탈출하기 위해 사회기술의 사용을 관찰한 사람은 누구인가? 관찰한 단계들은 무엇인가? (각 단계의 관찰자에게 피드백을 요청한다.)
- 자기평가를 관찰한 사람은 누구인가? 관찰한 자기평가 형태는 무엇인가(자기보상/자기코칭)?

3. 마무리와 과제

분노조절절차의 한 부분으로서 이미 학습했던 사회기술의 지속적인 사용을 격려한다. 사회기술의 사용과 다른 분노조절기법들을 사용함으로써 자신의 생활에 대한 보다 많은 자제력을 지니게 된다는 점을 강조한다.

분노행동주기에서 벗어나기 위해 분노조절사슬의 단계를 사용하고 사회기술을 선택하여, 다음 주 동안 적어도 하나의 상황일지를 작성하도록 지시한다.

* 필요시 집단구성원들에게 과제로 시도할 선택했던 기술의 단계들이 적혀 있는 기술 카드를 제공할 수 있다.

도덕추리 9주: 후안의 문제 상황

구성원들에게 후안의 도덕추리 상황(325쪽 참조)을 복사해 나누어 주고, 소리 내어 읽게 한다. 옳고 그른 답은 없으며, 자신의 응답을 서로 공유해서는 안 된다는 점을 상기시킨다. 질문에 답하게 하고, 제출하고 가도록 한다.

* 필요시 린의 문제 상황을 사용할 수 있다(부록 D).

리더 노트

집단촉진자는 구성원들에게 분노조절훈련에서 학습한 기법들을 사용하여 자신의 분노감을 관리한 구성원들 모두를 강화하는 기회를 제공한다. 그 결과, 구성원들은 그렇게 어렵지 않게 자신이 원하는 바를 얻을 수 있다는 힘을 지니게 된다.

전 과정의 복습과 분노조절사슬의 연습

목표

- 분노조절사슬의 모든 기법들을 복습한다.
- 분노행동주기에서 벗어나기 위한 사회기술 사용의 추가적인 실습을 제공한다.
- 구성원들에게 유발요인(외적/내적) + 단서 + 분노감소요인 + 리마인더 + 미리 생각하기 + 탈출구(사회기술) + 자기평가(자기보상과 자기코칭)의 역할연기 기회를 제공한다.

준비물

- 칠판(이젤판)과 마커
- 기술 카드와 기술 포스터(기술 1~10)
- 선택: 분노조절사슬 평가 복사본

* 회기 전, 촉진자는 모델링 시범을 보일 갈등 상황을 선택해 연습한다.

절차

1. 개관

갈등 상황을 다루는 구성원들의 새로운 방법을 강화하기 위해 작성한 상황일지를 검토한다. 분노조절사슬을 학습하고서, 이 기법들을 자신의 분노감을 관리하는 데 얼마나 잘 적용했는지를 강조하면서 구성원들의 성취를 칭찬한다. 의도적으로 분노행동주기에서 벗어나고자 하고 자신이 원하는 것을 얻기 위한 적절한 사회기술의 사용이 유익하다는 점을 강화한다.

2. 분노조절기법의 개요

지금까지 구성원들이 학습한 분노조절기법들의 정의를 개관하고 간단히 논의한다.

① 유발요인

- 내적 유발요인은 우리의 분노감을 증가시키는 우리가 자신에게 말하는 것이다.
- 외적 유발요인은 우리에게 스트레스를 주거나 분노반응을 야기하는 누군가의 행동이나 일을 말한다.

② 단서는 우리가 화가 날 때 우리에게 알려 주는 신체적 징후이다.

③ 분노감소요인은 우리가 화가 나고 있다는 것을 인식할 때 자신을 진정시키는 데 사용할 수 있는 기법들이다. 심호흡, 거꾸로 숫자세기, 평온한 장면 상상하기 세 가지가 있다.

④ 리마인더는 자신을 진정시키는 데 도움이 되는 우리 자신에게 말하는 진술이다. 이는 분노감을 감소시키기 때문에 내적 유발요인의 반대다.

⑤ 미리 생각하기는 '만약 우리가 어떤 것을 하면, 그러면 자신과 타인에게 어떤 결과가 있을 것이다'라는 점을 이해하게 해 준다.

⑥ 사회기술은 우리가 타인으로부터 긍정적인 반응은 최대화하고 부정적인 반응은 최소화하면서 어떤 것을 얻기 위해 사용하는 것이다.

⑦ 자기평가는 자신의 분노감을 얼마나 잘 다루었는지를 판단하는 방법이다. 두 가지를 사용한다. 자기보상은 분노유발상황에서 자신이 잘 다루었을 경우 잘했다고 자신에게 말하는 것이고, 자기코칭은 잘 다루지 못했을 경우 다음에는 더 잘할 수 있을 것이라고 자신에게 말하는 것이다.

* 필요시, 논의와 앞으로의 참고를 위해 분노조절사슬 평가의 복사본을 나누어 줄 수 있다.

구성원들에게 분노행동주기와 자신의 분노감을 관리하는 자제력, 타인의 분노감을 유발한 평소 행동의 대안 방법 사용의 효과를 상기시킨다

3. 모델링, 역할연기 및 수행 피드백

① 공동촉진자와 함께, 사회기술을 사용해 분노행동주기에서 벗어나는 점을 강조

하면서 분노조절사슬 전 과정의 시범을 보인다.

유발요인(외적/내적) + 단서 + 분노감소요인(모두) + 리마인더 +

미리 생각하기 + 탈출구(사회기술) + 자기평가(자기보상/자기코칭)

② 각 구성원에게 이전의 상황일지에서 역할연기할 갈등 상황을 선택하도록 하고, 적절한 참고용 기술 카드를 제공한다.

③ 분노조절사슬의 각 단계와 함께 사회기술의 각 단계를 관찰할 구성원들을 배정한다. 이들에게 적절한 사회기술 포스터를 제시해 준다.

④ 필요시 코칭과 격려를 제공하면서 역할연기를 수행한다.

⑤ 각 역할연기 후, 분노행동주기에서 벗어나는 방법으로서 사회기술의 사용에 초점을 두고 집단구성원의 수행에 대한 집단 피드백 시간을 갖는다. 피드백은 보조연기자, 관찰자, 촉진자, 주연 순으로 한다.

관찰자 질문

- 외적 유발요인을 관찰한 사람은 누구인가? 관찰한 외적 유발요인은 무엇인가?
- 내적 유발요인을 관찰한 사람은 누구인가? 관찰한 내적 유발요인은 무엇인가?
- 분노 단서를 관찰한 사람은 누구인가? 관찰한 분노 단서는 무엇인가?
- 분노감소요인을 관찰한 사람은 누구인가? 관찰한 분노감소요인은 무엇인가?
- 리마인더를 관찰한 사람은 누구인가? 관찰한 리마인더는 무엇인가?
- 미리 생각하기를 관찰한 사람은 누구인가? 관찰한 '만약-그러면' 진술은 무엇인가?
- 분노행동주기에서 탈출하기 위해 사회기술의 사용을 관찰한 사람은 누구인가? 관찰한 단계들은 무엇인가? (각 단계의 관찰자에게 피드백을 요청한다.)
- 자기평가를 관찰한 사람은 누구인가? 관찰한 자기평가 형태는 무엇인가(자기보상/자기코칭)?

4. 마무리

상황에 적절하게, 상황일지의 지속적인 사용과 분노조절사슬 단계의 이행을 격려한다. 이제는 다른 사람들의 긍정적 반응을 최대화하고 부정적 반응은 최소화하면서 공격적이거나 폭력적이지 않고 자신이 원하는 것을 얻는 능력을 지니고 있다는 점을, 따라서 자신의 삶에서 보다 큰 자제력을 지니게 되었다는 점을 상기시킨다.

도덕추리 10주: 안토니오의 문제 상황

구성원들에게 안토니오의 도덕추리 상황(330쪽 참조)을 복사해 나누어 주고, 소리 내어 읽게 한다. 옳고 그른 답은 없으며, 자신의 응답을 서로 공유해서는 안 된다는 점을 상기시킨다. 질문에 답하게 하고, 제출하고 가도록 한다.

* 필요시 엠마의 문제 상황을 사용할 수 있다(부록 D).

리더 노트

〈표 1-1〉의 회기 순서를 따랐다면, 이 회기의 마무리 부분에서 다음 회기가 마지막 회기라고 알려 준다. 특정 계획을 논의할 수도 있고 프로그램에 열심히 참여해 준 것에 대한 축하 방법을 결정할 수도 있다.

분노조절훈련 – 분노조절사슬 평가

이름: ______________________ 날짜: ______________________

다음의 분노조절사슬의 정의를 자신의 말로 기술하십시오.

1. 유발요인 ______________________

____

내적 유발요인 ______________________

외적 유발요인 ______________________

2. 단서 ______________________

____

3. 분노감소요인 ______________________

____

심호흡 ______________________

숫자 거꾸로 세기 ______________________

즐거운 상상하기 ______________________

4. 리마인더 ______________________

____

5. 미리 생각하기 ______________________

____

6. 사회기술 ______________________

____

7. 자기평가 ______________________

____

자기보상 ______________________

자기코칭 ______________________

4부

공격성 대체 훈련 회기 3 - 도덕추리

1주 도덕추리의 소개 / 짐의 문제 상황

2주 제리의 문제 상황

3주 마크의 문제 상황

4주 조지의 문제 상황

5주 샘의 문제 상황

6주 레온의 문제 상황

7주 레지의 문제 상황

8주 알론조의 문제 상황

9주 후인의 문제 상황

10주 안토니오의 문제 상황 / 프로그램의 결론

도덕추리 1주 ART

도덕추리의 소개 / 짐의 문제 상황

목표

- ART의 도덕추리 요소를 소개하고 도덕추리 회기 절차를 설명한다.
- 보다 성숙한 사고의 이론적 근거를 제공하고, 특정 문제 상황에서 다른 사람의 관점을 고려하는 능력을 촉진한다.
- 조망 취하기와 성숙한 도덕적 추리 그리고 우정, 정직성, 타인의 소유 존중하기 등의 주제와 관련된 상황에서 책임감 있는 사회적 의사결정을 촉진한다.

준비물

- 칠판(이젤판)과 마커
- 짐의 문제 상황 복사본(집단구성원이 작성한 것)
- 짐의 문제 상황 의사결정도표

* 회기 전, 촉진자는 문제 상황을 충분히 알고 의사결정도표를 준비해야 하며, 4장의 지시에 따른 구성원들의 반응을 분석해야 한다.

절차

1. 개관

집단규칙을 상기시키고 이슈나 관심사 등을 간단히 전달한다.

도덕추리의 소개

ART의 도덕추리 요소는 다른 사람을 고려하는 책임감 있는 결정을 하도록 돕는다는 생각을 살펴본다. 이는 우리가 곤경에 빠지거나 나중에 후회하는 어떤 것을 하지 않는 것이다.

이 모임에서 집단구성원들은 집단의 다른 사람들이 문제 상황을 어떻게 바라보는지를 고려하는 기회를 갖고, 집단에서 도덕적으로 성숙한 추리를 통해 지지되는 책임감 있는 결정을 하게 되는 작업을 할 것이라고 설명한다.

2. 논의

단계 1: 문제 상황의 소개

구성원들이 앞서 작성한 문제 상황 유인물을 나누어 준다. 자원자에게 문제 상황을 소리 내어 읽게 하고, 집단에게 다음과 같이 묻는다.

- _____의 문제 상황이 무엇인지 말해 줄 수 있는 사람은 누구인가요?
- 왜 그것이 문제인가요?
- 이런 문제 상황이 발생하나요?
- 이와 같은 문제를 지녔던 사람이 있나요?

논의를 진행하고, 집단이 문제 상황을 이해하게 되면 다음 단계로 넘어간다.

단계 2: 성숙한 도덕성 배양하기

① 의사결정도표를 제시하고, 상황에 대한 질문에 구성원들의 응답 내용을 보여 주고 설명한다.

② 책임감 있는 결정을 선택한 모든 구성원에게 자신들이 선택한 응답의 이유를 공유하도록 요청한다. 공동촉진자는 구성원들의 책임감 있는 의사결정의 이유를 칠판에 적어 내려간다.

③ 자신의 책임감 있는 의사결정의 성숙한 추리를 제공할 가능성이 있는 구성원들 중에서 첫 번째 논의를 진행한다.

④ 비록 책임감 있는 결정을 선택했더라도 성숙한 추리라고 지지할 가능성이 낮은 구성원에게는 관심을 많이 주지는 않는다.

단계 3으로 넘어가기 전, "여기에 여러 훌륭한 추리가 있습니다. 예를 들어, 이 구성원은 (가장 성숙한 추리를 가리키며) ~ 이렇게 말했습니다."와 같은 언급을 하면서 성숙한 추리들을 요약한다.

단계 3: 도덕발달 지연의 교정

① 무책임한 결정을 선택한 구성원들을 논의에 초대한다. 공동촉진자는 구성원들의 무책임한 의사결정의 추리를 칠판에 적어 내려간다.

② 덜 성숙한 도덕적 제안에 대해 성숙한 도덕적 입장을 옹호한 반응자들을 격려한다. 개방형 질문을 하고, 필요시 추가적인 논의를 진행한다.

③ 끝으로 '결정할 수 없다'라고 응답한 구성원들을 논의에 초대한다.

단계 4: 성숙한 도덕성 굳히기

① 다수의 긍정적인 결정을 집단의 공식 결정으로 채택하는 데 이의 있는 사람이 있는지 묻는다. 촉진자나 혹은 집단의 책임감 있는 구성원이 다수의 결정에 동그라미를 한다.

② 가능한 많은 긍정적인 다수의 결정을 공식 또는 만장일치의 집단결정으로 전환을 시도하면서 논의를 계속한다.

③ 칠판에 열거된 추리들을 언급하면서, 책임감 있는 결정의 가장 성숙한 추리로 집단의 주의를 향하게 한다. 집단의 공식적인 '최상의' 추리로 강조되어야 할 추리들이 있는지 묻는다. 공동촉진자는 그 추리에 밑줄을 긋는다.

3. 마무리

집단이 책임감 있는 결정과 성숙한 추리에 합의를 보게 되면 다음과 같이 이를 축하한다.

> 이 집단에서 우리는 여러 훌륭하고 강력한 결정과 이를 뒷받침하는 훌륭한 추리들을 할 수 있었다는 점에서 정말 기쁩니다. 우리는 실제로 할 수 있다는 것을 보여 주었습니다.

집단이 합의를 보지 못한 경우에는 다음과 같이 집단의 노력에 대해 칭찬한다.

> 여러분 모두 서로에게 주의를 기울이면서 열심히 해 주었습니다. 우리는 훌륭하고 강력한 추리가 뒷받침하는 책임감 있는 결정을 하는 데 상당한 진보를 했습니다. 그것에 대해 정말 고맙게 생각합니다. 아마 다음번에는 책임감 있는 결정과 그 결정의 최상의 추리에 대한 합의를 볼 수 있을 것입니다.

회기가 끝날 무렵, 촉진자나 책임감 있는 구성원 중 한 사람이 밑줄 친 의사결정의 가장 성숙한 추리(논의 중 작성한 페이지나 칠판에 적혀 있는)를 제시할 수 있다.

리더 노트

질문 1에서 시작해서 제시된 순서대로 가능한 한 문제 상황의 모든 질문을 논의해야 한다. 집단이 여러 질문을 책임감 있는 결정으로 합의하는 경우에는 이러한 질문들을 함께 모아 성숙한 추리로 이끌 수 있다.

짐의 문제 상황 분석

짐의 문제 상황은 우정에서 신뢰의 중요성에 초점을 두고 있다. 훔치는 문제를 지닌 친구는 신뢰할 만한가? 나에게 선물을 주기 위한 친구의 비행을 알려야 하는가? 혹은 친구를 위해서라면 훔치는 것이 괜찮은가? 이 문제 상황이 관계성의 중요성과 소유의 중요성을 동시에 나타내고 있다는 점에서, 이후의 여러 문제 상황에 대한 도입으로서 훌륭한 역할을 할 것이다.

이 경우 다수의 입장으로는 짐이 스콧에게 MP3 플레이어가 스콧의 것이라고 말해야 한다거나(질문 1), 짐은 훔치지 않았다는 데렉을 신뢰할 수 없을 것이다(질문 2), 비록 짐의 생일을 위한 것이라고 해도 데렉이 MP3 플레이어를 훔친 것은 바르지 못하다(질문 3), MP3 플레이어가 모르는 사람의 것인 경우에도 훔친 것은 바르지 못하다(질문 4)가 있다.

다수의 입장은 꽤 성숙한 추리에 의해 지지되는 경향이 있다. 그렇지 않으면 스콧에게 피해를 주고서도 데렉이 빠져나가기 때문에, 그렇게 하는 것이 정직한 일이기 때문에, 짐은 자신이 스콧이었다면 그렇게 듣기를 원하기 때문에, 그것이 스콧의 신뢰와 우정을 지키는 방법이기 때문에 짐은 스콧에게 훔친 행위에 대해 말해야 한다. 훔치는 행위는 그 사람이 모르는 사람의 것인 경우에도 법을 위반하기 때문에, 그리고 그 모르는 사람도 피해 대신 존중받아야 하는 한 개인이기 때문에 바르지 못하다. 데렉은 물건을 훔치고 신뢰할 수 없기 때문에 짐은 데렉을 좋은 친구로 고려하지 않아야 한다. 데렉은 '처음부터 그가 잘 빠져나갈 수 있을 것이라고 생각하고 있어서' 짐에게서도 훔칠 것이다. 또한 짐은 스콧과 갈등을 피하기 위해서라도 말을 해야 한다고 제안할 수 있다.

훔치는 것에 대해 스콧에게 말하지 않아야 한다는 입장에 보다 실용적인 구성원들은, 만약 네가 말한다면 '넌 생일선물을 받지 못할 것'이고 데렉이 알게 되면 화를 낼 수 있다고 이야기할 수 있다. 이 구성원들은 또한 자신에게서 훔치지 않는 친구는 신뢰할 수 있다고 주장할 수도 있다(질문 2). 그들은 단호할 수 있어서, 질문 2의 경우 만장일치의 집단결정을 얻기에는 어려워 보인다.

가장 논쟁적인 질문은 짐이 데렉의 비행을 알려야 하는가의 문제다(질문 1). 집단은 이 문제에 관해 양분되었다. 말해야 한다고 하는 구성원들은 데렉이 모험을 했다고 강조하고 지금은 그가 했던 행위에 맞서야 한다고 말한다. 짐이 말하지 않는다면 그는 데렉의 훔친 행위에 함께 관련되게 되고, 데렉은 아무것도 배우지 못하게 된다.

말하지 않아야 한다고 하는 구성원들은 데렉 역시 친구이고(결국 데렉은 짐에게 근사한 어떤 것을 하고자 한 이유로 훔쳤다), 친구를 고자질해서는 결코 안 된다는 점을 강조한다. 이들은 데렉에게 훈육의 중요성은 인식하지만 스콧이 포함되는 것에 대해서는 조심스러워한다. 이들은 실제 스콧이 데렉에게 할 행동에 대해 끔찍한 설명을 내놓을 것이다. 집단이 질문 1에 대해 만장일치의 결정에 이르도록 설득하기란 기대하기 어렵다.

때로 어떤 구성원은 만약 짐의 친구 것이 아니기만 한다면 데렉이 짐의 생일선물로 MP3 플레이어를 훔치는 것이 괜찮다고 주장할 수 있다. 알다시피 특히 피해를 입은 사람이 모르는 사람인 경우 반사회적 청소년들이 비성숙한 노력적 관난을 보이는 것은 흔한 일이다.

도덕추리 – 1주: 짐의 문제 상황

이름: ______________________ 날짜: ______________

짐과 데렉은 고등학교 친구이다. 생일이 다가오는 짐은 음악을 들을 수 있는 MP3 플레이어가 있다면 정말 근사할 것이라고 데렉에게 말하였다. 데렉은 학교 주차구역의 차에서 MP3 플레이어를 훔쳐서, 짐에게 생일선물로 준다. 짐은 고마워하지만, 그 선물이 데렉이 훔친 것이라는 사실은 알지 못한다. 다음 날 짐은 또 다른 친구인 스콧을 만난다. 짐은 생일선물로 MP3 플레이어를 받았다고 말한다. 스콧은 한숨 쉬면서 "잘됐네."라고 말한다.

"기운이 없어 보인다, 스콧. 무슨 일 있어?" 짐이 묻는다.

"아, 나 도둑맞았어." 스콧이 말한다.

"그래, 무엇을 훔쳐 갔는데?" 짐이 묻는다.

"내 MP3 플레이어." 스콧이 말한다. 스콧은 도둑맞은 MP3 플레이어에 대해 말하기 시작한다.

짐은 데렉이 자신에게 주었던 바로 그 시점에서 스콧의 MP3 플레이어가 도둑맞았다는 사실이 참 이상하다고 생각한다. 짐은 의심을 하며 데렉에게 전화한다. 데렉은 그것을 훔쳤다고 자백하고, 그가 훔쳤던 차가 스콧의 차라고 밝혀진다.

스콧은 숙제를 하러 짐의 집으로 가는 중이다. 스콧은 MP3 플레이어가 아마도 자기 것이라고 짐작할 것이다. 스콧이 문 앞에서 벨을 누른다.

짐은 어떻게 말하고 행동해야 하는가? (하나를 고르시오.)

1. 데렉이 스콧의 MP3 플레이어를 훔쳤다고 짐은 스콧에게 말해야 하는가?

   ☐ 말해야 한다　☐ 하지 않아야 한다　☐ 결정할 수 없다

2. 데렉은 좋은 친구인가? 짐은 훔치지 않았다는 데렉을 신뢰할 수 있는가?

   ☐ 그렇다, 믿을 수 있다　☐ 아니다, 믿을 수 없다　☐ 결정할 수 없다

3. 데렉은 그럴싸한 이유(짐의 생일선물)로 MP3 플레이어를 훔쳤다. 데렉이 MP3 플레이어를 훔친 것은 괜찮은가?

   ☐ 그렇다, 괜찮다　☐ 아니다, 괜찮지 않다　☐ 결정할 수 없다

4. 만약 데렉이 스콧의 차에서 MP3 플레이어를 훔치지 않았다면? 모르는 사람의 차에서 훔쳤다면? 그렇다면 데렉이 짐의 생일선물로 MP3 플레이어를 훔친 것은 괜찮은가?

   ☐ 그렇다, 괜찮다　☐ 아니다, 괜찮지 않다　☐ 결정할 수 없다

제리의 문제 상황

목표

- 조망 취하기, 성숙한 도덕적 추리, 그리고 친구들 및 집단과의 관계와 의리 등의 주제와 관련된 상황에서 책임감 있는 사회적 의사결정을 촉진한다.

준비물

- 질판(이젤판)과 마커
- 제리의 문제 상황 복사본(집단구성원이 작성한 것)
- 제리의 문제 상황 의사결정도표

* 회기 전, 촉진자는 문제 상황을 충분히 알고, 의사결정도표를 준비하며, 4장의 지시에 따른 구성원들의 반응을 분석한다.

절차

1. 개관

구성원들에게 집단규칙을 상기시키고, 이슈나 관심사 등을 간단히 전달한다. 이전의 도덕추리 회기 동안 집단토의에서 나타난 모든 긍정적인 점을 언급한다.

2. 논의

단계 1: 문제 상황의 소개

구성원들이 앞서 작성한 문제 상황 유인물을 나누어 준다. 자원자에게 문제 상황을

소리 내어 읽게 하고, 집단에게 다음과 같이 묻는다.

- _____의 문제 상황이 무엇인지 집단에게 말해 줄 수 있는 사람은 누구인가요?
- 왜 그것이 문제인가요?
- 이런 문제 상황이 발생하나요?
- 이와 같은 문제를 지녔던 사람이 있나요?

집단이 문제 상황을 이해하게 되면 다음 단계로 넘어간다.

단계 2: 성숙한 도덕성 배양하기

① 의사결정도표를 제시하고, 상황에 대한 질문에 모두가 응답한 내용을 보여 주고 설명한다.

② 책임감 있는 결정을 선택한 모든 구성원에게 자신들이 선택한 응답의 이유를 공유하도록 요청한다. 공동촉진자는 구성원들의 책임감 있는 의사결정의 이유를 칠판에 적어 내려간다.

③ 자신의 책임감 있는 의사결정의 성숙한 추리를 제공할 가능성이 있는 구성원들 중에서 첫 번째 논의를 진행한다.

④ 비록 책임감 있는 결정을 선택했더라도 성숙한 추리라고 지지할 가능성이 낮은 구성원에게는 관심을 많이 주지는 않는다.

단계 3으로 넘어가기 전, 성숙한 추리들을 요약한다.

단계 3: 도덕발달 지연의 교정

① 무책임한 결정을 선택한 구성원들을 논의에 초대한다. 공동촉진자는 구성원들의 무책임한 의사결정의 추리를 칠판에 적어 내려간다.

② 덜 성숙한 도덕적 제안에 대해 성숙한 도덕적 입장을 옹호한 반응자들을 격려한다. 개방형 질문을 하고, 필요시 추가적인 논의를 진행한다.

③ 끝으로 '결정할 수 없다'라고 반응한 구성원들을 논의에 초대한다.

단계 4: 성숙한 도덕성 굳히기

① 다수의 긍정적인 결정을 집단의 공식 결정으로 하는 데 이의가 있는 사람이 있는지 묻는다. 촉진자나 책임감 있는 구성원이 다수의 결정에 동그라미를 한다.

② 가능한 한 많은 긍정적인 다수의 결정을 공식적인 또는 만장일치의 집단결정으로의 전환을 시도하면서 논의를 계속한다.

③ 칠판에 열거된 추리들을 언급하면서, 책임감 있는 결정의 가장 성숙한 추리로 집단의 주의를 향하게 한다. 집단의 공식적인 '최상의' 추리로 강조되어야 할 추리들이 있는지 묻는다. 공동촉진자는 그 추리에 밑줄을 긋는다.

3. 마무리

집단이 책임감 있는 결정과 성숙한 추리에 합의를 보게 되면 이를 축하한다. 집단이 합의를 보지 못한 경우에는 집단의 노력에 대해 칭찬한다.

제리의 문제 상황 분석

제리의 문제 상황은 우정에 관한 보다 심오하고 성숙한 이해를 촉진한다. 단계 2 이상의 추리를 하지 못한 일부 구성원들은 단계 3의 도덕판단을 하도록 자극받을 수 있다. 이미 어느 정도 단계 3을 이해하고 사용하는 구성원들은 성숙한 추리가 보다 두드러진다. 이 두 경우 우정이나 친교의 가치 면에서 적어도 도덕판단의 발달을 촉진할 것이다. 또한 이러한 논의는 집단 그 자체에도 중요한 기여를 한다. 친밀한 우정의 가치를 의미하는 것은 집단 내의 우정을 촉진하고 따라서 집단의 사회적 응집력에 기여를 한다.

경험상 대부분 구성원은 질문에 대한 반응으로 밥의 파티에 가는 것을 지지한다. 주된 고려는 우정의 문제다. 구성원들은 제리와 밥이 좋은 친구로 지내 왔고, 여기에서 그 우정을 재다짐할 기회라는 점을 내세운다. 또 다른 고려는 밥을 실망시키지 않으면서 정직하기 위해서는 밥이 보여 준 헌신을 제리가 지켜야 한다는 중요성이다. 결국 공평성의 문제로 '밥은 제리가 외로울 때 제리에게 팀이 있기 이전 있었던 첫 번째'였다는 점이다. 우정과 헌신 및 공평성을 고려할 때 구성원들은 제리가 팀과 함께 한다면 기분이 좋지 않을 것이라고 제안할 수 있다.

집단구성원들은 또한 밥의 생일파티에 가는 것을 지지하는 실용적인 의견을 제시할 수도 있다. "제리는 팀과 많은 일을 하고 있지만, 생일파티는 일 년에 한 번뿐이다." 실용적인 구성원들은 제리가 잠시 밥의 파티에 참석하고 그 이후 팀과 함께 함으로써 문제를 피할 수도 있을 것이라고 제안할 수 있다.

집단 논의는 전형적으로 질문 6의 핵심문제에 다다른다. '한 사람의 친한 친구'의 선택은 만장일치다. 그 추리는 다음과 같다. "친한 친구에게는 무엇이든지 말할 수 있다." "내가 말할 수 있는 누군가가 필요하고, 그는 나의 이야기를 들어 줄 것이다." "친한 친구가 정말 친구이다." "친한 친구는 나를 이용하지 않기 때문에 믿을 수 있다."

활발한 논의를 통한 대다수의 추리에 의해 일단 긍정적인 분위기가 형성되면, 주의를 동의하지 않는 구성원들에게 돌린다. 제리가 팀과 함께 갈 것을 지지하는 구성원들은 단순한 쾌락주의자의 경향이 있다("제리는 팀과 함께 하면 더 재미있을 것이다."). 그들은 또한 밥에게 미칠 피해를 최소화할 수도 있다("밥은 제리가 오지 않았다는 것을 알아채지도 못할 것이다."). 이들 구성원은 전형적으로 자신들의 입장에 대해 전혀 신경 쓰지 않고, 다수의 반대에 대해서도 길게 언급하지 않을 것이다(예, 밥은 물론 알 것이다). 따라서 밥의 파티에 가야 한다는 선택은 만장일치의 집단결정이 될 수 있다.

다수가 '팀과 함께해야 한다'를 선택하는 주요 질문은 질문 7이고, 제리와 밥의 관계를 우정에서 그냥 아는 사람으로 강등시킨다. 질문 7은 제리와 밥이 친구라는 원래의 문제 상황과 질문 6의 관련성을 분명하게 해 준다. 보통의 친구는 친한 친구와 같지 않기 때문에 제리는 밥의 파티에 가야 하고, 지금이 그러한 우정을 회복할 기회다.

도덕추리 – 2주: 제리의 문제 상황

이름: ______________________ 날짜: ______________

제리는 새로운 학교로 전학을 왔고, 어느 날 밥이라는 친구가 다가와서 자신을 소개하기 전까지는 꽤 외로움을 느끼고 있었다. "안녕? 제리, 난 밥이야. 네가 전학을 왔다고 선생님께 들었어. 오늘 수업 끝나고 특별한 일 없으면 농구할래?" 제리와 밥은 금방 좋은 친구가 되었다.

어느 날 제리가 혼자서 농구하고 있을 때, 농구코치가 와서 팀에 들어오기를 권했다. 제리는 팀에 들어가 매일 수업이 끝나고 함께 연습을 했다. 연습 후 제리와 팀원들은 함께 나가 뭔가를 먹으면서 둘러앉아 이것저것 이야기를 나누곤 했다. 주말에는 때로 함께 놀러 가기도 했다.

제리는 팀과 함께 많은 시간을 보내면서, 친구인 밥을 드문드문 보게 되었다. 하루는 밥이 제리에게 전화를 했다. "제리야, 나 좀 심심해. 목요일에 바쁘지 않으면 집에서 간단히 내 생일파티를 하려는데 네가 왔으면 해. 어때?"

제리는 밥에게 파티에 가 보겠다고 말한다. 그러나 목요일 연습 중에 오늘 연습이 끝난 후 모두 함께 가 볼 근사한 곳이 있다고 팀원들이 제리에게 말한다.

제리는 어떻게 말하고 행동해야 하는가? (하나를 고르시오.)

1. 제리는 팀과 함께 가야 하는가?
   ☐ 팀과 함께해야 한다 ☐ 밥의 파티에 가야 한다 ☐ 결정할 수 없다
2. 만약 제리가 학교에서 밥에게 전화를 해 미안하다고 말하고 일이 있어서 갈 수 없다고 한다면, 제리가 팀과 함께하는 것은 괜찮은 것인가?
   ☐ 팀과 함께해야 한다 ☐ 밥의 파티에 가야 한다 ☐ 결정할 수 없다
3. 만약 팀과 함께하지 않으면 팀원들이 기분 상해할 것이라는, 즉 제리는 그렇게 좋은 친구가 아니라고 생각할 수 있다는 점을 고려하면, 제리가 팀과 함께하는 것은 괜찮은 것인가?
   ☐ 팀과 함께해야 한다 ☐ 밥의 파티에 가야 한다 ☐ 결정할 수 없다
4. 제리가 외로울 때 밥이 다가와 도움을 주었다는 점을 생각한다면, 제리는 팀과 함께 가야 하는가?
   ☐ 팀과 함께해야 한다 ☐ 밥의 파티에 가야 한다 ☐ 결정할 수 없다
5. 상황을 약간 바꾸어서, 제리가 파티에 와 줄 것을 밥이 요청하기 전에 팀원들이 목요일에 함께하자고 제리에게 먼저 요청했다고 하면 제리는 어떻게 해야 하는가?
   ☐ 팀과 함께해야 한다 ☐ 밥의 파티에 가야 한다 ☐ 결정할 수 없다
6. 친한 친구를 갖는 것과 보통의 친구 집단을 갖는 것 중 어느 것이 더 중요한가?
   ☐ 한 명의 친한 친구 ☐ 보통의 친구집단 ☐ 결정할 수 없다
7. 상황을 바꾸어, 제리와 밥은 좋은 친구는 아니고 단지 아는 사이라면 제리는 팀과 함께해야 하는가?
   ☐ 팀과 함께해야 한다 ☐ 밥의 파티에 가야 한다 ☐ 결정할 수 없다

도덕추리 3주

ART

마크의 문제 상황

목표

- 우정과 존중의 주제와 관련된 상황에서 조망 취하기, 성숙한 도덕적 추리 그리고 책임감 있는 사회적 의사결정을 촉진한다.

준비물

- 칠판(이젤판)과 마커
- 마크의 문제 상황 복사본(집단구성원이 작성한 것)
- 마크의 문제 상황 의사결정도표

* 회기 전, 촉진자는 문제 상황을 충분히 알고, 의사결정도표를 준비해야 하며, 4장의 지시에 따른 구성원들의 반응을 분석한다.

절차

1. 개관

구성원들에게 집단규칙을 상기시키고, 이슈나 관심사 등을 간단히 전달한다. 이전의 도덕추리 회기 동안 집단토의에서 나타난 모든 긍정적인 점을 언급한다.

2. 논의

단계 1: 문제 상황의 소개

구성원들이 앞서 작성한 문제 상황 유인물을 나누어 준다. 자원자에게 문제 상황을

소리 내어 읽게 하고, 집단에게 묻는다.

- _____의 문제 상황이 무엇인지 집단에게 말해 줄 수 있는 사람은 누구인가요?
- 왜 그것이 문제인가요?
- 이런 문제 상황이 발생하나요?
- 이와 같은 문제를 지녔던 사람이 있나요?

집단이 문제 상황을 이해하게 되면 다음 단계로 넘어간다.

단계 2: 성숙한 도덕성 배양하기

① 의사결정도표를 제시하고, 상황에 대한 질문에 응답한 내용들을 보여 주고 설명한다.

② 책임감 있는 결정을 선택한 모든 구성원에게 자신들이 선택한 응답의 이유를 공유하도록 요청한다. 공동촉진자는 구성원들의 책임감 있는 의사결정의 이유를 칠판에 적어 내려간다.

③ 자신의 책임감 있는 의사결정의 성숙한 추리를 제공할 가능성이 있는 구성원들 중에서 첫 번째 논의를 진행한다.

④ 비록 책임감 있는 결정을 선택했더라도 성숙한 추리라고 지지할 가능성이 낮은 구성원에게는 관심을 많이 주지는 않는다.

단계 3으로 넘어가기 전, 성숙한 추리들을 요약한다.

단계 3: 도덕발달 지연의 교정

① 무책임한 결정을 선택한 구성원들을 논의에 초대한다. 공동촉진자는 구성원들의 무책임한 의사결정의 추리를 칠판에 적어 내려간다.

② 덜 성숙한 도덕적 제안에 대해 성숙한 도덕적 입장을 옹호한 반응자들을 격려한다. 개방형 질문을 하고, 필요시 추가적인 논의를 진행한다.

③ 끝으로 '결정할 수 없다'라고 반응한 구성원들을 논의에 초대한다.

단계 4: 성숙한 도덕성 굳히기

① 다수의 긍정적인 결정을 집단의 공식 결정으로 하는 데 이의가 있는 사람이 있는지 묻는다. 촉진자나 책임감 있는 구성원이 다수의 결정에 동그라미를 한다.

② 가능한 많은 긍정적인 다수의 결정을 공식 또는 만장일치의 집단결정으로의 전환을 시도하면서 논의를 계속한다.

③ 칠판에 열거된 추리들을 언급하면서, 책임감 있는 결정의 가장 성숙한 추리로 집단의 주의를 향하게 한다. 집단의 공식적인 '최상의' 추리로 강조되어야 할 추리들이 있는지 묻는다. 공동촉진자는 그 추리에 밑줄을 긋는다.

3. 마무리

집단이 책임감 있는 결정과 성숙한 추리에 합의를 보게 되면 이를 축하한다. 집단이 합의를 보지 못한 경우에는 집단의 노력에 대해 칭찬한다.

마크의 문제 상황 분석

마크의 문제 상황은 성숙하고 배려하는 관계의 주제를 다루고 있지만, 이성관계를 끝내는 문제에 초점을 두고 있다. 도덕판단발달에 관한 이 문제 상황의 주된 가치는 복수와 관련된 마지막 질문의 논의에 있다.

대부분 문제 상황과 마찬가지로, 많은 집단구성원은 긍정적인 반응을 선택한다. 다수의 입장으로는 마크가 변명을 한다거나(질문 2), 그냥 다른 여자를 만나거나(질문 3), 그렇게 하기보다는 헤어지는 것을 논의해야 한다(질문 1)가 있다.

따라서 개방형 질문(질문 4) 반응의 대부분은 "다른 여자들과 데이트하고 싶다고 그냥 그녀에게 말한다." "신중하게 그녀도 역시 사람이라는 점을 기억한다." "자신은 정착하고 싶지 않다고 자신의 감정을 설명한다." "그 일에 관해 그녀가 말하는 것을 잘 들어 본다."와 같이 긍정적이다. 우리가 들었던 반응 중에 선호하는 것은 "상대방이 어떻게 생각하는지, 우리는 그 사람을 알아야 한다고 생각한다."이다. 이 반응을 한 구성원은 마리아와 헤어지기 전에 먼저 '일을 해결하도록' 시도해야 한다고도 제시하였다. 질문 1의 추리와 관련해 한 구성원은 "남자답게 마크는 그녀에게 말을 해야 한다."고 지적하였다. 만약 그렇지 않는다면, '마리아는 다른 남자친구와 사귈 기회를 잃을 수도 있고' 이야기를 듣는 것보다 '결국에는 더 상처받을 수' 있다. 보다 실용적으로 말한(그냥 다른 여자들과 데이트를 시작한다는 생각에 반대하는) 구성원은 뒤에 여자들이 마크가 마리아에게 했던 방식을 알게 될 것이고, 마크를 바람둥이라고 치부해 버릴 수 있다고 하였다.

물론 모든 반응이 긍정적인 것은 아니다. 개방형 질문에서 한 구성원은 "마리아가 그를 떠날 수 있게 하는 일을 한다."고 썼다. 이들 구성원은 마리아를 피하거나 변명하거나 꾸며 대는 것을 지지할 수도 있다. 그러나 토의 후에는 기꺼이 다수의 입장에 동조하고 이로써 긍정적인 집단결정이 가능해진다.

질문 5에서는 갑작스러운 방향전환이 일어나는데, 마크와 마리아는 두 아이가 있는 동거인이다. 마크는 아이들에 대한 책임감(예, 아이들은 엄마 아빠 모두 있어야 한다)을 근거로, 대다수는 둘이 헤어지지 않는 것을 선호한다. 한 실용적인 구성원은 마크가 떠날 경우, 그는 아이들 양육비를 지불해야 한다고 지적하였다.

질문 6, 7의 보복에 관한 질문에서 다수의 입장은 긍정적인 반응을 지속하고 있다. 대부분 마크가 관계를 깨는 경우 마리아의 보복(질문 6)이나 혹은 마리아가 깨는 경우 마크의 보복(질문 7)에 반대한다. 제안들을 보면, "마리아에게 상실이라는 점을 마크는 자문해 보아야 한다." "큰 문제는 아니다, 바다에는 다른 생선들도 있다." 또는 마크와 마리아는 "지난 일들은 지나간 대로 두어야 한다." 등이다. 마크는 "마리아가 자신에게 보복하는 것을 원하지 않을 것이고(그래서 마크는 마리아에게 그렇게 하지 않아야 한다, 단계 3)", 둘 중의 한 사람이 보복하게 되면 '똑같이 더 힘들어질 것'이다.

그러나 보복을 지지하는 구성원들의 추리를 보면 "자업자득, 즉 자기가 한 대로 돌려받는다." "마크는 마리아가 자신에게 얼마큼 상처를 주었는지를 마리아에게 보여 주면 기분이 나아질 것이다."와 같은 것도 포함되어 있다. 한 구성원은 마크는 '미쳐 버릴 것이기' 때문에 앙갚음해야 한다고도 하였다. "그것이 올바를까?" 하고 다른 동료가 물었을 때 그는 잠자코 있다가, 그럼 마리아가 마크에게 보복하면 그것은 왜 잘못된 것이라고 생각하는지를 물었다. 그는 보복에 반대하는 집단의 의견에 동의하지는 못할 것이다. 적어도 그는 동료집단의 반대를 느꼈고, 아마 그 이유 때문에 그 후의 상황에서 긍정적인 다수의 입장에 따를 수 있었다.

때로 '보복하는 것'이 정확히 무엇을 의미하는지를 집단에 묻는 것이 도움이 된다. 반응은 "'마리아에게' 새로운 여자 친구를 보여 준다." "나에게 마리아는 좋은 성적 파트너였다고 '새로운 남자친구에게' 말한다." "차의 타이어를 찢어 버린다." "얼굴에 상처를 낸다." 등이었다. 이러한 반응들이 집단에서 고려되는 경우, 대다수는 이를 미성숙하거나 파괴적인 것으로 간주할 것이다. 그럼에도 많은 구성원은 비록 마크나 마리아—혹은 둘 모두—

가 보복하지 않아야 한다고 해도, 그럴 가능성이 있다고 언급할 수 있을 것이다. 집단이 계속되거나 성장하는 경우라면 집단촉진자는 재분류를, 즉 '미숙한 어린애 같은 보복 욕구를 드러내지' 않는 데는 용기와 힘이 필요하다는 언급을 할 필요가 있고, 긍정적인 내용은 격려해야 한다. 촉진자는 집단이 긍정적인 집단이었던 것을 보여 준 큰 잠재력에 대해 이야기해 준다. 재분류를 통해, 강한 집단은 구성원들이 다른 사람의 감정을 배려하는 점이라고 강조한다. 그러나 부정적인 진술을 표현한 구성원들은 보다 솔직하게 말하고 있을 것이라는 점을 염두에 두어야 한다. 그들의 말은 다수의 실제 행동과 일관될 수 있다. 결국 '보복'이나 복수가 학교나 교정시설의 일상생활에서 어느 정도 흔한 일인지 고려해야 한다. 유사하게 사회기술훈련의 초기에서는 다른 사람의 감정에 대한 배려의 부족이 현저한 편이다. 책임감 있는 말을 책임감 있는 행동으로의 성취를 이루는 것이 분명 집단의 과제다.

도덕추리 – 3주: 마크의 문제 상황

이름: ______________________ 날짜: ______________

마크는 약 두 달 정도 마리아와 사귀어 왔다. 그녀와 함께 있으면 매우 재미있었지만, 최근 조금은 따분해졌다. 지금은 만나고 싶은 다른 여자들이 있다. 마크는 학교복도에서 다가오는 마리아를 보고 있다.

마크는 어떻게 말하고 행동해야 하는가? (하나를 고르시오.)

1. 마크는 마리아의 기분이 상하지 않도록 마리아에게 그 주제를 피해야 하는가?
   □ 피해야 한다 □ 이야기를 해야 한다 □ 결정할 수 없다

2. 마크는 헤어지는 한 방법으로서 너무 바빠 마리아를 만날 수 없다는 식으로 구실을 만들어야 하는가?
   □ 그렇다 □ 아니다 □ 결정할 수 없다

3. 마크는 마리아가 알아챌 수 있게 그냥 다른 여자들과 만나면 되는가?
   □ 그렇다 □ 아니다 □ 결정할 수 없다

4. 마크는 마리아의 기분에 어떻게 반응해야 하는가?
   ____

5. 상황을 약간 바꾸어서, 만약 마크와 마리아가 여러 해 동안 함께 살아 왔고 두 아이가 있다고 한다면, 마크는 그래도 마리아와 헤어져야 하는가?
   □ 그렇다, 헤어져야 한다 □ 아니다, 헤어지면 안 된다 □ 결정할 수 없다

6. 원래의 상황으로 돌아가서, 이러한 일이 일어난다. '마크는 다른 여자를 만나기 시작했다고 말하고 마리아와 헤어진다. 마리아는 상처를 받고 어떻게든 앙갚음에 대해서 생각하기 시작한다.' 마리아는 복수해야 하는가?
   □ 그렇다, 해야 한다 □ 아니다, 해서는 안 된다 □ 결정할 수 없다

7. 만약 상황이 반대로 마리아가 마크에게 그랬다면 마크는 복수해야 하는가?
   □ 그렇다, 해야 한다 □ 아니다, 해서는 안 된다 □ 결정할 수 없다

도덕추리 4주 ART

조지의 문제 상황

목표

- 가족, 성실성, 삶의 질, 생활 자체의 주제와 관련된 상황에서 조망 취하기, 성숙한 도덕적 추리 그리고 책임감 있는 사회적 의사결정을 촉진한다.

준비물

- 칠판(이젤판)과 마커
- 조지의 문제 상황 복사본(집단구성원이 작성한 것)
- 조지의 문제 상황 의사결정도표

* 회기 전, 촉진자는 문제 상황을 충분히 알고 의사결정도표를 준비해야 하며, 4장의 지시에 따른 구성원들의 반응을 분석한다.

절차

1. 개관

구성원들에게 집단규칙을 상기시키고, 이슈나 관심사 등을 간단히 전달한다. 이전의 도덕추리 회기 동안 집단토의에서 나타난 모든 긍정적인 점을 언급한다.

2. 논의

단계 1: 문제 상황의 소개

구성원들이 앞서 작성한 문제 상황 유인물을 나누어 준다. 자원자에게 문제 상황을

소리 내어 읽게 하고, 집단에게 다음과 같이 묻는다.

- _____의 문제 상황이 무엇인지 집단에게 말해 줄 수 있는 사람은 누구인가요?
- 왜 그것이 문제인가요?
- 이런 문제 상황이 발생하나요?
- 이와 같은 문제를 지녔던 사람이 있나요?

집단이 문제 상황을 이해하게 되면 다음 단계로 넘어간다.

단계 2: 성숙한 도덕성 배양하기

① 의사결정도표를 제시하고, 상황에 대한 질문에 응답한 내용을 보여 주고 설명한다.
② 책임감 있는 결정을 선택한 모든 구성원에게 자신들이 선택한 응답의 이유를 공유하도록 요청한다. 공동촉진자는 구성원들의 책임감 있는 의사결정의 이유를 칠판에 적어 내려간다.
③ 자신의 책임감 있는 의사결정의 성숙한 추리를 제공할 가능성이 있는 구성원들 중에서 첫 번째 논의를 진행한다.
④ 비록 책임감 있는 결정을 선택했더라도 성숙한 추리라고 지지할 가능성이 낮은 구성원에게는 관심을 많이 주지는 않는다.

단계 3으로 넘어가기 전에, 성숙한 추리들을 요약한다.

단계 3: 도덕발달 지연이 교정

① 무책임한 결정을 선택한 구성원들을 논의에 초대한다. 공동촉진자는 구성원들의 무책임한 의사결정의 추리를 칠판에 적어 내려간다.
② 덜 성숙한 도덕적 제안에 대해 성숙한 도덕적 입장을 옹호한 반응자들을 격려한다. 개방형 질문을 하고, 필요시 추가적인 논의를 진행한다.
③ 끝으로 '결정할 수 없다'라고 반응한 구성원들을 논의에 초대한다.

단계 4: 성숙한 도덕성 굳히기

① 다수의 긍정적인 결정을 집단의 공식적인 결정으로 하는 데 이의가 있는 사람이

있는지 묻는다. 촉진자나 책임감 있는 구성원이 다수의 결정에 동그라미를 한다.

② 가능한 많은 긍정적인 다수의 결정을 공식 또는 만장일치의 집단결정으로의 전환을 시도하면서 논의를 계속한다.

③ 칠판에 열거된 추리들을 언급하면서, 책임감 있는 결정의 가장 성숙한 추리로 집단의 주의를 향하게 한다. 집단의 공식적인 '최상의' 추리로 강조되어야 할 추리들이 있는지 묻는다. 공동촉진자는 그 추리에 밑줄을 긋는다.

3. 마무리

집단이 책임감 있는 결정과 성숙한 추리에 합의를 보게 되면 이를 축하한다. 집단이 합의를 보지 못한 경우에는 집단의 노력에 대해 칭찬한다.

조지의 문제 상황 분석

조지의 문제 상황은 무책임한 친구를 다루는 이슈와 관련된 문제다. MP3 플레이어(짐의 문제 상황) 대신, 조지의 형에게서 약을 사는 사람들의 삶은 위태롭다.

대부분은 책임감 있는 입장에 서 있다. 조지는 그의 형을 알려야 한다(질문 1~5), 누군가를 일러바치는 것이 때로는 옳다(질문 6), 이 상황에서 제이크는 비난받아야 한다(질문 7), 판사가 마약 판매상을 감옥에 보내는 것은 매우 중요하다(질문 8).

다수 입장의 추리는 성숙한 추리 양상이다. 말을 해야 한다는 추리는 대체로 제이크에 초점을 두고 있다. 조지는 제이크를 걱정한다. 제이크는 약물을 하기 시작할 수 있고 방탕해지거나 죽을 수도 있다. 제이크는 붙잡혀 감옥에 갈 수 있다. 제이크는 약물세계에서 폭행당하거나 살해당할 수 있다. 게다가 약물의 세계는 가족의 일원을 살해하겠다고 제이크를 붙잡아 둘 수 있어서 그의 가족을 위험에 빠트리고 있다. 또한 제이크는 약을 어린애들에게도 팔고 있다(질문 3)는 우려가 있다. 제이크는 그가 번 돈으로 실제는 가족의 돈 문제를 돕지 않는다는 사실(질문 5)을 읽고서, 일부 구성원들은 제이크가 자기중심적이라는 일반적인 추리를 내놓을 수 있다(즉, 자기중심적 사고오류). 제이크의 약물판매처럼, 사람의 생명을 위험에 빠트리는 경우 때로 누군가를 일러바치는 것은 옳다(질문 6). 형으로서 그는 책임감이 있어야 하고 이러한 문제 상황을 야기한 약물을 팔았기 때문에, 제이크는 이 상황에서 비난받아야 한다(질문 7).

이전의 질문들에 대한 논의를 통해 나타날 수 있는 책임감 있는 추리의 기세는, 판사가 불법약물판매자를 감옥에 보내는 것은 "매우 중요하다."는 추리의 최종 질문(질문 8)을 논의하기까지 유지될 수 있다. 추리의 일부는 "그래서 약물판매자들이 교훈을 얻고 변화할 것이다." "그들은 함께 생활을 할 수 있다." "약물을 하지 않게 된다면, 회복할 것이고 자신의 돈을 집세를 내는 데 쓰기 시작할 것이다."와 같이 재활과 관련된다. 사회의 안전에 관한 추리, 즉 "폭력을 줄이기 위해서" "사람들은 죽고 싶어 하지 않는다." "마약중독자들을 거리에서 없애고, 가족을 보호하기 위해서" "많은 주거침입자가 줄어들 것이다." "다른 불법약물판매자들에게 메시지를 전달해 본보기를 보이기 위해서" "불법약물사용자와 판매자의 압력으로부터 아동들을 보호하기 위해서" 등도 있다.

한편, 조지의 문제 상황은 논쟁적이다. 결국 많은 반사회적 청소년들은 자신도 불법약물 판매자이고 제이크와 동일시한다. 조지는 말하지 않아야 한다는 점을 지지하는 집단구성원들은 제이크의 행동이 조지의 일과는 무관하고, 조지는 제이크가 스스로 교훈을 얻도록 두어야 하고, 제이크는 많은 돈을 벌 수 있고 결코 위험에 빠지지 않으며, 제이크가 하지 않는다면 누군가는 약을 팔아 돈을 벌 것이고, 제이크는 사람들에게 무엇을 사 달라고 강요하지 않고, 조지가 제이크를 일러바치면 죽을 수 있다고 주장한다. 다수 입장의 구성원들은 이러한 점들을 다음과 같이 반박한다. "조지의 가족이 위험에 처한다면 그것은 조지의 일이다. 형의 죽음이 '교훈'이라면 그것은 너무 비싼 값을 치른 것이다. 제이크는 10세 아동들이 '스스로 무엇을 하는지도 모른다'는 이유로 그 아동들에게 약물을 강요하고 있다(질문 3). '약을 팔지 못하면 위험에 처하지도 않는다'라고 생각해 자신이 위험하지 않다고 여기는 것은 제이크가 스스로를 속이는 것이다." 또한 긍정적인 구성원들은 제이크가 자신은 약을 하지 않는다는 점과 관련되는 위선을 "그는 자신에게 상처를 주지 않을 것이지만, 다른 사람에게 상처를 주고 타인의 죽음을 팔면서 돈을 버는 것이다."라고 지적한다(질문 4).

불법약물판매자가 감옥에 가는 중요성에 관한 논쟁도 가능하나(질문 8). 일부 구성원은 약물판매자를 감옥에 보내는 것은 문제에 영향을 줄 수 있을 만큼 그들을 모조리 감옥에 보낼 수 없기 때문에 "소용이 없거나 희망이 없다."는 근거로, "중요하지 않다."거나 그냥 "중요하다."고 주장할 수도 있다(최악 가정하기 사고오류).

도덕추리 – 4주: 조지의 문제 상황

이름: ______________________ 날짜: ______________

어느 날 조지의 형인 제이크는 조지에게 비밀을 말한다. 제이크는 약을 팔고 있다. 제이크가 팔고 있는 약은 중독성이 매우 높고 뇌와 폐에 손상을 일으킨다는 것을 조지와 제이크는 알고 있다. 심지어 사람을 죽일 수도 있다. 조지는 형에게 약 팔기를 중지하라고 요청한다. 그러나 가족들은 모르고, 제이크는 가족의 경제 문제를 돕기 위해 자신은 그렇게 할 뿐이라고 말한다. 제이크는 조지에게 아무에게도 말하지 말라고 한다.

조지는 어떻게 말하고 행동해야 하는가? (하나를 고르시오.)

1. 조지는 입을 다물고 형의 비밀을 말하지 않겠다고 약속해야 하는가?
   □ 입을 다물어야 한다 □ 말해야 한다 □ 결정할 수 없다

2. 만약 형의 친구들 중에도 많은 사람이 약을 팔고 있고, 약을 파는 것이 큰 일은 아니라고 형이 조지에게 말한다면, 조지는 어떻게 해야 하는가?
   □ 입을 다물어야 한다 □ 말해야 한다 □ 결정할 수 없다

3. 만약 형이 학교 밖에서 10세 아동에게 약을 판다는 것을 조지가 알았다면, 조지는 어떻게 해야 하는가?
   □ 입을 다물어야 한다 □ 말해야 한다 □ 결정할 수 없다

4. 만약 형이 자신도 약물의 위험에 빠지고 싶지 않다고, 약의 중독성과 해로움을 알고 있고 결코 손을 대서는 안 된다고 조지에게 말한다면, 조지는 어떻게 해야 하는가?
   □ 입을 다물어야 한다 □ 말해야 한다 □ 결정할 수 없다

5. 만약 형이 '가족의 경제문제를 돕는' 데는 한 푼도 쓰지 않고 대신 술 마시고 자신의 다른 것에 돈을 사용한다는 것을 조지가 안다면, 조지는 어떻게 해야 하는가?
   □ 입을 다물어야 한다 □ 말해야 한다 □ 결정할 수 없다

6. 누군가를 일러바치는 것은 옳은 일인가?
   □ 때로는 옳다 □ 결코 옳지 않다 □ 결정할 수 없다

7. 이 상황에서 비난받아야 할 사람은 누구인가?
   □ 조지 □ 제이크 □ 결정할 수 없다

8. 판사가 불법약물 판매자를 감옥에 보내는 것은 얼마나 중요한가?
   □ 매우 중요하다 □ 중요하다 □ 중요하지 않다

도덕추리 5주

ART

샘의 문제 상황

목표

- 정직성, 개인의 소유에 대한 존중의 주제와 관련된 상황에서 조망 취하기, 성숙한 도덕적 추리 그리고 책임감 있는 사회적 의사결정을 촉진한다.

준비물

- 칠판(이젤판)과 마커
- 샘의 문제 상황 복사본(집단구성원이 작성한 것)
- 샘의 문제 상황 의사결정도표

* 회기 전, 촉진자는 문제 상황을 충분히 알고 의사결정도표를 준비해야 하며, 4장의 지시에 따른 구성원들의 반응을 분석한다.

절차

1. 개관

구성원들에게 집단규칙을 상기시키고, 이슈나 관심사 등을 간단히 전달한다. 이전의 도덕추리 회기 동안 집단토의에서 나타난 모든 긍정적인 점을 언급한다.

2. 논의

단계 1: 문제 상황의 소개

구성원들이 앞서 작성한 문제 상황 유인물을 나누어 준다. 자원자에게 문제 상황을

소리 내어 읽게 하고, 집단에게 다음과 같이 묻는다.

- _____의 문제 상황이 무엇인지 집단에게 말해 줄 수 있는 사람은 누구인가요?
- 왜 그것이 문제인가요?
- 이런 문제 상황이 발생하나요?
- 이와 같은 문제를 지녔던 사람이 있나요?

집단이 문제 상황을 이해하게 되면 다음 단계로 넘어간다.

단계 2: 성숙한 도덕성 배양하기

① 의사결정도표를 제시하고, 상황에 대한 질문에 응답한 내용들을 보여 주고 설명한다.

② 책임감 있는 결정을 선택한 모든 구성원에게 자신들이 선택한 응답의 이유를 공유하도록 요청한다. 공동촉진자는 구성원들의 책임감 있는 의사결정의 이유를 칠판에 적어 내려간다.

③ 자신의 책임감 있는 의사결정의 성숙한 추리를 제공할 가능성이 있는 구성원들 중에서 첫 번째 논의를 진행한다.

④ 비록 책임감 있는 결정을 선택했더라도 성숙한 추리라고 지지할 가능성이 낮은 구성원에게는 관심을 많이 주지는 않는다.

단계 3으로 넘어가기 전, 성숙한 추리들을 요약한다.

단계 3: 도덕발달 지연의 교정

① 무책임한 결정을 선택한 구성원들을 논의에 초대한다. 공동촉진자는 구성원들의 무책임한 의사결정의 추리를 칠판에 적어 내려간다.

② 덜 성숙한 도덕적 제안에 대해 성숙한 도덕적 입장을 옹호한 반응자들을 격려한다. 개방형 질문을 하고, 필요시 추가적인 논의를 진행한다.

③ 끝으로 '결정할 수 없다'라고 반응한 구성원들을 논의에 초대한다.

단계 4: 성숙한 도덕성 굳히기

① 다수의 긍정적인 결정을 집단의 공식적인 결정으로 하는 데 이의가 있는 사람이 있는지 묻는다. 촉진자나 책임감 있는 구성원이 다수의 결정에 동그라미를 한다.

② 가능한 많은 긍정적인 다수의 결정을 공식 또는 만장일치의 집단결정으로의 전환을 시도하면서 논의를 계속한다.

③ 칠판에 열거된 추리들을 언급하면서, 책임감 있는 결정의 가장 성숙한 추리로 집단의 주의를 향하게 한다. 집단의 공식적인 '최상의' 추리로 강조되어야 할 추리들이 있는지 묻는다. 공동촉진자는 그 추리에 밑줄을 긋는다.

3. 마무리

집단이 책임감 있는 결정과 성숙한 추리에 합의를 보게 되면 이를 축하한다. 집단이 합의를 보지 못한 경우에는 집단의 노력에 대해 칭찬한다.

샘의 문제 상황 분석

샘의 문제 상황에서 다수의 입장은 "샘은 점원에게 존의 이름을 주어야 한다(질문 1~4)" "때로 누군가를 일러바치는 것은 옳다(질문 5)" "이 상황에서 존이 비난받아야 한다(질문 6)" "훔치지 않는 것은 매우 중요하다(질문 7)" "가게주인이 훔친 사람을 고소하는 것은 매우 중요하다(질문 8)"와 같이 책임감 있는 경향이 있다. 말해야 한다는 것을 지지하는 실용적인 주된 이유는 샘은 고소당할지 모르는 상황에서 자신을 보호해야 한다는 점이다. 지지적인 추리의 대부분은 성숙한 추리다. 예를 들어, "샘을 이 상황에 처하게 한 존은 불공평하다" "존의 훔치는 문제는 그 결과에 대해 생각하고 멈출 때까지는 계속될 것이다" "존이 무사히 빠져나가고 나른 사람들에게 말한다면 가게주인은 돈을 잃고 집중 표적이 될 것이다" "가게주인은 애들에게 친절함을 멈출 것이다(질문3)" "존은 샘의 아버지에게 피해를 준다(질문 4)" 등이 있다. 훔치지 않는 것의 중요성에 관한 추리는 때로 '사회의 질서를 위해서' '사회에 필요한 신뢰를 해치기 때문에'와 같이 단계 4에 이르는 경우도 있다.

이에 반대하는 사람들은 '친구를 고자질하는' 것에 반대하고 "샘은 입을 다물고 있는 것이 최선이다." "그들은 존을 잡을 수 없다. 샘은 아무것도 말해서는 안 된다."라고 주장하기도 한다. 이 구성원들은 손님들이 가게에 들어오기 전에 가방 같은 물건을 확인했었어야 한다는 점을 근거로 가게주인의 잘못으로 돌리기도 한다(질문 6). 이러한 귀인은 다른 사람 비난하기 사고오류임을 주목하라.

도덕추리 – 5주: 샘의 문제 상황

이름: ______________________ 날짜: ______________

샘은 친구 존과 음반매장에서 쇼핑을 하고 있다. 존은 자기가 정말 좋아하는 CD를 한 장 뽑아서 가방에 넣었다. 샘에게 살짝 따라오라는 눈짓을 하고서, 존은 가게를 나왔다. 그러나 샘은 존을 보지 못했다. 잠시 후 점원과 가게주인이 샘에게 다가왔다. 주인이 점원에게 말하기를 "이 친구가 CD를 훔친 녀석들 중의 하나야."라고 했다.

점원은 샘의 가방을 뒤지지만 CD를 찾을 수 없다. "너는 아니구나. 너와 함께 온 친구의 이름은 누구지?" 주인이 샘에게 묻는다.

"절도 때문에 내가 거의 미칠 지경이야, 녀석을 그냥 둘 수가 없어."라고 가게주인은 말한다.

샘은 어떻게 말하고 행동해야 하는가? (하나를 고르시오.)

1. 샘은 입을 다물고 존의 이름을 말하기를 거절해야 하는가?
   □ 입을 다물어야 한다 □ 말해야 한다 □ 결정할 수 없다

2. 가게주인의 입장에서 보면, 샘은 어떻게 해야 하는가?
   □ 입을 다물어야 한다 □ 말해야 한다 □ 결정할 수 없다

3. 만약 가게주인이 때로 아이들이 돈이 부족한 경우에도 CD를 살 수 있도록 해 준 친절한 사람이었다면, 샘은 어떻게 해야 하는가?
   □ 입을 다물어야 한다 □ 말해야 한다 □ 결정할 수 없다

4. 만약 가게주인이 샘의 아버지라면, 샘은 어떻게 해야 하는가?
   □ 입을 다물어야 한다 □ 말해야 한다 □ 결정할 수 없다

5. 누군가를 일러바치는 것은 옳은 일인가?
   □ 때로는 옳다 □ 결코 옳지 않다 □ 결정할 수 없다

6. 이 상황에서 비난받아야 할 사람은 누구인가?
   □ 샘 □ 존 □ 가게주인 □ 기타 □ 결정할 수 없다

7. 훔치지 않는 것은 얼마나 중요한가?
   □ 매우 중요하다 □ 중요하다 □ 중요하지 않다

8. 가게주인이 훔치는 사람을 고소하는 것은 얼마나 중요한가?
   □ 매우 중요하다 □ 중요하다 □ 중요하지 않다

도덕추리 6주

ART

레온의 문제 상황

목표

- 우정, 삶의 질, 생활 그 자체의 주제와 관련된 상황에서 조망 취하기, 성숙한 도덕적 추리 그리고 책임감 있는 사회적 의사결정을 촉진한다.

준비물

- 칠판(이젤판)과 마커
- 레온의 문제 상황 복사본(집단구성원이 작성한 것)
- 레온의 문제 상황 의사결정도표

* 회기 전, 촉진자는 문제 상황을 충분히 알고 의사결정도표를 준비해야 하며, 4장의 지시에 따른 구성원들의 반응을 분석한다.

절차

1. 개관

구성원들에게 집단규칙을 상기시키고, 이슈나 관심사 등을 간단히 전달한다. 이전의 도덕추리 회기 동안 집단토의에서 나타난 모든 긍정적인 점을 언급한다.

2. 논의

단계 1: 문제 상황의 소개

구성원들이 앞서 작성한 문제 상황 유인물을 나누어 준다. 자원자에게 문제 상황을

소리 내어 읽게 하고, 집단에게 다음과 같이 묻는다.

- _____의 문제 상황이 무엇인지 집단에게 말해 줄 수 있는 사람은 누구인가요?
- 왜 그것이 문제인가요?
- 이런 문제 상황이 발생하나요?
- 이와 같은 문제를 지녔던 사람이 있나요?

집단이 문제 상황을 이해하게 되면 다음 단계로 넘어간다.

단계 2: 성숙한 도덕성 배양하기

① 의사결정도표를 제시하고, 상황에 대한 질문에 응답한 내용들을 보여 주고 설명한다.

② 책임감 있는 결정을 선택한 모든 구성원에게 자신들이 선택한 응답의 이유를 공유하도록 요청한다. 공동촉진자는 구성원들의 책임감 있는 의사결정의 이유를 칠판에 적어 내려간다.

③ 자신의 책임감 있는 의사결정의 성숙한 추리를 제공할 가능성이 있는 구성원들 중에서 첫 번째 논의를 진행한다.

④ 비록 책임감 있는 결정을 선택했더라도 성숙한 추리라고 지지할 가능성이 낮은 구성원에게는 관심을 많이 주지는 않는다.

단계 3으로 넘어가기 전에, 성숙한 추리들을 요약한다.

단계 3: 도덕발달 지연의 교정

① 무책임한 결정을 선택한 구성원들을 논의에 초대한다. 공동촉진자는 구성원들의 무책임한 의사결정의 추리를 칠판에 적어 내려간다.

② 덜 성숙한 도덕적 제안에 대해 성숙한 도덕적 입장을 옹호한 반응자들을 격려한다. 개방형 질문을 하고, 필요시 추가적인 논의를 진행한다.

③ 끝으로 '결정할 수 없다'라고 반응한 구성원들을 논의에 초대한다.

단계 4: 성숙한 도덕성 굳히기

① 다수의 긍정적인 결정을 집단의 공식적인 결정으로 하는 데 이의가 있는 사람이 있는지 묻는다. 촉진자나 책임감 있는 구성원이 다수의 결정에 동그라미를 한다.
② 가능한 많은 긍정적인 다수의 결정을 공식 또는 만장일치의 집단결정으로의 전환을 시도하면서 논의를 계속한다.
③ 칠판에 열거된 추리들을 언급하면서, 책임감 있는 결정의 가장 성숙한 추리로 집단의 주의를 향하게 한다. 집단의 공식적인 '최상의' 추리로 강조되어야 할 추리들이 있는지 묻는다. 공동촉진자는 그 추리에 밑줄을 긋는다.

3. 마무리

집단이 책임감 있는 결정과 성숙한 추리에 합의를 보게 되면 이를 축하한다. 집단이 합의를 보지 못한 경우에는 집단의 노력에 대해 칭찬한다.

레온의 문제 상황 분석

집단은 다시 곤란한 친구를 다루는 문제에 직면하고 있다. 조지처럼 레온은 그 행동이 생활을 위협할 수 있는 누군가를 다루어야 한다. 레온의 친구는 치명적인 약물을 팔지는 않을지라도, 그는 누군가를 죽일 수 있는 (시설에서 무단이탈하는) 범죄를 계획하고 있다.

레온의 문제 상황과 관련한 다수의 입장은 책임감 있는 경향이 있다. 레온은 레이몬드의 계획에 관해서 말해야 한다(질문 1~3, 질문 6~7), 레이몬드가 하고자 하는 것은 레온과 관계가 있다, 누군가를 일러바치는 것은 때로 옳다(생명을 희생할 경우처럼, 질문 5), 그리고 가장 중요한 것은 다른 사람을 해치게 하지 않는 것이다(질문 8). 근무자가 레온의 삼촌일 경우(질문 6)와 레이몬드가 레온의 형일 경우(질문 7) 특히 강하다.

다수 입장의 지지적인 추론의 일부는 실용적인 경우가 있지만("레온은 붙잡힐 수 있고 추가시간이 부과될 수 있다."), 추리의 많은 부분은 "레온은 누군가 다치는 것을 막을 수 있다." "시설에서 탈출하기 위해 누군가를 죽일 필요는 없다" "사람의 생명은 소중하다." "레이몬드가 무단이탈을 하게 되면 시설 내 모든 청소년이 고통을 겪을 수 있다."와 같이 성숙한 것이다.

일부 구성원은 레이몬드의 행동은 레온과는 무관하고 따라서 레온은 함께 포함되지 않아야 한다고 주장할 수 있다. 결국, 레이몬드는 모두가 싫어하는 누군가를 쓰러트릴 것이다(질문 3). 기민한 구성원은 레이몬드가 자신의 계획을 레온에게 말함으로써 그 계획을 레온과도 관련되는 일로 만들어 버렸다고 반박할 수 있다.

도덕추리 – 6주: 레온의 문제 상황

이름: ______________________ 날짜: ______________

레온은 소년시설에 도착하자 바로 도망하려고 했다. 그 결과 그는 추가시간을 받았다. 레온이 직원들의 신뢰를 다시 얻기까지는 거의 4달이 걸렸다. 그는 이제 무단이탈을 시도한 일은 어리석은 짓이었다고 생각한다. 그러나 레온의 친구인 레이몬드는 오늘밤 탈출할 계획이라고 레온에게 말한다. "만반의 준비를 해 두었어."라고 말한다. "내가 파이프로 근무자의 머리를 내려치고 열쇠를 뺏을 거야." 레이몬드는 레온에게 함께하자고 요청한다. 레온은 레이몬드에게 하지 말라고 설득해 보지만, 레이몬드는 들으려 하지 않는다.

레온은 어떻게 말하고 행동해야 하는가? (하나를 고르시오.)

1. 레온은 무단이탈하려는 레이몬드의 계획을 직원에게 말해야 하는가?
   □ 말해야 한다 □ 입을 다물어야 한다 □ 결정할 수 없다

2. 만약 레이몬드가 상당히 폭력적이고 근무자에게 심각한 상처를 입히고 심지어 죽일 수도 있다고 생각한다면, 레온은 어떻게 해야 하는가?
   □ 말해야 한다 □ 입을 다물어야 한다 □ 결정할 수 없다

3. 만약 근무자가 비열하고 모두가 그를 싫어한다면, 레온은 어떻게 해야 하는가?
   □ 말해야 한다 □ 입을 다물어야 한다 □ 결정할 수 없다

4. 레이몬드가 하는 일은 레온과 관련이 있는가?
   □ 레온의 일일 수 있다 □ 레온의 일과는 무관하다 □ 결정할 수 없다

5. 누군가를 일러바치는 것은 옳은 일인가?
   □ 그렇다, 때로는 옳다 □ 아니다, 결코 옳지 않다 □ 결정할 수 없다

6. 상황을 바꾸어 근무자가 레온의 삼촌이라면, 레온은 어떻게 해야 하는가?
   □ 말해야 한다 □ 입을 다물어야 한다 □ 결정할 수 없다

7. 만약 근무자가 레온의 형이라면, 레온은 어떻게 해야 하는가?
   □ 말해야 한다 □ 입을 다물어야 한다 □ 결정할 수 없다

8. 가장 중요한 것은 무엇인가?
   □ 친구를 고자질하지 않는 것 □ 다른 사람을 다치지 않게 하는 것
   □ 자신의 일에 신경 쓰는 것

도덕추리 7주

ART

레지의 문제 상황

목표

- 가족의 충실도, 정직성, 공평성의 주제와 관련된 상황에서 조망 취하기, 성숙한 도덕적 추리 그리고 책임감 있는 사회적 의사결정을 촉진한다.

준비물

- 칠판(이젤판)과 마커
- 레지의 문제 상황 복사본(집단구성원이 작성한 것)
- 레지의 문제 상황 의사결정도표

* 회기 전, 촉진자는 문제 상황을 충분히 알고 의사결정도표를 준비해야 하며, 4장의 지시에 따른 구성원들의 반응을 분석한다.

절차

1. 개관

구성원들에게 집단규칙을 상기시키고, 이슈나 관심사 등을 간단히 전달한다. 이전의 도덕추리 회기 동안 집단토의에서 나타난 모든 긍정적인 점을 언급한다.

2. 논의

단계 1: 문제 상황의 소개

구성원들이 앞서 작성한 문제 상황 유인물을 나누어 준다. 자원자에게 문제 상황을

소리 내어 읽게 하고, 집단에게 묻는다.

- _____의 문제 상황이 무엇인지 집단에게 말해 줄 수 있는 사람은 누구인가요?
- 왜 그것이 문제인가요?
- 이런 문제 상황이 발생하나요?
- 이와 같은 문제를 지녔던 사람이 있나요?

집단이 문제 상황을 이해하게 되면 다음 단계로 넘어간다.

단계 2: 성숙한 도덕성 배양하기

① 의사결정도표를 제시하고, 상황에 대한 질문에 응답한 내용들을 보여 주고 설명한다.

② 책임감 있는 결정을 선택한 모든 구성원에게 자신들이 선택한 응답의 이유를 공유하도록 요청한다. 공동촉진자는 구성원들의 책임감 있는 의사결정의 이유를 칠판에 적어 내려간다.

③ 자신의 책임감 있는 의사결정의 성숙한 추리를 제공할 가능성이 있는 구성원들 중에서 첫 번째 논의를 진행한다.

④ 비록 책임감 있는 결정을 선택했더라도 성숙한 추리라고 지지할 가능성이 낮은 구성원에게는 관심을 많이 주지는 않는다.

단계 3으로 넘어가기 전, 성숙한 추리들을 요약한다.

단계 3: 도덕발달 지연의 교정

① 무책임한 결정을 선택한 구성원들을 논의에 초대한다. 공동촉진자는 구성원들의 무책임한 의사결정의 추리를 칠판에 적어 내려간다.

② 덜 성숙한 도덕적 제안에 대해 성숙한 도덕적 입장을 옹호한 반응자들을 격려한다. 개방형 질문을 하고, 필요시 추가적인 논의를 진행한다.

③ 끝으로 '결정할 수 없다'라고 반응한 구성원들을 논의에 초대한다.

단계 4: 성숙한 도덕성 굳히기

① 다수의 긍정적인 결정을 집단의 공식적인 결정으로 하는 데 이의가 있는 사람이 있는지 묻는다. 촉진자나 책임감 있는 구성원이 다수의 결정에 동그라미를 한다.

② 가능한 많은 긍정적인 다수의 결정을 공식적인 또는 만장일치의 집단결정으로의 전환을 시도하면서 논의를 계속한다.

③ 칠판에 열거된 추리들을 언급하면서, 책임감 있는 결정의 가장 성숙한 추리로 집단의 주의를 향하게 한다. 집단의 공식적인 '최상의' 추리로 강조되어야 할 추리들이 있는지 묻는다. 공동촉진자는 그 추리에 밑줄을 긋는다.

3. 마무리

집단이 책임감 있는 결정과 성숙한 추리에 합의를 보게 되면 이를 축하한다. 집단이 합의를 보지 못한 경우에는 집단의 노력에 대해 칭찬한다.

레지의 문제 상황 분석

문제 상황 중 독특하게 레지의 문제 상황은 또래 간 압력보다는 부모 문제가 관심사이다. 더구나 또래들은 부정적이거나 무책임한 목적을 지닌 상황인데 비해, 레지의 문제 상황에서는 아빠에 관한 문제에서 엄마는 적어도 좋은 의도를 갖고 있다.

이 상황의 질문 3은 문제적이다('만약 레지의 아빠가 술을 많이 마시고 집으로 돌아와 자주 엄마를 때린다면, 때로는 레지까지도'). 이 경우 다수의 입장은 레지는 그가 알고 있는 것을 엄마에게 말해야 한다는 경향이다. 또한 다수는 레지의 결정에서 가장 중요한 것으로서 '가족에게 최선의 것'을 선택하는 것(질문 4)과 사실을 말하는 것이 '중요하다'(질문 5)를 선택하는 추세다. 사실을 말하는 것의 추리는 다음과 같다. 덮어 둠으로써 레지는 아빠가 알코올중독자가 되는 것을 돕게 된다. 레지는 가족에 대한 아빠의 거짓말과 위험을 멈추게 해야 한다. 레지는 엄마와 자신이 폭행당하는 것을 원하지 않을 것이다(질문 3). 사실은 어떤 식으로든 조만간 밝혀질 것이다. 아빠의 음주운전으로 누군가 죽을 수도 있다. 사실을 말해야 하는 것의 중요성에 대한 추리는 대체로 성숙한 추리다. 사람들은 누군가 자신에게 거짓말하는 것을 원하지 않는다. 사회는 진실과 신뢰에 기반한다(특히 4단계의 성숙한 추리).

반대하는 사람들은 레지의 엄마가 레지를 곤란하게 하는 것은 잘못된 것이고(질문 2),

레지를 문제 상황에 개입시키면 그건 아이에게는 너무 무거운 짐이다. 레지는 자신이 사실을 말함으로써 부모가 이혼하면 죄책감을 느낄 수 있다는 점을 언급한다. 이들은 레지가 아빠에게 개인적인 대화시간을 갖고서 제한된 방식으로 도울 수 있을 것이라고도 제안한다.

그러나 실용적인 입장에서 만약 레지가 엄마에게 말한다면(질문 1), 아빠가 그를 구타할 수 있다. 한 구성원의 반응에서는 "퇴근길에 맥주 한 잔을 했다는 이유로 남편을 괴롭혀서는 안 된다."는 언급도 있고, 또 다른 구성원은 단지 한 잔으로 끝나는 것이 아니고 경험상으로 보아 귀가할 때쯤이면 흔히 아빠는 만취하고 폭력적으로 된다는 것을(질문 3) 알고 있지 않느냐고 받아치기도 했다.

도덕추리 – 7주: 레지의 문제 상황

이름: ______________________ 날짜: ______________

어느 날 저녁 레지가 앉아서 저녁을 먹고 있을 때 레지의 엄마가 말한다. "네 아빠는 또 늦으시구나." 레지는 그 이유를 알고 있다. 그가 학교에서 집으로 오는 도중 아빠의 차를 지나쳐 왔다. 차는 시내의 한 식당 밖에 주차되어 있었다. 레지의 부모는 아빠가 퇴근길에 식당에 들리는 것에 대해 자주 다투었다. 최근 언쟁 후에, 아빠는 다시는 그러지 않겠다고 약속했다. "네 아빠가 왜 늦는지 모르겠다."고 엄마는 말한다. "아빠가 더 이상 술 마시지 않겠다고 한 말을 너는 어떻게 생각하느냐, 아니면 다시는 술집에 가지 않을 것이라고 생각하느냐?" 엄마가 레지에게 묻는다.

레지는 어떻게 말하고 행동해야 하는가? (하나를 고르시오.)

1. 레지는 엄마에게 거짓말해서 아빠를 감싸야 하는가?
   - ☐ 그렇다, 감싸야 한다 ☐ 아니다, 사실을 말해야 한다 ☐ 결정할 수 없다

2. 레지의 엄마는 레지에게 아빠에 대해 물음으로써 레지를 곤란하게 하는 것은 옳은가?
   - ☐ 그렇다, 옳다 ☐ 아니다, 옳지 않다 ☐ 결정할 수 없다

3. 만약 레지의 아빠가 술집에 들려 술을 많이 마시고 집으로 돌아와 자주 엄마를(때로는 레지도) 때린다면, 레지는 어떻게 해야 하는가?
   - ☐ 아빠를 감싸야 한다 ☐ 사실을 말해야 한다 ☐ 결정할 수 없다

4. 레지의 결정에 가장 중요한 것은 무엇인가?
   - ☐ 자신에게 최선의 것 ☐ 엄마에게 최선의 것 ☐ 아빠에게 최선의 것
   - ☐ 가족에게 최선의 것

5. 일반적으로, 사실을 말하는 것은 얼마나 중요한가?
   - ☐ 매우 중요하다 ☐ 중요하다 ☐ 중요하지 않다

도덕추리 8주

ART

알론조의 문제 상황

목표

- 가족의 충실도, 정직성, 공평성의 주제와 관련된 상황에서 조망 취하기, 성숙한 도덕적 추리 그리고 책임감 있는 사회적 의사결정을 촉진한다.

준비물

- 칠판(이젤판)과 마커
- 알론조의 문제 상황 복사본(집단구성원이 작성한 것)
- 알론조의 문제 상황 의사결정도표

* 회기 이전, 촉진자는 문제 상황을 충분히 알고 의사결정도표를 준비해야 하며, 4장의 지시에 따른 구성원들의 반응을 분석한다.

절차

1. 개관

구성원들에게 집단규칙을 상기시키고, 이슈나 관심사 등을 간단히 전달한다. 이전의 도덕추리 회기 동안 집단토의에서 나타난 모든 긍정적인 점을 언급한다.

2. 논의

단계 1: 문제 상황의 소개

구성원들이 앞서 작성한 문제 상황 유인물을 나누어 준다. 자원자에게 문제 상황을

소리 내어 읽게 하고, 집단에게 다음과 같이 묻는다.

- ＿＿의 문제 상황이 무엇인지 집단에게 말해 줄 수 있는 사람은 누구인가요?
- 왜 그것이 문제인가요?
- 이런 문제 상황이 발생하나요?
- 이와 같은 문제를 지녔던 사람이 있나요?

집단이 문제 상황을 이해하게 되면 다음 단계로 넘어간다.

단계 2: 성숙한 도덕성 배양하기

① 의사결정도표를 제시하고, 상황에 대한 질문에 응답한 내용들을 보여 주고 설명한다.
② 책임감 있는 결정을 선택한 모든 구성원에게 자신들이 선택한 응답의 이유를 공유하도록 요청한다. 공동촉진자는 구성원들의 책임감 있는 의사결정의 이유를 칠판에 적어 내려간다.
③ 자신의 책임감 있는 의사결정의 성숙한 추리를 제공할 가능성이 있는 구성원들 중에서 첫 번째 논의를 진행한다.
④ 비록 책임감 있는 결정을 선택했더라도 성숙한 추리라고 지지할 가능성이 낮은 구성원에게는 관심을 많이 주지는 않는다.

단계 3으로 넘어가기 전, 성숙한 추리들을 요약한다.

단계 3: 도덕발달 지연의 교정

① 무책임한 결정을 선택한 구성원들을 논의에 초대한다. 공동촉진자는 구성원들의 무책임한 의사결정의 추리를 칠판에 적어 내려간다.
② 덜 성숙한 도덕적 제안에 대해 성숙한 도덕적 입장을 옹호한 반응자들을 격려한다. 개방형 질문을 하고, 필요시 추가적인 논의를 진행한다.
③ 끝으로 '결정할 수 없다'라고 반응한 구성원들을 논의에 초대한다.

단계 4: 성숙한 도덕성 굳히기

① 다수의 긍정적인 결정을 집단의 공식적인 결정으로 하는 데 이의가 있는 사람이

있는지 묻는다. 촉진자나 책임감 있는 구성원이 다수의 결정에 동그라미를 한다.

② 가능한 많은 긍정적인 다수의 결정을 공식 또는 만장일치의 집단결정으로의 전환을 시도하면서 논의를 계속한다.

③ 칠판에 열거된 추리들을 언급하면서, 책임감 있는 결정의 가장 성숙한 추리로 집단의 주의를 향하게 한다. 집단의 공식적인 '최상의' 추리로 강조되어야 할 추리들이 있는지 묻는다. 공동촉진자는 그 추리에 밑줄을 긋는다.

3. 마무리

집단이 책임감 있는 결정과 성숙한 추리에 합의를 보게 되면 이를 축하한다. 집단이 합의를 보지 못한 경우에는 집단의 노력에 대해 칭찬한다.

알론조의 문제 상황 분석

이전 문제 상황의 짐처럼, 알론조는 훔치는 문제를 지닌 친구와 직면하고 있다. 다수의 입장은 알론조는 로드니에게 차를 훔치지 않도록 설득해야 한다(질문 1~6)와 훔치지 않는 것은 매우 중요하다(질문 7)는 입장이다.

성숙한 추리는 차의 주인을 포함해 무고한 사람들에게 끼치는 위험과 피해를 호소한다. 차가 자신의 차일 경우 느낄 수 있는 피해(질문 6의 고려), 로드니와 함께 가담할 경우 느낄 수 있는 죄책감, 범죄를 덮는 경우 치러야 할 대가, 모든 사람이 훔친다면 초래되는 질서의 상실. 질문 2에 포함된 다른 사람 비난하기 사고오류에 대한 반응으로, 집단구성원은 "모든 사람은 한때 부주의할 수 있고, 그것이 자신의 차를 도난당할 만하다는 것을 의미하지는 않는다."고 반응할 수 있다. 질문 5에서는 로드니의 가족에게 발생할 문제에 대한 우려도 있다. 훔치지 않아야 한다거나 로드니와 함께 가담하지 않아야 한다는 실제적인 추리 또한 두드러진다. 즉, "알론조는 감옥에 갈 수 있고 따라서 모험을 할 가치가 없다." "감옥에 갈 수밖에 없다." "차 주인이 보복할 수 있다." "알론조는 어쨌든 로드니를 멈추게 할 수 없을 것이다." "로드니는 어리석고 그에게 무슨 일이 일어나든 달게 받아야 한다." 등의 추리다.

성숙하고 실제적인 추리의 다수의 입장과는 달리, 반대 입장("로드니가 훔치도록 둔다." "훔치는 것이 중요하지 않다.")의 경우 실용적인 고려가 전체 추리를 구성하고 있다. 예를 들면, "자신이 대단한 인물인 것처럼 여겨진다." "매우 재미있을 것 같다." "훔치고도 뒤탈

이 없으면 신나는 일이다." "돈이 생기고 흥청망청 하고 싶은 것은 뭐든지 할 수 있을 것이다." "가고 싶은 곳은 이제 운전해서 갈 수 있을 것이다."(자기중심적 사고오류) 등이다. 실용적인 집단구성원은 범죄로 체포될 수 있다는 점을 알고는 있지만, '자신이 하고 있는 것을 알고' '신중하게 행동'하여 잡히지 않는 것이 중요하다고, 그 이유에 대해 제안하기도 한다. 실용적인 추리에는 사고오류가 많다. 예를 들면, "아무튼 누군가는 훔친다." "부주의해서는 안 된다고 차 주인에게 좋은 교훈을 준다." "차에 열쇠를 두는 차 주인이 멍청하고 찌질하다."(최소화/분류오류) 등이다. 만약 집단구성원들이 이러한 사고오류를 인식하고 수정하지 못하면, 집단촉진자는 이에 관해 개입해야 한다.

질문 8은 로드니가 중독된 상태에서 차를 훔치는 점을 시사하고 있다. 알론조는 경찰에 연락해야 하는가? 로드니에게 차를 훔치지 않도록 설득해야 한다는 점을 지속적으로 지지한 많은 구성원은 그럼에도 경찰에 연락하는 것에 대해서는 반대를 선택할 것인데, 그 이유는 친구를 고자질하는 것이 되고 친구가 어려움에 처하게 될 것이라는 점이다. 경찰에 연락해야 한다는 입장의 구성원들은 음주운전의 위험성과 그의 가족에 대한 무책임성을 강조하는 경향이 있고, 진정한 친구라면 경찰을 불러야 한다고 주장한다.

알론조의 문제 상황은 도덕판단과 도덕행위 간 차이를 논의하기에 특히 좋은 상황이다. 차를 훔치지 않도록 설득해야 한다는 훌륭한 추리를 제안한 많은 구성원은 논의에서 "그래서는 안 된다는 것을 알고 있지만 나는 그럴 수도 있다."라고 하면서 자신들이 아마도 로드니와 함께 가담할 수 있을 것이라는 점을 드러낼 것이다. 집단촉진자는 주의 깊게 적극적으로 듣고 재분류해야 한다("그래요, 이 상황은 잘 살펴야 하는 어려운 상황입니다. 아니라고 말하고 옳은 일을 하는 것은 많은 용기가 필요합니다."). 촉진자는 또한 이번 주 동안에 학습했던, 사회기술훈련의 집단압력 다루기 기술을 구성원들에게 회상시킬 수도 있다.

도덕추리 – 8주: 알론조의 문제 상황

이름: ______________________ 날짜: ______________

알론조는 친구인 로드니와 함께 골목길을 걸어오고 있다. 로드니는 멋진 신형 스포츠카 앞에서 멈추어 서서, 차 안을 살펴보고 흥분된 목소리로 말한다. “야 봐 봐! 열쇠가 그대로 꽂혀 있어! 이게 웬일이야! 어서 와, 해 보자!”

알론조는 어떻게 말하고 행동해야 하는가? (하나를 고르시오.)

1. 알론조는 로드니에게 차를 훔치지 않도록 설득해야 하는가?
   ☐ 설득해야 한다 ☐ 훔치도록 둔다 ☐ 결정할 수 없다
2. 만약 로드니가 알론조에게 차 열쇠를 차 안에 두는 그런 부주의한 사람들은 도난당해도 된다고 말한다면, 그래도 알론조는 로드니에게 차를 훔치지 않도록 설득해야 하는가?
   ☐ 설득해야 한다 ☐ 훔치도록 둔다 ☐ 결정할 수 없다
3. 만약 로드니가 알론조에게 차의 주인이 보험에 들어서 잃어버린 차를 보험금으로 받을 수 있을 것이라고 말한다면, 그래도 알론조는 로드니에게 차를 훔치지 않도록 설득해야 하는가?
   ☐ 설득해야 한다 ☐ 훔치도록 둔다 ☐ 결정할 수 없다
4. 만약 로드니가 알론조에게 차를 훔치는 것은 그렇게 나쁜 짓이 아니고, 그의 친구들 대부분은 늘 그렇게 한다고 말한다면, 알론조는 어떻게 해야 하는가?
   ☐ 설득해야 한다 ☐ 훔치도록 둔다 ☐ 결정할 수 없다
5. 만약 로드니가 체포되고 직장을 잃고 감옥에 가면 그의 아내와 아이가 고통을 받을 것이라는 점을 알고 있다면, 알론조는 로드니에게 차를 훔치지 않도록 설득해야 하는가?
   ☐ 설득해야 한다 ☐ 훔치도록 둔다 ☐ 결정할 수 없다
6. 그 차가 내 차라고 하자. 알론조는 로드니의 친구이자 또한 내 친구다. 알론조는 그 차가 내 차란 것을 알고 있다. 알론조는 로드니에게 차를 훔치지 않도록 설득해야 하는가?
   ☐ 설득해야 한다 ☐ 훔치도록 둔다 ☐ 결정할 수 없다
7. 일반적으로 다른 사람의 소유물을 가져가면 안 된다는 것은 얼마나 중요한가?
   ☐ 매우 중요하다 ☐ 중요하다 ☐ 중요하지 않다
8. 알론조가 로드니에게 차를 훔치지 않도록 설득하지만, 로드니는 이미 차 안으로 들어가 차를 훔친다고 하자. 알론조는 로드니의 상황이 매우 좋지 않다는 것을 알고 있으며, 로드니는 심각한 사고를 내고 누군가를 죽일 수도 있다. 알론조는 어떻게 해야 하는가?
   ☐ 경찰에 연락해야 한다 ☐ 경찰에 연락해서는 안 된다 ☐ 결정할 수 없다

도덕추리 9주

ART

후안의 문제 상황

목표

- 가족의 충실도, 정직성, 공평성의 주제와 관련된 상황에서 조망 취하기, 성숙한 도덕적 추리 그리고 책임감 있는 사회적 의사결정을 촉진한다.

준비물

- 칠판(이젤판)과 마커
- 후안의 문제 상황 복사본(집단구성원이 작성한 것)
- 후안의 문제 상황 의사결정도표

* 회기 전, 촉진자는 문제 상황을 충분히 알고, 의사결정도표를 준비해야 하며, 4장의 지시에 따른 구성원들의 반응을 분석한다.

절차

1. 개관

구성원들에게 집단규칙을 상기시키고, 이슈나 관심사 등을 간단히 전달한다. 이전의 도덕추리 회기 동안 집단토의에서 나타난 모든 긍정적인 점을 언급한다.

2. 논의

단계 1: 문제 상황의 소개

구성원들이 앞서 작성한 문제 상황 유인물을 나누어 준다. 자원자에게 문제 상황을

소리 내어 읽게 하고, 집단에게 다음과 같이 묻는다.

- _____의 문제 상황이 무엇인지 집단에게 말해 줄 수 있는 사람은 누구인가요?
- 왜 그것이 문제인가요?
- 이런 문제 상황이 발생하나요?
- 이와 같은 문제를 지녔던 사람이 있나요?

집단이 문제 상황을 이해하게 되면 다음 단계로 넘어간다.

단계 2: 성숙한 도덕성 배양하기

① 의사결정도표를 제시하고, 상황에 대한 질문에 응답한 내용들을 보여 주고 설명한다.

② 책임감 있는 결정을 선택한 모든 구성원에게 자신들이 선택한 응답의 이유를 공유하도록 요청한다. 공동촉진자는 구성원들의 책임감 있는 의사결정의 이유를 칠판에 적어 내려간다.

③ 자신의 책임감 있는 의사결정의 성숙한 추리를 제공할 가능성이 있는 구성원들 중에서 첫 번째 논의를 진행한다.

④ 비록 책임감 있는 결정을 선택했더라도 성숙한 추리라고 지지할 가능성이 낮은 구성원에게는 관심을 많이 주지는 않는다.

단계 3으로 넘어가기 전에, 성숙한 추리들을 요약한다.

단계 3: 도덕발달 지연의 교정

① 무책임한 결정을 선택한 구성원들을 논의에 초대한다. 공동촉진자는 구성원들의 무책임한 의사결정의 추리를 칠판에 적어 내려간다.

② 덜 성숙한 도덕적 제안에 대해 성숙한 도덕적 입장을 옹호한 반응자들을 격려한다. 개방형 질문을 하고, 필요시 추가적인 논의를 진행한다.

③ 끝으로 '결정할 수 없다'라고 반응한 구성원들을 논의에 초대한다.

단계 4: 성숙한 도덕성 굳히기

① 다수의 긍정적인 결정을 집단의 공식적인 결정으로 하는 데 이의가 있는 사람이 있는지 묻는다. 촉진자나 책임감 있는 구성원이 다수의 결정에 동그라미를 한다.

② 가능한 많은 긍정적인 다수의 결정을 공식 또는 만장일치의 집단결정으로의 전환을 시도하면서 논의를 계속한다.

③ 칠판에 열거된 추리들을 언급하면서, 책임감 있는 결정의 가장 성숙한 추리로 집단의 주의를 향하게 한다. 집단의 공식적인 '최상의' 추리로 강조되어야 할 추리들이 있는지 묻는다. 공동촉진자는 그 추리에 밑줄을 긋는다.

3. 마무리

집단이 책임감 있는 결정과 성숙한 추리에 합의를 보게 되면 이를 축하한다. 집단이 합의를 보지 못한 경우에는 집단의 노력에 대해 칭찬한다.

후안의 문제 상황 분석

이 상황은 다시 무책임한 친구를 다루는 방법의 문제이다. 그러나 후안의 문제 상황에서 친구의 행동 때문에 위협받는 삶은 다른 누군가의 것이 아닌 (조지의 문제 상황에서처럼) 친구 자신의 삶이다.

다수의 입장은 긍정적인 경향이다. "후안은 총무에게 말해야 한다(질문 1, 2, 4, 5)." "불법 소지 금지의 규칙은 매우 중요하다(질문 6)." "자신이 원하지 않을 경우에도 살아야 하는 것은 매우 중요하다(질문 7)." 말해야 한다는 실제적인 추리는 만약 말하지 않으면 자신이 곤경에 처할 수 있고 다칠 수도 있다. 필이 면도날로 후안을 상처 입힐 수 있다. 성숙한 추리는 "후안은 필을 배려해야 한다" "말을 하는 것은 필이 자신을 해치기 전에 도움 받을 수 있게 해 준다" "어떠한 생명이든 소중하고 구할 필요가 있다" "필이 자살하면 그의 가족과 친구들이 상처 받을 것이다" "누군가 자살하는 것을 보고 싶지는 않을 것이다" "자신이 뭔가 할 수 있었는데 하지 않았다면 죄책감을 느낄 것이다" 등과 같다. 상황이 좋아질 수 있고, 살아야 하는 이유가 많기 때문에, 누구나 존재하는 이유가 있기 때문에, 해야 하고 보아야 할 것들이 있기 때문에, 자살시도는 이기적이기 때문에, 오직 자신만을 생각하는 것(자기중심적 사고오류)이기 때문에, 가족을 생각해 보아야 하기 때문에, 자신의 마음을 바꿀 수도 있음을 고려해야 하기 때문에 자신이 원하지 않아도 살아가는 것은 매우 중요하다. 질문 8[필이 자살을 시도한다면, (필 자신을 포함해) 누가 영향을 받을 것인가?]에 대한 반응에서 가족 특히 부모가 두드러지게 나타났다. 구성원 대부분은 자신과 다른 사람 모두에게 위험하기 때문에 불법 소지 금지의 규칙은 "매우 중요하다."고 평정하기도 한다.

일부 구성원은 후안은 자신의 일에 신경 써야 하고 개입하지 않아야 한다는 근거로 필의 문제에 대해 말하지 않아야 한다고도 한다. 질문 4("정말 필이 말썽만 부리는 애였다면?")와 관련해 말하지 않아야 한다는 반응으로 가능한 것 중 하나는 "필에게 무슨 일이 일어나든 나와 무슨 상관이람?"이다. 이들 중에는 질문 7("자신이 원하지 않는데도 살아야 하는 것은 얼마나 중요한가?")에 대해 "자신이 원하는 것은 무엇이든지 자신이 할 수 있고, 그것이 자신의 삶이다."라는 이유로 중요하지 않다고도 주장할 수 있다. 한 구성원은 '나는 흡연과 약을 원하기' 때문에 불법 소지 금지의 규칙은 중요하지 않다고 주장했다(자기중심적 사고오류).

도덕추리– 9주: 후안의 문제 상황

이름: 날짜:

후안과 필은 청소년 시설의 룸메이트다. 그들은 사이좋게 지내며 좋은 친구가 된다. 최근 필은 최근 상당히 의기소침해졌고, 후안에게 면도날을 갖게 되었다고 비밀을 털어놓았다. 후안은 필이 숨겨 둔 면도날을 찾는다. 면도날을 알게 된 시설총무는 그들의 방을 뒤져 보지만 찾지 못한다. 그래서 총무는 면도날을 숨겨 둔 곳을 후안에게 묻는다.

후안은 어떻게 말하고 행동해야 하는가? (하나를 고르시오.)

1. 후안은 면도날에 대해서 아는 것이 없다고 말하면서 필을 옹호해야 하는가?
   □ 필을 옹호해야 한다 □ 총무에게 말해야 한다 □ 결정할 수 없다

2. 만약 필이 그날 밤 면도날로 자신의 손목을 그을 계획이라고 후안에게 말했다면, 후안은 어떻게 해야 하는가?
   □ 필을 옹호해야 한다 □ 총무에게 말해야 한다 □ 결정할 수 없다

3. 만약 후안이 말한다고 하면, 필은 후안이 자신을 배려한 것이라고 생각할까?
   □ 그렇다, 후안이 걱정했을 거라고 느낄 것이다
   □ 아니다, 후안이 걱정했을 거라고 느끼지 않을 것이다
   □ 결정할 수 없다

4. 만약 후안과 필이 실제로 사이가 좋지 않고 친구가 아니라면, 정말 필이 말썽만 부리는 애였다면 후안은 어떻게 해야 하는가?
   □ 필을 옹호해야 한다 □ 총무에게 말해야 한다 □ 결정할 수 없다

5. 만약 후안이 필의 룸메이트는 아니지만 면도날에 대해서 그리고 그것을 숨겨 둔 곳을 알고 있고, 총무는 후안이 알고 있다고 의심하고 묻는다면? 후안은 어떻게 해야 하는가?
   □ 필을 옹호해야 한다 □ 총무에게 말해야 한다 □ 결정할 수 없다

6. 청소년 시설에서 불법 소지 금지의 규칙은 얼마나 중요한가?
   □ 매우 중요하다 □ 중요하다 □ 중요하지 않다

7. 자신이 원하지 않는데도 살아야 하는 것은 얼마나 중요한가?
   □ 매우 중요하다 □ 중요하다 □ 중요하지 않다

8. 필이 자살을 시도한다면, (필 자신을 포함해) 누가 영향을 받을 것인가?

도덕추리 10주 ART

안토니오의 문제 상황 / 프로그램의 결론

목표

- 정직성, 공평성 및 부정적인 또래 압력의 주제와 관련된 상황에서 조망 취하기, 성숙한 도덕적 추리 그리고 책임감 있는 사회적 의사결정을 촉진한다.

준비물

- 칠판(이젤판)과 마커
- 안토니오의 문제 상황 복사본(집단구성원이 작성한 것)
- 안토니오의 문제 상황 의사결정도표

* 회기 전, 촉진자는 문제 상황을 충분히 알고 의사결정도표를 준비해야 하며, 4장의 지시에 따른 구성원들의 반응을 분석한다.

절차

1. 개관

구성원들에게 집단규칙을 상기시키고, 이슈나 관심사 등을 간단히 전달한다. 이전의 도덕추리 회기 동안 집단토의에서 나타난 모든 긍정적인 점을 언급한다.

2. 논의

단계 1: 문제 상황의 소개

구성원들이 앞서 작성한 문제 상황 유인물을 나누어 준다. 자원자에게 문제 상황을

소리 내어 읽게 하고, 집단에게 다음과 같이 묻는다.

- ____의 문제 상황이 무엇인지 집단에게 말해 줄 수 있는 사람은 누구인가요?
- 왜 그것이 문제인가요?
- 이런 문제 상황이 발생하나요?
- 이와 같은 문제를 지녔던 사람이 있나요?

집단이 문제 상황을 이해하게 되면 다음 단계로 넘어간다.

단계 2: 성숙한 도덕성 배양하기

① 의사결정도표를 제시하고, 상황에 대한 질문에 응답한 내용들을 보여 주고 설명한다.

② 책임감 있는 결정을 선택한 모든 구성원에게 자신들이 선택한 응답의 이유를 공유하도록 요청한다. 공동촉진자는 구성원들의 책임감 있는 의사결정의 이유를 칠판에 적어 내려간다.

③ 자신의 책임감 있는 의사결정의 성숙한 추리를 제공할 가능성이 있는 구성원들 중에서 첫 번째 논의를 진행한다.

④ 비록 책임감 있는 결정을 선택했더라도 성숙한 추리라고 지지할 가능성이 낮은 구성원에게는 관심을 많이 주지는 않는다.

단계 3으로 넘어가기 전에, 성숙한 추리들을 요약한다.

단계 3: 도덕발달 지연의 교정

① 무책임한 결정을 선택한 구성원들을 논의에 초대한다. 공동촉진자는 구성원들의 무책임한 의사결정의 추리를 칠판에 적어 내려간다.

② 덜 성숙한 도덕적 제안에 대해 성숙한 도덕적 입장을 옹호한 반응자들을 격려한다. 개방형 질문을 하고, 필요시 추가적인 논의를 진행한다.

③ 끝으로 '결정할 수 없다'라고 반응한 구성원들을 논의에 초대한다.

단계 4: 성숙한 도덕성 굳히기

① 다수의 긍정적인 결정을 집단의 공식적인 결정으로 하는 데 이의가 있는 사람이 있는지 묻는다. 촉진자나 책임감 있는 구성원이 다수의 결정에 동그라미를 한다.

② 가능한 많은 긍정적인 다수의 결정을 공식 또는 만장일치의 집단결정으로의 전환을 시도하면서 논의를 계속한다.

③ 칠판에 열거된 추리들을 언급하면서, 책임감 있는 결정의 가장 성숙한 추리로 집단의 주의를 향하게 한다. 집단의 공식적인 '최상의' 추리로 강조되어야 할 추리들이 있는지 묻는다. 공동촉진자는 그 추리에 밑줄을 긋는다.

3. 마무리

집단이 책임감 있는 결정과 성숙한 추리에 합의를 보게 되면 이를 축하한다. 집단이 합의를 보지 못한 경우에는 집단의 노력에 대해 칭찬한다.

4. 프로그램 축하하기

- ART 회기 동안 열심히 해 준 집단의 노력에 대해 칭찬한다. 그동안 배웠던 것에 도움 받아 개인적인 힘이나 역량이 증가했을 것이고, 또래와 선생님, 부모님 및 다른 사람들로부터 더 존중받을 수 있을 것이라고 상기시킨다. 각 집단구성원은 자신이 어려움에 처하는 일을 하는 대신 이제 적절한 사회기술을 사용하고, 분노감을 조절할 수 있으며, 곤란한 상황에서 훌륭한 결정을 할 수 있는 힘을 지니게 되었다는 점을 강조한다.
- ART 수료증을 나누어 준다. 원한다면 각 구성원은 집단 앞으로 나와 서로 축하해 줄 수 있다.

안토니오의 문제 상황 분석

안토니오의 문제 상황은 부정적인 또래의 압력에 관한 주제를 다시 다루고 있는데, 여기에서는 시험에서 부정행위를 하려는 한 친구의 문제다. 다수의 입장은 안토니오는 에드가 부정행위를 하도록 해서는 안 된다(질문 1~3, 질문 6), 교사의 입장에서는 에드가 부정행위하는 것을 원하지 않는다(질문 4), 부정행위를 하는 사람과는 친밀한 관계가 가능하지 않다(질문 5), 부정행위를 하지 않는 것은 매우 중요하다(질문 7), 교사가 부정행위자를 처벌하는 것은 옳다(질문 8)의 경향을 보인다. 실용적인 추리는 "선생님이 갑자기 되돌아와서 둘 다 적발될 수 있다." "만약 에드가 적발되지 않는 경우 안토니오보다 점수를 더 많이 받을 수도 있다." 등이다. 성숙한 추리는 "안토니오가 열심히 공부한 혜택을 에드가 취하는 것은 불공평하다." "에드의 부정행위를 허용하면 자신을 위해 다른 사람을 이용할 수 있다는 그의 태도를 조장할 수 있다(자기중심적 사고오류)." "에드는 낙제하고 교훈을 얻을 필요가 있다." "공부하는 대신 부정행위로 인해 결국에 에드는 자신을 해치게 된다." "에드는 부모에게도 상처를 준다." "선생님은 안토니오와 에드를 믿었고 따라서 부정행위를 해서는 안 된다." 등이다. '그들이 상대방을 속이려고 계획하고 있을지 결코 알 수 없기 때문에' 부정행위를 하는 사람과는 친한 친구가 될 수 없다(질문 5). 그렇지 않으면 '교실이 무질서해지기 때문에' 교사는 부정행위자를 처벌할 필요가 있다(질문 8).

반대하는 사람들의 논의에서는 "친구에게 조그만 도움을 주는 데는 아무런 잘못이 없다."(최소화/잘못분류의 사고오류), "교실을 떠나는 것은 교사의 잘못이다."(타인 비난하기 사고오류)와 같은 사고오류가 나타난다.

도덕추리 – 10주: 안토니오의 문제 상황

이름: ______________________ 날짜: ______________

안토니오는 학교에서 수학시험을 치르고 있다. 갑자기 선생님이 "잠시 나갔다 오려는데, 너희들이 부정행위를 하지 않을 것으로 생각한다."고 말한다. 선생님이 나간 후, 안토니오의 친구인 에드는 "답 좀 보여 줘, 안토니오."라고 속삭인다.

안토니오는 어떻게 말하고 행동해야 하는가? (하나를 고르시오.)

1. 안토니오는 에드에게 그의 답을 보여 줘야 하는가?
   ☐ 그렇다, 보여 줘도 된다 ☐ 아니다, 보여 주면 안 된다 ☐ 결정할 수 없다

2. 만약 에드가 부정행위가 별일이 아니고 늘 부정행위를 하는 애들이 많이 있다고 말한다면, 안토니오는 에드가 부정행위를 하도록 해야 하는가?
   ☐ 그렇다, 보여 줘도 된다 ☐ 아니다, 보여 주면 안 된다 ☐ 결정할 수 없다

3. 만약 에드가 공부를 하지 않아서 시험에 낙제할 것이라는 걸 안토니오가 안다면, 안토니오는 에드가 부정행위를 하도록 해야 하는가?
   ☐ 그렇다, 보여 줘도 된다 ☐ 아니다, 보여 주면 안 된다 ☐ 결정할 수 없다

4. 만약 내가 선생님이라면, 안토니오가 에드에게 답을 보여 주는 것을 바라는가?
   ☐ 그렇다, 보여 줘도 된다 ☐ 아니다, 보여 주면 안 된다 ☐ 결정할 수 없다

5. 부정행위를 하거나 거짓말하는 문제를 지닌 누군가와 정말 친하고 믿을 만한 우정을 쌓는 것이 가능한가?
   ☐ 그렇다, 가능하다 ☐ 아니다, 가능하지 않다 ☐ 결정할 수 없다

6. 상황을 바꾸어 만약 안토니오가 에드를 전혀 모른다면, 안토니오는 에드가 부정행위를 하도록 해야 하는가?
   ☐ 그렇다, 보여 줘도 된다 ☐ 아니다, 보여 주면 안 된다 ☐ 결정할 수 없다

7. 일반적으로, 부정행위를 하지 않는 것은 얼마나 중요한가?
   ☐ 매우 중요하다 ☐ 중요하다 ☐ 중요하지 않다

8. 교사가 부정행위자를 처벌하는 것은 옳은가?
   ☐ 그렇다, 옳다 ☐ 아니다, 옳지 않다 ☐ 결정할 수 없다

ART 수료증

ART

Certificate of Completion

Presented to

____

Presented by ____________________________

Date ________________________________

부록

부록 A-청소년용 스킬스트리밍 기술

청소년용 스킬스트리밍
스태프 / 보호자 스킬스트리밍 체크리스트
집단구성원 스킬스트리밍 체크리스트
스킬스트리밍 집단 도표

부록 B-회기 평가 체크리스트

사회기술훈련 회기 평가 체크리스트
분노조절훈련 회기 평가 체크리스트
도덕추리 회기 평가 체크리스트

부록 C-스태프 / 보호자 교육자료

ART는 무엇이고 어떻게 도울 수 있는가?
스태프 / 보호자 사회기술훈련 노트
스태프 / 보호자 분노조절훈련 노트
스태프 / 보호자 도덕추리 회기 노트

부록 D-도덕추리 문제 상황의 대안

1주: 에밀리오의 문제 상황
2주: 라토야의 문제 상황
3주: 이샨의 문제 상황
4주: 엔지오의 문제 상황
5주: 카르멘의 문제 상황
6주: 체리의 문제 상황
7주: 빅베어의 문제 상황
8주: 타라와 라숀다의 문제 상황
9주: 린의 문제 상황
10주: 엠마의 문제 상황

부록 E-추가 양식

지역사회 행동 보고서
지역사회 적응 평정척도
사회도덕적 숙고척도-단축형
사회기술 과제 보고서 1
사회기술 과제 보고서 2
도덕추리 사회적 의사결정도표

부록 A 청소년용 스킬스트리밍 기술

청소년용 스킬스트리밍

*는 10주의 ART 사회기술 커리큘럼에서 가르치는 기술이다.

Group 1: 기초 사회기술

기술 1: 경청하기	기술 2: 대화 시작하기
기술 단계 1. 말하는 사람을 바라본다. 2. 무슨 말을 하고 있는지 생각한다. 3. 내가 말할 차례를 기다린다. 4. 말하고자 하는 것을 말한다.	**기술 단계** 1. 상대방과 인사한다. 2. 가벼운 대화를 한다. 3. 상대방이 듣고 있는지 파악한다. 4. 주요 화제를 꺼낸다.
기술 3: 대화하기	**기술 4: 질문하기**
기술 단계 1. 말하고자 하는 것을 이야기한다. 2. 어떻게 생각하는지 상대방에게 묻는다. 3. 상대방이 무슨 말을 하는지 잘 듣는다. 4. 나의 생각을 말한다. 5. 마무리 말을 한다.	**기술 단계** 1. 더 알고자 하는 것을 결정한다. 2. 누구에게 물을 것인가 결정한다. 3. 질문할 여러 방법을 생각해 보고 하나를 선택한다. 4. 질문을 할 적당한 시간과 정소를 정한다. 5. 질문한다.
기술 5: 고마움 표현하기	**기술 6: 자기 소개하기**
기술 단계 1. 상대방이 내가 고마워할 어떤 말이나 행동을 했는지 결정한다. 2. 상대방에게 감사를 표현할 적절한 시간과 장소를 선택한다. 3. 상대방에게 다정하게 고마움을 표현한다. 4. 고마워하는 이유를 말한다.	**기술 단계** 1. 나를 소개할 적절한 시간과 장소를 선택한다. 2. 상대방에게 인사하며 나의 이름을 말한다. 3. 필요하면 상대방의 이름을 묻는다. 4. 대화를 시작하는 데 도움이 되는 어떤 것에 대해 말하거나 묻는다.

기술 7: 다른 사람 소개하기	기술 8: 칭찬하기
기술 단계 1. 첫 번째 사람의 이름을 부르고 그에게 두 번째 사람의 이름을 말해 준다. 2. 두 번째 사람의 이름을 부르고 그에게 첫 번째 사람의 이름을 말해 준다. 3. 두 사람이 서로 알아 가는 데 도움 되는 말을 해 준다.	**기술 단계** 1. 상대방의 무엇을 칭찬할지 결정한다. 2. 칭찬할 방법들을 결정한다. 3. 말할 적절한 시간과 장소를 선택한다. 4. 칭찬한다.

Group 2: 고급 사회기술

기술 9: 도움 요청하기	기술 10: 함께하기
기술 단계 1. 무엇이 문제인지 결정한다. 2. 문제에 대한 도움을 원하는지 결정한다. 3. 도움을 줄 수 있는 사람들을 생각해 보고 한 사람을 정한다. 4. 그 사람에게 문제를 말하고 도움을 요청한다.	**기술 단계** 1. 다른 사람들이 하고 있는 활동에 함께 하고 싶은지 결정한다. 2. 참여할 가장 좋은 방법을 결정한다. 3. 참여할 가장 좋은 시간을 선택한다. 4. 활동에 참여한다.

기술 11: 지시하기	기술 12: 지시 따르기
기술 단계 1. 해야 할 일을 결정한다. 2. 그 일을 할 수 있는 사람들을 생각해 보고 한 사람을 정한다. 3. 그 사람에게 원하는 일을 해 주도록 요청한다. 4. 그 사람이 해야 할 것을 이해하는지 묻는다. 5. 필요시 지시를 바꾸거나 반복한다.	**기술 단계** 1. 해야 할 일을 주의 깊게 듣는다. 2. 이해하지 못하는 부분에 대해 질문한다. 3. 지시를 따를지 결정하고 나의 결정을 상대방에게 알린다. 4. 지시를 되뇌어 본다. 5. 요청받은 일을 한다.

기술 13: 사과하기	기술 14: 다른 사람 설득하기
기술 단계 1. 자신이 했던 것에 대해 사과하는 것이 최선인지를 결정한다. 2. 사과할 수 있는 방법을 생각해 본다. 3. 사과할 최상의 시간과 장소를 선택한다. 4. 사과한다.	**기술 단계** 1. 누군가를 설득하고자 원하는지 결정한다. 2. 나의 제안을 상대방에게 말한다. 3. 제안에 대해 그가 어떻게 생각하는지 묻는다. 4. 나의 제안이 좋다고 생각하는 이유를 말한다. 5. 상대방이 결정하기 전에 내가 말한 것에 대해 어떻게 생각하는지 묻는다.

Group 3: 감정 다루기 기술

기술 15: 자신의 감정 인식하기	기술 16: 자신의 감정 표현하기
기술 단계 1. 내가 느끼고 있는 것을 인식하는 데 도움되는 나의 신체 반응에 주의를 기울인다. 2. 무엇이 그렇게 느끼게 했는지를 결정한다. 3. 감정을 어떻게 부를 수 있는지 정한다.	**기술 단계** 1. 나의 신체 반응에 주의를 기울인다. 2. 무엇이 그렇게 느끼게 했는지를 결정한다. 3. 나의 감정을 결정한다. 4. 나의 감정을 표현하는 방식들을 생각해 보고 하나를 선택한다. 5. 나의 감정을 표현한다.
***기술 17: 상대방의 감정 이해하기**	***기술 18: 상대방의 분노감 다루기**
기술 단계 1. 상대방을 바라본다. 2. 상대방이 무슨 말을 하는지 귀 기울인다. 3. 상대방이 느끼는 감정을 알아낸다. 4. 상대방의 감정을 이해한다는 것을 보여 줄 방법들에 대해 생각해 본다. 5. 가장 좋은 방법을 결정하고 그것을 한다.	**기술 단계** 1. 화가 난 상대방에게 귀 기울인다. 2. 화가 난 사람이 말하고 느끼는 것을 이해하려고 노력한다. 3. 그 상황을 다룰 어떤 말이나 행동을 할 수 있는지 결정한다. 4. 할 수 있다고 생각되면 상대방의 분노를 다룬다.

*기술 19: 애정 표현하기

기술 단계

1. 내가 상대방에게 좋은 감정이 있는지 결정한다.
2. 상대방이 나의 감정을 알고 싶어 하는지 결정한다.
3. 나의 감정을 표현할 최상의 방법을 선택한다.
4. 나의 감정을 다정하게 표현한다.

기술 20: 두려움 다루기

기술 단계

1. 내가 두려워하고 있는지 결정한다.
2. 내가 두려워하고 있는 것이 무엇인지 생각해 본다.
3. 그 두려움이 현실적인 것인지 파악해 본다.
4. 두려움을 낮출 기술 단계를 취한다.

기술 21: 자기 보상하기

기술 단계

1. 보상받을 만한 어떤 것을 했는지 결정한다.
2. 자신을 보상하기 위해 어떤 말을 할 수 있는지 결정한다.
3. 자신을 보상하기 위해 어떤 행동을 할 수 있는지 결정한다.
4. 자신을 보상한다.

Group 4: 공격성 대체 기술

기술 22: 허락 요청하기

기술 단계

1. 허락이 필요한 것을 하고 싶어 하는지 결정한다.
2. 허락을 누구에게 구해야 하는지 결정한다.
3. 허락을 구하는 방법을 결정한다.
4. 적절한 시간과 장소를 선택한다.
5. 허락을 구한다.

기술 23: 공유하기

기술 단계

1. 자신의 가진 것을 공유하고 싶은지 결정한다.
2. 공유하는 것에 대해 상대방이 어떻게 느낄지 생각해 본다.
3. 직접적이고 다정하게 공유를 제안한다.

*기술 24: 다른 사람 돕기

기술 단계

1. 상대방이 도움을 필요로 하고 원하는지 결정한다.
2. 도움을 줄 수 있는 방법을 생각해 본다.
3. 상대방이 나의 도움을 필요로 하고 원하는지 묻는다.
4. 상대방을 돕는다.

기술 25: 협상하기

기술 단계

1. 나와 상대방이 의견이 다른지 결정한다.
2. 문제에 대한 나의 생각을 상대방에게 말한다.
3. 문제에 대한 상대방의 생각을 묻는다.
4. 상대방의 대답을 개방적으로 듣는다.
5. 상대방이 그렇게 느끼는 이유에 관해 생각해 본다.
6. 절충안을 제안한다.

기술 26: 자기통제 사용하기

기술 단계

1. 자제력 상실을 인식하는 데 도움 되는 나의 신체 반응에 주의를 기울인다.
2. 무엇이 그렇게 느끼게 했는지를 결정한다.
3. 자제할 수 있는 방법을 생각해 본다.
4. 자제할 수 있는 최선의 방법을 선택하고 그것을 한다.

기술 27: 자신의 권리 지키기

기술 단계

1. 내가 불만족스럽고 내 자신을 옹호하고자 하는 것을 인식하는 데 도움 되는 나의 신체 반응에 주의를 기울인다.
2. 무엇이 나를 불만족스럽게 했는지를 결정한다.
3. 자신을 옹호할 수 있는 방법들을 생각해 보고 하나를 선택한다.
4. 직접적이고 합리적인 방법으로 자신을 옹호한다.

기술 28: 괴롭힘에 반응하기

기술 단계

1. 괴롭힘 당하고 있는지 결정한다.
2. 괴롭힘에 대처하는 방법들을 생각해 본다.
3. 최선의 방법을 선택하고 그것을 한다.

기술 29: 다른 사람과의 곤란한 상황 피하기

기술 단계

1. 내가 곤란한 상황에 처해 있는지 결정한다.
2. 그 상황으로부터 벗어나고자 하는지 결정한다.
3. 내가 결정한 것과 이유를 상대방에게 말한다.
4. 내가 할 수 있는 다른 일들을 제안한다.
5. 내게 최선이라고 생각하는 것을 한다.

*기술 30: 싸움에 말려들지 않기	
기술 단계 1. 멈추어서 내가 싸우고자 하는 이유에 관해 생각해 본다. 2. 궁극적으로 내게 원하는 것을 결정한다. 3. 싸움 이외의 상황을 다룰 방법들을 생각해 본다. 4. 상황을 다룰 최선의 방법을 결정하고 그것을 한다.	

Group 5: 스트레스 다루기 기술

*기술 31: 불평 호소하기	기술 32: 불만사항에 답하기
기술 단계 1. 불만이 무엇인지 결정한다. 2. 누구에게 불만인지 결정한다. 3. 그 사람에게 불만을 말한다. 4. 그 사람에게 그 문제에 관해 내가 바라는 점을 말한다. 5. 내가 말한 것에 관해 상대방은 어떻게 생각하는지 묻는다.	**기술 단계** 1. 불평을 잘 듣는다. 2. 상대방에게 내가 이해하지 못한 것을 설명해 달라고 요청한다. 3. 상대방에게 내가 불평을 이해한다고 말한다. 4. 불평에 대한 나의 생각을 말하고, 적절할 경우 비난을 받아들인다. 5. 불평에 대해 내가 할 수 있는 것들을 제안한다.
기술 33: 좋은 게임하기	**기술 34: 당혹감 다루기**
기술 단계 1. 내가 했던 게임에서 나와 상대방의 행동을 생각해 본다. 2. 상대방의 게임에 관해 내가 할 수 있는 진실한 칭찬을 생각해 본다. 3. 내가 말한 것에 대한 상대방의 반응을 생각해 본다. 4. 내가 최선이라고 생각하는 칭찬을 선택하고 그것을 말한다.	**기술 단계** 1. 당혹감을 느끼는지 결정한다. 2. 당혹감을 느끼게 한 것이 무엇이었는지 결정한다. 3. 당혹감을 덜 느끼게 하는 데 도움 되는 것을 결정하고 그것을 한다.

기술 35: 소외나 따돌림 다루기

기술 단계

1. 내가 따돌림 당하고 있는지 결정한다.
2. 상대방이 나를 따돌리는 이유를 생각해 본다.
3. 그 문제를 다룰 수 있는 방법을 생각해 본다.
4. 최선의 방법을 선택하고 그것을 한다.

기술 36: 친구 지지하기

기술 단계

1. 친구가 다른 사람들에게 공평하게 대우받지 못하는지 결정한다.
2. 친구가 나에게 자신을 옹호해 주기를 원하는지 결정한다.
3. 친구를 옹호할 방법을 결정한다.
4. 친구를 옹호한다.

기술 37: 설득에 반응하기

기술 단계

1. 주제에 관한 상대방의 생각에 귀 기울인다.
2. 그 주제에 대한 나의 생각을 결정한다.
3. 상대방이 말한 것과 나의 생각을 비교한다.
4. 내가 더 좋아하는 생각을 결정하고 그것에 관해 상대방에게 말한다.

*기술 38: 실패에 반응하기

기술 단계

1. 어떤 것에 실패했는지를 결정한다.
2. 실패한 이유에 관해 생각해 본다.
3. 다음에는 실패하지 않도록 내가 할 수 있는 것에 대해 생각해 본다.
4. 다시 시도해 보고 싶은지를 결정한다.
5. 새로운 생각을 사용해 재시도한다.

기술 39: 모순되는 메시지 다루기

기술 단계

1. 누군가 나에게 상반되는 두 가지 일을 동시에 말하고 있는지 결정한다.
2. 그가 의미하는 것을 내가 이해하지 못한다는 점을 상대방에게 말할 방법에 대해 생각해 본다.
3. 최선의 방법을 선택하고 그것을 한다.

*기술 40: 비난 다루기

기술 단계

1. 상대방이 나를 비난하는 것에 관해 생각해 본다.
2. 상대방이 나를 비난하는 이유를 생각해 본다.
3. 상대방의 비난에 답하는 방법을 생각해 본다.
4. 최선의 방법을 선택하고 그것을 한다.

*기술 41: 어려운 대화 준비하기	*기술 42: 집단의 압력 다루기
기술 단계 1. 대화 중에 내가 어떻게 느낄 것인지 생각해 본다. 2. 상대방은 어떻게 느낄 것인지 생각해 본다. 3. 내가 말하고자 하는 것을 할 수 있는 여러 방법을 생각해 본다. 4. 상대방이 나를 되받아칠 것에 관해 생각해 본다. 5. 대화 중 일어날 수 있는 다른 일들을 생각해 본다. 6. 최선이라고 생각되는 방법을 선택하고 그것을 시도한다.	기술 단계 1. 집단이 내가 하기를 원하는 것과 그 이유에 관해 생각해 본다. 2. 내가 하고자 하는 것을 결정한다. 3. 내가 하고자 하는 것을 집단에 말하는 방법을 결정한다. 4. 내가 결정한 것을 집단에 말한다.

Group 6: 계획하기 기술

기술 43: 활동 결정하기	기술 44: 문제의 원인 결정하기
기술 단계 1. 내가 하는 것에 싫증을 느끼는지 혹은 불만이 있는지 결정한다. 2. 과거에 즐겼던 일인지 생각해 본다. 3. 지금 할 수 있는 것인지 결정한다. 4. 활동을 시작한다.	기술 단계 1. 문제가 무엇인지 정의한다. 2. 그 문제를 일으킨 가능한 원인을 생각해 본다. 3. 가장 가능한 문제의 원인을 결정한다. 4. 실제 문제를 일으킨 것인지 검토한다.
기술 45: 목표 설정하기	**기술 46: 자신의 능력 결정하기**
기술 단계 1. 내가 이루고자 하는 목표가 무엇인지 파악한다. 2. 목표에 이르는 방법에 관한 모든 정보를 찾아본다. 3. 목표에 이르기 위해 필요한 기술 단계를 생각해 본다. 4. 목표를 향해 첫 단계를 시도한다.	기술 단계 1. 내가 사용하고자 하는 능력들을 결정한다. 2. 그 능력들의 사용을 시도했던 과거의 방법을 생각해 본다. 3. 내 능력에 관한 다른 사람들의 의견을 얻는다. 4. 알아낸 것을 생각해 보고 그 능력들을 얼마나 잘 사용할지 결정한다.

기술 47: 정보 수집하기	기술 48: 문제의 중요도 정하기
기술 단계 1. 내가 필요한 정보를 결정한다. 2. 그 정보를 얻을 수 있는 방법을 결정한다. 3. 그 정보를 얻기 위한 일을 한다.	기술 단계 1. 나를 괴롭히는 문제들을 생각해 본다. 2. 가장 중요한 문제부터 순서대로 작성한다. 3. 중요하지 않은 문제들은 미룬다. 4. 가장 중요한 문제들을 해결해 간다.
기술 49: 의사 결정하기	**기술 50: 과제에 집중하기**
기술 단계 1. 결정이 요구되는 문제에 관해 생각해 본다. 2. 할 수 있는 가능한 결정을 생각해 본다. 3. 가능한 결정에 대한 정확한 정보를 수집한다. 4. 수집한 정보를 사용해 가능한 결정을 재고한다. 5. 최상의 결정을 한다.	기술 단계 1. 과제가 무엇인지 결정한다. 2. 그 일을 할 적절한 시간을 결정한다. 3. 필요한 자료를 수집한다. 4. 일할 장소를 결정한다. 5. 집중할 준비가 되었는지 결정한다.

스태프 / 보호자 스킬스트리밍 체크리스트

집단구성원 ______________________ 집단 ______________________

스태프/보호자 ______________________ 날짜 ______________________

* 지시: 다음의 항목들은 청소년들이 사용할 수 있는 여러 기술입니다. 이 항목들은 청소년들이 다양한 기술을 얼마나 잘 사용하는지 평가하는 데 도움이 될 것입니다. 다양한 상황에서 청소년들의 행동관찰에 근거해 각각의 기술사용을 평가하십시오.

1 – 기술사용을 전혀 못한다.
2 – 기술사용을 좀처럼 못한다.
3 – 기술사용을 때로 잘한다.
4 – 기술사용을 자주 잘한다.
5 – 기술사용을 거의 항상 잘한다.

* 기술사용에 특별한 어려움이 있는 상황이 있다면, '문제 상황'란에 간단히 기록하십시오.

문항	전혀 못한다	좀처럼 못한다	때로 잘한다	자주 잘한다	거의 항상 잘한다
1. **경청하기:** 말하고 있는 사람에게 주의를 기울이고 말하는 것을 이해하려고 노력하는가? • 문제 상황:	1	2	3	4	5
2. **대화 시작하기:** 가벼운 주제를 상대방에게 말하고 더 진지한 주제로 이끌어 가는가? • 문제 상황:	1	2	3	4	5
3. **대화하기:** 모두가 관심 있는 것에 대해 이야기를 하는가? • 문제 상황:	1	2	3	4	5
4. **질문하기:** 필요한 정보를 정하고 그 정보를 아는 사람에게 묻는가? • 문제 상황:	1	2	3	4	5
5. **고마움 표현하기:** 다른 사람들에게 호의에 고마워한다는 등 표현을 하는가? • 문제 상황:	1	2	3	4	5

6. **자기 소개하기**: 자신이 솔선해서 새로운 사람들과 친해지는가? • 문제 상황:	1	2	3	4	5
7. **다른 사람 소개하기**: 다른 사람들이 서로 알아 가도록 돕는가? • 문제 상황:	1	2	3	4	5
8. **칭찬하기**: 다른 사람들 혹은 그들의 활동에 대해 자신이 좋아한다는 것을 말하는가? • 문제 상황:	1	2	3	4	5
9. **도움 요청하기**: 어려움이 있을 때 도움을 요청하는가? • 문제 상황:	1	2	3	4	5
10. **함께 하기**: 활동이나 집단의 일원이 되는 최선의 방법을 정하는가? • 문제 상황:	1	2	3	4	5
11. **지시하기**: 다른 사람들에게 특정 과제를 수행할 방법을 분명하게 설명하는가? • 문제 상황:	1	2	3	4	5
12. **지시 따르기**: 지시에 귀기울이고, 자신의 반응을 제시하고, 지시를 정확하게 수행하는가? • 문제 상황:	1	2	3	4	5
13. **사과하기**: 어떤 일을 잘못한 후 미안하다고 사과하는가? • 문제 상황:	1	2	3	4	5
14. **상대방 설득하기**: 자신의 생각이 상대방의 생각보다 더 낫고 유용할 것이라고 설득하는가? • 문제 상황:	1	2	3	4	5
15. **자신의 감정 인식하기**: 각 상황에서 자신의 감정을 인식하려고 하는가? • 문제 상황:	1	2	3	4	5
16. **자신의 감정 표현하기**: 느끼는 감정을 다른 사람들에게 나타내는가? • 문제 상황:	1	2	3	4	5

17. **상대방의 감정 이해하기:** 다른 사람들의 감정을 알아보려고 하는가? • 문제 상황:	1	2	3	4	5
18. **상대방의 분노감 다루기:** 다른 사람들의 분노감을 이해하려고 하는가? • 문제 상황:	1	2	3	4	5
19. **애정 표현하기:** 다른 사람에게 관심이 있다는 것을 나타내는가? • 문제 상황:	1	2	3	4	5
20. **두려움 다루기:** 자신이 두려워하는 이유를 알아보고 두려움을 줄이려고 하는가? • 문제 상황:	1	2	3	4	5
21. **자기 보상하기:** 보상 받을 만할 경우 스스로 자신에게 근사한 말을 하고 행동을 하는가? • 문제 상황:	1	2	3	4	5
22. **허락 요청하기:** 어떤 일에 허락이 필요할 때를 알고 당사자에게 허락을 구하는가? • 문제 상황:	1	2	3	4	5
23. **공유하기:** 고마워할 수 있는 상대방과 자신이 소유한 것을 공유하는가? • 문제 상황:	1	2	3	4	5
24. **다른 사람 돕기:** 도움이 필요하거나 원하는 사람에게 도움을 주는가? • 문제 상황:	1	2	3	4	5
25. **협상하기:** 각각 다른 입장을 지닌 상대방과 자신을 모두 만족시키는 계획을 세우는가? • 문제 상황:	1	2	3	4	5
26. **자기통제 사용하기:** 일을 감당하지 못할 정도가 되지 않도록 자신의 화를 조절하는가? • 문제 상황:	1	2	3	4	5
27. **자신의 권리 지키기:** 자신이 직면한 문제를 다른 사람에게 알려 자신의 권리를 주장하는가? • 문제 상황:	1	2	3	4	5

28. **괴롭힘에 반응하기**: 자신의 통제력을 유지하는 방식으로 타인의 괴롭힘에 대처하는가? • 문제 상황:	1	2	3	4	5
29. **다른 사람과의 곤란한 상황 피하기**: 자신이 곤란해질 수 있는 상황에 빠져들지 않는가? • 문제 상황:	1	2	3	4	5
30. **싸움에 말려들지 않기**: 싸움 이외의 어려운 상황을 다루는 방법을 알고 있는가? • 문제 상황:	1	2	3	4	5
31. **불평 호소하기**: 자신에게 특정 문제를 야기한 책임이 있는 상대방에게 이야기를 하고, 그 문제에 대한 해결책을 알아내려고 하는가? • 문제 상황:	1	2	3	4	5
32. **불평에 답하기**: 누군가의 정당한 불평에 대해 공정한 해결책을 마련하려고 하는가? • 문제 상황:	1	2	3	4	5
33. **좋은 게임하기**: 다른 사람의 게임하는 방법에 관해 진실한 칭찬을 표현하는가? • 문제 상황:	1	2	3	4	5
34. **당혹감 다루기**: 자신의 당혹감을 낮추는 데 도움이 되는 일을 하는가? • 문제 상황:	1	2	3	4	5
35. **소외나 따돌림 다루기**: 어떤 활동으로부터 소외되었는지 파악하고 그 상황을 개선하려고 하는가? • 문제 상황:	1	2	3	4	5
36. **친구 지지하기**: 친구가 공정한 대우를 받지 못할 때 다른 사람들에게 이를 알리는가? • 문제 상황:	1	2	3	4	5
37. **설득에 반응하기**: 행동을 결정하기 전에, 다른 사람의 입장을 세심하게 고려하고 자신의 입장과 비교하는가? • 문제 상황:	1	2	3	4	5

38. **실패에 반응하기**: 특정 상황에서 실패한 이유를 알아내고, 앞으로 더 잘하기 위해서 그것에 관해 자신이 할 수 있는 것을 파악하는가? • 문제 상황:	1	2	3	4	5
39. **모순되는 메시지 다루기**: 다른 사람이 자신에게 어떤 일을 말하면서 그것과는 다른 말을 하는 상황으로 초래되는 혼란을 인식하고 대처하는가? • 문제 상황:	1	2	3	4	5
40. **비난 다루기**: 자신이 비난받은 사실과 그 이유를 알아내고, 비난한 사람을 다루는 최선의 방법을 결정하는가? • 문제 상황:	1	2	3	4	5
41. **어려운 대화 준비하기**: 스트레스를 주는 대화 이전에 자신의 관점을 제시하는 최선의 방법을 계획하는가? • 문제 상황:	1	2	3	4	5
42. **집단의 압력 다루기**: 다른 사람이 자신에게 어떤 일을 하도록 하는 경우, 자신이 하고자 하는 것을 결정하는가? • 문제 상황:	1	2	3	4	5
43. **활동 결정하기**: 흥미로운 활동을 시작함으로써 따분함에 대처하는가? • 문제 상황:	1	2	3	4	5
44. **문제의 원인 결정하기**: 일어난 사건이 자신의 통제하에 있었던 것인지 여부를 파악하는가? • 문제 상황:	1	2	3	4	5
45. **목표 설정하기**: 일을 시작하기에 앞서 자신이 성취할 수 있는 것을 현실적으로 결정하는가? • 문제 상황:	1	2	3	4	5
46. **자신의 능력 결정하기**: 특정 과제의 수행을 자신이 잘해낼 수 있을지 현실적으로 고려하는가? • 문제 상황:	1	2	3	4	5
47. **정보 수집하기**: 자신이 알아야 하는 것과 그 정보를 얻는 방법을 정하는가? • 문제 상황:	1	2	3	4	5

48. **문제의 중요도 정하기:** 여러 문제 중에서 어느 것이 가장 중요하고 먼저 다루어야 하는지 현실적으로 고려하는가? • 문제 상황:	1	2	3	4	5
49. **의사 결정하기:** 여러 가능성을 고려하고 자신이 최선이라고 생각하는 것을 선택하는가? • 문제 상황:	1	2	3	4	5
50. **과제에 집중하기:** 자신이 일자리를 얻는 데 도움이 될 수 있는 준비를 하는가? • 문제 상황:	1	2	3	4	5

집단구성원 스킬스트리밍 체크리스트

이름 ______________________ 날짜 ______________________

*지시: 다양한 상황에서 자신의 관찰에 근거해 다음 기술의 사용을 평가하십시오.

1 – 기술사용을 전혀 못한다.
2 – 기술사용을 좀처럼 못한다.
3 – 기술사용을 때로 잘한다.
4 – 기술사용을 자주 잘한다.
5 – 기술사용을 거의 항상 잘한다.

문항	전혀 못한다	좀처럼 못한다	때로 잘한다	자주 잘한다	거의 항상 잘한다
1. 나에게 말하고 있는 사람에게 주의를 기울이는가?	1	2	3	4	5
2. 상대방과 대화를 시작하는가?	1	2	3	4	5
3. 모두가 관심 있어 하는 일에 대해 다른 사람들과 이야기를 하는가?	1	2	3	4	5
4. 나에게 필요한 것이나 알고 싶은 것이 있을 때 질문을 하는가?	1	2	3	4	5
5. 누군가 나를 위해 어떤 일을 해 주었을 때 고맙다는 말을 하는가?	1	2	3	4	5
6. 새로운 사람들에게 자신을 소개하는가?	1	2	3	4	5
7. 이전에 서로 알지 못한 사람들을 소개하는가?	1	2	3	4	5
8. 다른 사람들 혹은 그들의 활동에 대해 내가 좋아할 경우 그들에게 말하는가?	1	2	3	4	5
9. 내가 어떤 일에 어려움이 있을 때 도움을 요청하는가?	1	2	3	4	5
10. 다른 사람들이 내가 참여하고 싶은 어떤 일을 할 때 함께하려고 하는가?	1	2	3	4	5

11. 다른 사람들에게 그들이 어떤 일을 해야 하는 이유와 방법을 분명하게 설명하는가?	1	2	3	4	5
12. 다른 사람의 지시를 정확하고 신속하게 수행하는가?	1	2	3	4	5
13. 내가 어떤 일을 잘 못했을 경우 다른 사람에게 사과하는가?	1	2	3	4	5
14. 내 생각이 상대방의 생각보다 더 좋다는 것을 상대방에게 설득하려고 하는가?	1	2	3	4	5
15. 각각 다른 상황에서 나의 감정을 인식하는가?	1	2	3	4	5
16. 내가 느끼는 감정을 다른 사람들에게 알리고 적절한 방법으로 표현하는가?	1	2	3	4	5
17. 다른 사람들의 감정을 이해하는가?	1	2	3	4	5
18. 누군가 화를 낼 때, 화를 내지 않고서 이해하려고 하는가?	1	2	3	4	5
19. 내가 그들에게 관심이 있다는 것을 나타내는가?	1	2	3	4	5
20. 나를 두렵게 하는 것을 알고 두려움에서 벗어나고자 하는가?	1	2	3	4	5
21. 내가 보상을 받을 만할 경우 스스로 자신에게 근사한 말을 하고 행동을 하는가?	1	2	3	4	5
22. 내가 어떤 일을 하려는 데 허락이 필요함을 알고 당사자에게 허락을 구하는가?	1	2	3	4	5
23. 내가 소유한 것을 다른 사람과 공유하는가?	1	2	3	4	5
24. 도움이 필요하거나 원하는 사람에게 도움을 주는가?	1	2	3	4	5
25. 누군가와 내가 의견이 다를 경우 자신과 상대방을 모두 만족시키려고 노력하는가?	1	2	3	4	5
26. 화가 날 경우 자신의 화를 조절하는가?	1	2	3	4	5
27. 나의 생각이나 감정을 다른 사람에게 알리고 내 자신의 권리를 주장하는가?	1	2	3	4	5
28. 누군가 나를 괴롭힐 경우 통제력을 유지하는가?	1	2	3	4	5
29. 내 자신이 곤란해질 수 있는 상황에 빠져들지 않도록 노력하는가?	1	2	3	4	5

30. 싸움 이외의 방법으로 어려운 상황을 다루는 방법을 알고 있는가?	1	2	3	4	5
31. 정당한 방법으로 상대방에게 나의 불만을 이야기하는가?	1	2	3	4	5
32. 나에 대한 불만을 정당한 방법으로 다루는가?	1	2	3	4	5
33. 게임 후에 다른 사람의 게임하는 방법에 관해 좋은 점을 말하는가?	1	2	3	4	5
34. 어려움이 발생했을 때 자신의 당혹감을 낮추는 데 도움이 되는 일을 하는가?	1	2	3	4	5
35. 어떤 활동으로부터 소외되었을 경우 긍정적으로 대처하는가?	1	2	3	4	5
36. 친구가 공정한 대우를 받지 못할 때 다른 사람들에게 이를 알리는가?	1	2	3	4	5
37. 누군가 나를 설득하려고 할 때 대답하기 전에 세심하게 선택을 생각하는가?	1	2	3	4	5
38. 어떤 것에 실패했을 때 그 이유를 알아내려고 하는가?	1	2	3	4	5
39. 누군가 한 가지 일을 말하면서 그것과는 다른 말을 하는 경우 그에 잘 대처하는가?	1	2	3	4	5
40. 누군가 나의 어떤 행동을 비난하는 경우 그에 잘 대처하는가?	1	2	3	4	5
41. 어려운 대화를 하기 이전 그에 대한 최선의 방법을 계획하는가?	1	2	3	4	5
42. 누군가 나에게 어떤 일을 하도록 압박하는 경우 내가 하고자 하는 것을 결정하는가?	1	2	3	4	5
43. 따분할 때 흥미로운 일을 생각하고 그것들을 하는가?	1	2	3	4	5
44. 문제가 있을 때, 그 원인을 찾아내려고 하는가?	1	2	3	4	5
45. 새로운 일을 시작하기에 앞서 내가 하고 싶어 하는 것에 대해 생각하는가?	1	2	3	4	5
46. 새로운 일을 시작하기에 앞서 내가 정말 할 수 있는 것에 대해 생각하는가?	1	2	3	4	5

47. 어떤 일을 하기 전에, 내가 알아야 하는 것과 그 방법을 알아내 결정하는가?	1	2	3	4	5
48. 어떤 문제가 가장 중요하고 먼저 다루어야 하는지를 결정하는가?	1	2	3	4	5
49. 여러 가능성을 고려하고 그중 최선이라고 생각하는 것을 선택하는가?	1	2	3	4	5
50. 내가 하고 있는 것에 충분한 주의를 기울이는가?	1	2	3	4	5

스킬스트리밍 집단 도표

이름 스킬										
Group 1: 기초 사회기술										
1. 경청하기										
2. 대화 시작하기										
3. 대화하기										
4. 질문하기										
5. 고마움 표현하기										
6. 자기 소개하기										
7. 다른 사람 소개하기										
8. 칭찬하기										
Group 2: 고급 사회기술										
9. 도움 요청하기										
10. 함께하기										
11. 지시하기										
12. 지시 따르기										
13. 사과하기										
14. 다른 사람 설득하기										
Group 3: 감정 다루기 기술										
15. 자신의 감정 인식하기										
16. 자신의 감정 표현하기										
17. 상대방의 감정 이해하기										
18. 상대방의 분노감 다루기										
19. 애정 표현하기										
20. 두려움 다루기										
21. 자기 보상하기										

이름 스킬										
Group 4: 공격성 대체 기술										
22. 허락 요청하기										
23. 공유하기										
24. 다른 사람 돕기										
25. 협상하기										
26. 자기통제 사용하기										
27. 자신의 권리 지키기										
28. 괴롭힘에 반응하기										
29. 타인과의 곤란한 상황 피하기										
30. 싸움에 말려들지 않기										
Group 5: 스트레스 대처 기술										
31. 불평 호소하기										
32. 불평에 답하기										
33. 좋은 게임하기										
34. 당혹감 다루기										
35. 소외감 다루기										
36. 친구 지지하기										
37. 설득에 반응하기										
38. 실패 다루기										
39. 모순되는 메시지 다루기										
40. 비난 다루기										
41. 어려운 대화 준비하기										
42. 집단 압력 다루기										

이름 / 스킬										
Group 6: 계획하기 기술										
43. 활동 결정하기										
44. 문제의 원인 결정하기										
45. 목표 설정하기										
46. 자신의 능력 결정하기										
47. 정보 수집하기										
48. 문제의 중요도 정하기										
49. 의사 결정하기										
50. 과제에 집중하기										

부록 B 회기 평가 체크리스트

사회기술훈련 회기 평가 체크리스트

촉진자 ______________________ 집단 ______________________

보조촉진자 ______________________ 주차 ______________________

*지시: 이번 회기에서 일어난 것을 가장 잘 나타낸 곳에 표시하십시오.

1. 구성원들을 환영하고 긍정적인 분위기를 형성하였는가? [그렇다/아니다]
2. 집단규칙을 검토하고 긍정적인 참여를 강조하였는가? [그렇다/아니다]
3. 지난 사회기술훈련 회기에서 나타난 이슈들을 검토하였는가? [그렇다/아니다]
4. 모든 구성원이 기술 과제 보고서를 완성하였는가? [그렇다/아니다]
5. 지난주의 기술을 검토하는 데 기술 과제 보고서를 사용하였는가? [그렇다/아니다]
6. 과제에 대한 노력을 진지하게 인정하고 보상하였는가? [그렇다/아니다]
7. 기술 과제 보고서를 구성원의 폴더나 바인더에 모아 두었는가? [그렇다/아니다]
8. 시각적 자료를 활용하였는가? (기술 카드의 배부와 기술 포스터 제시) [그렇다/아니다]
9. 새로운 기술을 정확하게 소개 및 정의하고 명료하게 설명하였는가? [그렇다/아니다]
10. 촉진자나 공동촉진자는 새로운 기술을 정확하게 시범 보였는가? [그렇다/아니다]
11. 모델링과 역할연기 동안 공동촉진자는 기술 단계를 가리켜 보였는가? [그렇다/아니다]
12. 모델링 시범에 구성원들과 관련된 상황이 포함되었는가? [그렇다/아니다]
13. 각 구성원은 기술이 개인적으로 어떻게 유용했는지 표현하였는가? [그렇다/아니다]
14. 각 구성원은 주연으로서 기술을 정확하게 역할연기하였는가? [그렇다/아니다]
15. 각 구성원은 자신의 역할연기 파트너를 선택하였는가? [그렇다/아니다]
16. 각 구성원은 수행 피드백을 제공하였는가? [그렇다/아니다]
17. 수행 피드백의 순서는 정확하였는가? (조연, 집단구성원, 촉진자, 주연) [그렇다/아니다]
18. 구성원에게 새로운 기술 과제 보고서를 제공하고 과제를 할당하였는가? [그렇다/아니다]
19. 회기 동안에 행동관리가 문제였는가? [그렇다/아니다]
20. 회기진행은 구성원들의 흥미와 활동에 맞추어 진행되었는가? [그렇다/아니다]
21. 구성원들은 회기 동안 학습할 기술을 이해하는 것처럼 보였는가? [그렇다/아니다]
22. 주 촉진자는 구성원들과 효과적으로 상호작용하였는가? [그렇다/아니다]
23. 공동촉진자는 구성원들과 효과적으로 상호작용하였는가? [그렇다/아니다]
24. 회기는 집단에 잘 전달되었는가? [그렇다/아니다]
25. 교정적 조치가 필요한 것이 있는가? [그렇다/아니다]

코멘트

____

____

분노조절훈련 회기 평가 체크리스트

촉진자 ______________________ 집단 ______________________

보조촉진자 ______________________ 주차 ______________________

*지시: 이번 회기에서 일어난 것을 가장 잘 나타낸 곳에 표시하십시오.

1. 구성원들을 환영하고 긍정적인 분위기를 형성하였는가? [그렇다/아니다]
2. 집단규칙을 검토하고 긍정적인 참여를 강조하였는가? [그렇다/아니다]
3. 지난 분노조절훈련 회기에서 나타난 이슈들을 검토하였는가? [그렇다/아니다]
4. 모든 구성원이 과제로 최소 하나의 상황일지를 완성하였는가? [그렇다/아니다]
5. 지난주의 분노조절 개념을 검토하는 데 상황일지를 사용하였는가? [그렇다/아니다]
6. 과제에 대한 노력을 진지하게 인정하고 보상하였는가? [그렇다/아니다]
7. 상황일지를 구성원의 폴더나 바인더에 모아 두었는가? [그렇다/아니다]
8. 분노조절사슬을 정확하게 검토하였는가? [그렇다/아니다]
9. 시각적 자료를 활용하였는가? (포스터 제시) [그렇다/아니다]
10. 분노조절훈련개념을 정확히 소개 및 정의하고 명료하게 설명하였는가? [그렇다/아니다]
11. 촉진자와 공동촉진자는 새로운 개념을 정확하게 시범 보였는가? [그렇다/아니다]
12. 모델링과 역할연기 동안 공동촉진자는 분노조절사슬을 가리켜 보였는가? [그렇다/아니다]
13. 모델링 시범에 구성원들과 관련된 상황이 포함되었는가? [그렇다/아니다]
14. 각 구성원은 주연으로서 기술을 정확하게 역할연기하였는가? [그렇다/아니다]
15. 각 구성원은 자신의 역할연기 파트너를 선택하였는가? [그렇다/아니다]
16. 각 구성원은 수행 피드백을 제공하였는가? [그렇다/아니다]
17. 수행 피드백의 순서는 정확하였는가? (조연, 집단구성원, 촉진자, 주연) [그렇다/아니다]
18. 각 구성원에게 새로운 상황일지를 제공하고 과제를 할당하였는가? [그렇다/아니다]
19. 회기 동안에 행동관리가 문제였는가? [그렇다/아니다]
20. 회기진행은 구성원들의 흥미와 활동에 맞추어 진행되었는가? [그렇다/아니다]
21. 구성원들은 학습할 분노조절훈련 개념을 이해하는 것처럼 보였는가? [그렇다/아니다]
22. 주 촉진자는 구성원들과 효과적으로 상호작용하였는가? [그렇다/아니다]
23. 공동촉진자는 구성원들과 효과적으로 상호작용하였는가? [그렇다/아니다]
24. 회기는 집단에 잘 전달되었는가? [그렇다/아니다]
25. 교정적 조치가 필요한 것이 있는가? [그렇다/아니다]

코멘트

____

____

도덕추리 회기 평가 체크리스트

촉진자 ______________________ 날짜 ______________________

주/문제 상황 ______________________ 집단 ______________________

일반

1. 구성원들은 기본 규칙(귀 기울이기, 비밀유지 등)을 준수하였는가? [그렇다/아니다]
2. 모든 구성원이 관심을 갖고 참여하였는가? [그렇다/아니다]
   그렇지 않았다면, 참여하지 않은 구성원들의 이름을 기록한다. [그렇다/아니다]
   ____________ ____________ ____________ ____________
3. 촉진자는 구성원들의 모든 코멘트 중 건설적인 가치를 발견하였는가? [그렇다/아니다]
4. 촉진자는 편안하고 일상적인 음량을 유지하며 강압적이거나 요구적인 어조가 아닌 정중한 어조를 사용하였는가? [그렇다/아니다]
5. 촉진자는 'PCP' 방식의 건설적 비평(비평적 코멘트를 먼저하고 지지적 코멘트가 뒤따름)을 사용하여 비평과 칭찬 간의 균형을 유지하였는가? [그렇다/아니다]
6. 촉진자는 가능한 '말하지 않고 묻는' 개입을 사용하였는가? [그렇다/아니다]

회기

단계 1: 문제 상황 소개하기

1. 집단구성원에게 문제 상황을 이해시켰는가? (예, "제리의 문제 상황이 무엇인지 누가 이야기해 볼까요? 그것이 왜 문제인가요?") [그렇다/아니다]
2. 문제 상황을 구성원들의 일상생활과 관련시켰는가? (예, "이와 같은 문제가 있는가? 이와 같은 상황에 있었던 구성원은 누구인가? 그것을 집단에서 이야기해 볼 것인가?") [그렇다/아니다]

단계 2: 성숙한 도덕성 배양하기

3. 성숙한 도덕성을 설정하였는가? (예, '각각의 긍정적인 다수의 결정에 대한 이유를 이끌어 내고 칠판에 열거하기') [그렇다/아니다]
4. "해야 할 것"을 강하게 지지하고 재언급하였는가? (예, "그렇지요, 옳은 일을 하기 위해서는 용기가 필요합니다.") [그렇다/아니다]

단계 3: 도덕발달 지연 교정하기

5. 일부 구성원의 실리적인 논의에 도전하기 위해 보다 성숙한 집단구성원과 그의 이유(단계 2)를 사용하였는가? [그렇다/아니다]
6. 역할수행의 기회를 제공하였는가? (예, "모든 사람이 그렇게 한다면 세상은 어떻게 될 것인

가?" "당신이 ○○○의 입장이라면 어떻게 할 것인가?") [그렇다/아니다]

단계 4: 성숙한 도덕성 굳히기

7. 집단의 만장일치로 긍정적인 결정과 성숙한 추론을 하였는가? (예, "이 결정을 집단의 의사결정으로 결정하는 데, 혹은 이 결정을 집단의 가장 좋은 추론으로 결정하는 데 반대가 있습니까?") [그렇다/아니다]
8. 집단의 긍정적인 결정과 성숙한 추론을 칭찬하였는가? (예, "집단이 이렇게 훌륭한 의사결정을 할 수 있고 훌륭한 추론으로 서로 뒷받침할 수 있었던 것에 매우 기쁩니다." "이 결정을 벽에 붙여 두는 것은 어떻습니까?") [그렇다/아니다]

코멘트

____

____

부록 C 스태프 / 보호자 교육자료

ART는 무엇이고 어떻게 도울 수 있는가?

공격성 대체 훈련에 참여하는 청소년들은 세 가지 유형의 회기에 참석한다. 첫 번째는 사회기술훈련으로, 일련의 유용한 기술을 배우고 각각은 청소년들의 평소 파괴적이거나 공격적인 반응의 긍정적인 대체 반응이다. 두 번째는 분노조절훈련으로, 분노유발상황에서 분노감을 관리하고 감소하는 기술을 가르친다. 세 번째는 도덕추리회기로, 각 회기 동안에 논의할 특정 문제 상황을 제시하여 참여자들이 자신보다는 타인의 관점을 이해하고 보다 성숙한 추론을 개발시키고자 고안된 것이다.

전이 코치(Transfer Coach) 되기

공격적인 청소년들의 행동을 변화시키고자 하는 ART 같은 프로그램은 특정 시간과 장소에서만 성공적인 경우가 있다. 즉, 프로그램이 수행되는 직후에 혹은 짧은 기간 동안만 그리고 프로그램이 실시된 동일 장소에서만 효과적이라는 점이다. ART 동안에는 사회기술과 분노조절 그리고 도덕추리에 추가해 청소년들에게 많은 지지와 격려, 열정 및 노력에 대한 보상을 제공한다. ART 후에는 참여자들 중 많은 수가 지지와 보상 및 타인들의 긍정적인 반응을 거의 받지 못한다. 따라서 전이학습의 실패가 흔히 나타난다.

연구결과 교사나 시설의 스태프, 지역사회 전문가, 부모, 친구, 동료, 고용주 등 많은 사람이 지지와 보상을 제공하면서 이 가치 있는 기술을 교육할 수 있는 것으로 나타나고 있다. 여러분은 ART의 유능한 전이 코치가 될 수 있고, ART에서 시도하는 기술과 사고방식의 커리큘럼이 장기적이고 지속적인 학습이 될 수 있을 것이라고 생각한다.

사회기술훈련

전이 코치로서 여러분은 ART에서 학습할 사회기술을 사용할 때 참여자를 도울 수 있다. 각 기술을 가르칠 때, 실제 기술을 구성하는 몇 개의 행동이나 단계로 나눈다. 다음 보기처럼 행동 단계가 곧 기술이다.

불평 호소하기

기술 단계

1. 무엇을 호소할지 결정한다.
2. 누구에게 호소할지 결정한다.
3. 상대방에게 불평을 말한다.
4. 상대방에게 문제가 어떻게 되었으면 좋겠다는 것을 말한다.
5. 상대방에게 자신이 말한 것에 대해서 어떻게 느끼는지 묻는다.

ART는 10개의 사회기술을 가르친다. 구성원들은 회기 내에서 이들 기술을 시도해 보고, 실생활에서 기술을 연습하게 된다. 그런 후 기술 과제 보고서를 작성하고 어떻게 수행하였는지에 대해 서로 이야기를 나눈다. 전이 코치로서 여러분은 이들 행동에 대해 살펴보고 격려하며 보상을 한다. 예를 들어, 개인들이 기술의 단계를 정확히게 수행하는 경우 언어적 보상을 제공한다거나, 기술 과제 보고서를 완성하도록 도울 수 있다.

도덕추리

도덕추리 회기에서는 특정 과제를 내주지는 않지만, 참여자들은 보다 성숙한 추론을 개발하고 자신의 관점 이외의 조망 취하기 경험을 한다. 여러분은 특별한 도움을 줄 수 있는데, 집단 밖에서의 대화 동안에 청소년들에게 주의를 기울이고 그들이 다른 사람들의 생각과 관점을 이해하고 받아들일 때 격려와 보상을 제공할 기회를 갖는 것이다.

구체적인 코칭 기법

여러분이 효과적인 ART 전이 코치로서 시도할 수 있는 특정 진술, 절차, 기법들은 다음과 같다.

촉진하기

학교 안팎, 지역사회 기관이나 시설 등 실생활 장면에서 청소년들은 그들이 이미 학 습하였던 사회기술(또는 분노감소 기법)의 전부 또는 일부를 망각할 수도 있다. 불안이 지나치지 않다거나 학습한 것을 모두 잊지 않은 경우라면 기술을 정확하게 수행하는 데 필요한 것은 촉진하기다. 촉진하기는 무엇을 해야 할지(기술), 어떻게 해야 할지(단계), 언제 해야 할지(지금, 또는 다음 상황이 발생할 때), 어디에서 해야 할지(그리고 해서는 안 될지), 지금 여기서 왜 기술을 사용해야 하는지를 개인들에게 상기시키는 것이다(예상되는 긍정적인 결과를 설명하면서).

격려하기

참여자들에게 기술사용의 지지를 제공하는 것은 그들이 알고는 있지만 사용을 꺼리는 경우를 전제하고 있다. 격려하기는 필수적이고 따라서 문제가 지식의 결여가 아닌 동기의 결여일 경우다. 격려하기는 기술에 대한 여러분의 관심과 열정을 보여 주고 기술사용의 긍정적인 결과에 대해 소통하면서 참여자들에게 자신들이 알고 있는 것을 사용하도록 부드럽게 촉구하는 것이 최상이다.

안심시키기

특히 불안해하는 참여자들에게는, 여러분이 실패의 두려움을 낮추어 줄 수 있을 때 기술 전이의 시도가 일어날 가능성이 높다. 안심시키기는 효과적인 두려움 감소기법이다. "넌 할 수 있어." "네가 필요로 할 때 내가 너를 돕기 위해 여기 있어." "너는 이미 다른 기술이나 기법들을 사용한 적이 있어. 이 기술도 잘 할 수 있을 것이라고 생각해." 등은 여러분이 도울 수 있는 안심시키기 진술들의 예다.

보상하기

여러분이 기술 전이에서 할 수 있는 가장 중요한 점은 기술을 정확하게 사용하는 경우 보상을 제공하는 것이다. 보상하기는 인정, 칭찬 등의 형태다. 학교나 시설의 행동관리 체계에서 수립한 특권, 포인트, 토큰 또는 다른 강화물일 수도 있다. 이러한 모든 보상은 새로운 상황이나 다른 시기에 지속적으로 기술을 사용할 가능성을 증가시킨다.

그러나 가장 강력한 보상은 기술이나 기법의 성공이다. 청소년들이 스트레스 상황의 대화를 잘 준비하고 그 대화를 훌륭하게 처리한 경우, 보상(스트레스 상황의 대화 자체)은 전이 코치가 제공하는 지지 이상의 기술 전이를 돕는다. 성공이 전이를 증가시킨다는 사실은 사회기술훈련과 분노조절훈련 모두에 적용된다. 따라서 가능한 모든 경우에서 청소년들의 기술사용의 성공을 도움으로써 보상의 기회를 조성해야 한다.

스태프 / 보호자 사회기술훈련 노트

이 노트의 목적은 오늘 사회기술훈련 집단에서 우리가 했던 것을 알려 주기 위한 것입니다. 완성한 후 가능한 한 빨리 이 서식을 돌려 주시기 바랍니다.

1부: 스태프

집단구성원 ________________ 날짜 ________________

기술 ________________ 주차 ________________

기술 단계

과제할당

집단구성원은 언제__________(요일과 시간), __________에서(장소), __________와(대상) 기술을 사용하고, 기술 과제 보고서를 완성할 것입니다.

2부: 보호자

1. 집단구성원은 과제를 하였는가? [그렇다/아니다]
2. 집단구성원은 목록대로 기술의 단계를 따랐는가? [그렇다/아니다]
3. 여러분은 집단구성원의 기술 단계 준수를 보상하였는가? [그렇다/아니다]
4. 여러분은 집단구성원과 과제수행에 대한 논의를 하였는가? [그렇다/아니다]
5. 집단구성원은 연습 동안에 기술 카드에 대해 언급하였는가? [그렇다/아니다]
6. 여러분은 집단구성원이 기술 과제 보고서를 작성하는 데 지원하였는가? [그렇다/아니다]

집단구성원이 기술 단계의 연습과 과제의 작성을 얼마나 잘했는지 평정하십시오.

☐ 미흡 ☐ 보통 ☐ 잘함 ☐ 매우 잘함 ☐ 관찰 못 함

코멘트

____

____

보호자 서명: ________________ 날짜: ________________

스태프 / 보호자 분노조절훈련 노트

이 노트의 목적은 오늘 분노조절훈련 집단에서 우리가 했던 것을 알려 주기 위한 것입니다. 완성한 후 가능한 빨리 이 서식을 돌려 주시기 바랍니다.

1부: 스태프

집단구성원 ______________ 날짜 ______________

기술 ______________ 주차 ______________

오늘 집단에서 학습한 분노조절 개념:

과제할당

집단구성원은 오늘 학습한 분노조절 개념에 특별히 주의를 기울이면서, 적어도 하나의 상황일지를 작성할 것입니다.

2부: 보호자

1. 집단구성원은 새로운 분노조절 개념을 사용하였는가? [그렇다/아니다]
2. 여러분은 집단구성원과 과제수행에 대한 논의를 하였는가? [그렇다/아니다]
3. 집단구성원은 상황일지를 완성하였는가? [그렇다/아니다]
4. 여러분은 집단구성원의 상황일지 완성을 지지하였는가? [그렇다/아니다]
5. 여러분은 집단구성원의 과제 수행을 보상하였는가? [그렇다/아니다]

집단구성원이 분노조절훈련 개념의 연습과 과제의 완성을 얼마나 잘했는지 평정하십시오.

☐ 미흡 ☐ 보통 ☐ 잘함 ☐ 매우 잘함 ☐ 관찰 못 함

코멘트

____

____

보호자 서명: ______________ 날짜: ______________

스태프 / 보호자 도덕추리 회기 노트

이 노트의 목적은 오늘 도덕추리회기에서 우리가 했던 것을 알려 주기 위한 것입니다. 완성한 후 가능한 한 빨리 이 서식을 돌려 주시기 바랍니다.

1부: 스태프

집단구성원 ______________________ 날짜 ______________________

기술 ______________________ 주차 ______________________

회기에서 우리는 __________의 문제를 논의했습니다. 우리는 집단구성원들에게 상황에 대한 질문에 답하고, 서로의 관점을 공유하며, 자신보다는 다른 사람의 관점을 조망해 보는 기회를 제공했습니다.

이번 주를 지내는 동안 구성원들의 행동에 주의를 기울이면서 여러분 혹은 다른 사람들과 논의에 특별한 관심을 두기를 바랍니다. 그런 후 2부의 설문에 답하십시오.

2부: 보호자

1. 집단구성원은 당신과 또는 당신이 관찰하는 다른 사람들과 논의에 참여할 기회를 가졌는가? [그렇다/아니다]
2. 집단구성원은 주제에 관해 다른 사람들이 말한 것에 주의를 기울이고, 자신의 순서를 기다리고, 생각을 공유하였는가? [그렇다/아니다]
3. 집단구성원은 주제에 머무르고 정중함을 유지하였는가? [그렇다/아니다]
4. 집단구성원은 논의의 결과로 자신의 견해나 관점을 변화하였거나 혹은 다른 사람의 관점을 이해하는 것으로 보였는가? [그렇다/아니다]
5. 여러분은 집단구성원의 경험을 논의하고, 정중한 경청이나 타인의 관점 이해에 대한 보상을 제공하였는가? [그렇다/아니다]

집단구성원이 논의에 참여하고, 생각을 공유하며, 타인의 관점 이해에 대해 얼마나 잘했는지 평정하십시오.

☐ 미흡 ☐ 보통 ☐ 잘함 ☐ 매우 잘함 ☐ 관찰 못 함

코멘트

____

____

보호자 서명: ______________________ 날짜: ______________________

부록 D 도덕추리 문제 상황의 대안

에밀리오의 문제 상황은 약물과 범죄, 우정 그리고 부모나 경찰로 대표되는 권위에 대한 대처의 문제를 포함하고 있다. 에밀리오의 친구인 로베르토의 행동은 자주 문제를 일으켜 에밀리오는 친구의 위험하고 불법적인 행동에 관해 로베르토에게 불만을 표현한다. 에밀리오의 할아버지가 로베르토의 친구들이 약물을 마련하기 위해 저지른 범죄의 희생자가 되었을 때 문제가 되었다.

이 문제 상황의 질문에 관한 다수의 입장은, 그들이 낯선 사람이건 혹은 가족구성원이건 무관하게 그리고 훔친 것을 되돌려준 경우라도 반사회적이고 불법적인 행동을 권위체에 알려야 한다는 것이다. 요점은 로베르토가 결국 붙잡혀 처벌받을 것이라는 점만은 아니다. 다수 입장의 성숙한 추론은 (할아버지처럼) 희생자에게 미치는 부정적인 정서적 영향은 물론 넓게는 지역사회와 우리사회에 미치는 부정적인 영향과 관련되고 있다.

도덕추리 – 1주: 에밀리오의 문제 상황

이름 ______________________ 날짜 ______________________

에밀리오와 로베르토는 이웃이다. 그들은 유치원 때부터 알아 온 단짝이었다. 로베르토는 마약을 즐기고 다른 사람들의 집에 무단침입해 훔친 물건을 팔아 약을 사는 동네의 아이들과 종종 어울렸다. 에밀리오는 로베르토에게 그의 행동에 대해 자주 불평하였고 그런 아이들과 어울리지 말도록 이야기하곤 했지만, 그의 행동에 대해서는 아무에게도 말하지 않았다.

에밀리오의 할아버지는 같은 동네에 살고 있다. 어느 날 에밀리오는 할아버지와 어머니가 지난 소동에 대해 이야기하는 것을 우연히 듣게 된다. 할아버지는 어젯밤 자정쯤에 잠들어 있는 동안 집에 도둑이 들어왔다고 말한다. TV와 컴퓨터, 돌아가신 할머니의 애장품인 그림을 도둑맞았다. 할아버지는 보험에 들지 않았다.

다음날 에밀리오는 로베르토의 집에 간다. 로베르토는 그의 친구들이 지난주에 훔친, 사실은 바로 어젯밤 도둑맞은 할아버지의 것인 컴퓨터와 TV를 구입할 예정이라고 말한다.

에밀리오는 어떻게 말하고 행동해야 하는가? (하나를 고르시오.)

1. 에밀리오는 로베르토의 행동에 대해 어머니에게 말해야 하는가?
   ☐ 말해야 한다 ☐ 말해서는 안 된다 ☐ 결정할 수 없다
2. 에밀리오는 로베르토나 그의 친구들의 행동에 대해 경찰에게 말해야 하는가?
   ☐ 말해야 한다 ☐ 말해서는 안 된다 ☐ 결정할 수 없다
3. 에밀리오는 훔친 물건을 받는 것은 그릇되고 불법적이라고 로베르토에게 말해야 하는가?
   ☐ 말해야 한다 ☐ 말해서는 안 된다 ☐ 결정할 수 없다
4. 에밀리오는 컴퓨터와 TV가 할아버지의 집에서 훔친 것일 거라고 로베르토에게 말해야 하는가?
   ☐ 말해야 한다 ☐ 말해서는 안 된다 ☐ 결정할 수 없다
5. 만약 컴퓨터와 TV가 할아버지의 것으로 드러나고 로베르토가 그것을 되돌려주겠다고 한다면, 로베르토가 해야 할 행동에서 중요한가?
   ☐ 그렇다, 중요하다 ☐ 아니다, 중요하지 않다 ☐ 결정할 수 없다
6. 만약 동네 아이들이 에밀리오의 할아버지가 아닌 모르는 사람의 집에서 컴퓨터와 TV를 훔쳤다면, 훔친 물건을 로베르토에게 파는 것은 올바른 것인가?
   ☐ 그렇다, 올바르다 ☐ 아니다, 올바르지 않다 ☐ 결정할 수 없다
7. 로베르토는 좋은 친구인가? 에밀리오는 로베르토가 자신의 것을 훔치지 않을 것이라고 믿을 수 있을까?
   ☐ 그렇다, 믿을 수 있다 ☐ 아니다, 믿을 수 없다 ☐ 결정할 수 없다

라토야의 문제 상황은 폭력이나 모욕주기와 위협(대면이건 인터넷이나 휴대폰을 통해서건), 그리고 그러한 행동이 포함되는 경우에도 좋은 관계가 가능한지 등의 문제를 다루고 있다. 집단구성원들은 [다른 사람의 감정 이해하기] 사회기술을 이용해, 라토야는 남자친구와의 관계에서 겪는 키오카의 감정과 경험을 이해해야 한다고 말할 수 있다. 공감의 관점에서 라토야는 친구인 키오카를 보호하는 행동을 해야 한다는 집단의 다수 입장을 이끌어 낼 수 있다. 성숙한 추론은 키오카의 남자친구가 라토야를 위협하는 경우라도, 라토야는 남자친구에게 맞서 권위체에 말을 해야 한다는 것이다.

도덕추리 – 2주: 라토야의 문제 상황

이름 ______________________ 날짜 ______________________

라토야와 키오카는 친구다. 쇼핑센터를 걷는 동안 키오카는 남자친구의 메시지를 받는다. 그녀는 매우 조용해지면서 가까운 곳의 의자에 앉아, 문자를 보내고 혼자서 중얼거린다. 키오카는 울기 시작하고 머리를 가로젓는다.

뒤에 키오카는 라토야에게 자신의 남자친구인 자말에 대해 말하는데, 그가 종종 그녀에게 휴대전화로 '나쁜' 메시지를 보내곤 한다는 것이다. 라토야는 키오카에게 자말이 근사하고 다른 사람들은 그를 신사로 본다고 말한다. 하지만 그는 키오카에게 모욕이나 위협을 하는 메시지를 보내고, 자신의 친구들을 위해 키오카가 뭔가를 해 주기를 바라며 때로는 그녀의 의지와는 달리 자신의 집에 머무르도록 한다.

키오카는 라토야와 자신이 산책하는 것을 자말이 바라보고 있었다는 메시지를 설명한다. 그는 키오카에게 라토야와 함께 돌아다니지 말도록 말했다. 그 후 그는 키오카에게 온 좀 나야겠다는 메시지를 보냈고 일이 끝난 후 데리러 올 것이라는 메시지를 보내 왔다. 키오카는 그게 무슨 의미인지 알고 있고, 그렇지만 아무에게도 말하지 않고 아무런 행동도 하지 않을 것이라고 말한다.

라토야는 어떻게 말하고 행동해야 하는가? (하나를 고르시오.)

1. 자말이 자신을 위협하고 있다는 것을 아무에게도 말하지 말라고 키오카가 요구하는 경우 라토야는 어떻게 해야 하는가?
   ☐ 말해야 한다 ☐ 말해서는 안 된다 ☐ 결정할 수 없다

2. 라토야는 자말에게 키오카를 자유롭게 두고 접근하지 말라고 말해야 하는가?
   ☐ 말해야 한다 ☐ 말해서는 안 된다 ☐ 결정할 수 없다

3. 라토야는 부모나 교사 또는 경찰 같은 권위체에 말해야 하는가?
   ☐ 말해야 한다 ☐ 말해서는 안 된다 ☐ 결정할 수 없다

4. 만약 자말이 라토야에게도 문자를 보내고 위협하기 시작한다면, 라토야는 권위체에 말해야 하는가?
   ☐ 말해야 한다 ☐ 말해서는 안 된다 ☐ 결정할 수 없다

5. 좋을 때도 있지만 자신을 위협하거나 폭력을 가하는 누군가와 좋은 관계를 유지하는 것이 가능한가?
   ☐ 그렇다, 가능하다 ☐ 아니다, 결코 가능하지 않다 ☐ 결정할 수 없다

이샨의 문제 상황은 집단구성원들이 이해하고 처리하기 어려운 상황을 제시하고 있다. 이 상황은 문화적 기대와 기준, 가정폭력, 데이트폭력, 가족에 대한 순종 대 위험으로부터 형제자매의 보호의 문제를 다루고 있다. 이 상황에서 이샨이 여동생(이사벨)의 남자 친구와 아버지로부터 그녀를 보호하려고 한다면, 그녀와 어려운 대화를 해야 한다.

질문 1에 대한 다수의 입장은 이샨이 (질문 2의 부모의 기대에도 불구하고) 부모님을 관련시키기보다는 여동생을 대면하고 자신이 보았던 것을 이야기해야 한다는 입장이다. 보다 도덕적으로 성숙한 집단구성원들은 아버지에게는 정상참작이 되는 상황은 중요한 문제가 아니고 이사벨에게 심각한 위험이 따를 것이라는 점을 지적할 수도 있다(질문 3). 또는 이사벨은 아직 어리기 때문에 이사벨의 18세 남자 친구가 성적으로 이용하고 있다는 점을 지적할 수 있다(질문 4).

도덕추리 – 3주: 이샨의 문제 상황

이름 ______________________ 날짜 ______________________

이샨과 이사벨은 16세의 이란성 쌍둥이다. 그들의 가정은 매우 보수적이다. 아버지는 보스 기질이 있고, 자신의 지시를 따르지 않는다고 아내와 아이들을 구타하는 것으로 알려져 있다.

이샨이 학교가 끝난 후 집에 늦게 들어온 날이다. 아버지는 외출하고 집에 없다. 이샨은 이사벨과 그녀의 남자 친구가 집 안의 아버지 사무실에서 서로 껴안고 있는 것을 발견한다. 이사벨의 윗옷은 풀어 헤쳐져 있다. 그들은 이샨이 자신들을 보고 있다는 것을 알지 못한다. 이샨은 만약 아버지가 이 사실을 알게 된다면 이사벨은 아마도 심한 구타를 당할 것이라는 점을 알고 있다.

이샨은 어떻게 말하고 행동해야 하는가? (하나를 고르시오.)

1. 이샨은 그가 본 것을 이사벨과 대면하고 말해야 하는가? 혹은 그냥 입을 다물 것인가?
   □ 그렇다, 대면해야 한다 □ 아니다, 그냥 입을 다문다 □ 결정할 수 없다

2. 만약 이샨이 부모가 자신은 순종하리라고 기대한다는 점을 고려한다면, 아버지에게(혹은 아버지에게 말할 어머니에게) 그가 본 것을 말해야 하는가?
   □ 그렇다, 말해야 한다 □ 아니다, 말해서는 안 된다 □ 결정할 수 없다

3. 만약 아버지의 사무실에서 이샨이 보았던 사실에 대해 이사벨은 압력을 받아서 그랬던 것이라고 말하는 경우라도, 아버지가 이사벨을 처벌할 것을 알면서도 부모에게 말해야 하는가?
   □ 그렇다, 말해야 한다 □ 아니다, 그냥 입을 다문다 □ 결정할 수 없다

4. 만약 이샨이 이사벨의 남자 친구가 그녀를 이용하고 있다는 점을 고려한다면, 그를 대면하거나 집밖에서 도움을 구해야 하는가?
   □ 대면하거나 도움을 구해야 한다 □ 아니다, 그럴 필요가 없다 □ 결정할 수 없다

엔지오의 문제 상황은 친구와 집단에 관련되는 비행 행동, 협박, 충성이나 의리 등의 문제를 제시하고 있다. 성숙한 도덕적 입장은 엔지오가 상대 폭력집단에게 보복을 하자는 샘에 맞서서, 설사 샘이 자신을 위협하고 협박하는 경우라도 자신이 알고 있는 것을 권위체에 말을 해야 한다는 입장이다. 샘에게 맞서면서 엔지오는 [상대방의 분노감 다루기] 사회기술을 사용하는 것이 유익하다는 것을 알 것이다. 보다 성숙한 추론을 하는 사람들은 처벌이나 힘 또는 통제의 문제보다는 엔지오와 샘 간의 관계의 중요성에 동의할 것이다. 그들은 또한 폭력조직 집단을 포함해 사회는 자경단의 의리로부터 이익을 얻지 못할 것이라는 생각도 표현할 것이다.

도덕추리 – 4주: 엔지오의 문제 상황

이름 ______________________ 날짜 ______________________

엔지오와 샐은 도시의 한 폭력집단 조직원이다. 이들은 지난주 학교에서 나오는 도중 스키 마스크를 쓴 두 명에게 공격을 받았다. 엔지오와 샐은 그들이 인근 지역 폭력집단의 조직원이라고 생각한다. 그러나 그들의 얼굴을 볼 수는 없었다. 샐은 늘 성미가 급했고, 그들의 지역으로 찾아가 보복하자고 그냥 닥치는 대로 쏴 버리자고 한다. 엔지오는 샐에게 성질 죽이고 진정하라고 하면서, 참고 기다리면 그들이 누구인지 알 수 있을 것이라고 말한다.

엔지오는 자신과 샐을 공격한 이들이 실제 인근 지역의 폭력집단이라는 사실을 알아내었다. 바로 그날 엔지오는 그 지역의 4명이 총에 맞았다는 신문 기사를 읽는다. 엔지오는 샐이 총을 쏜 사람 중의 하나일 것이라고 확신한다.

엔지오는 어떻게 말하고 행동해야 하는가? (하나를 고르시오.)

1. 엔지오는 샐에게 찾아가 총기사건에 대해 물어야 하는가?
   ☐ 그렇다, 물어야 한다 ☐ 아니다, 상관해서는 안 된다 ☐ 결정할 수 없다

2. 엔지오는 그가 알고 있는 것을 권위체에 말해야 하는가?
   ☐ 그렇다, 말해야 한다 ☐ 아니다, 말해서는 안 된다 ☐ 결정할 수 없다

3. 만약 샐이 엔지오에게 "그들은 받을 만한 처벌을 받았다."고 말하고 그건 내 일이라고 하는 경우, 엔지오는 그가 알고 있는 것을 권위체에 말해야 하는가?
   ☐ 그렇다, 말해야 한다 ☐ 아니다, 그냥 입을 다문다 ☐ 결정할 수 없다

4. 만약 샐이 엔지오에게 그것은 조직의 충성의무라고 말한다면, 그가 알고 있는 것을 권위체에 말해야 하는가?
   ☐ 그렇다, 말해야 한다 ☐ 아니다, 그냥 입을 다문다 ☐ 결정할 수 없다

5. 누군가를 사실을 밝혀 고자질하는 것은 옳은가?
   ☐ 때로는 옳다 ☐ 결코 옳지 않다 ☐ 결정할 수 없다

카르멘의 문제 상황은 공동목표를 향해 일하고 있는 팀원 간 폭력이나 괴롭히기, 보복 그리고 권위체의 문제를 다루고 있다. 동료 괴롭힘의 희생자인 상황에서 카르멘이 어떻게 대처하는지가 관심사다. 자신이 공격적이거나 폭력적인 경향이 있는 집단구성원들은 처음에는 되돌려주는 보복 전략을 생각하기도 한다(질문 1). 그러나 성숙한 도덕성을 균혀 가는 집단논의를 통해 맞받아치는 전략 대신에 상황을 보다 건설적으로 다루는 전략으로 옮겨 간다. 권위체와 관련되는 나머지 질문들은, 자신과 집단을 보호하기 위한 카르멘의 행동과 관련된다.

도덕추리 – 5주: 카르멘의 문제 상황

이름 ______________________________ 날짜 ______________________________

카르멘은 학교 축구팀의 응원단에 속해 있다. 그녀는 꽤 인기가 있고 새로운 사람들을 만나는 데 보통 문제가 없다. 시즌에 들어 약 3주쯤 그녀와 동료들은 원정경기가 있다.

새로 들어 온 그룹의 한 구성원이 카르멘의 발을 심하게 밟고서 사과를 한다. 이러한 일이 세 번이나 반복되자 카르멘은 그 애가 고의로 그렇게 하고 있다고 생각한다. 다음번 그 애가 카르멘의 발을 밟으려고 하자, 카르멘은 곧바로 발을 뺀다. 그 애는 바닥을 짓밟고 넘어지며 자신의 발목을 삔다. 그 애는 일어나서 카르멘을 바닥으로 강하게 밀쳐 낸다.

카르멘은 그 애를 쥐어박고 싶지만 어떻게 할지 생각한다. 카르멘은 그룹 내 단짝에게 무슨 일이 일어나고 있는지를 묻는다. 단짝은 카르멘에게 새로 들어온 애가 자신을 '응원단의 여왕'으로 생각하고, 자신이 약하다고 생각하는 사람을 해치려 한다고 말한다.

카르멘은 어떻게 말하고 행동해야 하는가? (하나를 고르시오.)

1. 카르멘은 발을 세게 짓밟아 그 애에게 보복했어야 하는가?
   - ☐ 그렇다, 보복했어야 한다 ☐ 아니다, 그래서는 안 된다 ☐ 결정할 수 없다

2. 카르멘은 코치에게 사실을 말하고 그 애를 팀에서 쫓아내야 하는가?
   - ☐ 그렇다, 말해야 한다 ☐ 아니다, 말해서는 안 된다 ☐ 결정할 수 없다

3. 만약 카르멘이 그 애가 매우 가난한 집의 출신이고 자신의 우월감을 위해 다른 사람들을 통제하려는 욕구를 지니고 있다는 것을 안다면, 카르멘은 코치에게 사실을 말해야 하는가?
   - ☐ 그렇다, 말해야 한다 ☐ 아니다, 말해서는 안 된다 ☐ 결정할 수 없다

4. 만약 그 애가 이전에 자신이 괴롭힘을 당했었고 자신이 본 다른 사람의 행동을 하고 있을 뿐이라면, 카르멘은 코치에게 말해야 하는가?
   - ☐ 그렇다, 말해야 한다 ☐ 아니다, 말해서는 안 된다 ☐ 결정할 수 없다

5. 누군가 자신에게 했던 것을 되돌려 주는 것은 올바르거나 최선인가?
   - ☐ 올바르거나 최선이다 ☐ 올바르지도 않고 최선도 아니다 ☐ 결정할 수 없다

체리의 문제 상황은 동물 학대 문제를 다루는 데 있어서 이웃과 사회의 책임감을 다루고 있다. 처음 세 질문은 동물과 인간의 복지와 선에 대한 개인적인 책임감을 다루고 있다. 성숙한 도덕적 입장은 끼어들지 말라는 압박이 있더라도 체리는 수의사에게 사실을 말해야 한다는 입장이다. 이 입장의 도덕추리는 동물과 인간을 보호하는 공동체와 사회의 책임감에 호소하고 있다. 마지막 질문은 보호 의무에 관한 사회정의를 다루고 있다. 집단구성원은 [상대방 돕기] 사회기술을 학습하기 때문에, 이 문제 상황은 집단구성원에게 자신들의 학습을 통합하기 시작할 매우 좋은 기회를 제공하고 있다.

도덕추리 – 6주: 체리의 문제 상황

이름 ______________________ 날짜 ______________________

체리는 학교가 끝난 후에 수의사 사무실에서 일하고 있다. 그녀는 애완동물 보관소와 우리에 있는 동물들을 돕고 관리하는 것을 즐긴다. 체리는 때로 수의사의 치료를 보조하기도 한다.

어느 날, 이웃집 개가 다리가 부러져 사무실에 온다. 의사가 묻자 견주는 개가 우리를 빠져나와 거리를 달리다가 지나가는 오토바이에 치였다고 말한다. 의사는 견주의 말을 듣고서 실제로 그와 같은 일이 일어났는지를 의아해한다.

체리는 사실을 알고 있다. 그 이웃집 아들은 개를 발로 차곤 했다. 그 아이는 매우 심술궂다. 체리는 그가 곤충을 잡아 다리를 떼며 노는 것을 보았고, 한번은 개구리를 잡아 바닥에 팽개치고 발로 짓이기는 것도 보았다. 그 애는 12살이다. "이번 일을 그가 한 짓이라면, 나이가 들었을 때 훨씬 더 심한 짓도 할 수 있을 것이다."라고 체리는 생각한다.

체리는 어떻게 말하고 행동해야 하는가? (하나를 고르시오.)

1. 체리는 자신이 알고 있고 생각하는 것을 수의사에게 말해야 하는가?
   ☐ 그렇다, 말해야 한다 ☐ 아니다, 말해서는 안 된다 ☐ 결정할 수 없다

2. 체리는 아이가 동물에게 한 짓을 아이의 부모에게 말해야 하는가?
   ☐ 그렇다, 말해야 한다 ☐ 아니다, 말해서는 안 된다 ☐ 결정할 수 없다

3. 만약 체리가 아이의 부모에게 말을 하고 그 부모는 아이가 한 짓을 알고 있지만 체리는 그 가족의 일에 끼어들지 않아야 한다면, 체리는 경찰에 사실을 말해야 하는가?
   ☐ 그렇다, 말해야 한다 ☐ 아니다, 말해서는 안 된다 ☐ 결정할 수 없다

4. 만약 당신이 아이의 부모라면, 당신은 일어난 사실을 수의사에게 말해야 하는가? 그 결과 당신의 아이가 어려움에 처하는 경우라도?
   ☐ 그렇다, 말해야 한다 ☐ 아니다, 말해서는 안 된다 ☐ 결정할 수 없다

5. 부모는 아이의 행동에 책임이 있고 동물학대로 법정에 가야 하는가?
   ☐ 그렇다, 책임이 있다 ☐ 아니다, 책임질 필요 없다 ☐ 결정할 수 없다

빅베어의 문제 상황은 적어도 처음에는 도둑질을 인정하지 않으려 하는 무책임한 친구를 다루는 주제를 제시하고 있다. 책임감 있는 입장은 빅베어가 처음부터 리틀호크를 고소해서는 안 되지만, 무슨 일이 일어났고 누가 책임이 있는지를 밝혀야 하며 공동체의 원로에게 도움을 구해야 한다는 입장이다. 성숙한 구성원들은 리틀호크가 자신의 절도 문제를 '단순한 거래'로 최소화하거나 훔친 물건들을 되돌려주면 문제가 아니라고 무마하게 해서는 안 된다는 입장이다. 훔치는 문제가 있는 사람과 친밀하고 믿을 만한 관계는 가능하지 않다. 비록 훔치는 문제를 다루고 있을지라도, 이는 [비난 다루기] 사회기술을 고려해야 한다. 7주째에 접어들어 집단구성원들은 조금은 다른 문화와 공동체의 원칙에 관련되는 문제를 다룰 만큼 도덕추리 회기를 충분히 경험하고 있다.

도덕추리 – 7주: 빅베어의 문제 상황

이름 ______________________ 날짜 ______________________

빅베어와 리틀호크는 아메리카 원주민인 트링깃 족의 일원이다. 그들은 단짝이고, 함께 사냥하고 낚시하며 마을과 가족을 위해 음식을 마련한다. 리틀호크는 태어날 때 아주 작았고 커 가면서 또래보다 크지도 강하지도 않아서 가족이 그렇게 이름 지었다. 빅베어는 때로 리틀호크의 외모를 놀리면서 화를 부추기기도 한다. 리틀호크는 빅베어가 잡은 물고기를 가져가 자기 것이라고 주장하기도 한다. 빅베어는 리틀호크의 짓을 알고 있지만, 물고기 몇 마리로 다투기보다는 우정을 유지하는 것이 더 중요하다고 생각하면서 그것에 대해 면박한 적은 결코 없었다.

어느 날, 빅베어는 부족의 정화의식에 참석하기 위해 오두막으로 가려고 한다. 성스러운 의식에 참석하는 다른 사람들처럼 빅베어는 그의 옷들을 밖에 걸어 둔다. 몇 시간 후 밖으로 나오자 그의 옷과 할아버지에게 물려 받은 목걸이가 모두 없어진 것을 발견한다. 거기에는 물고기 다섯 마리가 있었다. 빅베어는 자신의 옷을 다섯 마리 물고기와 바꾼 사람이 리틀호크라고 생각하고 곧바로 그에게 간다.

빅베어는 어떻게 말하고 행동해야 하는가? (하나를 고르시오.)

1. 빅베어는 옷과 할아버지에게 물려 받은 목걸이를 가져간 리틀호크를 고소해야 하는가?
   ☐ 그렇다, 고소해야 한다 ☐ 아니다, 고소해서는 안 된다 ☐ 결정할 수 없다

2. 만약 리틀호크가 빅베어에게 자신이 옷을 가져가지 않았지만 누가 그랬는지 알고 있는 경우, 리틀호크는 그것을 가져간 사람을 말해야 하는가?
   ☐ 그렇다, 고소해야 한다 ☐ 아니다, 고소해서는 안 된다 ☐ 결정할 수 없다

3. 빅베어는 부족 평의회에 찾아가 그들에게 공동체의 문제를 다루게 해야 하는가?
   ☐ 그렇다, 가야 한다 ☐ 아니다, 가서는 안 된다 ☐ 결정할 수 없다

4. 만약 빅베어의 옷과 목걸이가 되돌아온다고 해도, 빅베어는 가져간 사람을 계속 찾으려고 해야 하는가?
   ☐ 그렇다, 계속해야 한다 ☐ 아니다, 그럴 필요 없다 ☐ 결정할 수 없다

5. 사실 옷을 가져가고 물고기를 남겨둔 사람은 리틀호크였다. 만약 리틀호크가 자신이 한 짓은 옷과 물고기를 교환한 사소한 거래였다고 설명한다면, 리틀호크의 행동은 괜찮은 것인가?
   ☐ 그렇다, 괜찮다 ☐ 아니다, 그렇지 않다 ☐ 결정할 수 없다

6. 훔치는 문제가 있는 사람과 친밀하고 믿을 만한 관계는 가능한가?
   ☐ 그렇다, 가능하다 ☐ 아니다, 가능하지 않다 ☐ 결정할 수 없다

타라와 라숀다의 문제 상황은 관계성과 집단의 압력을 다루고 있다. 문제 상황은 타라와 라숀다 간의 우정, 농구팀원 간의 우정과 의리, 그리고 타라와 파커 및 라숀다와 파커 간의 관계성을 포함하고 있다. 성숙한 수준의 도덕추리 구성원들은 우정의 신의를 강조하면서 우정으로의 귀인을 나타낼 것이고, 상호존중의 필요성을 지지할 것이다. 문제 상황은 구성원들에게 타라와 라숀다가 받는 집단압력의 영향력을 논의하고, 자기이익 대 파커를 고려하는 행동에 관한 각기 다른 관점을 공유하는 기회를 제공하고 있다.

도덕추리 – 8주: 타라와 라숀다의 문제 상황

이름 ________________________ 날짜 ________________________

타라와 라숀다는 고등학교 3학년이고 졸업 댄스파티에 가는 기대를 하고 있다. 둘은 인기가 있고 축구선수와 농구선수들을 만나 왔다. 타라는 라숀다가 농구팀 주장인 파커를 좋아하는 것을 알고 있다. 타라 역시 파커를 좋아한다. 둘은 파커가 자신들과 함께 댄스파티에 가 주기를 바라고 있다.

파커는 라숀다와 타라가 무도회에 함께 가 주기를 바라고 있고 자신은 둘에게 상처를 주거나 실망시키고 싶지 않기 때문에 어려움이 있다는 점을 팀원들에게 말한다. 팀원 중 두 사람은 파커를 돕기로 결정한다. 그들은 곧 큰 경기가 있는데 파커가 좋은 성적을 낼 수 있도록 집중할 필요가 있기 때문에 무도회에 가자고 하면서 부담 주지 말 것을 라숀다와 타라에게 설득시키고자 한다. 그들은 이번 경기에서 대학스카우드 팀이 파커를 관찰할 것이고, 파커는 자신이 원하는 대학에 가서 장학금을 받고자 한다면 스카우트 팀에게 좋은 인상을 주어야 한다고 타라와 라숀다에게 말한다.

타라와 라숀다는 어떻게 말하고 행동해야 하는가? (하나를 고르시오.)

1. 타라와 라숀다는 파커에게 부담을 주지 말라는 팀원들의 요청을 받아들여야 하는가?
   ☐ 그렇다, 받아들여야 한다 ☐ 아니다, 그럴 필요 없다 ☐ 결정할 수 없다

2. 타라와 라숀다는 파커의 부담감을 줄이기 위해서 한 사람만 파커와 댄스파티에 가자고 합의해야 하는가?
   ☐ 그렇다, 합의해야 한다 ☐ 아니다, 그럴 필요 없다 ☐ 결정할 수 없다

3. 만약 파커의 팀원들이 타라와 라숀다에게 아무런 이야기도 하지 않는다면, 그래도 두 사람은 조용히 물러나 파커에게 부담 주지 않아야 하는가?
   ☐ 그렇다, 물러나야 한다 ☐ 아니다, 그럴 필요 없다 ☐ 결정할 수 없다

4. 만약 대학스카우트 팀이 경기를 관찰하지 않는다면, 그래도 두 사람은 조용히 물러나 파커에게 부담 주지 않아야 하는가?
   ☐ 그렇다, 물러나야 한다 ☐ 아니다, 그럴 필요 없다 ☐ 결정할 수 없다

린의 문제 상황은 다른 문화적 가치, 권위체, 친구의 보호를 다시 다루고 있다. 덜 성숙한 추리를 하는 구성원들은 국외추방을 피하기 위해 출입국관리청에서 도망할 기회를 줌으로써 린이 친구를 보호해야 한다고 주장할 수 있지만, 그것은 적어도 불법이다. 높은 수준의 추리를 하는 구성원들은 법은 불법 행동으로부터 사회 전체를 보호하기 위해 만들어졌고, 도망감으로써 린은 자신뿐만 아니라 합법적으로 거주를 부여받았던 다른 사람들에게도 부차적인 문제를 야기한다는 입장을 취할 것이다. 크와이는 자신의 제안을 통해 친구에 대한 애정을 표현하려고 하지만, 그는 불법 행동을 함께하자고 제안함으로써 린에게 딜레마를 야기하고 있다.

도덕추리 – 9주: 린의 문제 상황

이름 ______________________ 날짜 ______________________

린과 크와이는 아시아에 있는 모국에서 떠나오기 이전부터 친구였다. 그들은 같은 동네에서 살았고, 같은 학교를 다니면서 방과 후 같은 팀에서 운동을 하였다. 그들은 늘 붙어 있었다.

크와이는 린에게 자신의 영주권이 거부되었고 60일 이내에 아시아로 돌아가야 할 것이라고 말한다. 린은 크와이에게 좋은 감정을 가지고 있어서 자신이 그에 대해 얼마나 걱정을 하는지 어떤 식으로든 보여 주고 싶어 한다. 린은 돌아갈 필요가 없다고, 도망가 숨어서 다른 신분을 얻을 수 있다고 크와이에게 말한다. 린은 크와이가 새로운 신분을 얻어 다른 지역으로 갈 수 있게 도울 수 있는 친구들을 알고 있으며 아무도 모를 것이라고 말한다.

크와이는 린의 제안이 가능한지 생각해 본다. 그러나 크와이는 혼자서 그렇게 하고 싶어 하지는 않는다. 크와이는 린에게 정말 좋은 친구라면 함께 그렇게 하자고 말한다. 그들은 함께 도망가서 새로운 삶을 얻을 수도 있다.

린은 어떻게 말하고 행동해야 하는가? (하나를 고르시오.)

1. 린은 크와이가 제안하는 대로 새로운 신분을 얻어 그와 함께 도망가야 하는가?
   ☐ 그렇다, 도망가야 한다 ☐ 아니다, 도망가서는 안 된다 ☐ 결정할 수 없다

2. 만약 린이 체포되는 경우, 자신이 도망가서 숨게 된 것은 크와이의 계획이었다고 권위체에 말해야 하는가?
   ☐ 그렇다, 말해야 한다 ☐ 아니다, 말해서는 안 된다 ☐ 결정할 수 없다

3. 크와이가 린에게 불법을 제안한 것은 올바른 일인가?
   ☐ 그렇다, 올바르다 ☐ 아니다, 올바르지 않다 ☐ 결정할 수 없다

4. 린이 크와이에게 도망가서 새로운 신분을 얻도록 요구한 것은 올바른 일인가?
   ☐ 그렇다, 올바르다 ☐ 아니다, 올바르지 않다 ☐ 결정할 수 없다

엠마의 문제 상황은 친구 간 신뢰감의 문제와 누군가가 제보자를 희생시키면서 자신의 이익을 위해 정보를 이용하려 할 때의 반응법을 다루고 있다. 성숙하고 책임감 있는 입장은 미카엘이 신뢰를 저버렸고, 엠마가 입사할 수 있도록 자신의 입사 제안을 거절해야 한다는 입장이다. 집단촉진자는 '힘이 곧 정의'이고 '실력이 최선'이기 때문에, 혹은 자신의 수다 때문에 일어난 것이기에 엠마는 불평해서는 안 된다는 일부 구성원들의 논의에 성숙한 입장의 분위기를 더욱 조성해야 할 것이다. 이 문제 상황에서 정직과 친구 간 예의, 자신의 이익을 위해 정보를 부당하게 이용하는 것과 관련되는 문제를 포함해 노동, 경제, 생계수단, 생존 모두는 중요하다.

도덕추리 – 10주: 엠마의 문제 상황

이름 ______________________ 날짜 ______________________

엠마는 좋은 급여와 복지제도를 제공하는 큰 회사의 면접을 앞두고 있다. 그녀는 면접에 가서 부서장과 대면 면담을 하고 직무 지식과 기초 독해 및 산술 능력 시험을 치른다. 지난주 엠마는 친구인 미카엘에게 회사의 채용 정보와 자신은 지원할 생각이라고 말하였다. 엠마는 미카엘과 좋은 친구이고, 미카엘은 늘 엠마의 활동을 지지해 왔다.

엠마는 자신이 면접을 잘했다고 생각한다. 집으로 오는 길에 그녀는 미카엘을 만나는데 그도 역시 같은 회사의 같은 부서의 면접을 보았다고 말한다. 미카엘은 분명 엠마를 통해 회사의 채용에 대해 알았을 것이다. 며칠 후 미카엘은 회사의 입사제안서를 받았고 그것을 받아들였다고 엠마에게 말한다.

엠마는 어떻게 말하고 행동해야 하는가? (하나를 고르시오.)

1. 엠마는 같은 회사 같은 부서에 미카엘이 지원한 것에 대해 불평해야 하는가?
   ☐ 그렇다, 불평해야 한다 ☐ 아니다, 불평해서는 안 된다 ☐ 결정할 수 없다

2. 미카엘은 채용소식을 엠마 덕분에 알았고 엠마 역시 지원할 것을 알았으면서도, 그 부서에 지원한 것은 올바른 것인가?
   ☐ 그렇다, 올바르다 ☐ 아니다, 올바르지 않다 ☐ 결정할 수 없다

3. 만약 미카엘이 채용소식을 스스로 알았고 엠마 역시 지원할 것이라는 것을 알았다면, 미카엘은 같은 부서에 자신도 지원할 것이라고 엠마에게 알려야 하는가?
   ☐ 그렇다, 알려야 한다 ☐ 아니다, 알릴 필요 없다 ☐ 결정할 수 없다

4. 만약 미카엘이 회사에 가서 상황을 설명한다면? 회사는 엠마가 실제 차점자이고 만약 미카엘이 입사제안을 거절하는 경우 엠마에게 돌아갈 것이라고 미카엘에게 말한다. 미카엘은 엠마가 입사할 수 있도록 입사제안을 거절해야 하는가?
   ☐ 그렇다, 거절해야 한다 ☐ 아니다, 그럴 필요 없다 ☐ 결정할 수 없다

지역사회 행동 보고서

집단구성원 ______________________ 날짜 ______________________

표시자 ____

*지시: 다음의 각 문항을 읽고서 지난 한 달 동안 구성원이 드러낸 행동 여부를 가장 적절한 곳에 표시하십시오.

항목	그렇다	아니다	모름
1. 물건을 손상시킴			
2. 누군가를 도움			
3. 누군가에게 욕설을 함			
4. 누군가가 자극했을 때 침착함을 유지함			
5. 곧장 무언가를 할 수 없어 속상해함			
6. 다른 사람의 감정에 대한 이해를 보여 줌			
7. 언어적 폭력을 가함			
8. 상대방의 부정적인 압력에 거부함			
9. 신체적 싸움에 가담함			
10. 다른 사람들과 협력함			
11. 문이나 벽을 세게 침			
12. 자제해야 할 필요가 있었음			
13. 적절한 방식으로 애정을 표현함			
14. 논쟁이나 싸움을 시작함			
15. 누군가를 칭찬함			
16. 화를 내며 불평함			
17. 적절한 방식으로 불평함			
18. 누군가를 밀침			

19. 지시에 따름			
20. 공격적인 제스처를 사용함			
21. 감정을 적절하게 표현함			
22. 무언가를 던짐(예, 의자, 음식 등)			
23. 다른 사람과 즐거운 대화를 함			
24. 누군가를 위협하거나 괴롭힘			
25. 다른 사람과 무언가를 공유함			
26. 요구받았을 때 침착함을 유지하지 못함			
27. 논쟁을 타협하거나 협의함			
28. 누군가와 말다툼함			

지역사회 적응 평정척도

집단구성원 ________________________ 날짜 ________________________

표시자 ____

*지시: 아래의 각 문항을 읽고서 현재 구성원의 적응을 표시하십시오. 표시에 덧붙여 그 이유를 간단히 기술하십시오.

항목	우수 (3)	좋음 (2)	빈약 (1)	불량 (0)
1. 집과 가족 적응 코멘트:				
2. 학교 적응 코멘트:				
3. 직업 적응 코멘트:				
4. 동료 적응 코멘트:				
5. 법적 적응 코멘트:				

사회도덕적 숙고척도 – 단축형

이름 ______________________ 날짜 ______________________

(하나를 고르시오.)

1. 친구와 약속했다고 생각하고, 사람들이 자신의 약속을 지키는 것은 얼마나 중요한가?

☐ 매우 중요 ☐ 중요 ☐ 중요하지 않음

위에 체크한 이유는 무엇입니까?

2. 다른 약속은 어떤가? 거의 모르는 누군가와의 약속을 지키는 것은 얼마나 중요한가?

☐ 매우 중요 ☐ 중요 ☐ 중요하지 않음

위에 체크한 이유는 무엇입니까?

3. 어린아이와의 약속은 어떤가? 부모가 아이들과의 약속을 지키는 것은 얼마나 중요한가?

☐ 매우 중요 ☐ 중요 ☐ 중요하지 않음

위에 체크한 이유는 무엇입니까?

4. 일반적으로 진실을 말하는 것은 얼마나 중요한가?

☐ 매우 중요 ☐ 중요 ☐ 중요하지 않음

위에 체크한 이유는 무엇입니까?

5. 자신이 부모를 도왔다고 생각하고, 자녀가 부모를 돕는 것은 얼마나 중요한가?

☐ 매우 중요 ☐ 중요 ☐ 중요하지 않음

위에 체크한 이유는 무엇입니까?

6. 친구는 도움이 필요하고 죽을 수도 있다. 자신이 친구를 살릴 수 있는 유일한 사람이라면, 친구의 생명을 구하는 것은 얼마나 중요한가?
   - ☐ 매우 중요 ☐ 중요 ☐ 중요하지 않음

위에 체크한 이유는 무엇입니까?

7. 다른 누군가의 생명을 구하는 것은 어떤가? 한 개인이 (자신의 생명을 잃지 않고서) 모르는 사람의 생명을 구하는 것은 얼마나 중요한가?
   - ☐ 매우 중요 ☐ 중요 ☐ 중요하지 않음

위에 체크한 이유는 무엇입니까?

8. 본인은 원하지 않는 경우라도 사람이 살아야 하는 것은 얼마나 중요한가?
   - ☐ 매우 중요 ☐ 중요 ☐ 중요하지 않음

위에 체크한 이유는 무엇입니까?

9. 사람들이 다른 사람의 소유물을 가져가서는 안 된다는 점은 얼마나 중요한가?
   - ☐ 매우 중요 ☐ 중요 ☐ 중요하지 않음

위에 체크한 이유는 무엇입니까?

10. 사람들이 법을 지키는 것은 얼마나 중요한가?
   - ☐ 매우 중요 ☐ 중요 ☐ 중요하지 않음

위에 체크한 이유는 무엇입니까?

11. 판사가 법을 어기는 사람을 감옥에 보내는 것은 얼마나 중요한가?
   - ☐ 매우 중요 ☐ 중요 ☐ 중요하지 않음

위에 체크한 이유는 무엇입니까?

사회기술 과제 보고서 1

이름 ______________________ 날짜 ______________________

회기 중에 기입

어떤 기술을 사용할 것입니까? ______________________

사용할 기술의 단계는 무엇입니까?

어디에서 기술을 사용할 것입니까? ______________________

누구와 함께 기술을 사용할 것입니까? ______________________

언제 기술을 사용할 것입니까? ______________________

기술을 연습한 후에 기입

기술을 시도했을 때 어떤 일이 일어났습니까?

실제로 따랐던 단계는 무엇입니까?

기술의 사용을 얼마나 잘했습니까?

☐ 매우 잘함 ☐ 잘함 ☐ 못함 ☐ 매우 못함

사회기술 과제 보고서 2

이름 ________________ 날짜 ________________

기술을 연습하기 전에 기입

어떤 기술을 사용할 것입니까? ________________

사용할 기술의 단계는 무엇입니까?

어디에서 기술을 사용할 것입니까? ________________

누구와 함께 기술을 사용할 것입니까? ________________

언제 기술을 사용할 것입니까? ________________

매우 잘한다면, 자신에게 어떻게 보상하겠습니까? ________________

잘한다면, 자신에게 어떻게 보상하겠습니까? ________________

잘하지 못한다면, 자신에게 어떻게 보상하겠습니까? ________________

기술을 연습한 후에 기입

기술을 시도했을 때 어떤 일이 일어났습니까?

실제로 따랐던 단계는 무엇입니까?

기술의 사용을 얼마나 잘했습니까?

☐ 매우 잘함 ☐ 잘함 ☐ 못함 ☐ 매우 못함

다음 과제는 무엇이라고 생각합니까?

도덕추리 사회적 의사결정도표

이름	질문 번호						
	1	2	3	4	5	6	7
집단 의사결정							
최종 집단 의사결정 결과							
집단 의사결정							

참고문헌

Adler, A. (1924). *The practice and theory of individual psychology.* New York: Harcourt Brace Jovanovich.

Ahlborn, H. H. (1986). *Dilemma session intervention with adult female offenders: behavioral and attitudinal correlates.* Unpublished manuscript, Ohio Department of Rehabilitation and Correction, Columbus.

Alberto, P. A., & Troutman, A. A. (1982). *Applied behavior analysis for teachers: Influencing student performance.* Columbus, OH: Charles E. Merrill.

American Psychiatric Association. (2000). *The Diagnostic and statistical manual of mental disorders* (4th ed., Rev.) Washington, DC: Author.

Andrews, D. A., & Bonta, A. (2003). *The Psychology of Criminal Conduct* (3rd ed.). Cincinnati: Anderson.

Ayllon, T., & Azrin, N. (1968). *The token economy: A motivational system for therapy rehabilitation.* New York: Appleton Century Crofts.

Azrin, N.H., & Holz, W.C. (1966). Punishment. In W. K. Honig (Ed.), *Operant behavior: Areas of research and application.* New York: Appleton Century Crofts.

Bandura, A. (1969). *Principles of behavior modification.* New York: Holt, Rinehart & Winston.

Bandura, A. (1973). *Aggression: a social learning analysis.* Englewood Cliffs, NJ: Prentice-Hall.

Barnoski, R. (1994). *Comparison outcomes and costs for JCAA programs.* Olympia: Washington State Institute for Public Policy.

Barnoski, R. (2004, September 17). Benefits and costs of prevention and early intervention programs for youth. *Public Policy Report.* Olympia: Washington State Institute for Public Policy.

Barriga, A. Q., Gibbs, J. C., Potter, G. B., & Liau, A. K. (2001). *How I think (HIT) questionnaire manual.* Champaign, IL: Research Press.

Beck, A.T. (1976). *Cognitive therapy and emotional disorders.* New York: International Press.

Beck, A.T. (1999). *Prisoners of hate: The cognitive basis of anger, hostility, and violence.* New York: HarperCollins.

Bronfenbrenner, U. (1979). *The ecology of human development: Experiments by nature and design.* Cambridge, MA: Harvard University Press.

Bush, J., & Bilodeau, B. (1993). *Options: A Cognitive Change Program.* The National Institute of Corrections, Longmont, Colorado.

Bush, J., Glick, B., & Taymans, J. (1997). *Thinking for a Change: Integrated Cognitive Behavior Change Program.* Washington, DC: National Institute of Corrections, U.S. Department of Justice.

Carr, E. G. (1981). Contingency Management. In A. P. Goldstein, E. G. Carr, W. Davidson, & P. Wehr

(Eds.), *In Response to Aggression.* New York: Pergamon.

Colby, A., Kohlberg. L., Hewer, A., Candee, D., Gibbs, J., & Power., C. (1987). *The Measurement of Moral Judgment* (Vol. 2). Cambridge, England: Cambridge University Press.

Colby, A., & Speicher, B. (1973). *Dilemmas for applied use.* Unpublished manuscript, Cambridge, MA: Harvard University Press.

Coleman, M., Pfeiffer, S., & Oakland, T. (1991). *Aggression replacement training with behavior disordered adolescents.* Unpublished manuscript, University of Texas.

Comstock, G. A., Paik, H. (1994). The effects of television on antisocial behavior: a meta-analysis. *Communication Research, 21,* 516-546.

Comstock, G. A., & Strasbuger, V. C. (1990). Deceptive appearances: Television violence and aggressive behavior. *Journal of Adolescent Health Care, 11,* 31-44.

Csikszentmihalyi, M., & Larsen, R. (1984). *Being adolescent.* New York: Basic Books.

Curulla, V L. (1990). *Aggression replacement training in the community for adult learning disabled offenders.* Unpublished manuscript, University of Washington.

Deffenbacher, J. L. (1996). Cognitive-behavioral approaches to anger reduction. In K. S. Dobson & K. D. Craig (Eds.), *Advances in Cognitive-behavior therapy.* Thousand Oaks, CA: Sage.

DiBiase, A. M., Gibbs, J. C., Potter, G. B. (2005). *EQUIP for Educators: Teaching Youth (Grades 5-8) to Think and Act Responsibly.* Champaign, Illinois: Research Press.

Donnerstein, E., Slaby, R. G., & Eron, L. D. (1994). The mass media and youth aggression. In L. D. Eron, J. H. Gentry, & P. Schlegel (Eds.), *Reason to hope: A psychosocial perspective on violence & youth.* Washington, DC: American Psychological Association.

Ellis, A. (1962). *Reasoning and emotion in psychotherapy.* Seacaucus, NJ: Lyle Stuart.

Ellis, A. (1997). *The Practice of Rational Emotive Behavior Therapy.* New York: Springer.

Ellis, H. (1965). *The transfer of learning.* New York: Macmillan.

Epps, S., Thompson, B. J., & Lane, M. P. (1985). *Procedures for incorporating generalization programming into interventions for behaviorally disordered students.* Unpublished manuscript, Iowa State University, Ames.

Feindler, E. L. (1979). *Cognitive-behavioral approaches to anger control training in explosive adolescents.* Unpublished doctoral dissertation, West Virginia University, Morgantown.

Feindler, E. L. (1981). *The art of self-control.* Unpublished manuscript, Adelphi University, Garden City, NY.

Feindler, E. L., & Ecton, R. B. (1986). *Adolescent anger control: cognitive-behavioral techniques.* NY: Pergamon Press.

Feindler, E. L., & Fremouw, W. J. (1983). Stress inoculation training for adolescent anger problems. In: Meichenbaum, D., Jaremko, M.E. (eds.) *Stress Reduction and Prevention.* Springer, Boston, MA. New York: Plenum.

Feindler, E. L., Latini, J., Nape, K., Romano, J., & Doyle, J. (1980, November). *Anger reduction methods for child-care workers at a residential delinquent facility.* Paper presented at the meeting of the

Association for the Advancement of Behavior Therapy, New York.

Feindler, E. L., Marriott, S. A., & Iwata, M. (1984). Group anger control training for junior high delinquents. *Cognitive Therapy and Research, 8,* 299-311.

Ford, D. H., & Urban, H. B. (1963). *Systems of psychotherapy.* New York: Wiley.

Francies, A., & Ross, R. (2001). *DSM-IV-TR case studies: A Clinical Guide to Differential Diagnosis.* Arlington, VA: American Psychiatric Publishing.

Foxx, R. M., & Azrin, N. H. (1973). Restitution: a method of eliminating aggressive-disruptive behavior of retarded and brain damaged patients. *Behaviour Research and Therapy, 10,* 15-27.

Freedman, B. J. (1974). *An analysis of social behavioral skill deficits in delinquent and nondelinquent adolescent boys.* Unpublished doctoral dissertation, University of Wisconsin, Madison.

Gendreau, P. (1996). The principles of effective interventions with offenders. In A. Harland (Ed.), *Choosing correctional options that work* (pp.117-130). Thousand Oaks, CA: Sage.

Gendreau, P., & Andrews, D. A. (1992). *Correctional Program Assessment Inventory* (CPAI; 5th ed.). St. John, Canada: University of New Brunswick.

Gibbs, J. C. (2010). *Moral development and reality: Beyond the Theories of Kohlberg and Hoffman* (2nd ed.). Boston: Pearson Allyn & Bacon.

Gibbs, J. C., Barriga, A, Q., & Potter, G. B. (2001). *How I Think (Hit) Questionnaire.* Research Press (IL).

Gibbs, J. C., Basinger, K. S., & Fuller, D. (1992). *Moral maturity: Measuring the development of sociomoral reflection.* Hillsdale, NJ: Erlbaum.

Gibbs, J. C., Basinger, K. S., Grime, R. L., & Snarey, J. R. (2007). Moral judgment development across cultures: Revisiting Kohlberg's universality claims. *Developmental Review, 27*(4), 443-500.

Gibbs, J. C., Potter, G., & Goldstein, A. P. (1995). *The EQUIP Programme: Teaching Youth to Think and Act Responsibly Through a Peer-Helping Approach.* Champaign, IL: Research Press.

Glick, B. (1978). Training aggressive adolescents. *Journal of Adolescence and Youth 7*(1), 73-91.

Glick, B. (1979). Youth between the cracks. *Behavioral Disorders, 4*(4), 227-231.

Glick, B, (1995). *Managing delinquency: Programs that work.* American Correctional Association Press.

Glick, B. (2006). *Cognitive behavioral interventions for at-risk youth* (Vol. 1). Kingston, NJ: Civic Research Institute.

Glick, B. (2009). *Cognitive behavioral interventions for at-risk youth* (Vol. 2). Kingston, NJ: Civic Research Institute.

Glick, B., Taymans, J., & Bush, J. (2010). *Thinking for a Change: Integrated Cognitive Behavior Change Program* (Rev. ed.). Washington, DC: National Institute of Corrections, U. S. Department of Justice.

Goldstein, A. P., Apters, S. J., & Harootunian, B. (1984). *School violence.* Englewood Cliffs, NJ: Prentice Hall.

Goldstein, A. P., & Glick, B. (1987). *Aggression replacement training: a comprehensive intervention for aggressive youth.* Champaign, IL: Research Press.

Goldstein, A.P., & Glick, B. (1994). *The prosocial gang: implementing aggression replacement training.*

Thousand Oaks, CA: Sage.

Goldstein, A.P., Glick, B., Carthan, W., & Blancero, D. (1994). *The prosocial gang.* Thousand Oaks, CA: Sage.

Goldstein, A.P., Glick, B., & Gibbs, J.C. (1998). *Aggression replacement training: a comprehensive Intervention for aggressive youth* (Revised Edition). Illinois, USA: Research Press.

Goldstein, A. R, Glick, B., Irwin, M. J., McCartney, C., & Rubama, 1. (1989). *Reducing delinquency: Intervention in the community.* New York: Pergamon.

Goldstein, A.P., & Kanfer, F. H. (1979). *Maximizing treatment gains.* New York: Academic.

Goldstein, A.P., & McGinnis, E. (1997). *Skillstreaming the adolescent: New Strategies and Perspectives for Teaching Prosocial Skills* (Rev. ed.). Champaign, IL: Research Press.

Goldstein, A. P., Sherman, R. P,, Gershaw, N. J., Sprafkin, R. P., & Glick, B. (1978). Training aggressive adolescents in prosocial behavior. *Journal of Adolescence, 7,* 73-92.

Goldstein, A. P., Sprafkin, R. P., & Gershaw, N. J. (1976). *Aggression Replacement Therapy: A trainer's manual.* Syracuse, NY: Syracuse University.

Goldstein, A. P., Sprafkin, R., Gershaw, N. J., & Klein, P. (1980). *Skillstreaming the adolescent.* Champaign, IL: Research Press.

Greenwood, C. R., Hops, H., Delquadri, J., & Guild, J. (1974). Group contingencies for group consequences in classroom management: A further analysis. *Journal of Applied Behavior Analysis, 7*(3), 413-425.

Gregg, V. R., Gibbs, J. C., & Basinger, K. S. (1994). Patterns of developmental delay in moral judgment by male and female delinquents. *Merrill-palmer Quarterly, 40,* 538-553.

Hoberman, H. M. (1990). Study group report on the impact of television violence on adolescents. *Journal of Adolescent Health Care, 11*(1), 45-49.

Horney, K. (1939). *New ways in psychoanalysis.* New York: Noton.

Howell, J. C., & Decker, S. H. (1999). The youth gangs, drugs, and violence connection. *The Juvenile Justice Bulletin.* Washington, DC: Office of Juvenile Justice and Delinquency Prevention.

Huebner, J., Vloet, T. D., Marx, I., Konrad, K., Fink, G. R., Herpertz, S. C., & Herpertz, D. (2008). Morphometric brain abnormalities in boys with conduct disorders. *Child and Adolescent Psychiatry, 45,* 540-547.

Jones, L. (1993, March). Why are we beating our children? *Ebony,* pp. 17-22.

Jones, Y. (1990). *Aggression replacement training in a high school setting.* Unpublished manuscript, Center for Learning & Adjustment Difficulties, Brisbane, Australia.

Kagan, J. (1966). Reflection-impulsivity: The generality and dynamics of conceptual tempo. *Journal of Abnormal Psychology, 71*(1), 17-24.

Katsiyannis, A., Ryan, J. B., Jhang, D., & Spann, A. (2008). Juvenile delinquency and recidivism: The impact of academic achievement. *Reading & Writing Quarterly, 4*(2), 177-196.

Kaunitz, C., & Strandberg, C. (2009). Aggression replacement training in Sweden: Evidence-based social services on practice. *Socionomen, 6,* 34-62.

Kazdin, A. E. (1975). *Behavior modification in applied settings.* Homewood, IL: Dorsey.

Keeley, S. M., Shemberg, K. M., & Carbonell, J. (1976). Operant clinical intervention: Behavior management or beyond? Where are the data. *Behavior Therapy, 7*(3), 292-305.

Kennedy, S. M. (1989). *Anger management training with adult prisoners.* Unpublished doctoral dissertation, University of Ottawa, Canada.

Kohlberg, L. (1969). Stage and sequence: The cogntive-developmental approach to socialization. In D. A. Goslin (Ed.), *Handbook of socialization theory and research* (pp. 347-480). Chicago: Rand McNally.

Kohlberg, L. (Ed.). (1973). *Collected papers on moral development and moral education.* Cambridge, MA: Harvard University, Center for Moral Education.

Kohlberg, L. (1984). *Essays on moral development: Vol. 2. The psychology of moral development.* San Francisco, CA: Harper & Row.

Latessa, E. (2006). Effectiveness of Cognitive behavioral interventions for youthful offenders: Review of the research. In B. Glick (Ed.), *Cognitive behavioral interventions for at-risk youth.* Kingston, NJ: Civic Research Institute.

Leeman, L. W., Gibbs, J. C., Fuller, D. (1993). Evaluation of multi-component treatment program for juvenile delinquents. *Aggressive Behavior, 19,* 281-292.

Lickona, T. (1983). *Raising good children.* New York: Bantam.

Lipsey, M. (1999). Can intervention rehabilitate serious delinquents? *Annals of the American Academy of Political and Social Science, 564,* 142-166.

Little, V. I., 7 Kendall, P. C. (1979). Cognitive behavioral interventions with delinquents: Problem solving, role-taking, and self-control. In P. C. Kendall & S. D. Hollon (Eds.), *Cognitive behavioral interventions.* Orlando, FL: Academic.

Luria, A. R. (1961). *The role of speech in the regulation of normal and abnormal behaviour.* New York: Liveright.

Maltz, M. D. (1984). *Recidivism.* New York: Academic Press.

McCrady, F., Kaufman, K., Vasey, M. W., Barriga, A. Q., Delvin, R. S., & Gibbs, J. C. (2008). It's all about me: A brief report of incarcerated adolescent sex offenders' generic and sex-specific cognitive distortions. Sexual Abuse: *A Journal of Research and Treatment, 20,* 261-271.

McGinnis, E., & Goldstein, A. P. (1984). *Skillstreaming the elementary school child.* Champaign, IL: Research Press.

McGinnis, E., & Goldstein, A. P. (1990). *Skillstreaming in early childhood: Teaching prosocial skills to the preschool and kindergarten child.* Champaign, IL: Research Press.

McGinnis, E., & Goldstein, A. P. (1997). *Skillstreaming the elementary school child: New strategies and perspectives for teaching prosocial skills* (Rev. ed.). Champaign, IL: Research Press.

McGinnis, E., & Goldstein, A. P. (2003). *Skillstreaming in early childhood: New strategies and perspectives for teaching prosocial skills* (Rev. ed.). Champaign, IL: Research Press.

Meichenbaum, D. (1977). *Cognitive behavior modification: An integrative approach.* New York:

Plenum.

Meichenbaum, D. H., & Goodman, J. (1969). The developmental control of operant motor responding by verbal operants. *Journal of Experimental Child Psychology, 7,* 553-565.

Meichenbaum, D. H., & Goodman, J. (1971). Training impulsive children to talk to themselves: a means of developing self-control. *Journal of Abnormal Psychology, 77,* 115-126.

Meyers, D. W. (1982). *Moral dilemmas at Scito Village.* Unpublished manuscript, Ohio Department of Youth Services, Columbus.

Morawski, J., & Morawski, E. (2009). Strategies for the development of Aggression Replacement Training in Polish schools and local communities. In B. Glick (Ed.), *Cognitive behavioral interventions for at-risk youth* (Vol. 2.). Kingston, NJ: Civic Research Institute.

National Center for Mental Health Promotion and Youth Violence Prevention. (2007). *Aggression Replacement Training fact sheet.* Retrieved September 10, 1020.

Novaco, R. W. (1975). *Anger control: the development and evaluation of an experimental treatment.* Lexington, MA: D. C. Health.

Novaco, R. W. (2004). *Novaco Anger Scale and Provocation Inventory (NAS-PI).* Los Angeles: Western Psychological Association.

Ndrecka, M. K., Bechtel, Lowenkamp, C. T., & Latessa, E. J. (2009). Effectiveness of juvenile cognitive behavioral and family oriented interventions: A meta analysis. In B. Glick (Ed.), *Cognitive behavioral interventions for at-risk youth.* Kingston, NJ: Civic Research Institute.

Osgood, C. E. (1953). *Method and theory in experimental psychology.* New York: Oxford University Press.

Palmer, E. J., & Hollin, C. R. (1998). A comparison of patterns of moral development in young offenders and non-offenders. *Legal and Criminological Psychology, 3,* 225-235.

Piaget, J. (1965). *Moral judgment of the child* (M. Gabain, Trans.). New York: Free Press.

Piaget, J. (1969). *The mechanisms of perception*. London, England: Routledge and Kegan Paul.

Potter, G. B., Gibbs, J. C., & Goldstein, A. P. (2001). *The EQUIP program implementation guide: teaching youth to think and act responsibly through a peer-helping approach.* Champaign, IL: Research Press.

Preudhomme, G. R., & Dunston, L. G. (1989). *Rites of passage: A program for the New York state division for youth. Albany,* NY: Budget Office of the Governor.

Quay, H. (1965). *Juvenile delinquency: Research and theory.* Princeton, NJ: Van Nostrand.

Quay, H., & Hogan, A. (1999). *Handbook of disruptive behavior disorders.* New York: Plenum.

Rank, O. (1945). *Will therapy.* New York: Knopf.

Reno, S. (1997). *Choices.* Madison: Wisconsin Department of Corrections.

Robinson, K., & Little, G. (1988). *Moral Reconation Therapy.* Memphis: Correctional Counseling.

Rogers, C. R. (1951). *Client-centered therapy: its current practice, implications, and theory*. Houghton Mifflin.

Ross, R., & Fabiano, E. (1986). *Reasoning and rehabilitation*. Ottawa, Canada: T3 Associates.

Rudy, S. A. (2009). *Aggression Replacement Training: Recidivism among incarcerated male juveniles with conduct disorder*. Encino, CA: Phillips Graduate Institute.

Ryan, S. (2009). *Aggression Replacement Training: Recidivism among incarcerated male juvenile with Conduct Disorder.* Unpublished doctoral dissertation, Phillips Graduate Institute, Encino, California.

Samenow, S. (1984). *Inside the criminal mind.* New York: Random House.

Samenow, S. (2004). *Inside the criminal mind.* (Rev. ed.). New York: Random House.

Sherman, L. W., Farrington, D. P., Mackenzie, D. L., & Welsh, B. C. (2006). *Evidence-based crime prevention.* New York: Routledge.

Siegel, J. M. (1986). Multidimensional Anger Inventory. *Journal of Personality and Social Psychology, 51*(1), 191-200.

Sobsey, D. (1990). Modifying the behavior of behavior modification. In A. Repp & N. Singh (Eds.), *Perspectives on the use of nonaversive and aversive interventions for persons with developmental disabilities.* Sycamore, IL: Sycamore Publishing.

Stams, G. J., Brugman, D., Dekovic, M., van Rosmalen, L., van der Laan, P., & Gibbs, J. C. (2006). The moral judgment of juvenile delinquents: A meta analysis. *Journal of Abnormal Child Psychology, 34,* 697-713.

Stokes, T. F., & Baer, D. M. (1977). An implicit technology of generalization. *Journal of Applied Behavior Analysis, 10,* 349-367.

Straus, M. A. (1994). *Beating the devil out of them: Coporal punishment in American families.* New York: Lexington.

Sullivan, H. S. (1953). *Conceptions of modern psychiatry.* New York: Norton.

Taymans, J. (1997). *Problem solving skills.* Washington, DC: George Wahington University.

Tharp, R. G., & Wetzel, R. J. (1969). *Activities and exercises for affective education.* Washington, DC: American Educational Research Association.

Thorndike, E. L., & Woodworth, R. S. (1901). The influence of improvement in one mental function upon the efficiency of other functions. *Psychological Review, 8,* 247-261.

U.S. Department of Education Safe, Disciplined, and Drug-free Schools Expert Panel (2002). *Exemplary and Promising Safe, Disciplined, and Drug-Free Schools Programs, 2001*. Retrieved September 10, 2010, from http://www.ed.gov/admins/lead/safety/exemplary01/exemplary01.pdf

U.S. Justice Department Office of Juvenile Justice and Delinquency Prevention. (1995). *OJJDP models program guide*. Retrieved September 10, 2010, from http://www.ojjdp.ncjrs.gov/mpg/mpgProgramDetails.aspx?ID=292

Walker, H. M. (1979). *The acting-out child: Coping with classroom disruption.* Boston: Allyn & Bacon.

Yochelson, S., & Samenow, S. E. (1976). *The Criminal Personality: Vol. 1. A profile for change*. New York: Jason Aronson.

Yochelson, S., & Samenow, S. E. (1977). *The Criminal Personality: Vol. 2. The change process.* New York: Jason Aronson.

Zillmann, D. (1999). *Hostility and aggression.* Hillsdale, NJ: Erlbaum.

찾아보기

■ 저자 소개

Barry Glick

1972년 시러큐스 대학교에서 박사학위를 받았다. 상담심리학자로서 수련한 그는 청소년 비행, 공격성과 폭력, 청소년 정책개발과 프로그램 등 청소년의 서비스 분야에 전념해 왔다. 이와 관련하여 아동보호기관과 주 정부의 아동보호 전문가, 심리학자, 행정가, 관리자 등의 업무를 해 왔다. 이전 뉴욕주의 청소년국 부국장으로, 현재는 청소년과 성인의 교정, 교육 및 정신건강체계의 자문가로서 활동하고 있다. 그는 『Aggression Replacement Training(공격성 대체 훈련)(1, 2판)』 (Research Press, 1987, 1998)과 『The Prosocial Gang(친사회적 폭력 집단)』(Sage, 1994)의 공동 저자다. 이 외 『Cognitive Behavioral Interventions That Work with At-Risk Youth(위기청소년의 인지행동적 개입)(1, 2권)』(Civic Research Institute, 2006, 2009), 『No Time to Play: Youthful Offenders in Adult Systems』(American Correctional Association Press books, 1999), 『Recess Is Over: A Handbook for Managing Youthful Offenders in Adult Systems』(American Correctional Association Press books, 2001) 등의 저서가 있다. 아울러 글릭은 미국 국립교정청의 후원으로 개발된 다중 인지행동개입인 'Thinking for a Change'의 공동개발자다. 여러 학술지의 편집위원이기도 하며, 신시내티 대학교의 교수직, 상담가, 임상 슈퍼바이저, 정신건강상담가의 자격을 지니고 있다.

John C. Gibbs

1972년 하버드 대학교에서 박사학위를 받았고, 오하이오 주립대학교의 발달심리학 교수다. 오하이오주 정부의 청소년 사법위원회와 오하이오 주립대학 형사사법연구센터의 위원으로 활동하였다. 그의 연구는 발달이론, 사회인지와 도덕판단발달의 평가, 품행장애 청소년의 개입 등에 집중해 왔다. 『Aggression Replacement Training(공격성 대체 훈련)(2판)』(Research Press, 1998)의 공동 저자이고, 『The EQUIP Program』(Research Press, 1998) 및 『The EQUIP Program Implementation Guide』(Research Press, 2001)의 저자다. 이 외 『EQUIP for Educators』(Research Press, 2005), 『Moral Development and Reality: Beyond the Theories of Kohlberg and Hoffman(2nd ed.)』(Pearson Allyn & Bacon, 2010), 『Moral Maturity: Measuring the Development of Sociomoral Reflection』(Erlbaum, 1992) 등이 있다.

■ 역자 소개

홍창희(Hong, Chang-Hee)

2003년 전남대학교에서 정서와 정신건강과의 관계 연구로 박사학위를 받았다. 임상심리전문가로서 수련을 받았고, 오랫동안 국립병원에서 근무하였으며, 호남대학교 상담심리학과 교수로 재직하였다. 광주교육대학교, 전남대학교 등에서 임상 및 상담 관련 강의를 하였고, 광주광역시 정신건강사업지원단, 전남 정신건강심의위원회 등의 자문위원으로 활동하였다. 현재는 영광기독신하병원의 슈퍼바이저로서 심리평가, 심리상담 및 치료를 하고 있다. 저서로는 『정신병리학』(학지사, 2013)이 있고, 역서로는 『소아기 우울증』(공역, 하나의학사, 2002), 『현대 상담기술』(공역, 학지사, 2012), 『중독 예방과 상담』(공역, 하나의학사, 2013) 등이 있다. 한국임상심리학회 윤리 이사 및 광주전남지회장을 역임하였고, 임상심리전문가, 정신건강임상심리사 1급, 피해상담사 1급의 자격을 지니고 있다.

청소년의 비행과 공격성 행동 대체 ART 프로그램

사회기술훈련 · 분노조절훈련 · 도덕추리

Aggression Replacement Training(3rd ed.)

A Comprehensive Intervention for Aggressive Youth

2025년 4월 15일 1판 1쇄 인쇄
2025년 4월 25일 1판 1쇄 발행

지은이 • Barry Glick · John C. Gibbs
옮긴이 • 홍창희
펴낸이 • 김진환
펴낸곳 • (주) 학지사

04031 서울특별시 마포구 양화로 15길 20 마인드월드빌딩
대표전화 • 02)330-5114 팩스 • 02)324-2345
등록번호 • 제313-2006-000265호

홈페이지 • http://www.hakjisa.co.kr
인스타그램 • https://www.instagram.com/hakjisabook

ISBN 978-89-997-3410-6 93180

정가 27,000원